Marketing

Manfred Bruhn

Marketing

Grundlagen für Studium und Praxis

12., überarbeitete Auflage

Prof. Dr. Manfred Bruhn
Universität Basel, Schweiz
Wirtschaftswissenschaftliche Fakultät
Lehrstuhl für Marketing und
Unternehmensführung
Honorarprofessor an der Technischen
Universität München
Peter Merian-Weg 6
CH-4002 Basel
manfred.bruhn@unibas.ch
www.wwz.unibas.ch/marketing

ISBN 978-3-658-05111-2   ISBN 978-3-658-05112-9 (eBook)
DOI 10.1007/978-3-658-05112-9

Die Deutsche Nationalbibliothek verzeichnet diese Publikation in der Deutschen Nationalbibliografie; detaillierte bibliografische Daten sind im Internet über http://dnb.d-nb.de abrufbar.

Springer Gabler
© Springer Fachmedien Wiesbaden 1990, 1995, 1997, 1999, 2001, 2002, 2004, 2007, 2009, 2010, 2012, 2014
Das Werk einschließlich aller seiner Teile ist urheberrechtlich geschützt. Jede Verwertung, die nicht ausdrücklich vom Urheberrechtsgesetz zugelassen ist, bedarf der vorherigen Zustimmung des Verlags. Das gilt insbesondere für Vervielfältigungen, Bearbeitungen, Übersetzungen, Mikroverfilmungen und die Einspeicherung und Verarbeitung in elektronischen Systemen.

Die Wiedergabe von Gebrauchsnamen, Handelsnamen, Warenbezeichnungen usw. in diesem Werk berechtigt auch ohne besondere Kennzeichnung nicht zu der Annahme, dass solche Namen im Sinne der Warenzeichen- und Markenschutz-Gesetzgebung als frei zu betrachten wären und daher von jedermann benutzt werden dürften.

Lektorat: Barbara Roscher | Jutta Hinrichsen

Gedruckt auf säurefreiem und chlorfrei gebleichtem Papier.

Springer Gabler ist eine Marke von Springer DE. Springer DE ist Teil der Fachverlagsgruppe Springer Science+Business Media
www.springer-gabler.de

Vorwort

Die Herausforderungen des Marketing sind einem ständigen Wandel unterworfen. Allerding sind die Schwerpunkte des Marketing als ein Leitkonzept der Unternehmensführung auch weiterhin in der Planung und Umsetzung der Kunden- und Marktorientierung zu sehen, die es in Zeiten hart umkämpfter Märkte und Kunden zu realisieren gilt. Die konsequente Ausrichtung am Markt und am Kundennutzen stellen Prinzipien des Marketing dar, die von Unternehmen gelebt und in der Ausbildung zu vermitteln sind. Dabei ist es wichtig, sowohl Leitidee und -philosophie des Marketing zu verstehen als auch markt- und kundenbezogene Problemstellungen analytisch zu durchdringen und methodisch bewältigen zu können. Für den nachhaltigen Erfolg von Unternehmen und der einzelnen Marketingnachwuchsführungskraft ist es nötig, marktorientierte Denkstrukturen zu entwickeln, statt ausschließlich „Rezeptwissen" anzuwenden oder handwerkliches Rüstzeug zu beherrschen.

Das vorliegende Buch versucht, die Philosophie und den aktuellen Stand des Marketingwissens in Form einer Einführung in die Grundkonzepte des Marketing als markt- und kundenorientierte Unternehmensführung zu vermitteln. Es richtet sich an Studierende der Betriebswirtschaftslehre und anderer Disziplinen sowie Praktiker gleichermaßen und eignet sich – im Vergleich zu den umfassenden Standardwerken – zur Vermittlung eines kompakten Überblicks über die Ziele, Aufgaben, Instrumente sowie Methoden des modernen Marketingmanagements. Die Denk- und Vorgehensweisen im Marketing werden aus wissenschaftlicher Sicht dargestellt und anhand von Beispielen verdeutlicht.

Auch in dieser 12. Auflage wurden der bewährte Aufbau und die Struktur des Buches beibehalten. Zunächst wird eine Einführung in das Grundverständnis des Marketing gegeben. Neben strategischen und operativen Aspekten der Marketingplanung werden die Marktforschung als Informationsgrundlage für Entscheidungen des Marketingmanagements sowie die vier Marketinginstrumente (4Ps) kompakt dargestellt. Fragestellungen der Marketingorganisation und -kontrolle schließen das Buch ab. Dabei wurde in der 12. Auflage einer durchgängigen Überarbeitung sämtlicher Kapitel mit den entsprechenden Aktualisierungen Rechnung getragen.

Mein besonderer Dank bei der Überarbeitung des Buches gilt Herrn Dipl.-Kfm. techn. Matthias Holzer, EMBS, der wesentlichen Input bei der Recherche und Überarbeitung geleistet hat und sich mit viel Engagement um diese Neuauflage gekümmert hat.

Basel *Professor Dr. Manfred Bruhn*

Übungsbuch zum Lehrbuch: *Marketingübungen*

Als Ergänzung zum Lehrbuch ist ein **Übungsbuch** erschienen. Anhand repräsentativer und praxisnaher Marketing-Fragestellungen bietet es eine ideale Unterstützung bei der Prüfungsvorbereitung und bei der Vertiefung des Grundlagenwissens. Es richtet sich an Studierende der BWL und Führungskräfte, die eine Zusatzqualifikation im Marketing suchen.

Das Buch beinhaltet Aufgaben und Lösungen zu den Teilbereichen Marketingplanung, Marketingstrategie, Produkt-, Preis-, Kommunikations- und Vertriebspolitik, Marketingorganisation und -controlling. Es folgt damit in seiner Struktur dem bewährten Lehrbuch und kann ideal parallel zu diesem eingesetzt werden.

In den einzelnen Aufgaben werden, Bezug nehmend auf die Themen des Lehrbuchs, konkrete **Fragestellungen** der Marketingpraxis aufgegriffen und der Anwendungsbezug des Lehrbuchwissens verdeutlicht. Jede Aufgabe wird mit einer ausführlichen **Musterlösung** beantwortet, so dass das eigene Wissen überprüfbar ist und leicht ergänzt werden kann.

In der 4. Auflage wurden die Aufgaben und Lösungen weiter optimiert, aktualisiert und erweitert.

Marketingübungen. Basiswissen, Aufgaben, Lösungen.
Selbstständiges Lerntraining für Studium und Beruf
4., überarbeitete und erweiterte Auflage
Springer Gabler Verlag, Wiesbaden 2014, ISBN 978-3-8349-3440-6
www.springer-gabler.de

Inhalt

1.	**Grundbegriffe und -konzepte des Marketing**	**13**
1.1	Begriff und Merkmale des Marketing	13
1.2	Entwicklungsphasen des Marketing	15
1.3	Marktabgrenzung als Ausgangspunkt	18
1.4	Aufgaben des Marketingmanagements	21
1.5	Marketing als marktorientiertes Entscheidungsverhalten	23
1.5.1	Bestimmungsfaktoren der Marketingsituation	25
1.5.2	Festlegung von Marketingzielen	26
1.5.3	Einsatz der Marketinginstrumente	27
1.6	Paradigmenwechsel in der Marketingwissenschaft	30
1.7	Institutionelle Besonderheiten des Marketing	33
1.7.1	Besonderheiten des Konsumgütermarketing	33
1.7.2	Besonderheiten des Industriegütermarketing	34
1.7.3	Besonderheiten des Dienstleistungsmarketing	34
1.7.4	Besonderheiten des Handelsmarketing	35
1.7.5	Besonderheiten des Nonprofit-Marketing	36
2.	**Festlegung des Marketingplans**	**37**
2.1	Marketing als Managementfunktion	37
2.2	Phasen der Marketingplanung	41
2.2.1	Analyse der Marketingsituation	41
2.2.2	Festlegung der Marktsegmente und Marketingziele	45
2.2.3	Formulierung der Marketingstrategie	47
2.2.4	Festlegung der Marketingmaßnahmen	47
2.2.5	Bestimmung des Marketingbudgets	48
2.2.6	Umsetzung und Kontrolle der Marketingmaßnahmen	51
2.3	Ebenen der Marketingplanung	51
2.3.1	Funktions- oder bereichsbezogene Marketingplanung	51
2.3.2	Produktbezogene Marketingplanung	52
3.	**Entwicklung von Marketingstrategien**	**53**
3.1	Bedeutung und Typen von Marketingstrategien	53
3.1.1	Begriff und Merkmale von Marketingstrategien	53
3.1.2	Typen von Marketingstrategien	55

3.2	Strategische Basisentscheidungen der Marktwahl	56
3.2.1	Bildung strategischer Geschäftseinheiten	56
3.2.2	Auswahl und Abgrenzung von Marktsegmenten	58
3.3	Einsatz strategischer Analyseinstrumente	62
3.3.1	Lebenszyklusanalysen	63
3.3.2	Positionierungsanalysen	67
3.3.3	Portfolioanalysen	69
3.4	Strategien der Marktbearbeitung	75
3.4.1	Abnehmergerichtete Strategien	75
3.4.2	Konkurrenzgerichtete Strategien	77
3.4.3	Absatzmittlergerichtete Strategien	79
3.4.4	Instrumentalstrategien	81
3.5	Implementierung von Marketingstrategien	82
3.5.1	Begriff und Prozess der Strategieimplementierung	82
3.5.2	Erfolgsvoraussetzungen der Strategieimplementierung	85
4.	**Methoden der Marketingforschung**	**87**
4.1	Begriff und Funktionen der Marketingforschung	87
4.2	Methoden der Marktforschung	89
4.2.1	Begriff und Formen der Marktforschung	89
4.2.2	Prozess der Marktforschung	92
4.2.3	Methoden der Stichprobenplanung	94
4.2.3.1	Verfahren der bewussten Auswahl	95
4.2.3.2	Verfahren der Zufallsauswahl	96
4.2.4	Methoden und Formen der Datengewinnung	97
4.2.4.1	Instrument der Befragung	98
4.2.4.2	Instrument der Beobachtung	102
4.2.4.3	Experimente	104
4.2.4.4	Panel als Spezialform der Datenerhebung	106
4.2.4.5	Quellen der Sekundärforschung	109
4.2.5	Methoden der Datenanalyse	110
4.2.5.1	Univariate und bivariate Verfahren	111
4.2.5.2	Multivariate Verfahren	112
4.3	Methoden der Marktprognose	115
4.3.1	Begriff und Formen der Marktprognose	115
4.3.2	Prozess der Marktprognose	116
4.3.3	Quantitative Prognosemethoden	118
4.3.3.1	Entwicklungsprognosen	118
4.3.3.2	Wirkungsprognosen	120
4.3.4	Qualitative Prognoseverfahren	122

5.	**Entscheidungen der Produktpolitik**	**123**
5.1	Begriff und Aufgaben der Produktpolitik	123
5.1.1	Festlegung des Leistungsprogramms	124
5.1.2	Aufgaben des Produktmanagements	125
5.2	Prozess des Produktmanagements	126
5.3	Entscheidungen der (Neu-)Produktplanung	131
5.3.1	Suche nach Produktideen	132
5.3.2	Grobauswahl von Produktideen	135
5.3.3	Entwicklung und Prüfung von Produktkonzepten	137
5.3.4	Feinauswahl von Produktkonzepten	139
5.3.5	Einführung des Neuproduktes	142
5.4	Entscheidungen der Markenpolitik	144
5.4.1	Begriff der markierten Leistung und der Marke	144
5.4.2	Markenstrategien	145
5.4.3	Prinzipien der Markenführung	147
5.5	Entscheidungen der Verpackungspolitik	148
5.5.1	Begriff und Funktionen der Verpackungspolitik	148
5.5.2	Anforderungen an die Verpackungspolitik	149
5.6	Entscheidungen der Servicepolitik	150
5.6.1	Begriff von Serviceleistungen	150
5.6.2	Garantieleistungspolitik	151
5.6.3	Lieferleistungspolitik	151
5.6.4	Kundendienstpolitik	152
5.6.4.1	Formen von Kundendienstleistungen	152
5.6.4.2	Ziele der Kundendienstpolitik	153
5.6.4.3	Instrumente und Träger der Kundendienstpolitik	153
5.6.5	Value Added Services	154
5.6.6	Optimierung des Serviceniveaus	156
5.7	Entscheidungen der Sortimentspolitik	157
5.7.1	Gegenstand der Sortimentsplanung	157
5.7.2	Aufgabenbereiche der Sortimentsplanung	157
5.7.3	Methoden der Sortimentsplanung	160
6.	**Entscheidungen der Preispolitik**	**165**
6.1	Ziele und Instrumente der Preispolitik	165
6.2	Prozess der Preisfestlegung	168
6.3	Preispolitische Strategien	171
6.4	Statisches Preismanagement	174

6.4.1	Kostenorientierte Preisbestimmung	175
6.4.1.1	Preisfestlegung nach der Vollkostenrechnung	175
6.4.1.2	Preisfestlegung nach der Teilkostenrechnung	176
6.4.2	Marktorientierte Preisbestimmung	177
6.4.2.1	Preisfestlegung nach der Break-Even-Analyse	177
6.4.2.2	Preisfestlegung nach der Deckungsbeitragsrate	178
6.4.2.3	Preisfestlegung bei Entscheidungssituationen unter Risiko	180
6.4.3	Marginalanalytische Preisbestimmung	182
6.4.3.1	Grundlagen der Marginalanalyse	182
6.4.3.2	Preisfestlegung im Monopol	187
6.4.3.3	Preisfestlegung im Oligopol	191
6.4.3.4	Preisfestlegung im Polypol	192
6.5	Dynamisches Preismanagement	196
7.	**Entscheidungen der Kommunikationspolitik**	**199**
7.1	Begriff und Entwicklung der Kommunikationspolitik	199
7.2	Prozess der Kommunikationsplanung	202
7.3	Einsatz der Mediawerbung	205
7.3.1	Erscheinungsformen der Mediawerbung	205
7.3.2	Festlegung der Werbeziele	205
7.3.3	Beschreibung der Zielgruppen der Werbung	208
7.3.4	Entwicklung der Werbestrategie	210
7.3.5	Festlegung des Werbebudgets	212
7.3.6	Verteilung des Werbebudgets (Streuplanung)	217
7.3.7	Gestaltung der Werbebotschaft	224
7.3.8	Kontrolle der Werbewirkungen	226
7.4	Einsatz der Verkaufsförderung	227
7.4.1	Begriff und Ziele der Verkaufsförderung	227
7.4.2	Erscheinungsformen der Verkaufsförderung	228
7.5	Einsatz des Direct Marketing	230
7.5.1	Begriff und Ziele des Direct Marketing	230
7.5.2	Erscheinungsformen des Direct Marketing	230
7.5.3	Zielgruppenauswahl im Direct Marketing	231
7.6	Einsatz der Public Relations	233
7.6.1	Ziele und Erscheinungsformen der Public Relations	233
7.6.2	Maßnahmen der Public Relations	234
7.7	Einsatz des Sponsoring	236
7.7.1	Begriff und Ziele des Sponsoring	236
7.7.2	Erscheinungsformen des Sponsoring	236

7.8	Einsatz der Social Media-Kommunikation	238
7.8.1	Begriff und Merkmale der Social Media-Kommunikation	238
7.8.2	Unternehmensgesteuerte Social Media-Kommunikation	239
7.8.3	Nutzergenerierte Social Media-Kommunikation	240
7.9	Einsatz weiterer Kommunikationsinstrumente	241
7.10	Integrierte Kommunikation	242
7.10.1	Begriff und Aufgaben der Integrierten Kommunikation	242
7.10.2	Formen der Integration in der Kommunikation	243

8.	**Entscheidungen der Vertriebspolitik**	**245**
8.1	Begriff und Aufgaben der Vertriebspolitik	245
8.2	Prozess der Vertriebsplanung	247
8.3	Gestaltung von Vertriebssystemen	250
8.3.1	Auswahl der Vertriebssysteme	250
8.3.1.1	Direkter versus indirekter Vertrieb	250
8.3.1.2	Einsatz des Online-Vertriebs	256
8.3.1.3	Gestaltung des Multi-Channel-Vertriebs	258
8.3.1.4	Auswahl der Absatzmittler	260
8.3.2	Akquisition und Stimulierung der Vertriebssysteme	262
8.3.3	Vertragliche Bindung der Vertriebssysteme	263
8.4	Einsatz von Verkaufsorganen	265
8.4.1	Auswahl der Verkaufsorgane	265
8.4.2	Steuerung von Verkaufsorganen	268
8.5	Gestaltung von Logistiksystemen	271
8.5.1	Aufgaben und Ziele von Logistiksystemen	271
8.5.2	Gestaltung der Auftragsabwicklung	272
8.5.3	Entscheidungen der Lagerhaltung	274
8.5.4	Entscheidungen des Transports	275
8.6	Zusammenarbeit zwischen Industrie und Handel	276

9.	**Gestaltung der Marketingorganisation**	**279**
9.1	Begriff und Anforderungen an die Marketingorganisation	279
9.2	Grundformen der Marketingorganisation	282
9.3	System des Produktmanagements	286
9.3.1	Aufgaben des Produktmanagers	286
9.3.2	Organisatorische Verankerung des Produktmanagers	287
9.4	System des Kundengruppenmanagements	288
9.4.1	Aufgaben des Kundengruppenmanagers	288
9.4.2	Organisatorische Verankerung des Kundengruppenmanagers	289
9.5	Gestaltung der Ablauforganisation	291

10.	**Aufbau eines Marketingcontrolling**	**293**
10.1	Begriff und Aufgaben des Marketingcontrolling	293
10.2	Prozesskontrollen im Marketing	296
10.3	Effektivitätskontrollen im Marketing	297
10.4	Effizienzkontrollen im Marketing	300

Literaturverzeichnis	305
Stichwortverzeichnis	315

1. Grundbegriffe und -konzepte des Marketing

> **Lernziele**
>
> In diesem Kapitel machen Sie sich mit dem Marketingbegriff sowie zentralen Sichtweisen des Marketing vertraut und vollziehen die historische Entwicklung des Marketing nach. Sie
>
> ➢ gewinnen Einblicke in die Denkweise und Aufgaben des Marketing,
> ➢ beschäftigen sich mit der Identifizierung und Abgrenzung von Märkten,
> ➢ setzen sich mit einem systematischen Entscheidungsverhalten auseinander,
> ➢ erkennen neue Entwicklungen im Marketing und
> ➢ lernen die institutionellen Besonderheiten des Marketing in verschiedenen Sektoren kennen.
>
> Besonderes Anliegen dieses Kapitels ist es, Marketing als marktorientiertes Entscheidungsverhalten von Unternehmen zu verstehen.

1.1 Begriff und Merkmale des Marketing

Der Grundgedanke des Marketing – die konsequente Ausrichtung des gesamten Unternehmens an den Bedürfnissen des Marktes – hat sich in den meisten Branchen und Unternehmen durchgesetzt. Angesichts der hohen Wettbewerbsintensität und Dynamik der Marktentwicklung, gesättigter und fragmentierter Märkte, eines sich schnell wandelnden, hybriden Konsumverhaltens sowie einer zunehmenden Internationalisierung wird es für Unternehmen zukünftig immer schwieriger, sich am Markt zu behaupten.

Das rechtzeitige Erkennen und Bewältigen von Marktveränderungen gehört zu jenen unternehmerischen Aufgaben, die dem **Marketing als Unternehmensfunktion** zugeordnet werden. Dabei ist es heute unumstritten, dass Marketing als „Denken vom Markte her" zu verstehen ist und die Bedürfnisse der Nachfrager im Zentrum der Unternehmensführung stehen (vgl. etwa *Kotler/Bliemel* 2006; *Kotler/Keller* 2011; *Becker* 2012; *Blythe* 2009; *Homburg* 2012; *Meffert* et al. 2012). In den letzten Jahren erweiterte sich diese dominant kundenorientierte Sicht zugunsten einer breiten, auch sonstige Anspruchsgruppen (Mitarbeitende, Anteilseigner, Staat, Umwelt usw.) einbeziehenden Betrachtungsweise. Daher

Begriff und Merkmale des Marketing

wird grundsätzlich eine enge und eine weite Definition des Marketingbegriffes unterschieden, wobei Letztere die zufrieden stellende Gestaltung sämtlicher Austauschprozesse des Unternehmens mit den bestehenden Bezugsgruppen fokussiert (vgl. zu unterschiedlichen Interpretationen des Marketing einen Überblick bei *Meffert* et al. 2012, S. 9ff.). Die zentrale Philosophie des Marketing wird durch die folgende **Definition des Marketing** deutlich:

> **Marketing ist eine unternehmerische Denkhaltung. Sie konkretisiert sich in der Analyse, Planung, Umsetzung und Kontrolle sämtlicher interner und externer Unternehmensaktivitäten, die durch eine Ausrichtung der Unternehmensleistungen am Kundennutzen im Sinne einer konsequenten Kundenorientierung darauf abzielen, absatzmarktorientierte Unternehmensziele zu erreichen.**

Die Definition zeigt, dass das Marketing einen Schwerpunkt der Unternehmensführung darstellt. Marketing ist hierbei nicht nur als eine gleichberechtigte Unternehmensfunktion (neben z.B. Produktion, Finanzierung oder Personal) zu verstehen, sondern als umfassendes Leitkonzept des Managements und ganzheitliche Unternehmensphilosophie. In diesem Zusammenhang wird vom Marketing auch als „**dualem Führungskonzept**" der marktorientierten Unternehmensführung gesprochen (*Meffert* et al. 2012, S. 13). Das Marketing stellt somit gleichzeitig eine unternehmerische Funktion und eine Denkhaltung dar.

Für das genauere Verständnis des Marketing ist es hilfreich, aus der vorgenommenen Definition die wesentlichen **Merkmale des Marketing** herauszuarbeiten. Hier sind fünf Merkmale hervorzuheben:

(1) Leitidee einer markt- und kundenorientierten Unternehmensführung

Marketing stellt die Philosophie einer marktorientierten Unternehmensführung dar. Im Mittelpunkt dieser Denkweise stehen die Erfordernisse des Marktes bzw. der Kunden und nicht der Verkauf vorhandener Produkte. Die Markt- sowie Kundenbedürfnisse sind detailliert zu analysieren, um sämtliche Unternehmensaktivitäten gezielt danach auszurichten.

(2) Ausrichtung der Unternehmensaktivitäten am Kundennutzen zur Erzielung von strategischen Wettbewerbsvorteilen

Wesentliche Intention des Marketing ist die Steigerung des Nutzens der Kunden oder anderer Anspruchsgruppen durch die angebotenen Leistungen. Ein typisches Merkmal stellt folglich die Suche nach zusätzlichen Nutzenpotenzialen im Leistungsprogramm dar, die über den Grundnutzen hinaus in der Lage sind, den Wert für den Kunden zu steigern, um damit strategische Wettbewerbsvorteile für das eigene Unternehmen zu realisieren.

(3) Systematische Planungs- und Entscheidungsprozesse

Marketing ist eine Managementfunktion und bedingt ein Entscheidungsverhalten, das sich an einer systematischen Planung ausrichtet („Analytisches Marketing"). Deshalb ist es erforderlich, für unterschiedliche Entscheidungstatbestände im Marketing einen Planungsprozess zu entwickeln und der Entscheidungsfindung zu Grunde zu legen.

(4) Suche nach kreativen und innovativen Problemlösungen

Markterfolge werden nicht ausschließlich durch analytische Vorgehensweisen erzielt, sondern auch durch eine kreative und innovative Problemlösung erreicht („Kreatives Marketing"). Marketing beinhaltet daher eine Suche nach „ungewöhnlichen" und „einzigartigen" Lösungen im Sinne eines unternehmerischen Handelns, um die angebotenen Leistungen im Markt erfolgreich durchzusetzen.

(5) Interne und externe Integration sämtlicher Marketingaktivitäten

Zahlreiche Unternehmensabteilungen wie z.B. die Werbeabteilung, die Marktforschung, der Vertrieb oder das Beschwerdemanagement agieren mit direktem oder indirektem Bezug zum Absatzmarkt. Notwendig für ein erfolgreiches Marketing ist die Koordination sämtlicher Funktionsbereiche, um ein integriertes Vorgehen im Unternehmen und vor allem am Markt sicherzustellen. Dies gilt auch für die Zusammenarbeit mit externen Partnern (z.B. Werbeagenturen, Absatzmittlern). Durch ein **integriertes Marketing** werden Synergieeffekte ausgeschöpft und die Wirkungen der Marketingmaßnahmen gegenüber dem Kunden erhöht.

Diese Merkmale kennzeichnen die zentrale Sichtweise des Marketing als **Philosophie der Unternehmensführung**. Sie sind für alle Branchen und Unternehmenstypen gültig.

1.2 Entwicklungsphasen des Marketing

Sowohl die Bedeutung als auch die Denkhaltung im Marketing haben sich im Verlauf der letzten Jahrzehnte kontinuierlich weiterentwickelt und verändert. Bei dem Versuch, die Entwicklung von den fünfziger Jahren bis heute nachzuvollziehen, lassen sich folgende **Entwicklungsphasen des Marketing** abgrenzen (vgl. zu verschiedenen Entwicklungsphasen des Marketing auch *Solomon* et al. 2007, S. 8ff.; *Blythe* 2009, S. 8ff.; *Homburg* 2012, S. 6ff.; *Meffert* et al. 2012, S. 7ff.):

Phase der Produktionsorientierung (1950er Jahre)

Nach dem Zweiten Weltkrieg kam es in erster Linie darauf an, den enormen Nachfrageüberhang zu befriedigen. Da keine Engpässe am Absatzmarkt vorhanden waren, bestand die zentrale Aufgabe darin, die Produktion von Gütern sicherzustellen bzw. den Produktionsbereich aufzubauen. Es handelte sich um einen typischen **Verkäufermarkt**, in dem jene Unternehmen erfolgreich agierten, die in der Lage waren, eine Massenproduktion zu realisieren und somit die Grundbedürfnisse der Konsumenten zu befriedigen.

Phase der Verkaufsorientierung (1960er Jahre)

In den sechziger Jahren verlagerte sich der Engpass von der Produktion zum Vertrieb der Produkte. Angesichts einer zunehmenden nationalen Konkurrenz und stetigen Erweiterungen des Produktangebotes lag der Aufgabenschwerpunkt darin, durch einen „schlagkräftigen" Vertrieb sicherzustellen, dass die Produkte über den Handel den Kunden erreichten. Die Märkte wandelten sich langsam von Verkäufer- zu Käufermärkten.

Phase der Marktorientierung (1970er Jahre)

Bei einem Überangebot an Waren in den Handelsregalen und allgemeinen Sättigungserscheinungen wurden schließlich die Konsumenten zum entscheidenden Engpassfaktor. Viele Unternehmen begannen in dieser Situation eines **Käufermarktes** mittels einer differenzierten Marktbearbeitung (Prinzip der Marktsegmentierung), die spezifischen Bedürfnisse der Konsumenten zu befriedigen.

Phase der Wettbewerbsorientierung (1980er Jahre)

Aufgrund zunehmend gleichgerichteter Marketingaktivitäten wurde es in den achtziger Jahren schwieriger, sich erfolgreich im Markt zu behaupten. Dem Marketing kam – und kommt auch heute noch – die Aufgabe zu, **strategische Wettbewerbsvorteile** gegenüber den Konkurrenten aufzubauen und diese am Markt durchzusetzen bzw. zu verteidigen.

Neben dem Begriff des Wettbewerbsvorteils werden Begriffe wie **USP** (Unique Selling Proposition), **KKV** (Komparativer Konkurrenzvorteil) oder **SEP** (Strategische Erfolgsposition) verwendet (vgl. zur Begriffsdiskussion *Backhaus/Voeth* 2011, S. 19ff.). Im Folgenden wird von einem Wettbewerbsvorteil gesprochen, wenn drei Kriterien zugleich erfüllt werden. Die **Anforderungen an Wettbewerbsvorteile** sind:

- **Kundenwahrnehmung**: Die Leistungsvorteile sind vom Kunden (!) und nicht vom Unternehmen als wesentliches Differenzierungsmerkmal erkennbar.
- **Bedeutsamkeit**: Der Vorteil ist bei einer vom Kunden als besonders wichtig eingeschätzten Leistungsdimension zu erzielen und weist eine hohe Kaufrelevanz auf.
- **Dauerhaftigkeit**: Der Wettbewerbsvorteil hat eine zeitliche Stabilität aufzuweisen und darf nicht kurzfristig imitierbar sein.

Wettbewerbsvorteile lassen sich in unterschiedlichen Bereichen realisieren. Zur Verdeutlichung folgen einige ausgewählte Beispiele:

- **Hohe Produktqualität**: Mercedes, Hasselblad, Rolf Benz, Gaggenau u.a.m.
- **Hohe Servicequalität**: American Express, Kempinski, Singapore Airlines u.a.m.

- **Konsequente Markenpolitik**: Coca-Cola, Ferrero, Nivea, Goldpfeil u.a.m.
- **Kontinuierliche Innovationen**: Hewlett-Packard, Microsoft, Apple, 3M u.a.m.
- **Exklusives Image**: Chanel, Rolex, Rolls Royce, Montblanc, Jil Sander u.a.m.
- **Attraktives Design**: Swatch, Braun, Bang & Olufsen, BMW Mini u.a.m.
- **Konsequente Kundenorientierung**: Amazon, Facebook, Zalando u.a.m
- **Niedriger Preis**: Aldi, Fielmann, Lada, Media Markt, Ratiopharm, Spee u.a.m.

Der Begriff **Erfolgsfaktor**, der von einigen Autoren synonym verwendet wird, unterscheidet sich vom Begriff Wettbewerbsvorteil dadurch, dass die genannten Anforderungen nicht zwingend gegeben sind. Erfolgsfaktoren sind oftmals Maßnahmen bzw. Leistungen des Unternehmens, die vom Kunden nicht direkt wahrgenommen werden, aber trotzdem maßgeblich zum Erfolg des Unternehmens beitragen (z.B. ein umfassendes internes Informations- und Kommunikationssystem).

Phase der Umfeldorientierung (1990er Jahre)

Infolge der starken Bedeutungszunahme umfeldbezogener Faktoren stellte sich für das Marketing in den neunziger Jahren eine weitere Herausforderung. Das Marketing war gezwungen, die sich immer schneller wandelnden ökologischen, politischen, technologischen und gesellschaftlichen Veränderungen in den relevanten Zielmärkten zu erkennen und möglichst frühzeitig darauf zu reagieren. Der bislang dominante Kosten- und Qualitätswettbewerb wurde um die Zeitkomponente ergänzt (vgl. Schaubild 1-1). Das rechtzeitige Erkennen der Umfeldveränderungen sowie die Fähigkeit des Unternehmens, auf diese adäquat zu reagieren, stellen zentrale Erfolgsgrößen in dieser Phase dar.

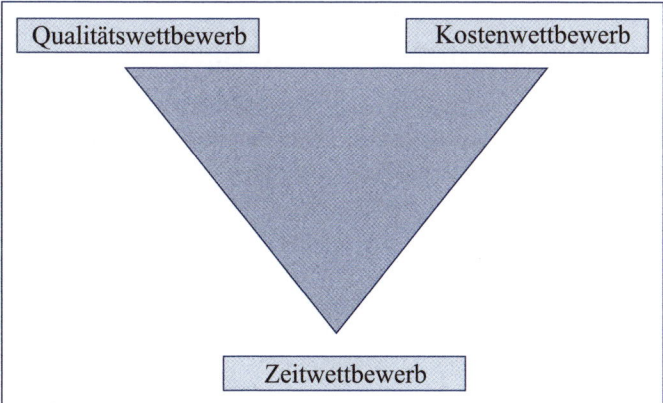

Schaubild 1-1: Die zentralen Wettbewerbsdimensionen der 1990er Jahre

Phase der Beziehungsorientierung (2000er Jahre)

Die Situation zu Beginn des neuen Jahrtausends zeichnete sich in vielen Branchen durch volatile Märkte, Krisenerscheinungen und zahlreiche neue Anforderungen (z.B. Nachhaltigkeit) aus. Darüber hinaus hat das Bewusstsein zugenommen, im Sinne einer Stammkundenorientierung ein systematisches Relationship Marketing zu betreiben, um stabile Beziehungen zu den Kunden aufzubauen (Beziehungsführerschaft als Marketingziel).

Phase der Netzwerkorientierung (2010er Jahre)

Die momentane Situation zeichnet sich durch Entwicklungen im Bereich der Informations- und Kommunikationstechnologien aus. Für das Marketing ist hierbei das Wachstum sozialer Netzwerke sowie die Entstehung neuartiger Social Media-Kommunikationsformen relevant, die den Konsumenten durch die grenzenlose Informationsverbreitung und neue Kommunikationsmöglichkeiten eine stärkere Machtposition einräumen.

Ähnlich zu den Entwicklungsphasen des Marketing lassen sich auch unterschiedliche **Entwicklungsphasen von Unternehmen** beobachten. Dabei hängt die Einordnung eines Unternehmens von verschiedenen Faktoren wie die Branche, Unternehmensgröße, Marktbedingungen, Marktstellung u.a. ab. Zusätzlich übertragen verschiedene Ansätze den Marketinggedanken auch auf die Zielgruppe der Mitarbeitenden und internen Kunden wie z.B. andere Abteilungen (zur internen Perspektive des Marketing vgl. *Homburg* 2012). In diesem Zusammenhang wird vom „**Internen Marketing**" bzw. der „**Internen Kundenorientierung**"gesprochen (vgl. *Cahill* 1996; *Bruhn* 1999, 2002). Dem Internen Marketing kommt insbesondere im Dienstleistungsmarketing aufgrund der zentralen Bedeutung des Personals für die Erbringung der Dienstleistung ein hoher Stellenwert zu.

1.3 Marktabgrenzung als Ausgangspunkt

Im Mittelpunkt des klassischen Marketingansatzes steht der **Absatzmarkt**. In der Volkswirtschaftslehre wird der Markt als das Zusammentreffen von Angebot und Nachfrage bezeichnet. Für eine betriebswirtschaftliche und marketingspezifische Analyse ist es jedoch notwendig, den **Marktbegriff** präziser zu fassen (vgl. z.B. *Steffenhagen* 2008, S. 37ff.; *Homburg* 2012, S. 2ff.). Im Marketing wird in diesem Kontext vom „**relevanten Markt**" gesprochen, den es zu identifizieren, abzugrenzen und näher zu beschreiben gilt. Für die Bestimmung des relevanten Marktes ist eine **Analyse des Marketingsystems** vorzunehmen, in dem das Unternehmen tätig ist bzw. tätig werden will. Dazu sind sowohl Marktstrukturen als auch Marktprozesse näher zu untersuchen.

(1) Analyse der Marktstrukturen

Die Analyse der Marktstrukturen hat die Identifikation der Marktteilnehmer zur Aufgabe. Zu unterscheiden sind die Anbieter- und die Nachfragerseite. Auf der **Anbieterseite** sind zwei Marktteilnehmer von Bedeutung:

- Hersteller von Produkten bzw. Anbieter von Dienstleistungen sowie
- Absatzmittler (Groß- und Einzelhandel, Online-Anbieter, Handelsvertreter usw.).

Auf der **Nachfragerseite** werden folgende Marktteilnehmer differenziert:

- Private Konsumenten (Einzelpersonen oder Familien),
- Wiederverkäufer (Händler),
- Industrielle Abnehmer (Unternehmen),
- Öffentliche Abnehmer (staatliche Institutionen).

(2) Analyse der Marktprozesse

Die Analyse der Marktprozesse beinhaltet die Aufdeckung der Beziehungsstrukturen und der marktbezogenen Transaktionen zwischen den einzelnen Marktteilnehmern. Hierzu gehört neben der Betrachtung von Beziehungsstrukturen wie z.B. Konkurrenz-, Macht- oder Kooperationsbeziehungen auch die Analyse des Güter- und Informationsstroms.

Marktstrukturen und Marktprozesse determinieren das **Marketingsystem**, in dem das betrachtete Unternehmen und seine Wettbewerber tätig sind. Schaubild 1-2 zeigt ein vereinfachtes Beispiel für die Beschreibung eines derartigen Marketingsystems für den Markt der Industrielacke.

Nachdem ein Unternehmen eine genaue Vorstellung über die Gegebenheiten des Marktes gewonnen hat, stellt sich die Frage, wie der „**relevante Markt**" abzugrenzen ist. Der relevante Markt umfasst alle für die Kauf- und Verkaufsentscheidungen bedeutsamen Austauschbeziehungen zwischen Produkten in sachlicher, räumlicher und zeitlicher Hinsicht (*Backhaus/Voeth* 2011, S. 126f.):

- **Sachliche Abgrenzung**: Mit welchen Produkten oder Leistungen tritt das Unternehmen in einen Wettbewerb (z.B. Markt für PKW, LKW, Motorräder)?
- **Räumliche Abgrenzung**: Werden die Produkte/Leistungen eines Anbieters auf einem lokalen, regionalen, nationalen, internationalen oder globalen Markt angeboten (z.B. europäischer Markt, asiatischer Markt)?
- **Zeitliche Abgrenzung**: Wird die Marktbearbeitung zeitlich begrenzt?

Marktabgrenzung als Ausgangspunkt

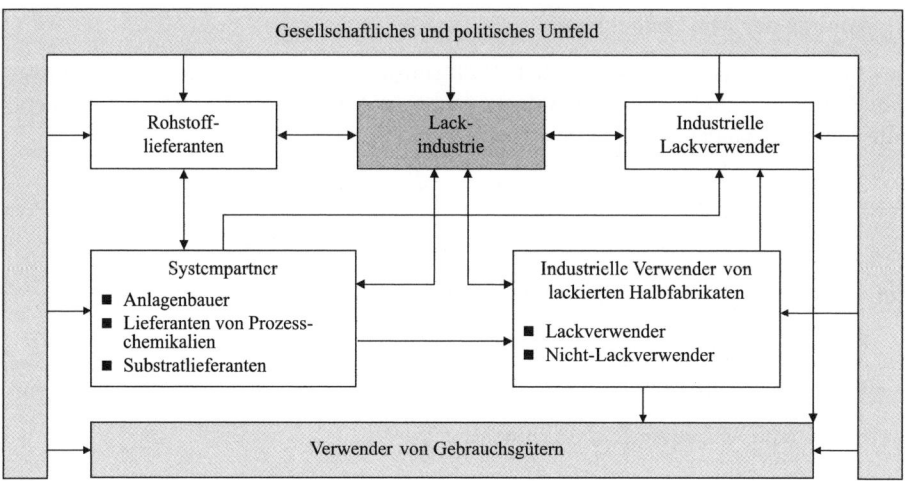

Schaubild 1-2: Marketingsystem am Beispiel des Marktes für Industrielacke

In der Literatur sind vielfältige Ansätze zur Abgrenzung des relevanten Marktes zu finden (vgl. für einen Überblick *Steffenhagen* 2008, S. 37ff.; 2009, S. 126ff.; *Homburg* 2012, S. 5f.; *Meffert* et al. 2012, S. 189ff.). Folgende Ansatzpunkte lassen sich unterscheiden:

(1) Anbieterbezogene Marktabgrenzung

Bei diesem Ansatzpunkt erfolgt die Abgrenzung anhand der Gruppen von Anbietern (Beispiel: Unternehmen einer Branche oder eines Wirtschaftssektors).

(2) Produkt- und leistungsbezogene Marktabgrenzung
Bei dieser Form der Marktabgrenzung werden bestimmte Produkte oder Produktgruppen als relevantes Merkmal herangezogen (Beispiel: Markt für Fernreisen).

(3) Bedürfnisorientierte bzw. kundennutzenbezogene Marktabgrenzung

Zur Marktabgrenzung werden nicht die vorhandenen Produkte herangezogen, sondern die damit verbundenen kundenseitigen Bedürfnisse (Beispiel: Gesundheitsmarkt).

(4) Kundenbezogene Marktabgrenzung

Zur kundenbezogenen Marktabgrenzung werden Merkmale der Nachfrager wie z.B. Alter (Seniorenmarkt) oder Einkommen (Exklusivmarkt) herangezogen. Diese Abgrenzungsmerkmale sind eher geeignet, die vielschichtigen Strukturen und Prozesse des Marktes zu erkennen, so dass zur Abgrenzung i.d.R. mehrere Merkmale genutzt werden.

1.4 Aufgaben des Marketingmanagements

Das Marketingmanagement beschäftigt sich mit der systematischen Erarbeitung des Leistungsprogramms und dessen Durchsetzung im Markt. Der Marketingmanager wird dabei mit einer Vielzahl unterschiedlicher Aufgaben konfrontiert. Je nach Unternehmen und Branchenzugehörigkeit variieren die Aufgabenschwerpunkte, jedoch sind grundsätzlich sieben **Aufgabenbereiche des Marketingmanagements** zu unterscheiden:

(1) Produktbezogene Aufgaben

Mit Blick auf die bestehenden Produkte ist es eine permanente Aufgabe des Marketing, sich um die Anpassung des Leistungsprogramms an die Kundenwünsche zu bemühen. Dazu zählen **Produktverbesserungen**, z.B. hinsichtlich der Qualität. Darüber hinaus werden häufig **Produktdifferenzierungen** vorgenommen wie z.B. die Einführung einer Light-Variante bei Lebensmitteln. Schließlich besteht eine weitere Aufgabe in der Entwicklung von **Produktinnovationen**, d.h. die Entwicklung und Vermarktung von Produkten, die einen neuartigen oder zusätzlichen Kundennutzen aufweisen.

(2) Marktbezogene Aufgaben

Hier werden in Anlehnung an die Produkt-Markt-Matrix von *Ansoff* vier Aufgabenbereiche unterschieden (vgl. Schaubild 1-3). Neben der Bearbeitung vorhandener Märkte (**Marktdurchdringung**) ist es Aufgabe des Marketingmanagements, neue Teilmärkte zu bearbeiten (**Markterschließung**). Ferner besteht die Möglichkeit, auf vorhandenen Märkten neue Produkte einzuführen (**Sortimentserweiterung**). Eine risikoreichere Aufgabe ist es für ein Unternehmen, mit neuen Produkten auf neue Märkte zu gehen (**Diversifikation**).

Produkte \ Märkte	Vorhanden	Neu
Vorhanden	Marktdurchdringung	Markterschließung
Neu	Sortimentserweiterung	Diversifikation

Schaubild 1-3: Produkt-Markt-Matrix zur Strukturierung von Marketingaufgaben (in Anlehnung an Ansoff 1966, S. 132)

(3) Kundenbezogene Aufgaben

Die permanente Aufgabe des Marketing besteht darin, durch eine **Verbesserung der Kundenbearbeitung** eine höhere Kundenzufriedenheit und damit eine stabile Kundenbindung zu erreichen. Neben dem Management der **Kundenbeziehungen** fällt in diesen Aufgabenbereich ein gezieltes Management der **Kundenstruktur**, d.h., die Erfolg versprechenden Kundengruppen sind zu identifizieren und die Marketingmaßnahmen gezielt auf diese Segmente abzustimmen. Darüber hinaus ist zu prüfen, ob sich mit dem bestehenden Leistungsprogramm neue **Kundensegmente** ansprechen lassen.

(4) Absatzmittlerbezogene Aufgaben

Vor dem Hintergrund der weltweiten Handelskonzentration und der steigenden Handelsmacht ist die Orientierung am Handel prioritäre Aufgabe des Marketing geworden. Eine wesentliche Herausforderung liegt darin, die **Beziehungen zum Handel** zu optimieren. Hierzu kommen verschiedene Maßnahmen wie z.B. handelsgerichtete Verkaufsförderungsaktionen, Handelswerbung, Regalpflege oder Key Account Management zum Einsatz. Eine weitere wichtige Aufgabe des handelsgerichteten Marketing ist die **Erschließung neuer Vertriebskanäle**; dies gilt insbesondere für Vertriebsschienen mit überdurchschnittlichen Zuwachsraten (z.B. Tankstellenshops, Internet), aber auch für Kunden, die selbst als Absatzmittler auftreten (**mehrstufige Kundenbeziehung**), jedoch nicht dem Handel zuzurechnen sind (z.B. Ärzte aus Sicht eines Pharmaunternehmens).

(5) Konkurrenzbezogene Aufgaben

Mit zunehmender Intensität des Wettbewerbs wächst die Notwendigkeit, sich gegenüber den Konkurrenten zu profilieren. Zu den Aufgaben des Marketingmanagements zählt die Suche nach dauerhaften **Wettbewerbsvorteilen** gegenüber den Hauptkonkurrenten, aber auch die **Absicherung der Marktstellung** gegenüber zukünftig neu in den Markt eintretenden Wettbewerbern (z.B. durch den Aufbau von **Markteintrittsbarrieren**). Die Verhaltensweisen des eigenen Unternehmens gegenüber den Wettbewerbern sind festzulegen (z.B. Kooperation vs. Konflikt) und geeignete Maßnahmen zur Realisierung dieser konkurrenzgerichteten Strategien zu entwickeln.

(6) Lieferantenbezogene Aufgaben

Auch Zulieferbetriebe sind im Rahmen eines **Beschaffungsmarketing** dem Aufgabenbereich des Marketingmanagements zuzuordnen. Hier gilt insbesondere, die rechtzeitige Lieferung sowie die Qualität der Lieferantenleistungen sicherzustellen. Im Zeitalter der Just-in-time-Produktion sind riskante **Abhängigkeiten von Lieferanten** zu kontrollieren, um eine reibungslose Produktion und Versorgung des Absatzmarktes sicherzustellen.

(7) Unternehmensbezogene Aufgaben

Um die marktorientierten Unternehmensaufgaben zu erfüllen, ist es wichtig, die innerbetrieblichen Voraussetzungen für Markterfolge zu schaffen. Schwerpunkte bestehen dabei in der **Koordination und Integration** sämtlicher auf den Absatzmarkt gerichteten Aktivitäten sowie in der **Optimierung interner Prozesse**. Durch interne Maßnahmen, z.B. Schulungen oder Anreizsysteme, trägt das Marketingmanagement zur **Motivation der Mitarbeitenden** und zur kontinuierlichen Umsetzung der Marketingaufgaben bei.

1.5 Marketing als marktorientiertes Entscheidungsverhalten

Im Marketingmanagement empfiehlt sich zur Lösung der verschiedenen Aufgabenbereiche die Anwendung einer bestimmten marktorientierten Entscheidungssystematik. In der Literatur wird in diesem Zusammenhang der **entscheidungsorientierte Ansatz** diskutiert. Der entscheidungsorientierte Ansatz versetzt den Marketingverantwortlichen in die Lage, das Entscheidungsproblem zu strukturieren und zu analysieren. Bei der Darstellung der Entscheidungsstruktur wird zwischen drei **Marketingvariablen** unterschieden: der Marktsituation, den Marketingzielen sowie den Marketinginstrumenten. Bei der Ausarbeitung von Marketingkonzepten sind Zusammenhänge und Beziehungen zwischen diesen Variablengruppen zu berücksichtigen.

Die **Grundüberlegung des marktorientierten Entscheidungsverhaltens** verdeutlicht Schaubild 1-4. Die zentrale Forderung besteht darin, in einer gegebenen Marketingsituation die Konsequenzen des Einsatzes alternativer Marketinginstrumente im Hinblick auf die Erreichung der Marketingziele zu analysieren. Der Marketingmanager wird demnach in einer bestimmten Situation (z.B. stagnierender Markt) prüfen, ob die Marketingmaßnahme A (z.B. Preissenkung) oder die Maßnahme B (z.B. neue Werbekampagne) besser geeignet ist, sein vorgegebenes Marketingziel (z.B. Marktanteilsgewinn) zu erreichen.

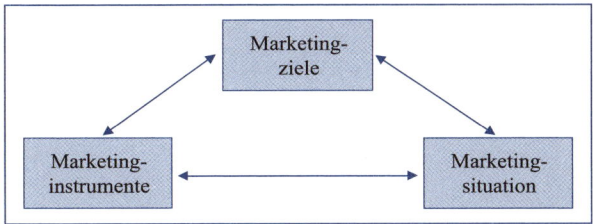

Schaubild 1-4: Marketing als marktorientiertes Entscheidungsverhalten

Marketing als marktorientiertes Entscheidungsverhalten

In formaler Hinsicht entspricht diese Grundüberlegung der Aufstellung einer **Marktreaktionsfunktion**. Im Vordergrund steht die Frage, welche Reaktionen der Markt durch den Einsatz ausgewählter Marketinginstrumente im Hinblick auf die Zielerreichung in einer bestimmten Situation zeigt. Typische Marktreaktionsfunktionen sind Preis-Absatz- oder Werbereaktionsfunktionen. Marktreaktionsfunktionen werden formal wie folgt dargestellt:

$$MZ_{i,s,z,t} = f(MI_{i,s,z,t}; MS_{i,s,z,t})$$

wobei:
MZ = Erreichung der Marketingziele (Laufindex z)
MI = Einsatz der Marketinginstrumente (Laufindex i)
MS = gegebene Marketingsituation (Laufindex s)
t = Laufindex für die Zeit

Relevante Kombinationen der Marktreaktionsvariablen lassen sich zu einem **Marktreaktionsgebirge** verbinden. Schaubild 1-5 zeigt ein Marktreaktionsgebirge, bei dem unterschiedliche Kombinationen von Preis und Budget zu bestimmten Absatzmengen führen.

Bei der empirischen Ermittlung von Marktreaktionsfunktionen treten zahlreiche inhaltliche und methodische Probleme auf. Dennoch ist das „Denken in Marktreaktionsfunktionen" sinnvoll, da die Struktur des Marketingentscheidungsproblems gedanklich durchdrungen wird. Vor allem ist es für das Marketingmanagement notwendig, in **alternativen Marktreaktionsfunktionen** zu denken, indem bei jedem Entscheidungsproblem die Zusammenhänge zwischen alternativen Marketingsituationen, unterschiedlichen Marketingzielen und den Marketinginstrumenten betrachtet werden.

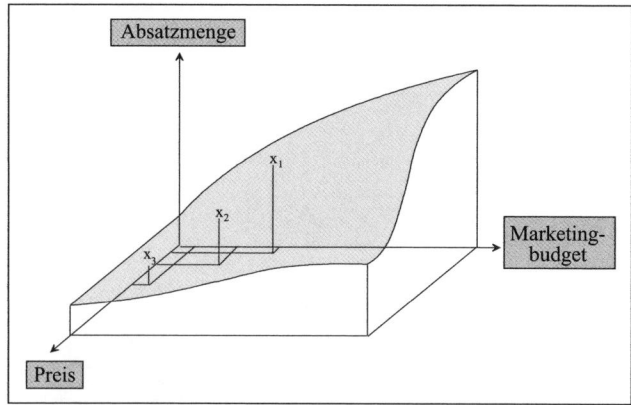

Schaubild 1-5: Beispiel für ein Marktreaktionsgebirge

Grundbegriffe und -konzepte des Marketing

Der entscheidungsorientierte Ansatz hat weite Verbreitung gefunden und dominiert die Marketingarbeit in Wissenschaft und Praxis. Im Folgenden werden die einzelnen Elemente des entscheidungsorientierten Ansatzes detailliert betrachtet.

1.5.1 Bestimmungsfaktoren der Marketingsituation

Die Analyse der Marketingsituation betrachtet den Status quo und die Entwicklungstendenzen des Marktes sowie dessen Einflussfaktoren. Bei den Situationsvariablen wird zwischen beeinflussbaren und nicht beeinflussbaren Variablen unterschieden. **Beeinflussbare Variablen** sind interne Größen, die das Unternehmen selbst steuert. Dazu zählen finanzielle Mittel oder die Motivation der Mitarbeitenden. Der Kategorie der **nicht beeinflussbaren Variablen** sind hingegen sämtliche externen, nicht vom Unternehmen direkt beeinflussbaren Größen zu subsumieren. Dies sind vor allem Entwicklungen des konjunkturellen, rechtlichen, politischen und technologischen Umfeldes.

Um bei der Vielzahl zu berücksichtigender Einflussgrößen eine systematische Vorgehensweise sicherzustellen, ist zwischen einer internen und externen Analyse zu unterscheiden, wobei die interne Analyse die **Stärken und Schwächen** des eigenen Unternehmens im Vergleich zum Hauptkonkurrenten beleuchtet. Die externe Analyse betrachtet die **Chancen und Risiken**, die sich im Markt, auf Seiten der Handelspartner, Lieferanten, Kunden, Konkurrenten und im Umfeld ergeben. Schaubild 1-6 zeigt beispielhaft Einflussgrößen für die genannten Situationsbereiche. Diese sind nicht allgemeingültig, sondern sind im Einzelfall zu vervollständigen oder zu reduzieren.

Chancen-Risiken-Analyse						Stärken-Schwächen-Analyse
Markt-situation	Konkurrenz-situation	Lieferanten-situation	Handels-situation	Kunden-situation	Umfeld-situation	Unternehmens-situation
■ Marktaufteilung und Marktstrukturen ■ Polarisierungstendenzen der Märkte ■ Technologische Standards ■ Markteintrittsbarrieren ■ Marktvolumen ■ Sättigungsgrad des Marktes ■ Markttrends ■ Marktentwicklung usw.	■ Anzahl und Größe der Konkurrenten ■ Wettbewerbsintensität ■ Marktstellung Konkurrenten ■ Kooperationsmöglichkeiten ■ Produktqualität ■ Technische Ausstattung ■ Innovationsbereitschaft ■ Machtverhältnisse usw.	■ Anzahl Lieferanten ■ Abhängigkeit von Lieferanten ■ Lieferzuverlässigkeit ■ Kooperationsbereitschaft ■ Technische Ausstattung ■ Lieferantentreue ■ Substitutionsmöglichkeiten ■ Preisentwicklung usw.	■ Einkaufsentscheidungsverhalten ■ Informationslage ■ Handelsbedürfnisse ■ Abnahmemenge ■ Technologische Ausstattung ■ Machtausübung ■ Handelskonzentration ■ Kooperationsbereitschaft ■ Marketingaktivitäten usw.	■ Kundendemografie/Kundenstruktur ■ Einstellungen ■ Qualitäts-/Serviceanforderungen ■ Wiederkaufverhalten ■ Cross-Selling-Verhalten ■ Kaufkraft ■ Informationsbeschaffungsverhalten ■ Loyalität usw.	■ Politische Rahmenbedingungen ■ Wettbewerbsrecht ■ Umweltschutzgesetzgebung ■ Gesellschaftliche Normen ■ Kulturelle Entwicklungen ■ Gesamtwirtschaftliches Wachstum ■ Technolog. Dynamik usw.	■ Marktstellung ■ Leistungsprogramm ■ Kapitalausstattung ■ Vertriebsorganisation ■ Innovationsstärke ■ Personalstruktur ■ Mitarbeiterfluktuation ■ Kostenstruktur ■ Unternehmensimage ■ Zusammenarbeit mit externen Partnern usw.

Schaubild 1-6: Relevante Faktoren einer Analyse der Marketingsituation

1.5.2 Festlegung von Marketingzielen

In Abhängigkeit von den Ergebnissen der Situationsanalyse und unter Berücksichtigung der übergeordneten Unternehmensziele sind entsprechende Marketingziele abzuleiten. Sie bestimmen in Verbindung mit den Marketingstrategien Ausmaß, Gebiet und die Richtung zukünftiger Entwicklungen. Dabei wird generell zwischen zwei **Formen von Marketingzielen** unterschieden (vgl. *Becker* 2012, S. 61ff.):

(1) Ökonomische Marketingziele

Ökonomische Marketingziele lassen sich in betriebswirtschaftlichen Kategorien erfassen und sind meist leicht zu messen. Die wichtigsten ökonomischen Marketingziele sind:

- Absatz (Anzahl verkaufter Mengeneinheiten),
- Umsatz (zu Verkaufspreisen bewertete abgesetzte Mengeneinheiten),
- Marktanteil (Umsatz oder Absatz in Relation zu Umsatz oder Absatz des Marktes),
- Deckungsbeitrag (Umsatz abzüglich der variablen Kosten der Produktion),
- Gewinn (Umsatz abzüglich Kosten),
- Rendite (Gewinn in Relation zum eingesetzten Kapital oder zum Umsatz).

Dem **Marktanteil** kommt in der Unternehmenspraxis besondere Bedeutung zu. Der mengenmäßige (Basis: Absatzmenge) wie auch der wertmäßige Marktanteil (Basis: Umsatzwerte) sind vielfach Ausdruck der Marktstellung des Unternehmens und geben Hinweise auf Wettbewerbsvorteile gegenüber Konkurrenten.

(2) Psychologische Marketingziele

Psychologische Zielgrößen lassen sich nur schwer erfassen, da sie vielfach „theoretische Konstrukte" im mentalen System des Kunden darstellen, die nicht direkt beobachtbar sind, aber das Verhalten des Kunden steuern. Als wichtige psychologische Marketingziele gelten:

- Bekanntheitsgrad (Kenntnis von Produkten, Marken, Unternehmen, Einkaufsstätten),
- Image und Einstellung (subjektive Vorstellungen und Meinungen über Produkte, Marken, Unternehmen, Einkaufsstätten),
- Kundenzufriedenheit (Differenz zwischen erwarteter und tatsächlicher Leistung),
- Kaufpräferenzen (bevorzugte Wahl von Produkten, Marken, Unternehmen, Einkaufsstätten),
- Kundenbindung (Wiederkauf, Cross Selling, Weiterempfehlung, Up Selling).

Die Erreichung psychologischer Marketingziele wird durch Methoden der Marktforschung gemessen (vgl. Kapitel 4), insbesondere durch spezielle Kundenbefragungen.

Ökonomische und psychologische Marketingziele lassen sich nicht unabhängig voneinander betrachten. Vielfach sind die einzelnen psychologischen Marketingziele Voraussetzung für die Erreichung der ökonomischen Ziele. In diesem Zusammenhang wird von einer „**Erfolgskette**" gesprochen (vgl. *Bruhn* 2013; *Bruhn/Homburg* 2010). Diese unterstellt allgemein folgenden Verlauf: Marketingaktivitäten → Kundenzufriedenheit → Kundenbindung → Ökonomischer Erfolg.

Damit Marketingziele neben ihrer Motivationsfunktion auch eine Steuerungs- und Kontrollfunktion erfüllen, bedürfen sie einer präzisen Formulierung. Für eine **Operationalisierung von Marketingzielen** sind diese nach fünf Dimensionen zu spezifizieren:

- Zielinhalt: Was ist zu erreichen?
- Zielausmaß: In welchem Umfang ist das Ziel zu erreichen?
- Zielperiode: Bis wann ist das Ziel zu erreichen?
- Zielsegment: In welchem Marktsegment ist das Ziel zu erreichen?
- Zielgebiet: In welchem Gebiet ist das Ziel zu erreichen?

Als **Beispiele** für eine operationale Formulierung von Zielen lassen sich nennen:

- Erhöhung des Umsatzes des Arzneimittels SCHMERZFREI mit Fachkliniken innerhalb der nächsten zwölf Monate um zehn Prozent gegenüber dem Vorjahr im Vertriebsgebiet Nord.
- Steigerung des nationalen Bekanntheitsgrades für die neu einzuführende Zeitschrift FLASH innerhalb der nächsten vier Monate von 0 auf 20 Prozent im Segment der 18- bis 25-Jährigen.

Fehlt die Angabe zu einer der genannten Dimensionen, sind die Ziele nicht operational definiert und somit nur unzureichend kontrollierbar.

1.5.3 Einsatz der Marketinginstrumente

Marketinginstrumente sind „Werkzeuge", die Unternehmen Möglichkeiten eröffnen, auf Märkte gestaltend einzuwirken. Zur Systematisierung der Marketinginstrumente hat sich in Wissenschaft und Praxis die auf *McCarthy* (1960) zurückgehende Einteilung in die so genannten „4Ps" durchgesetzt (vgl. *Kotler/Bliemel* 2006; *Becker* 2012; *Meffert* et al. 2012). Die „**4Ps**" bezeichnen die folgenden Marketinginstrumente:

- Product (Produkt),
- Price (Preis),
- Promotion (Kommunikation),
- Place (Vertrieb).

Das Entscheidungsproblem im Marketing besteht darin, die optimale Kombination der Marketinginstrumente festzulegen. In diesem Zusammenhang wird von der Planung des **Marketingmix** gesprochen (vgl. *Becker* 2012, S. 485ff.; *Esch* et al. 2013, S. 368ff.; *Meffert* et al. 2012, S. 22ff.). Im Folgenden werden die 4Ps im Überblick dargestellt.

(1) Instrumente der Produktpolitik

Die Produktpolitik beschäftigt sich mit sämtlichen Entscheidungen der Gestaltung des Leistungsprogramms. Um die Entscheidungstatbestände, die der Produktpolitik zuzuordnen sind, besser zu identifizieren, ist zunächst eine inhaltliche Bestimmung des Begriffes Produkt sinnvoll. Zu unterscheiden sind der substanzielle, der erweiterte sowie der generische Produktbegriff (vgl. auch *Homburg* 2012, S. 536f.). Der **substanzielle Produktbegriff** umfasst lediglich das physische Kaufobjekt wie z.B. eine Waschmaschine oder eine Zahnbürste. Beim **erweiterten Produktbegriff** werden dem physischen Kaufobjekt die direkt mit diesem Objekt in Zusammenhang stehenden Dienstleistungen zugerechnet wie z.B. die Montage der Waschmaschine. Bei einem **generischen Begriffsverständnis**, das auch hier zu Grunde gelegt wird, werden sämtliche materiellen und immateriellen Produktfacetten, aus denen Kundennutzen resultiert, zum Produktbegriff gefasst. Folgende Entscheidungsbereiche zählen zur Produktpolitik:

- Produktinnovation,
- Produktvariation/-differenzierung,
- Produkteliminierung,
- Markierung,
- Namensgebung,
- Serviceleistungen,
- Sortimentsplanung,
- Verpackung.

(2) Instrumente der Preispolitik

Die Preispolitik (häufig auch als Kontrahierungspolitik bezeichnet) legt die Konditionen fest, zu denen die Produkte den Kunden angeboten werden. Zum Entscheidungsspektrum zählen:

- Preis,
- Rabatte,
- Boni und Skonti,
- Liefer- und Zahlungsbedingungen.

(3) Instrumente der Kommunikationspolitik

Die Kommunikationspolitik umfasst sämtliche Maßnahmen, die der Kommunikation zwischen Unternehmen und ihren aktuellen und potenziellen Kunden, Mitarbeitenden und Bezugsgruppen dienen. Zu unterscheiden sind folgende Kommunikationsinstrumente (vgl. *Bruhn* 2013, 2011):

- Mediawerbung,
- Verkaufsförderung,
- Direct Marketing,
- Public Relations,
- Sponsoring,
- Persönliche Kommunikation,
- Messen und Ausstellungen,
- Event Marketing,
- Social Media-Kommunikation,
- Mitarbeiterkommunikation.

(4) Instrumente der Vertriebspolitik

Die Vertriebspolitik (in der Literatur häufig auch als Distributionspolitik bezeichnet) bündelt sämtliche Maßnahmen, die erforderlich sind, damit der Kunde die angebotenen Leistungen beziehen kann. Hierzu zählt primär die Überbrückung der räumlichen und zeitlichen Distanz zwischen der Herstellung und dem Kauf des Produktes. Diese Funktion übernehmen i.d.R. der Handel bzw. die Absatzmittler. Zur Vertriebspolitik zählen drei Entscheidungstatbestände:

- Vertriebssysteme,
- Verkaufsorgane,
- Logistiksysteme.

Bei der Zuordnung einzelner Marketinginstrumente zu den jeweiligen Bereichen sind **Überschneidungen** möglich, wenn diese gleichzeitig verschiedene Aufgaben übernehmen; z.B. die Verpackung, die Produktgestaltungs- und Kommunikationsfunktionen wahrnimmt oder die Verkaufsförderung, die Kommunikations- und Vertriebsfunktionen erfüllt. Schaubild 1-7 zeigt die Instrumente des Marketingmix (4Ps) im Überblick.

Im Rahmen des Electronic Commerce (E-Commerce) entstehen durch die zu Grunde liegenden Informations- und Kommunikationstechnologien zusätzliche Einsatzmöglichkeiten der Marketinginstrumente. Dabei entstehen neue Herausforderungen, die das bisherige Verständnis und Vorgehen im Marketingmanagement nachhaltig verändern (vgl. *Fritz* 2004; *Meier/Stormer* 2008) Als wichtiger Unterschied ist festzuhalten, dass E-Commerce eine größere Produktdifferenzierung und hinsichtlich Erreichbarkeit, Reaktionszeit u.a. eine höhere Kundenorientierung ermöglicht, jedoch nicht automatisch realisiert. Bezüglich der Preispolitik wird der Preisspielraum eines Anbieters im E-Commerce durch die höhere Preistransparenz stärker reduziert, der Online-Anbieterwechsel

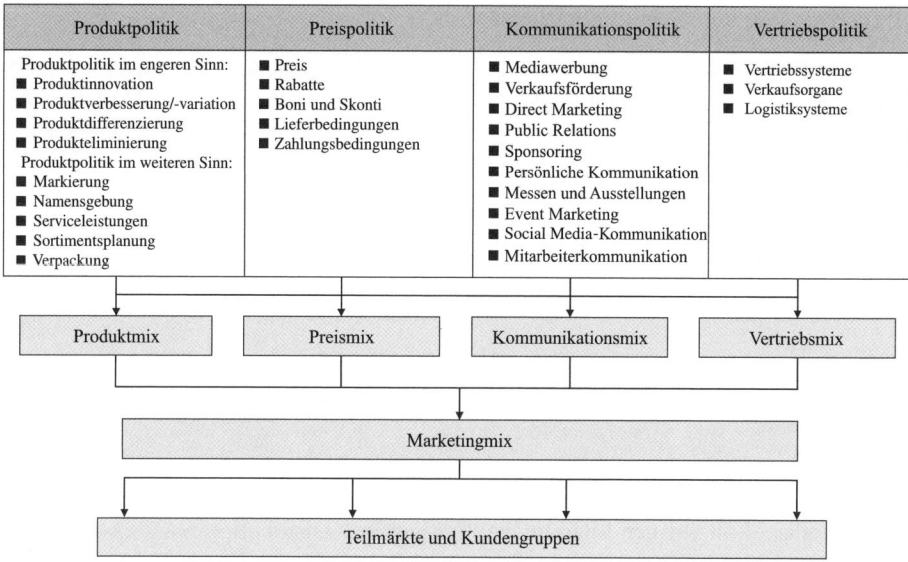

Schaubild 1-7: Die klassischen Marketinginstrumente (4Ps) im Marketingmix

gestaltet sich für den Kunden einfach. Für den Vertrieb der Leistungen ist die physische Anwesenheit von Produkt und Kunde nicht erforderlich; es besteht jedoch die Möglichkeit einer zeitnahen, interaktiven und individuellen Gestaltung der Kommunikation mit dem Kunden.

1.6 Paradigmenwechsel in der Marketingwissenschaft

Ein marktorientiertes Entscheidungsverhalten hat die Aufgabe, durch den differenzierten Einsatz von Marketinginstrumenten neuen Entwicklungen im Marketing gerecht zu werden. Vor diesem Hintergrund sind in den letzten Jahren zahlreiche „neue" Marketinginstrumente und -maßnahmen entstanden, die zur Wettbewerbsprofilierung eingesetzt werden.

Allerdings entspricht die Sichtweise des Einsatzes der 4Ps einem Paradigma, das als ein Denken im Sinne einer **„Inside-out-Perspektive"** gekennzeichnet ist – d.h., ein Unternehmen entwickelt einen Marketingmix, um damit den Markt bzw. die Teilmärkte zu bearbeiten und Geschäftsabschlüsse zu tätigen. Diese transaktionsorientierte Sichtweise wird vielfach den speziellen Kundenerwartungen nicht gerecht und in vielen Bereichen sind Widerstände auf Konsumentenseite feststellbar. Deshalb wird eine veränderte Vor-

	Transaktionsmarketing	**Beziehungsmarketing**
Betrachtungsfristigkeit	Kurzfristigkeit	Langfristigkeit
Marketingobjekt	Produkt	Produkt und Interaktion
Marketingziel	Kundenakquisition	Kundenakquisition, Kundenbindung, Kundenrückgewinnung
Marketingstrategie	Leistungsdarstellung	Dialog
Ökonomische Erfolgs- und Steuerungsgrößen	Absatz, Umsatz, Deckungsbeitrag, Gewinn, Kosten	zusätzlich: Kundendeckungsbeitrag, Kundenwert

Schaubild 1-8: Transaktions- versus Beziehungsmarketing

gehensweise im Sinne einer „**Outside-in-Perspektive**" vorgeschlagen – d.h., die jeweilige Art der Beziehung des Unternehmens zu seinen Kunden ist an den Ausgangspunkt der Marktbearbeitung zu stellen (vgl. *Bruhn* 2013).

Damit verbunden ist die **Entwicklung vom Transaktions- zum Beziehungsmarketing**. Letzteres wird als Relationship Marketing oder Customer Relationship Management (CRM) bezeichnet. Der Ursprung des Beziehungsmarketing liegt im Business-to-Business- sowie im Dienstleistungsbereich, da hier seit jeher die Beziehungspflege ein wesentlicher Erfolgsfaktor ist. Schaubild 1-8 zeigt die Unterschiede im Überblick auf.

Die Vertreter des Beziehungsmarketing (vgl. *Gordon* 1998; *Peck* et al. 1999; *Gummesson* 2008; *Bruhn* 2013) gehen davon aus, dass die traditionelle Transaktionsorientierung des Marketing, die den Einsatz der 4Ps fokussiert, der Kernaufgabe des Marketing – die Pflege und Gestaltung von Geschäftsbeziehungen – zu wenig Rechnung trägt. Gefordert wird eine aktive Analyse, Gestaltung und Kontrolle von dauerhaften Beziehungen zu sämtlichen Anspruchsgruppen des Unternehmens, die auf Vertrauen und Zufriedenheit basieren.

Der Instrumenteeinsatz wird daher im Rahmen des Beziehungsmarketing viel stärker unter dem Aspekt der verschiedenen Phasen einer Geschäftsbeziehung gesehen. Die Marketinginstrumente werden folglich danach systematisiert, ob das Unternehmen primär neue Kunden gewinnen (**R**ecruitment), zufriedene Kunden an sich binden (**R**etention) oder unzufriedene Kunden halten bzw. zurückgewinnen will (**R**ecovery) – die so genannten **3Rs**.

Schaubild 1-9 verdeutlicht den Einfluss des Beziehungsmarketing auf den Einsatz der Marketinginstrumente, indem diese nicht nur nach den 4Ps, sondern nach den verschiedenen

4Ps \ 3Rs	Recruitment Kundenakquisition mit Fokus Kundendialog	Retention Kundenbindung mit Fokus Kundenzufriedenheit	Recovery Kundenrückgewinnung mit Fokus Wechselbarrieren
Product	■ Verpackungsgestaltung ■ Produktzusatznutzen ■ Markierung ■ Produktverbesserung	■ Produktdifferenzierung ■ Servicestandards ■ Sortimentsbreite ■ Garantien	■ Produktinnovation ■ Value Added Services ■ Produktverbesserung ■ Individuelle Leistungen
Price	■ Niedrigpreis ■ Sonderangebote ■ Boni/Skonti ■ Finanzierungsangebote	■ Optimales Preis-Leistungs-Verhältnis ■ Preisgarantien ■ Preisbündelung	■ Rabatte/Boni ■ Einmalige Zahlung bei Wiederaufnahme ■ Sonderkonditionen
Promotion	■ Direct Mailing ■ Massenkommunikation mit Dialogfunktion ■ Verkaufsförderung	■ Kundenzeitschriften ■ Direct Mail ■ Sponsoring ■ Kundenclubs	■ Direct Mail ■ Telefonmarketing ■ Persönliches Gespräch ■ Einladung/Events
Place	■ Produktsampling ■ Aktionen am POS ■ Direktvertrieb ■ Verkaufsgespräche	■ Direct Marketing ■ Direktvertrieb ■ Regelmäßige Außendienstbesuche ■ Lieferservice	■ Exklusivvertrieb ■ Außendiensteinsatz ■ Key Account Management ■ Online-Vertrieb

Schaubild 1-9: Systematisierung der Marketinginstrumente nach den 3Rs im Marketing

Phasen einer Kundenbeziehung strukturiert werden (vgl. hierzu auch *Gordon* 1998, S. 12ff.; *Bruhn* 2013).

Für den Einsatz der Marketinginstrumente empfiehlt sich eine Ausrichtung nach diesen 3Rs, d.h. den **Phasen einer Kundenbeziehung**:

(1) **Recruitment**: Im Marketing werden verstärkt Instrumente eingesetzt, die den Dialog und die Interaktion zwischen Unternehmen und Kunde fördern. Grundgedanke dieser Dialogorientierung ist die Annahme, dass durch eine Intensivierung des Dialoges die Kundenakquisition gefördert wird.

(2) **Retention**: Kundenbindungsstrategien bzw. Customer-Retention-Programme haben stark an Bedeutung gewonnen. Hierbei wird versucht, durch den Instrumenteeinsatz die Kundenzufriedenheit zu steigern und insbesondere zu halten. Typische Kundenbindungsinstrumente sind Kundenclubs, Kundenkarten oder Kundenzeitschriften.

(3) **Recovery**: Schließlich werden verstärkt Überlegungen angestellt, welche Maßnahmen bei unzufriedenen oder gefährdeten Kunden zur Verhinderung der Abwanderung sinnvoll sind. Ist der Kunde bereits abgewandert, dienen ebenfalls spezifische Marketinginstrumente wie z.B. persönliche Gespräche zur Rückgewinnung des Kunden.

Zum gegenwärtigen Zeitpunkt gewinnt zusätzlich zu den 3Rs die anbieterseitige Beziehungsbeendigung als Strategieoption im Rahmen des Beziehungsmarketing – insbesondere im Bereich der Finanzdienstleistungen sowie in der Telekommunikationsbranche – an Bedeutung. Ziel ist dabei die Bereinigung des Kundenstamms hinsichtlich unprofitabler Kunden (*Bruhn* 2013).

1.7 Institutionelle Besonderheiten des Marketing

Je nach Branche und Art der Leistung ergeben sich spezifische Herausforderungen und Aufgabenschwerpunkte des Marketing. Diese institutionellen Besonderheiten sind bei der Ausarbeitung eines Marketingkonzeptes zu berücksichtigen. Auf die wesentlichen Unterschiede bzw. Besonderheiten wird im Folgenden eingegangen.

1.7.1 Besonderheiten des Konsumgütermarketing

Die Entwicklung des Marketinggedankens hatte ihren Ursprung im Konsumgüterbereich. Dieser richtet sich an private Konsumenten bzw. Verwender der Produkte. Im Konsumgütermarketing unterlagen zunächst Produkte aus dem Lebensmittelbereich als **Markenprodukte** einem systematischen Marketing. Noch heute sind viele dieser bereits über 100 Jahre „alten" Marken wie Nivea, Persil, Knorr, Maggi oder Odol erfolgreich. Vom Verbrauchsgüterbereich ausgehend wurde der Marketinggedanke auf den Gebrauchsgüterbereich übertragen. Hierbei handelt es sich um Produkte mit längerer Lebensdauer, die in größeren Wiederkaufzyklen erworben werden (z.B. Fernseher oder PKW). Für das Marketing von Verbrauchs- und Gebrauchsgütern sind folgende **Besonderheiten** kennzeichnend:

- Ausrichtung der Marketingmaßnahmen primär auf Massenmärkte (**Massenmarketing**).
- Intensive Werbeaufwendungen im Rahmen einer **konsequenten Markenpolitik**.
- Vergleichsweise **kurze Produktlebenszyklen**, die aus einem wachsenden Wettbewerbsdruck resultieren.
- **Preiskämpfe**, ausgelöst durch zunehmenden Wettbewerb durch Handelsmarken und kurze Produktlebenszyklen.
- **Differenzierter Einsatz** aller Marketinginstrumente, um den Nutzenerwartungen verschiedener Kundengruppen gerecht zu werden.
- Bedrohung durch „**Me-too**"-Produkte und **Markenpiraterie**, mit deren Hilfe Imitatoren bei technologisch ausgereiften Produkten durch niedrigere Preise Marktanteile zu gewinnen versuchen.

- Einsatz von **Produktmanagern**, die sich ausschließlich um die von ihnen betreuten Produkte und Marken kümmern.
- **Mehrstufiger Vertrieb** unter Berücksichtigung unterschiedlicher Vertriebskanäle.
- Paralleler Einsatz eines **konsumentengerichteten** und eines **handelsgerichteten Marketing**, um der zunehmenden Nachfragemacht des Handels gerecht zu werden.
- Einsatz von **Key Account Managern**, die sich auf die Zusammenarbeit mit den wesentlichen Handelskonzernen (Key Accounts) konzentrieren.

1.7.2 Besonderheiten des Industriegütermarketing

Das Industriegütermarketing beschäftigt sich mit der Vermarktung von Produkten an Unternehmen, die diese zur eigenen Leistungserstellung benötigen. Das Spektrum der Industriegüter reicht von einfachen Grundstoffen bis zu hochkomplexen Anlagen (vgl. *Backhaus/Voeth* 2011). Kunden sind die Entscheidungsträger des jeweiligen Industriebetriebes, die ihre Einkaufsentscheidung i.d.R. gemeinsam treffen. Vor diesem Hintergrund ergeben sich folgende **Besonderheiten** des Industriegütermarketing:

- Kunden sind gewerbliche Abnehmer, d.h. es besteht eine **derivative Nachfrage**.
- Kaufentscheidungen werden von mehreren Personen gemeinsam getroffen (**Buying Center**).
- **Langer Beschaffungsprozess** mit aktivem Informationsverhalten.
- Intensive **Interaktions- und Beziehungsorientierung** zwischen dem Selling Center des Anbieters und dem Buying Center des Abnehmers.
- Durch die hohe Nachfrageunsicherheit besonders hoher Stellenwert von **Vertrauen** und **persönlicher Kommunikation**.
- Geringere Anzahl von Kunden und Marktteilnehmern (**Individualmarketing**).
- **Direktvertrieb** und **langfristige Kundenbeziehungen** stehen im Vordergrund.
- Hoher Anteil an **internationalen Geschäftsbeziehungen**.

1.7.3 Besonderheiten des Dienstleistungsmarketing

Im Dienstleistungssektor ist das Marketing maßgeblich durch die Vielfalt und Heterogenität der Dienstleistungsarten, z.B. die Leistungen eines Restaurants, einer Versicherung oder eines Schusters, geprägt (vgl. *Bruhn/Georgi* 2006; *Homburg* 2012; *Meffert/Bruhn*

2012; *Meffert* et al. 2012). Für das Dienstleistungsmarketing sind als **Besonderheiten** hervorzuheben:

- Notwendigkeit der **Dokumentation der Leistungsfähigkeit** des Dienstleistungsanbieters (Know-how, persönliche Fähigkeiten, Ausstattung usw.).
- **Integration des externen Faktors**, d.h., der Kunde bringt sich oder seine Besitzgegenstände direkt in den Leistungserstellungsprozess ein und beeinflusst somit passiv oder aktiv das Ergebnis (z.B. Friseur oder Autoreparaturwerkstatt).
- Tendenziell **Immaterialität** und damit fehlende Lager- und Transportfähigkeit von Leistungen (z.B. Ausbildung).
- Häufig gleicher Zeitpunkt von Produktion und Konsum (**Uno-actu-Prinzip**).
- Sicherstellung **konstanter Dienstleistungsqualität** als zentrales Marketingproblem, insbesondere bei persönlichen und individuellen Dienstleistungen (z.B. Beratung).
- Dienstleistungsqualität ist abhängig von den Mitarbeitenden. **Qualifikation, Schulung und Motivation von Mitarbeitenden** sind daher besonders wichtig. Häufig wird vom fünften „P" für Personalpolitik gesprochen.
- Zentrale Rolle des Konzepts des **Internen Marketing** zum Aufbau von Mitarbeitermotivation und -zufriedenheit.
- **Persönliche Kommunikation** ist expliziter Teil der Dienstleistungserstellung.
- Zentrale Rolle von **Imagemerkmalen** sowie der **„Mund-zu-Mund"-Kommunikation** für die Kaufentscheidung aufgrund meist objektiv nicht überprüfbarer Qualität.

1.7.4 Besonderheiten des Handelsmarketing

Auch wenn Handelsbetriebe als Dienstleistungsunternehmen angesehen werden können, ist es aufgrund der besonderen Funktion des Handels im Marketingsystem sowie der zunehmenden Wettbewerbsrelevanz sinnvoll, das Marketing des Handels differenziert zu betrachten. Das Handelsmarketing umfasst sämtliche Marketingmaßnahmen des Handels gegenüber seinen Nachfragern (vgl. z.B. *Mattmüller/Tunder* 2004; *Ahlert/Kenning* 2007; *Müller-Hagedorn/Natter* 2010). Das Handelsmarketing zeigt die folgenden **Besonderheiten** auf, wobei je nach Betriebsform des Handels (z.B. Groß- oder Einzelhandel) die Marketingkonzeptionen differieren:

- Die **Standortwahl** entscheidet maßgeblich über Erfolg und Image eines Händlers.
- Die **Leistungspolitik** des Handels umfasst sowohl das Bereitstellen von Sachgütern als auch von Dienstleistungen.

- Die **Sortimentsgestaltung** stellt die Kernaufgabe des Marketing dar. Entscheidungen hinsichtlich der Sortimentsbreite und -tiefe sowie Verbundwirkungen zwischen Warengruppen stehen im Vordergrund.
- Bedeutungszunahme der Markenpolitik des Handels durch die Entwicklung eigenständiger **Handelsmarken** (Eigenmarken bzw. Private Labels).
- Zentrale Bedeutung von **Sonderangeboten** im Rahmen der Preispolitik sowie **Kundenkarten** im Rahmen des Relationship Marketing.
- Intensivierung des Versandhandels bzw. des **Online-Vertriebs** als zentrale Herausforderungen des stationären Handels.
- **Verkaufsraumgestaltung** als zusätzliche Komponente des Marketingmix.

1.7.5 Besonderheiten des Nonprofit-Marketing

Das Nonprofit-Marketing beschäftigt sich mit dem Angebot und der Nachfrage nichtkommerzieller Leistungen. Dazu zählen Theater, Museen, Universitäten, Parteien, Behörden, Sozialorganisationen u.a.m. (vgl. *Purtschert* 2005; *Andreasen/Kotler* 2008; *Bruhn* 2012). Als **Besonderheiten** lassen sich für das Nonprofit-Marketing hervorheben:

- Schwierigkeiten bei der Abgrenzung des **relevanten Marktes** und der **Charakterisierung** des Produktes/der Leistung.
- Berücksichtigung einer **Vielzahl von Anspruchsgruppen**.
- Im Vergleich zu anderen Bereichen oft keine Eindeutigkeit bei der **Bestimmung der Nachfrager** und der Konsumenten bzw. der Empfänger oder Verwender.
- Oft **individualisierte Leistungen** mit einem geringen Standardisierungspotenzial.
- Bei „kostenlosen" bzw. kostenlos dem Empfänger zur Verfügung gestellten Leistungen **Interpretationsschwierigkeiten des Preises** bzw. der Gegenleistungspolitik.
- Besondere Bedeutung der **Mitarbeitenden** für die Leistungserbringung sowie häufig hoher Anteil ehrenamtlicher Mitarbeitender.
- Teilweise **Hemmschwellen** auf Kunden- und Anbieterseite gegenüber dem Marketing im Sinne einer „Vermarktung".
- Häufig geringe bzw. eingeschränkte **Budgets** für Marketingaktivitäten.

2. Festlegung des Marketingplans

> **Lernziele**
>
> In diesem Kapitel setzen Sie sich mit dem Marketingplan als Kern des entscheidungsorientierten Managementprozesses auseinander. Sie
> - machen sich mit den Schritten und Phasen der Marketingplanung vertraut,
> - erarbeiten die zentralen Bausteine eines Marketingplans (als Jahresplan),
> - lernen die Methoden in den einzelnen Planungsschritten kennen und
> - unterscheiden zwischen verschiedenen Ebenen der Marketingplanung.
>
> Besonderes Anliegen dieses Kapitels ist es, die Aufgaben und Inhalte einer umfassenden Marketingplanung zu vermitteln.

2.1 Marketing als Managementfunktion

Marketing als Managementfunktion bedingt ein systematisches Entscheidungsverhalten, das sich mit Hilfe eines Managementprozesses realisieren lässt. Schaubild 2-1 zeigt einen idealtypischen Prozess des Marketingmanagements mit den klassischen Phasen der Analyse, Planung, Durchführung und Kontrolle. Dieser Managementprozess verdeutlicht, wie das Marketing als Unternehmensfunktion seiner Rolle als Initiator einer systematischen Unternehmensführung gerecht wird. Kern des Marketingmanagements ist die kontinuierliche Marketingplanung (vgl. *Tomczak* et al. 2014; *Luther* 2011). Sie führt zu einem **Marketingplan**, der dem Marketingverantwortlichen zur Umsetzung des Managementprozesses in Teilschritten dient (vgl. *Kotler/Keller* 2008; *Kotler* et al. 2010; *Wood* 2010). Dieser hat den folgenden fünf **Anforderungen** gerecht zu werden, um einen systematischen Entscheidungsprozess zu unterstützen:

(1) Zeitliche Anforderungen

Die Prozesse der Marketingplanung haben eine dem Planungsobjekt angemessene **Frühzeitigkeit** des zeitlichen Vorlaufs aufzuweisen. In der Regel wird ein Marketingplan als Jahresplan ausgearbeitet. Darüber hinaus ist sicherzustellen, dass die Marketingplanung als **revolvierender Prozess** mit fixierten Planungszyklen im Unternehmen etabliert wird, die in Abhängigkeit von den Spezifika des Planungsobjektes variieren.

Marketing als Managementfunktion

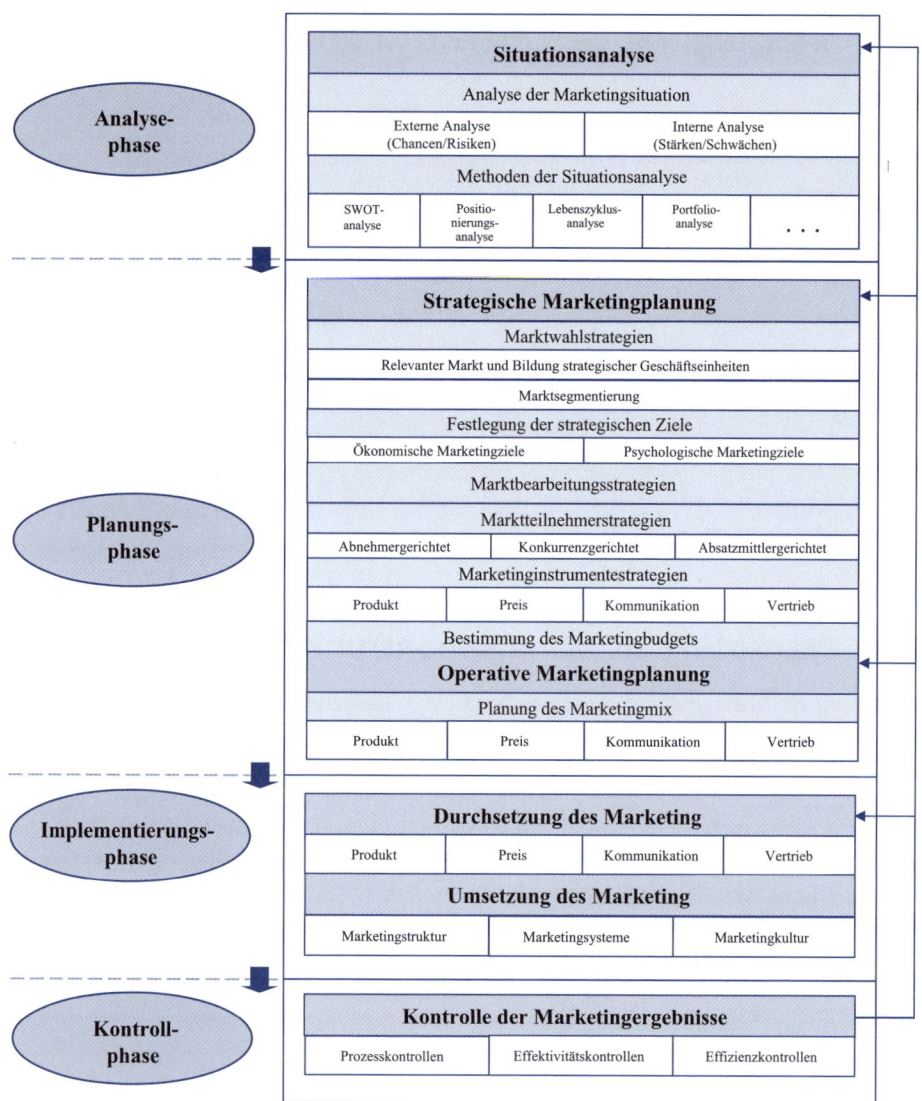

Schaubild 2-1: Idealtypischer Prozess des Marketingmanagements

(2) Inhaltliche Anforderungen

Unter inhaltlichen Gesichtspunkten ist die **Vollständigkeit** der Marketingplanung sicherzustellen. Hierzu bietet sich der Aufbau des zu erarbeitenden Marketingplans in einer festgelegten Struktur an, die alle wesentlichen Aspekte erfasst.

(3) Konzeptionelle Anforderungen

Trotz Berücksichtigung eines notwendigen Maßes an Verbindlichkeit und Konkretisierung ist ein bestimmtes Maß an **Flexibilität** notwendig, um in der Lage zu sein, auf unerwartete Veränderungen der Rahmenbedingungen auch in späteren Phasen der Planung zu reagieren. Somit sind Freiräume einzuräumen, die u.a. angemessene Reaktionen auf die Aktivitäten von Wettbewerbern erlauben.

(4) Formale Anforderungen

Wichtigste formale Anforderung an die Marketingplanung ist die **schriftliche Fixierung** des Marketingplans. Auf diese Weise wird zum einen die **Verbindlichkeit** der Planungen dokumentiert, zum anderen ist der so dokumentierte Marketingplan auch ein Mittel der internen Kommunikation mit den involvierten Personen, Abteilungen und sonstigen Unternehmenseinheiten.

(5) Organisatorische Anforderungen

Notwendige Voraussetzung für eine erfolgreiche Marketingplanung ist darüber hinaus eine eindeutige und transparente Festlegung der **Verantwortlichkeiten** und **Aufgabenbereiche** im Rahmen des Planungsprozesses. Hierbei ist z.B. zu bestimmen, wer bis wann welche Aufgaben im Rahmen des Planungsprozesses zu erfüllen hat.

Der **Marketingplan** ist das Kernstück des Marketingmanagementprozesses und Ausdruck eines entscheidungsorientierten Vorgehens (im Gegensatz zum reaktiv ausgerichteten inkrementalen Planungsansatz; vgl. zu unterschiedlichen Planungsansätzen *Becker* 2009, S. 820ff.). Er dient dem Marketingmanager zur Umsetzung der Marketingstrategie. Darüber hinaus kommen dem Marketingplan weitere **Funktionen** zu: Die Analysefunktion übernimmt die Identifikation von Chancen und Risiken. Zur Förderung der Ziel- und Zukunftsorientierung trägt die Planungsfunktion bei. Durch die Koordinationsfunktion werden Ziele, Strategien und Entscheidungen koordiniert. Die Informationsfunktion erfüllt die Aufgabe der Information und Motivation von Mitarbeitenden. Schließlich wird die Erfolgskontrolle durch die Kontrollfunktion unterstützt.

Schaubild 2-2 zeigt exemplarisch die Grobstruktur eines Marketingplans sowie konkrete Fragestellungen (vgl. in ähnlicher Form *Cohen* 2006), die im Einzelnen behandelt werden. Zu nennen sind im Wesentlichen acht Bausteine, die letztlich den systematischen Ablauf des Planungsprozesses im Marketing widerspiegeln.

(1) Relevanter Markt/Leistungscharakterisierung
- Auf welches konkrete Produkt bzw. welche Dienstleistung bezieht sich der Marketingplan?
- Was ist der „relevante Markt", auf den sich der Marketingplan bezieht?
- Welche spezifischen Besonderheiten machen die Leistung einzigartig?

(2) Marketingsituation
- Welche Markt-, Konkurrenz-, Handels- und Umfeldfaktoren sind von Bedeutung?
- Welche Chancen und Risiken kennzeichnen die (prognostizierte) Entwicklung dieser Faktoren?
- Welche Stärken und Schwächen des Unternehmens stehen diesen Entwicklungen gegenüber?
- Was ist die Marketingproblemstellung, die mit Hilfe der Marketingplanung zu lösen ist?

(3) Marktsegmente
- Welche Marktsegmente werden anvisiert?
- Warum wurden diese Marktsegmente ausgewählt?
- Wie groß sind diese Marktsegmente?
- Mit welchen Kriterien lassen sich diese Marktsegmente beschreiben?

(4) Marketingziele
- Welche übergeordneten Unternehmensziele sind zu berücksichtigen?
- Welche konkreten Marketingziele werden verfolgt?
- Welche Prioritäten haben die ökonomischen und psychologischen Ziele?
- Welche Beziehungen bestehen zwischen diesen Zielen?

(5) Marketingstrategie
- Welche alternativen Strategien kommen zur Zielerreichung in Betracht?
- Welche Strategiealternative wird favorisiert und mit welcher Begründung?
- Welche Ausprägungen hat die Marketingstrategie?

(6) Marketingmaßnahmen
- Welche Ausgestaltung wird der Marketingmix haben?
- Wo liegen Prioritäten im Marketingmix?
- Wie sind die Marketingmaßnahmen nach verschiedenen Kundengruppen zu differenzieren?
- Welche konkreten Maßnahmen sind zu ergreifen?

(7) Marketingbudget
- Welche finanziellen Mittel sind einzusetzen, um die Marketingziele zu erreichen?
- Wo liegen die Prioritäten im Einsatz der Budgetmittel?
- Wie sind diese Mittel aufzuteilen?

(8) Implementierung und Kontrolle
- Wer ist für die Umsetzung und Durchsetzung von Strategien und Maßnahmen verantwortlich?
- Welche organisatorischen Anpassungen sind zur Umsetzung der Strategie erforderlich?
- Wie lässt sich die Zielerreichung messbar machen?
- Wer kontrolliert die Zielerreichung?

Schaubild 2-2: Grobstruktur und exemplarische Bausteine eines Marketingplans

2.2 Phasen der Marketingplanung

Idealtypisch besteht der Planungsprozess des Marketing aus zeitlich und inhaltlich aufeinander folgenden Phasen (Schaubild 2-1). Zwischen diesen Phasen existieren zahlreiche Interdependenzen, so dass ein sukzessives, voneinander unabhängiges Abarbeiten der Phasen nicht sinnvoll erscheint. Bezugspunkt der Planung und ihrer einzelnen Phasen ist stets der **relevante Markt**, auf dem das Unternehmen mit seinem Leistungsprogramm vertreten ist (vgl. Abschnitt 1.3).

2.2.1 Analyse der Marketingsituation

Die **Situationsanalyse** ist Ausgangspunkt jeder systematischen Marketingplanung. Sie erfasst die spezifische Situation, in der sich das Unternehmen befindet sowie die sich daraus ergebende marktorientierte Problemstellung. Ziel ist eine prägnante Analyse der Entwicklung und eine Prognose der **relevanten Einflussfaktoren** des Marketing. Als Ergebnis werden die wichtigsten externen Chancen und Risiken sowie die korrespondierenden Stärken und Schwächen des Unternehmens im Sinne einer strategischen Frühaufklärung identifiziert. Im ersten Kapitel wurden zur Strukturierung der Marketingsituation verschiedene Bereiche unterschieden: die Markt-, Kunden-, Handels-, Lieferanten-, Konkurrenz-, Umfeld- und Unternehmenssituation (vgl. Schaubild 1-6).

Die Ausgestaltung von Situationsanalysen (Inhalt, Detaillierungsgrad und Form) wird in der Praxis sehr unterschiedlich gehandhabt. Generell empfiehlt sich bei der Darstellung der Marketingsituation ein Vorgehen, das die folgenden sechs Schritte beinhaltet und als **SWOT-Analyse** (Strengths-Weaknesses-Opportunities-Threats) bezeichnet wird:

(1) Erfassung der relevanten unternehmensexternen Einflussgrößen

Bezogen auf die sechs unternehmensexternen Situationsbereiche sind sowohl quantitative als auch qualitative Faktoren einzubeziehen, die das Unternehmen beeinflussen, aber vom Unternehmen selbst nicht bzw. nur in geringem Maße beeinflussbar sind. Beispielhaft seien hier quantitative Faktoren wie die Zahl der Konkurrenten oder die Entwicklung des Marktvolumens und qualitative Faktoren wie z.B. die Technologiedynamik oder die Rechtsprechung genannt.

Um eine möglichst vollständige Erfassung der relevanten Einflussgrößen zu gewährleisten, ist ein systematisches Vorgehen hilfreich, das die bekannten Einflussfaktoren einbezieht (gerichtete Überwachung der relevanten Faktoren) und zusätzlich geeignet ist, neue relevante Entwicklungen zu erfassen (ungerichtete Umfeldüberwachung). Als Instrumente werden in diesem Zusammenhang z.B. Impact-Analysen (Betroffenheitsanalysen) oder die Szenariotechnik genutzt. Diese Instrumente geben Hinweise, ob und inwieweit beobachtbare Entwicklungen für das Unternehmen von Bedeutung sind bzw. welche Alternativen bei einer besonders (un-)günstigen Entwicklung unternehmensexterner Einflussgrößen bestehen (Extremszenarien).

Dabei ist zu berücksichtigen, dass zunächst die **Vergangenheitsentwicklung** dokumentiert wird. Ebenso sind **Prognosen** über die erwartete Entwicklung marketingrelevanter Größen einzubeziehen. In der Regel sind aus der Vergangenheitsentwicklung bereits Tendenzen ablesbar (z.B. Preisverfall, verstärkte Bedeutung bestimmter Absatzkanäle, hohe Wachstumsraten in Teilsegmenten usw.). Im Rahmen einer Situationsanalyse ist abzuschätzen, mit welcher Wahrscheinlichkeit sich diese **Markttendenzen** fortsetzen, verstärken oder abschwächen werden.

(2) Erstellung einer Chancen-Risiken-Analyse

Die im ersten Schritt identifizierten Entwicklungstendenzen und Einflussfaktoren sind zusammenfassend dahingehend zu bewerten, ob sich daraus Chancen- oder Risikopotenziale für das Unternehmen ergeben:

- **Chancen:** z.B. Wachstumsmöglichkeiten, neue Vertriebsmöglichkeiten, Bedarf an neuen Produkten oder Leistungen usw.

- **Risiken:** z.B. Bedrohungen, die möglicherweise zu einer Stagnation oder Schrumpfung des Marktes führen wie etwa Preisverfall, neue Konkurrenz aus dem Ausland, technologische oder ökologische Entwicklungen, Substitutionsprodukte, Preissteigerungen bei Rohstoffen, rechtliche Entwicklungen usw.

Für den Kleinwagenmarkt wird dies beispielhaft nachvollzogen: **Chancen** ergeben sich aus dem Trend zum Zweit- bzw. Drittfahrzeug in hoch entwickelten Ländern sowie aus der grundsätzlich positiven Einstellung gegenüber dem Individualverkehr. **Risiken** sind dagegen in der weltweiten Verschärfung der Umweltgesetzgebung, der beschränkten Mobilität durch zunehmende Verkehrsdichte und den steigenden Kosten des Individualverkehrs (Steuern, Benzinpreise usw.) zu sehen.

(3) Erfassung der relevanten unternehmensinternen Einflussgrößen

Analog zu den unternehmensexternen Einflussgrößen sind in diesem Schritt alle relevanten unternehmensinternen Einflussgrößen zu erfassen. Dies betrifft insbesondere die zur Verfügung stehenden Ressourcen und die Wettbewerbsposition. Zu den zur Verfügung stehenden Ressourcen zählen z.B. die Mitarbeitenden und ihre Qualifikation; zur Wettbewerbsposition das Leistungsprogramm, die Marktstellung, das Unternehmensimage u.a.m.

(4) Erstellung einer Stärken-Schwächen-Analyse

Aus den im vorherigen Schritt identifizierten Faktoren sind zusammenfassend die **Stärken**, d.h. jene Faktoren, die dem Unternehmen im Vergleich zum Wettbewerb eine Nutzung der Marktchancen bzw. eine Umgehung von Marktrisiken ermöglichen sowie die **Schwächen** herauszuarbeiten. Die Stärken-Schwächen-Analyse hat dabei immer im Vergleich zum Hauptkonkurrenten zu erfolgen.

Am Beispiel eines Unternehmens im Kleinwagenmarkt wird eine Stärken-Schwächen-Analyse veranschaulicht: **Stärken** liegen im hoch qualifizierten Mitarbeiterstamm, in der günstigen Kostenstruktur durch optimierte Fertigungstechnologien und kostengünstige Standorte, in der internationalen Marktpräsenz bei einer weltweit führenden Technologieposition sowie im ausgezeichneten Image bei den Kunden (Qualität, Sicherheit usw.). **Schwächen** sind dagegen in der starren Organisationsstruktur, der fehlenden Erfahrung im Kleinwagensegment sowie in fehlenden Kooperationen zu sehen.

(5) Verknüpfung der unternehmensexternen Chancen und Risiken mit den unternehmensinternen Stärken und Schwächen

In diesem Schritt wird eine Zusammenführung der unternehmensinternen und -externen Faktoren in Form einer **SWOT-Matrix** vorgenommen. Schaubild 2-3 gibt ein Beispiel einer solchen SWOT-Matrix. Bei der Verbindung der externen Chancen und Risiken mit den Stärken und Schwächen des Unternehmens ist eine **Bewertung** im Hinblick auf deren Relevanz vorzunehmen.

(6) Definition der zentralen Marketingproblemstellung

Basierend auf den Ergebnissen der vorgenommenen Verknüpfung und Bewertung in der SWOT-Matrix ist in einem letzten Schritt die **Marketingproblemstellung des Unternehmens** abzuleiten. Marketingproblemstellungen lassen sich i.d.R. mit wenigen Sätzen kennzeichnen.

Phasen der Marketingplanung

	Chancen	Risiken
Stärken	Weltweit wachsende Automobilmärkte / Internationale Unternehmenspräsenz	Weltweite Verschärfung der Sicherheitsstandards / Führende Position im Insassenschutz
Schwächen	Besonderes Wachstum im Bereich kleiner Fahrzeuge / Fehlende Erfahrung im Kleinwagensegment	Weltweite Verschärfung der Emissionsvorschriften / Keine serienreifen alternativen Antriebskonzepte

Schaubild 2-3: Beispiel einer SWOT-Matrix

Um die Spannweite möglicher Problemstellungen aufzuzeigen, werden im Folgenden einige Beispiele skizziert:

- Beispiel für eine **Marketingproblemstellung** aus dem **Verbrauchsgüterbereich**: Ein Großunternehmen befindet sich im Markt für Tabakwaren. Der Tabakkonsum stagniert. Der Hauptkonkurrent gewinnt Marktanteile durch massiven Werbeeinsatz. Durch einen Einstellungswandel erscheint den Kunden das Image der eigenen Marke nicht mehr attraktiv. Die Marketingproblemstellung konzentriert sich daher auf eine Verbesserung des Markenimages in Abgrenzung zur Konkurrenz.

- Beispiel für eine **Marketingproblemstellung** aus dem **Industriegüterbereich**: Ein europäisches Unternehmen befindet sich im stark expandierenden Markt für Bürokommunikation. Durch Deregulierung im internationalen Handel drängen verstärkt koreanische Großanbieter auf den europäischen Markt. Die von den Kunden wahrgenommenen Qualitätsunterschiede stehen in keinem Verhältnis zu den Preisunterschieden. Zentrales Problem ist daher, das Preis-Leistungs-Verhältnis der eigenen Produkte anzupassen bzw. in neue Produktfelder zu investieren.

- Beispiel für eine **Marketingproblemstellung** aus dem **Dienstleistungsbereich**: Eine kleinere, alteingesessene Rechtsanwalts- und Notariatskanzlei in einem Ballungsgebiet verliert nicht nur Klienten an Niederlassungen US-amerikanischer Großkanzleien, sondern auch ihre fähigsten Mitarbeitenden. Aufgabe ist folglich, zur Rückgewinnung der Kunden engagierte und kundenorientierte Mitarbeitende zu gewinnen und zu halten.

- Beispiel für eine **Marketingproblemstellung** aus dem **Nonprofit-Bereich**: Die öffentlichen Zuwendungen für einen Theaterbetrieb sind seit einigen Jahren rückläufig. Um den Spielbetrieb in der gewohnten Qualität aufrecht zu erhalten, sind zusätzlich private Mittel notwendig. Um diese Mittel konkurrieren allerdings zahlreiche weitere Organisationen aus dem kulturellen Bereich. Zentrales Marketingproblem ist daher der Aufbau eines professionellen Fundraising in Verbindung mit einem Kultursponsoring.

Eine Situationsanalyse ist im Einzelfall sehr umfangreich. Deshalb empfiehlt es sich, einer umfassenden Situationsanalyse eine Kurzfassung („Executive Summary") in Form der zentralen Marketingproblemstellung voranzustellen.

2.2.2 Festlegung der Marktsegmente und Marketingziele

Nach der Situationsanalyse werden in der folgenden Phase des Planungsprozesses die Marketingziele festgelegt. Hierzu ist zunächst die Bestimmung der Marksegmente erforderlich, die das Unternehmen bearbeiten möchte, um für diese konkrete Marketingziele festzulegen. Bei der **Marktsegmentierung** bietet sich ein Vorgehen in fünf Schritten an (vgl. auch *Kotler/Bliemel* 2006, S. 416ff.; *Kotler/Keller* 2008; *Wood* 2010):

(1) Identifikation möglicher Segmentierungskriterien,

(2) Bestimmung entsprechender Marktsegmente,

(3) Beurteilung der Attraktivität der Marktsegmente,

(4) Auswahl der Zielsegmente,

(5) Bestimmung segmentspezifischer Marketingziele.

Zielformulierungen finden vor allem bezogen auf die unterschiedlichen **Marktsegmente** (Kundengruppen) statt, in denen das Unternehmen mit einem differenzierten Einsatz der Marketinginstrumente tätig ist (vgl. zur Bildung von Marktsegmenten auch Abschnitt 3.2.2).

An die Formulierung sowie die Verwendung von **Marketingzielen** in Marketingplänen sind insbesondere vier **Anforderungen** zu stellen (vgl. u.a. *Becker* 2009, S. 108ff.; *Meffert* et al. 2012, S. 255ff.):

(1) Kompatibilität

Eine zentrale Anforderung an die Bestimmung segmentspezifischer Marketingziele ist zunächst die Kompatibilität der zu bestimmenden Ziele mit den grundlegenden Unternehmenspositionen wie z.B. Vision, Unternehmensleitbild, Unternehmensgrundsätze und strategische Unternehmensziele.

(2) Beachtung von Zielbeziehungen

Auf der Ebene der segmentspezifischen Marketingziele empfiehlt sich darüber hinaus die Berücksichtigung (möglicher) **Zielbeziehungen**. Grundsätzlich sind drei Typen von Zielbeziehungen denkbar (*Becker* 2009, S. 20f., 114ff.):

- **Komplementäre Ziele**: Die Erreichung eines Ziels unterstützt die Erreichung eines anderen Ziels, z.B. Umsatz- und Gewinnziele.

- **Indifferente Ziele**: Die Erreichung eines Ziels hat keinen Einfluss auf die Erreichung eines anderen Ziels, z.B. Mitarbeiterzufriedenheit und Bekanntheitsgrad.

- **Konfligierende Ziele**: Die Erreichung eines Ziels beeinträchtigt die Erreichung eines anderen Ziels, z.B. Senkung der Vertriebskosten und Erhöhung des Absatzes.

Bei einer entsprechend langfristigen Betrachtung ist allerdings festzuhalten, dass vollkommen indifferente Zielbeziehungen eher die Ausnahme bilden. So beeinflusst z.B. auch die Mitarbeiterzufriedenheit über indirekte Beziehungen (Mitarbeiterzufriedenheit → Mitarbeiterverhalten → Kundenzufriedenheit → Mund-zu-Mund-Kommunikation) langfristig den Bekanntheitsgrad positiv.

(3) Hierarchisierung

Hier stehen die (vermuteten) Zusammenhänge zwischen einzelnen Marketingzielen im Mittelpunkt. Zu nennen ist insbesondere die Unterscheidung von Ober- und Unterzielen im Sinne einer Mittel-Zweck-Relation. Eine entsprechende Hierarchie findet sich z.B. bei der Unterscheidung von ökonomischen und vorökonomischen (psychologischen) Zielen. Die Unterziele (vorökonomisch, z.B. Markenbekanntheit) tragen zur Erreichung der Oberziele (ökonomisch, z.B. Umsatz und Gewinn) bei.

(4) Operationalität

Die konkrete (überprüfbare) Formulierung von ökonomischen Marketingzielen (Absatz, Umsatz, Gewinn usw.) stellt i.d.R. kein Problem dar, da die jeweiligen Erfolgsgrößen exakt quantifizierbar sind. Bei vorökonomischen Zielen gestaltet sich die operationale Zielformulierung (vor allem im Hinblick auf die Messbarkeit) hingegen schwieriger und ist daher mit besonderer Sorgfalt vorzunehmen (vgl. zur Operationalisierung von Zielen Abschnitt 1.5.2).

2.2.3 Formulierung der Marketingstrategie

Marketingstrategien legen den Weg fest, wie die strategischen Marketingziele eines Unternehmens zu erreichen sind. Sie geben die mittel- bis langfristigen Schwerpunkte in der **Marktbearbeitung** des Unternehmens wieder, insbesondere im Hinblick auf das Verhalten gegenüber Kunden, Absatzmittlern und der Konkurrenz.

Mit Hilfe der Marketingstrategie beabsichtigt das Unternehmen, die Marketingproblemstellung zu lösen, um dadurch die Marketingziele zu erreichen (zur Entwicklung von Marketingstrategien vgl. Kapitel 3). In der Regel wird im Marketingplan eine kurze und knappe Skizzierung der Stoßrichtung der Marketingstrategie erfolgen. Dies wird anhand einiger **Beispiele für Marketingstrategien** verdeutlicht, die sich auf die unter Abschnitt 2.2.1 skizzierten Marketingproblemstellungen beziehen:

- **Konsumgüterbereich**: Eine mögliche Strategie für den Tabakhersteller besteht darin, dem Wettbewerber im Markt durch verstärkten Einsatz der Marketinginstrumente offensiv im Sinne einer „Kampfstrategie" gegenüberzutreten. Damit verbunden scheint eine Neupositionierung der Marke sinnvoll.

- **Industriegüterbereich**: Eine Strategie für das Unternehmen besteht möglicherweise in einer Kooperation mit anderen europäischen Unternehmen gleicher Größe, um sich gemeinsam wirkungsvoller dem Ansturm der Koreaner zu erwehren. Neben dieser Kooperationsstrategie scheint es Erfolg versprechend zu sein, vorhandene Qualitätsunterschiede im Sinne einer Profilierungsstrategie deutlicher zu machen.

- **Dienstleistungsbereich**: Denkbar wäre eine Rückzugsstrategie, also ein Ausstieg aus dem Anwaltstätigkeitsfeld und damit einhergehend eine Konzentration auf den Notariatsbereich.

- **Nonprofit-Bereich**: Um die finanzielle Unterstützung sicherzustellen, wird eine Sponsoringstrategie entwickelt, die eine mittel- bis langfristige Bindung von privaten bzw. institutionellen Förderern (bzw. Sponsoren) an das Theater fokussiert.

Im Hinblick auf eine erfolgreiche Implementierung der Marketingstrategie ist es hilfreich, die Mitarbeitenden des Unternehmens möglichst frühzeitig in den Strategieentwicklungsprozess einzubeziehen. Dies gilt sowohl unter Akzeptanzgesichtspunkten (Vermeidung der so genannten „Not-invented-here"-Problematik) als auch unter sachlichen Aspekten (Einbeziehung des Know-hows der Mitarbeitenden).

2.2.4 Festlegung der Marketingmaßnahmen

Nach der Planung der Marketingstrategie werden konkrete Ausprägungen des Instrumenteeinsatzes detailliert festgelegt. Als Ergebnis resultiert eine nach Zeiteinheiten differenzierte Einsatzplanung der Marketingmaßnahmen. Planungsgegenstand können verschiedene **Einzelmaßnahmen** in den einzelnen Mixbereichen sein:

- **Produktpolitik**: Produktdifferenzierung, Verpackungsänderung, Relaunch u.a.
- **Preispolitik**: Preiserhöhung, neues Rabattsystem, Preisbündelung u.a.
- **Kommunikationspolitik**: Neue Werbekampagne, Wechsel des Sponsoringengagements, Beteiligung an Messen u.a.
- **Vertriebspolitik**: Intensivierung des Online-Vertriebs, Schaffung eines neuen Anreizsystems für den Außendienst u.a.

2.2.5 Bestimmung des Marketingbudgets

Parallel zur Planung der Marketingmaßnahmen sind die finanziellen Möglichkeiten zu prüfen, die für die Zielerreichung bzw. den Einsatz der Marketinginstrumente zur Verfügung stehen. Inwieweit eine Marketingstrategie durchsetzbar ist, hängt in entscheidendem Maße von der Höhe des **Marketingbudgets** ab. Die zur Verfügung stehenden Mittel sind auf die verschiedenen Marketingabteilungen und einzelnen Planungsobjekte zu verteilen.

Zielsetzung der Budgetplanung ist daher, in einem ersten Schritt die **Budgethöhe** festzulegen und in einem zweiten Schritt die **Budgetverteilung** (Verteilung auf Marketinginstrumente, Produkte, Kundengruppen, Vertriebskanäle) vorzunehmen.

Die Bestimmung des Marketingbudgets erfolgt in der Praxis meist subjektiv statt nach objektiv nachvollziehbaren Kriterien. Grundsätzlich empfiehlt es sich, die Höhe des Marketingbudgets an den Marketingzielen und den mit ihnen verbundenen Aufgaben auszurichten, auch wenn dies Operationalisierungsprobleme aufwirft. Dabei werden die folgenden fünf **Methoden der Marketingbudgetierung** differenziert (zu weiteren Verfahren vgl. *Becker* 2009, S. 773ff.):

(1) Budgetberechnung als Prozentwert einer Bezugsgröße

Im Marketingplan sind die angestrebten Werte einzelner Zielgrößen (z.B. Umsatz, Gewinn, Deckungsbeitrag, Marktanteil) für die Planungsperiode festgelegt. Die Höhe des Marketingbudgets lässt sich bei diesem Verfahren durch einen Prozentwert dieser Bezugsgrößen ermitteln, z.B. anhand eines branchenüblichen Prozentwertes oder eines Wertes, der sich an denen der Vorjahre orientiert.

Der Vorteil dieses Verfahrens für die Praxis liegt in seiner einfachen Handhabung. Dieses Vorgehen berücksichtigt allerdings nicht den Ursache-Wirkungs-Zusammenhang zwischen Marketingbudget und der zu realisierenden Bezugsgröße, da das Marketing die Aufgabe hat, die jeweilige Bezugsgröße zu stimulieren, und nicht aus ihr resultiert.

(2) Budgetberechnung als Residualgröße der Gewinnplanung

Bei diesem Verfahren wird zunächst das Umsatzvolumen des Unternehmens für die betrachtete Planungsperiode nach folgendem Schema geschätzt:

    Geschätzte Absatzmengen für den Gesamtmarkt
    x Geschätztem Marktanteil des Unternehmens
    = Geschätztes Absatzvolumen des Unternehmens
    x Geschätztem Verkaufspreis des Unternehmens
    = Geschätztes Umsatzvolumen des Unternehmens

In einem weiteren Schritt wird in ähnlicher Weise eine Schätzung des zu erwartenden Gewinns für die Planperiode durchgeführt:

    Geschätztes Umsatzvolumen des Unternehmens
    ./. Geschätzte variable Kosten
    = Geschätzter Gesamtdeckungsbeitrag des Unternehmens
    ./. Geschätzte fixe Kosten
    = Geschätzter Unternehmensgewinn
    ./. Gewinnanteil, der nicht für Marketingzwecke verwendet wird
    = In der Planperiode zur Verfügung stehendes Marketingbudget

Auch dieses Verfahren der Budgetermittlung wird dem Anspruch des Marketing im Zielsystem der Unternehmung nicht gerecht. Es ist nicht Sinn einer marktorientierten Unternehmensführung, die Mittel für das Marketing als Residualgröße zu betrachten und als solche zu berechnen, denn Ursache-Wirkungs-Zusammenhänge bleiben damit unberücksichtigt. Ferner ist anzumerken, dass dieses Verfahren zwar relativ leicht zu handhaben, jedoch aufgrund der zahlreichen Schätzungen sehr subjektiv und unsicher ist.

(3) Budgetberechnung durch Ausrichtung an der Konkurrenz

Neben der Orientierung an unternehmensinternen Größen wird sich ein Unternehmen bei der Budgetberechnung auch an der Konkurrenz orientieren. Im einfachsten Fall bedeutet dies, dass das eigene Budget in der Höhe des Budgets des bzw. der wichtigsten Konkurrenten angesetzt wird. In einer derartigen Budgetberechnung ist auch eine Gewichtung, z.B. entsprechend des Verhältnisses von eigenem Marktanteil zum Marktanteil der Konkurrenz (**relativer Marktanteil**), möglich.

Der fehlende Zielbezug und die Nichtbeachtung des Ursache-Wirkungs-Zusammenhanges sind auch bei diesem Verfahren zu kritisieren. Ein zusätzliches Problem stellt die Datenbeschaffung dar. Außerdem wird eine direkte Vergleichbarkeit mit der Konkurrenz unterstellt, was der Realität in den meisten Fällen nicht gerecht wird.

(4) Budgetberechnung als Ziel-Maßnahmen-Kalkulation

Dieses Verfahren setzt bei den Marketingzielen an, die durch das zu bestimmende Budget zu erreichen sind. Im Rahmen der Budgetierung wird geprüft, welche Maßnahmen zur Realisierung dieser Ziele notwendig sind und welche Kosten dafür anfallen. Die Summe der Kosten dieser Maßnahmen wird als Budget angesetzt.

Das Verfahren lässt sich relativ einfach anwenden. Besonders positiv ist der Zielbezug im Sinne eines Ursache-Wirkungs-Zusammenhangs zu bewerten. Von den bisher dargestellten Verfahren stellt die Ziel-Maßnahmen-Kalkulation die sinnvollste Variante dar.

(5) Budgetberechnung durch Optimierungsverfahren

Die bisherigen Verfahren sind in der Praxis weit verbreitet, aber für die Marketingbudgetplanung – mit Ausnahme des letzten Verfahrens – unbefriedigend. Sie vernachlässigen, dass das Ziel von Marketingaktivitäten die Optimierung des Umsatzes bzw. Gewinns ist. Dazu ist es erforderlich, **Marktreaktionsfunktionen** in spezifischen Ausprägungen zu ermitteln. Für eine formale Betrachtung wird hier beispielhaft eine Umsatzreaktionsfunktion dargestellt, bei der vereinfachend von qualitativen Faktoren abgesehen wird:

$$U = f(P, W, VF, KD, V, ...)$$

wobei:
U = Umsatz
P = Preis
W = Werbebudget
VF = Verkaufsförderungsbudget
KD = Kundendienstbudget
V = Vertriebsbudget

Durch Variation einzelner Marketinginstrumente ergeben sich verschiedene Umsatzreaktionen. Zielsetzung ist es, diejenigen Kombinationen von Instrumenteausprägungen zu bestimmen, die zu optimalen Umsatzergebnissen führen. Diese Instrumentekombinationen und ihre Kosten werden zum gesamten Marketingbudget zusammengefasst.

Für die einzelnen Marktreaktionsfunktionen ergeben sich unterschiedliche Umsatzverläufe. Im Marketing sind z.B. **konkave** (Umsatzverläufe mit abnehmenden Zuwachsraten) oder **s-förmige Funktionen** (Umsatzverläufe mit einer Sättigungsgrenze) typische Reaktionsmuster.

Das Hauptproblem besteht in der empirischen Ermittlung der Reaktionsfunktionen. Zu diesem Zweck sind statistische Auswertungen von Vergangenheitsdaten (z.B. der Zusammenhang zwischen Preishöhe und Umsatz) vorzunehmen. Durch die Schwierigkeiten der Isolierung der Wirkungen einzelner Marketinginstrumente (oder des Einflusses der Konkurrenzaktivitäten) sind der empirischen Ermittlung von Marktreaktionsfunktionen enge Grenzen gesetzt. Die sachliche und zeitliche **Aufteilung des Marketingbudgets** wird in der Praxis i.d.R. bereichsbezogen vorgenommen, z.B. für Vertrieb, Werbung, Verkaufsförderung, Online-Medien, Kundendienst, Marktforschung u.a. (vgl. zur Allokationsproblematik *Esch* et al. 2011, S. 387ff.).

2.2.6 Umsetzung und Kontrolle der Marketingmaßnahmen

Den Analyse- und Planungsphasen schließt sich die **Phase der Umsetzung** der getroffenen Marketingentscheidungen an, in deren Rahmen insbesondere Fragen der Marketingorganisation und des Personaleinsatzes zu klären sind. So werden Einzelmaßnahmen personell zugeordnet, um sicherzustellen, dass Mitarbeitende für die Durchführung der Marketingmaßnahmen verantwortlich sind. Auch die Einbindung externer Partner (z.B. Beauftragung von Werbeagenturen) wird im Marketingplan berücksichtigt. Am Ende des Planungsprozesses steht die **Marketingkontrolle**, die eine Überprüfung der Durchführung der Maßnahmen, der Erreichung der Ziele sowie der Effizienz der getroffenen Marketingaktivitäten gewährleistet. Dazu werden im Marketingplan entsprechende Kontrollgrößen vorgegeben (vgl. hierzu Kapitel 10).

2.3 Ebenen der Marketingplanung

Die Marketingplanung bezieht sich auf unterschiedliche Planungszeiträume (vgl. u.a. *Tomczak* et al. 2014; *Meffert* et al. 2012). Während die **strategische Marketingplanung** i.d.R. einen Zeitraum von zwei bis fünf Jahren umfasst, sind bei der **operativen Marketingplanung** kurzfristige Planerstellungen notwendig (z.B. Jahres-, Quartals-, Monatspläne). Die zentrale Arbeitsgrundlage für die Marketingabteilungen sind die **Marketing-Jahrespläne**, in denen die relevanten Planelemente (vgl. Schaubild 2-2) festgehalten werden. Ausgehend von der Basisvoraussetzung, dass sich die Marketingplanung immer auf den „relevanten Markt" bezieht, werden zwei Planungstypen unterschieden: funktions- sowie produktbezogene Marketingplanung.

2.3.1 Funktions- oder bereichsbezogene Marketingplanung

Funktionsbezogene Marketingpläne werden sowohl für das Gesamtunternehmen als auch für einzelne Bereiche erstellt. Dies ist vor allem in größeren Unternehmen sinnvoll, die eine Vielzahl von Abteilungen mit speziellen Aufgaben aufweisen. Folgende Pläne sind in der Praxis zu beobachten: Vertriebsplan, Werbeplan, Verkaufsförderungsplan, Marktforschungsplan u.a.

In diesem Zusammenhang ist die Hierarchie der Marketingplanung festzulegen. Erfolgt die Planung „**Top down**", ist der Unternehmensplan maßgeblich für die Bereichspläne; erfolgt die Planung „**Bottom up**", werden die einzelnen Bereichspläne zum Unternehmensplan aggregiert. Wird die Planung „**Down up**" durchgeführt, wird ein Rahmenplan auf Unternehmensebene festgelegt, der auf Bereichsebene konkretisiert wird.

In Abhängigkeit von einzelnen Planungsbereichen gibt es verschiedene **Träger der Marketingplanung**. So wird der Marketingleiter die Verantwortung für die Gesamtplanung haben, die Abteilungs- oder Bereichsleiter (z.B. Kundendienst) für ihre Abteilungs- bzw. Bereichspläne und die Produktmanager für ihre Produkt- bzw. Markenplanung.

2.3.2 Produktbezogene Marketingplanung

Gegenstand der produktbezogenen Marketingplanung ist das Leistungsprogramm des Unternehmens. Je nach Umfang lassen sich folgende **Arten von Plänen** unterscheiden:

- Die **Spartenplanung**, die sich auf verschiedene Produktgruppen, die ein Kernbedürfnis der Kunden erfüllen, bezieht. Beispiel: Marketingplan für die Sparte „Kosmetik" eines Chemieunternehmens.

- Die **Produktgruppenplanung**, die den Plan für eine Gruppe von Produkten erstellt, die innerhalb der Sparte ausgewählte Bedürfnisbereiche befriedigen. Beispiel: Marketingplan für die Produktgruppe „Körperpflege".

- Die **Produktlinienplanung**, die sich auf eine Reihe von Produkten bezieht, die in einem Bedarfszusammenhang stehen. Beispiel: Marketingplan für die Produktlinie „AMBRO" – eine Pflegeserie für Herren.

- Die **Produktplanung**, die sich auf verschiedene Produkttypen der Produktlinie bezieht. Beispiel: Marketingplan für die Produkttypen „Rasiercreme", „After Shave".

- Die **Markenplanung**, die sich auf einzelne Markennamen der Produktlinie bzw. einzelne Produkte (Dachmarke oder Einzelmarke) bezieht. Beispiel: Marketingplan für die Dachmarke „MASKULIN" oder die Einzelmarke „LIPO FIT".

Auch hier ist die Planung „Top down", „Bottom up" oder „Down up" möglich. Insgesamt wird die Erstellung von, wie auch der Umgang mit Marketingplänen in der Praxis sehr unterschiedlich gehandhabt. Dies gilt für die Inhalte und den Umfang gleichermaßen. Jedes Unternehmen legt für sich fest, welcher **Formalisierungs-, Konkretisierungs-, Verbindlichkeits-, Geheimhaltungs- und Zentralisierungsgrad** für den Marketingplan gilt.

3. Entwicklung von Marketingstrategien

> **Lernziele**
>
> In diesem Kapitel beschäftigen Sie sich mit strategischen Entscheidungstatbeständen des Marketing. Sie
>
> ➤ erhalten Einblicke in den Gegenstand und die Aufgaben des strategischen Marketing und erkennen die Bedeutung von Marketingstrategien,
>
> ➤ machen sich mit strategischen Analyseinstrumenten vertraut und
>
> ➤ vollziehen wesentliche Typen und Ausprägungen von Marketingstrategien nach.
>
> Besonderes Anliegen dieses Kapitels ist es, dem Leser die Grundlagen zur Erarbeitung und Durchsetzung eigener strategischer Entscheidungen im Marketing zu vermitteln.

3.1 Bedeutung und Typen von Marketingstrategien

3.1.1 Begriff und Merkmale von Marketingstrategien

Das markt- und kundenorientierte Verhalten eines Unternehmens setzt sich aus einer Vielzahl einzelner Aktivitäten zusammen. Nachhaltige Erfolgspositionen lassen sich aber nur aufbauen, wenn dem unternehmerischen Handeln ein Steuerungsmechanismus in Form einer Marketingstrategie zu Grunde liegt.

> **Marketingstrategien** sind bedingte, mehrere Planungsperioden umfassende, verbindliche Verhaltenspläne von Unternehmen für ausgewählte Planungsobjekte (z.B. Produkte, Strategische Geschäftseinheiten oder Unternehmen als Ganzes). Sie beinhalten Entscheidungen zur Marktwahl und -bearbeitung und legen den Weg fest, wie strategische Marketingziele eines Unternehmens zu erreichen sind.

Die **Bedingtheit** von Marketingstrategien zeigt, dass diese auf der Grundlage spezifischer Marktentwicklungen sowie der unternehmensinternen Situation festgelegt werden. Der **mittel- bis langfristige Zeithorizont** drückt die mehrere Planungsperioden (Jahre) umfassende **Verbindlichkeit** aus. Marketingstrategien haben den Zeitraum zu umfassen, der hinsichtlich der Umfeldinformationen und zu erwartenden Strategiewirkungen überschaubar ist. Zu den Merkmalen einer Marketingstrategie zählt ferner die **Globalität**. Als Bindeglied zwischen den strategischen Marketingzielen und operativen Marketingmaßnahmen werden keine Einzelmaßnahmen beschrieben, sondern Schwerpunkte („Stoßrichtungen") der Marketingpolitik im Sinne eines Handlungsrahmens festgelegt.

Damit Marketingstrategien ihre Funktion eines globalen Verhaltensplans erfüllen, sind bei deren Entwicklung verschiedene **Anforderungen** zu berücksichtigen:

- Marketingstrategien haben Hinweise zur Realisation der festgelegten **strategischen Marketingziele** zu geben. Als strategische Ziele gelten beispielsweise der Ausbau von Marktanteilen, die Sicherung von Preis- oder Qualitätsführerschaften sowie eine Erhöhung der Kundenzufriedenheit.

- Auf Basis der im Unternehmen vorhandenen Ressourcen sowie Annahmen über die Umfeldentwicklungen sind durch Marketingstrategien **Prioritäten** in der Auswahl und Bearbeitung von Märkten bzw. Teilmärkten festzulegen. Damit verbunden ist eine bewusste Abgrenzung gegenüber nicht zu bearbeitenden Märkten bzw. Teilmärkten.

- Marketingstrategien sind so festzulegen, dass sie Hinweise zur Kanalisierung des Mitteleinsatzes geben sowie eine **zielführende Steuerung** des Instrumenteeinsatzes sicherstellen.

- Marketingstrategien haben die sich aus der festgelegten Strategie ergebenden **Konsequenzen** für den Mitteleinsatz, die Organisation und das Personal aufzuzeigen.

- Um für die einzelnen Entscheidungen im Marketingmix einen **verbindlichen Handlungsrahmen** zu stecken, sind Marketingstrategien schriftlich zu fixieren („Strategiepapier").

- Marketingstrategien haben hinsichtlich ihres Zielerreichungsgrades im zeitlichen Ablauf anhand geeigneter Indikatoren überprüfbar zu sein und sind einem **strategischen Controlling** zu unterziehen.

Die Entwicklung von Marketingstrategien ist eine teils planerische, teils kreative Aufgabe des Marketingmanagements. Die **planerische Aufgabe** besteht in der zielgerichteten Festlegung und Steuerung eines markt- und kundenorientierten Verhaltensplans unter Zuhilfenahme strategischer Analyseinstrumente (z.B. der SWOT-, Lebenszyklus- oder Portfolioanalyse). Die eher **kreative Aufgabe** der Entwicklung von Marketingstrategien umfasst die Erarbeitung von Alternativen bzw. innovativen Lösungsansätzen innerhalb des vorgegebenen Aktivitätsrahmens. Marketingstrategien sind insofern sowohl das Ergebnis strukturierter Überlegungen als auch eines kreativen Bewusstseinsprozesses und der intuitiven Fähigkeiten des Marketingmanagements.

3.1.2 Typen von Marketingstrategien

Marketingstrategien werden auf unterschiedlichen Ebenen und in verschiedenen Konkretisierungsgraden formuliert. Daher ist es zweckmäßig, zwischen Marktwahl- und Marktbearbeitungsstrategien zu unterscheiden.

Die **Marktwahlstrategien** legen fest, in welchen Märkten das Unternehmen präsent sein will bzw. welche (Teil-)Märkte nicht zu bearbeiten sind. Sie werden im Rahmen der strategischen Planung für das Gesamtunternehmen entwickelt. Im Rahmen der Marktwahlstrategien erfolgt eine Auswahl **strategischer Geschäftsfelder** und die Bildung **strategischer Geschäftseinheiten**, die als isolierte Analyse- und Planungseinheiten im Unternehmen bearbeitet werden (vgl. Abschnitt 3.2.1). Innerhalb der gebildeten strategischen Geschäftseinheiten wird im Rahmen der **Marktsegmentierung** eine weitere Differenzierung nach den unterschiedlichen Abnehmergruppen vorgenommen (vgl. Abschnitt 3.2.2; *Wood* 2010; *Meffert* et al. 2012, S. 186ff. und zusätzlich zu den Strategiedimensionen der Marktwahlstrategie S. 291f.).

Im Anschluss an die Marktwahlentscheidung erfolgt auf der Ebene der strategischen Geschäftseinheiten die Festlegung der **Marktbearbeitungsstrategien**. Gegenstand ist die Festlegung des Verhaltens vor allem gegenüber den Abnehmern, Konkurrenten, Absatzmittlern und weiteren Anspruchsgruppen (**Marktteilnehmerstrategien**) sowie die Definition von Schwerpunkten im Einsatz von Marketinginstrumenten (**Instrumentalstrategien**) (vgl. *Meffert* et al. 2012, S. 306ff.).

Mittels **abnehmergerichteter Strategien** legt das Unternehmen fest, welcher Kundennutzen bei den Abnehmern durch die Unternehmensleistung angeboten wird. Gegenstand der **konkurrenzgerichteten Strategien** ist die Festlegung des Verhaltens gegenüber den Wettbewerbern. Je nachdem, inwieweit die Aktivitäten der Wettbewerber in die Unternehmensentscheidungen einbezogen werden, ist zwischen einem passiven oder aktiven Wettbewerbsverhalten zu differenzieren. Im Rahmen der **absatzmittlergerichteten Strategien** wird die Form der Zusammenarbeit des Unternehmens mit dem Handel festgelegt. Es sind grundsätzliche Entscheidungen hinsichtlich der Gestaltung der Absatzwege sowie der Reaktion auf die Aktivitäten des Handels zu treffen. Die **anspruchsgruppengerichteten Strategien** determinieren in Abhängigkeit vom Einfluss gesellschaftlicher Anspruchsgruppen und der Unternehmensposition Art und Richtung des Umgangs mit unternehmensexternen und unternehmensinternen Stakeholdern.

Neben der Festlegung der Marktteilnehmerstrategien sind strategische Entscheidungen hinsichtlich der Gestaltung der Marketinginstrumente zu treffen. Diese **Instrumentalstrategien** konkretisieren den Kundennutzen durch den Einsatz der Marketinginstrumente (z.B. Service-, Marken-, Preis- oder Vertriebsstrategie).

In den folgenden Abschnitten werden die einzelnen Strategieentscheidungen der Marktwahl und der Marktbearbeitung näher erläutert sowie methodisch vertieft.

3.2 Strategische Basisentscheidungen der Marktwahl

Die Frage, in welchen Märkten ein Unternehmen erfolgreich tätig ist, hängt von Entscheidungskriterien wie der Attraktivität der Teilmärkte und der eigenen Wettbewerbsstärke ab (*Hinterhuber* 2004, S. 111ff.). Grundlage der Marktwahlentscheidungen ist die Abgrenzung des relevanten Marktes durch das Unternehmen (vgl. Abschnitt 1.3). Innerhalb der Marktwahlstrategien werden die Entscheidungsbereiche der Bildung strategischer Geschäftseinheiten sowie der Marktsegmentierung unterschieden.

3.2.1 Bildung strategischer Geschäftseinheiten

Die Bildung strategischer Geschäftseinheiten steht in engem Zusammenhang mit der Abgrenzung des relevanten Marktes. Für Unternehmen, die ein relativ homogenes Produktprogramm in einer Marktnische anbieten, ist eine weitergehende Geschäftsfeldabgrenzung nicht nötig (*Benkenstein/Uhrich* 2009, S. 37). Für Unternehmen mit großer Produktvielfalt, die auf unterschiedlichen Märkten tätig sind, empfiehlt es sich, eigenständige Analyse- und Planungseinheiten im Sinne strategischer Geschäftseinheiten zu schaffen. Die Begriffe **Strategisches Geschäftsfeld** (SGF) und **Strategische Geschäftseinheit** (SGE) werden fälschlicherweise häufig synonym verwendet. SGFs sind das Ergebnis einer extern gerichteten Aufteilung des Betätigungsfeldes eines Unternehmens, während SGEs interne Analyse- und Planungseinheiten sind und das Ergebnis einer internen Segmentierung darstellen (*Müller-Stewens/Lechner* 2011, S. 148). Eine SGE ist dabei möglicherweise auf mehreren Geschäftsfeldern tätig.

> **Strategische Geschäftseinheiten (SGEs)** sind operativ unabhängige Planungseinheiten eines Unternehmens, die voneinander abgegrenzte heterogene Tätigkeitsfelder repräsentieren und eigenständige (Markt-) Aufgaben zu erfüllen haben.

In der Literatur finden sich verschiedene Ansätze zur Bildung strategischer Geschäftseinheiten, die sich hinsichtlich der herangezogenen Kriterien unterscheiden (vgl. für einen Überblick *Benkenstein/Uhrich* 2009, S. 28ff.; *Müller-Stewens/Lechner* 2011, S. 143ff.). Eine Möglichkeit ist die rein **produktbezogene Definition** strategischer Geschäftseinheiten. Dieser Ansatz entspricht jedoch nicht den Anforderungen einer marktorientierten Unternehmensstrategie, da die Bedürfnisse der Abnehmergruppen nicht ausreichend berücksichtigt werden. Einen umfassenden **Ansatz zur Bildung strategischer Geschäftseinheiten** bietet *Abell* (1980). Ausgangspunkt ist die Darstellung des betrachteten Betätigungsfeldes eines Unternehmens mit Hilfe eines dreidimensionalen Bezugsrahmens, der die folgenden Dimensionen umfasst:

- **Funktionserfüllung**: Für welche grundlegenden Abnehmerfunktionen und -bedürfnisse lassen sich Leistungen entwickeln?
- **Kundengruppen**: Welche Nachfragergruppen kommen grundsätzlich als Kunden in Frage?
- **Technologien**: Auf welcher Technologiebasis ist die Entwicklung der Leistungen möglich?

Dabei werden sowohl die aktuellen als auch zukünftig denkbare Funktionen, Kundengruppen und Technologien des Unternehmens aufgeführt. Aus der Verbindung sämtlicher Merkmalsausprägungen der drei Dimensionen resultieren verschiedene „Quader" als denkbare Kombinationsmöglichkeiten. Aus der Vielzahl der Kombinationsmöglichkeiten sind jene Einheiten zu bestimmen, die Gegenstand der strategischen Planung des Unternehmens werden. Diese Einheiten stellen die strategischen Geschäftseinheiten dar. Dabei bilden ein einzelner Quader oder mehrere Quader gemeinsam eine strategische Geschäftseinheit. Der Suchraum zur Bildung strategischer Geschäftseinheiten nach *Abell* ist in Schaubild 3-1 anhand eines Beispiels wiedergegeben.

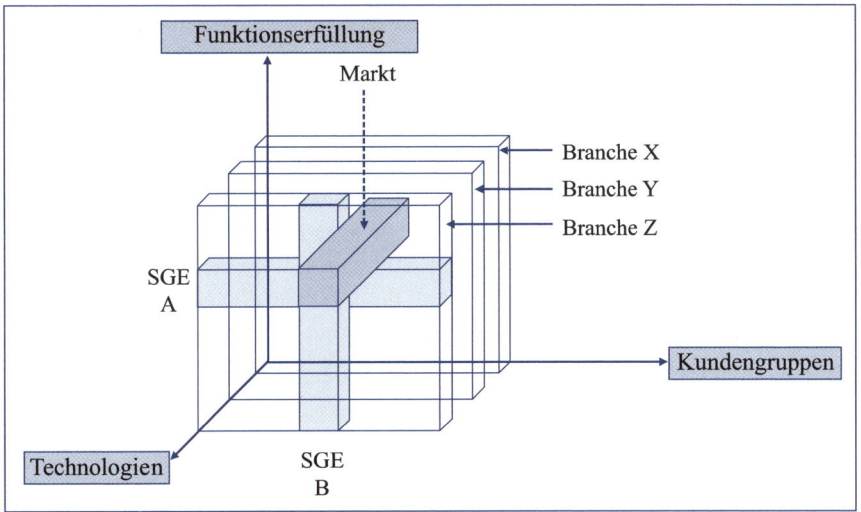

Schaubild 3-1: Konzept der Bildung Strategischer Geschäftseinheiten (in Anlehnung an Abell 1980, S. 197)

Bei der Auswahl der strategischen Geschäftseinheiten, die Gegenstand der strategischen Planung sein werden, sind verschiedene Aspekte zu berücksichtigen. Strategische Geschäftseinheiten haben (jetzt oder zukünftig) die folgenden **Anforderungen** zu erfüllen:

- Eigenständigkeit in der Marktaufgabe,
- Abhebung von der Konkurrenz,
- Erreichung einer bedeutenden Marktstellung,
- Interne Homogenität und externe Heterogenität gegenüber anderen Geschäftseinheiten.

Das Konzept von *Abell* zur Bildung strategischer Geschäftseinheiten versucht sich in seiner Vorgehensweise ausdrücklich von den bestehenden Produkt-Markt-Kombinationen des Unternehmens zu lösen. Durch eine Analyse des gesamten Marktes hinsichtlich der drei genannten Dimensionen wird ermöglicht, dass sich die Entscheidungsträger über die Bedeutung zukünftiger Märkte bewusst werden, diese frühzeitig als strategische Geschäftsfelder begreifen und entsprechende Strategievorkehrungen treffen.

Für **strategische Geschäftseinheiten** erfolgt eine eigenständige strategische Planung, indem eigene Ziele und Marktbearbeitungsstrategien entwickelt werden. Darüber hinaus ist es notwendig, organisatorische und personelle Konsequenzen zu ziehen (z.B. neue Vertriebsorganisation, eigenständiges Management, zusätzliche Mitarbeitende).

3.2.2 Auswahl und Abgrenzung von Marktsegmenten

Eine differenzierte Marktbearbeitung erfordert eine weitere Zerlegung des relevanten Marktes in feinere Teileinheiten mit dem Ziel, die spätere Marktbearbeitung zu optimieren. Im Mittelpunkt steht die Frage, welche Teilmärkte wie bearbeitet werden (Marktpräsenz) und bei welchen ein Verzicht auf die Marktbearbeitung sinnvoll erscheint (Marktabgrenzung).

Der Entscheidungsbereich der Untergliederung des zu bearbeitenden Marktes in verschiedene Segmente hat durch die zunehmende Differenzierung von Konsumentenbedürfnissen und die steigende Zahl der Produktangebote in der Vergangenheit an Bedeutung gewonnen. Die Prinzipien der Marktsegmentierung werden mittlerweile in sämtlichen Märkten angewandt. Sie wurden in den letzten Jahren inhaltlich und methodisch stark verfeinert (vgl. *Becker* 2009, S. 246ff.; *Meffert* et al. 2012, S. 186ff.).

> Als **Marktsegmentierung** wird eine Aufspaltung des „relevanten Marktes" in homogene Segmente bzw. Teilmärkte bezeichnet. Sie stellt die Grundlage einer differenzierten Marktbearbeitung dar.

Die Bildung homogener Teilmärkte bzw. -segmente impliziert, dass die Segmente hinsichtlich ihrer Marktreaktionen in sich möglichst ähnlich (**intern homogen**), im Vergleich zu anderen Teilsegmenten aber möglichst verschieden sind (**extern heterogen**). Eine Aufspaltung des relevanten Marktes ist sowohl anhand von Anbieter-, Produkt-/Leistungsmerkmalen, Bedürfnis-/Funktionsmerkmalen als auch anhand von Kundenmerkmalen möglich (vgl. *Steffenhagen* 2008, S. 39ff.):

- **Marktsegmentierung nach Anbietermerkmalen**: Unterteilung eines Marktes nach dem zu Grunde liegenden Geschäftsmodell, z.B. Online-Versicherer wie Cosmos Direkt versus klassische Versicherungsunternehmen wie AXA Winterthur.

- **Marktsegmentierung nach Produkt-/Leistungsmerkmalen**: Aufteilung des Stahlmarktes in Segmente nach Güteklassen (15mm, 20mm, 30mm Stahl), Unterteilung des Automobilmarktes in Kleinwagen, Mittel- und Luxusklassewagen usw.

- **Marktsegmentierung nach Bedürfnismerkmalen bzw. Funktionen**: Unterteilung des Kosmetikmarktes nach den Bedürfnissen reinigende, pflegende und dekorative Kosmetik, Aufspaltung des Reisemarktes in die Bedürfnissegmente Bildungsreisen, Erholungsreisen, Abenteuerreisen usw.

- **Marktsegmentierung nach Kundenmerkmalen**: Aufteilung des Marktes nach dem Alter der Nachfrager in Senioren- und Jugendmarkt oder nach dem Kundenverhalten in die „Sportlichen", die „Trendigen", die „Häuslichen" usw.

Welches Merkmal in der Praxis im Zentrum der Marktsegmentierung steht, ist abhängig von der grundsätzlichen Entwicklungsstufe des jeweiligen Unternehmens (vgl. hierzu auch Kapitel 1). Unternehmen, die sich noch in der Phase der Produktorientierung befinden, segmentieren ihre Märkte häufig nach Produkt- oder Leistungsmerkmalen, wohingegen markt- bzw. kundenorientierte Unternehmen auch bei der Marktsegmentierung den Kunden in das Zentrum der Planungen stellen. Aufgrund stark ausdifferenzierter Märkte hat die Marktsegmentierung nach Kundenmerkmalen in der Praxis hohe Bedeutung.

Um eine zielführende Marktsegmentierung sicherzustellen, sind folgende **Anforderungen an Marktsegmentierungskriterien** zu stellen (vgl. auch *Kotler/Bliemel* 2006, S. 451f.; *Freter* 2008, S. 90ff.; *Meffert* et al. 2012, S. 194f.):

- **Verhaltensrelevanz**: Die Marktsegmentierungskriterien sind zielführend, wenn sie einen unmittelbaren Bezug zum Kaufverhalten der Nachfrager aufweisen.

- **Messbarkeit**: Die Marktsegmentierungskriterien sind so auszuwählen, dass sie durch die vorhandenen Methoden der Marketingforschung erfasst werden.

- **Zeitliche Stabilität**: Die Segmente weisen für einen längeren Zeitraum Gültigkeit auf.

- **Bezug zur Marktbearbeitung**: Die Marktsegmentierungskriterien sind so zu wählen, dass sie Hinweise auf den Einsatz der Marketinginstrumente geben, und die Marktsegmente auf den Einsatz der Marketinginstrumente differenziert reagieren.
- **Ausreichende Segmentgröße**: Die Marktsegmente weisen ein hinreichendes Potenzial auf, das eine eigenständige Bearbeitung rechtfertigt.
- **Ansprechbarkeit und Zugänglichkeit**: Die Marktsegmente sind so zu wählen, dass sie mit den Marketinginstrumenten ansprechbar sind. Es ist sicherzustellen, dass die Teilsegmente beispielsweise über Medien zu erreichen sind.

Durch die fortschreitende allgemeine Bedarfsdeckung und zunehmende Individualisierung der Nachfragerbedürfnisse stehen heute die Kriterien zur Identifizierung von **Nachfragersegmenten** im Vordergrund. Es lässt sich eine Reihe von Kriterien unterscheiden, die in der Lage sind, (Teil-) Märkte sinnvoll voneinander abzugrenzen und einer differenzierten Marktbearbeitung zugänglich zu machen. Ausgewählte Segmentierungskriterien aus einer Vielzahl unterschiedlicher Systematisierungsansätze für Konsum- und Industriegütermärkte zeigt folgender Überblick (vgl. auch *Kotler/Bliemel* 2006, S. 430ff.; *Kotler* et al. 2007b, S. 365ff.; *Steffenhagen* 2008, S. 42f.; *Becker* 2009, S. 250ff.).

Bezogen auf die **Segmentierung in Konsumgütermärkten** lassen sich folgende Kriterien heranziehen:

- **Demografische Kriterien**: Geschlecht, Alter, Familienstand, Wohnort u.a.
- **Sozioökonomische Kriterien**: Einkommen, Kaufkraft, Haushaltsgröße, Beruf, Ausbildung, soziale Schicht, Besitz- und Ausstattungsmerkmale u.a.
- **Psychologische Kriterien**: Allgemeine Persönlichkeitsmerkmale, Einstellungen, Präferenzen, Motive, Nutzenerwartungen, Lebensstile u.a.
- **Verhaltenskriterien**: Markenwahl, Einkaufsstättenwahl, Kaufintensitäten, Preisverhalten, Verwendungsverhalten, Serviceverhalten, Mediennutzungsverhalten u.a.

Auch die **Segmentierungskriterien für Industriegütermärkte** wurden in den letzten Jahren stark verfeinert. Diese Entwicklung ergab sich vor dem Hintergrund einer stärkeren Orientierung an Einkaufsgremien („Buying Center") im Industriegüterbereich (zu den verschiedenen Ansätzen der Marktsegmentierung im Industriegüterbereich vgl. *Backhaus/Voeth* 2011, S. 118ff.). Im Rahmen einer meist mehrstufigen Segmentierung kommen folgende Kriterien zum Einsatz:

- **Branchenbezogene Kriterien**: Art der Branche, Marktvolumen, Konkurrenzintensität, Branchenkonjunktur u.a.
- **Unternehmensbezogene Kriterien**: Umsatzgrößenklasse, Unternehmensphilosophie, Auftragsgröße, Mitarbeiterzahl, Rechtsform, Kauf- und Produktverwendungsverhalten, Innovationstyp, Form der Aufbau- und Ablauforganisation, Standort u.a.

- **Gruppenbezogene Kriterien**: Größe und Zusammensetzung des Einkaufsgremiums, Rollenverteilung im Buying Center, Arbeitsaufteilung, Rollenverhalten, Bedeutung in den Phasen des Kaufentscheidungsprozesses u.a.

- **Personenbezogene Kriterien**: Demografische, sozioökonomische und psychologische Merkmale sowie Verhaltensmerkmale der am Einkauf beteiligten Personen, z.B. Ausbildung, Beruf, Stellung im Unternehmen, Alter, Geschlecht, Einstellungen, Informations-, Preis- und Mediennutzungsverhalten, Innovationsfreudigkeit u.a.

Zur **Segmentierung von Dienstleistungsmärkten** lassen sich abhängig von der Art der Dienstleistung (konsumtive oder investive Dienstleistungen) analog die jeweiligen Segmentierungskriterien heranziehen (vgl. hierzu *Meffert/Bruhn* 2012, S. 112ff.).

Die einzelnen Marktsegmentierungskriterien werden nicht isoliert eingesetzt, sondern Teilmärkte meist stufenweise abgegrenzt. Eine **stufenweise Segmentierung** vollzieht sich auf unterschiedlichen Aggregationsniveaus. So wird beispielsweise im Industriegüterbereich zunächst eine Marktaufteilung nach Branchen und Unternehmen vorgenommen („**Makrosegmentierung**"), und in weiteren Schritten erfolgen zusätzliche Einteilungen nach Merkmalen des Einkaufsgremiums und der Entscheidungsbeteiligung („**Mikrosegmentierung**") (vgl. *Backhaus/Voeth* 2011, S. 120ff.).

In vielen Fällen findet eine **mehrdimensionale Segmentierung** statt. Im Konsumgüterbereich werden Märkte beispielsweise nach dem Preisverhalten der Nachfrager in obere, mittlere und untere Preissegmente eingeteilt und diese simultan nach Alter, Geschlecht, Einkommen, Kaufmotiven und anderen Merkmalen beschrieben. Die psychologischen Kriterien und die Kriterien des beobachtbaren Kaufverhaltens dienen meist zur Segmentbildung, während sozioökonomische und demografische Kriterien eher zur Beschreibung der gefundenen Segmente herangezogen werden.

Aus der Marktsegmentierung ergibt sich eine Reihe von Marktsegmenten, die sich mit verschiedenen Marketinginstrumenten differenziert bearbeiten lassen. Schaubild 3-2 verdeutlicht, dass sechs **Grundformen von Marktbearbeitungsstrategien** unterschieden werden:

(1) Die **Strategie der Nischenspezialisierung** konzentriert sich auf ein bestimmtes Marktsegment. Die Gründe für diese Strategie liegen in der Unternehmensgröße, der Fähigkeit zur Schaffung spezifischer Wettbewerbsvorteile für die ausgewählte Kundengruppe, der Vernachlässigung dieser Nische durch die Konkurrenz oder der außerordentlichen Attraktivität dieses Segments (z.B. Ferrari).

(2) Die **Strategie der Produktspezialisierung** legt den Schwerpunkt auf einen Leistungsbereich (z.B. Software zur Unternehmenssteuerung). Die Produkte des Unternehmens werden sämtlichen Kundengruppen angeboten. Durch Spezialisierung lassen sich Wettbewerbsvorteile erreichen (z.B. SAP R/3).

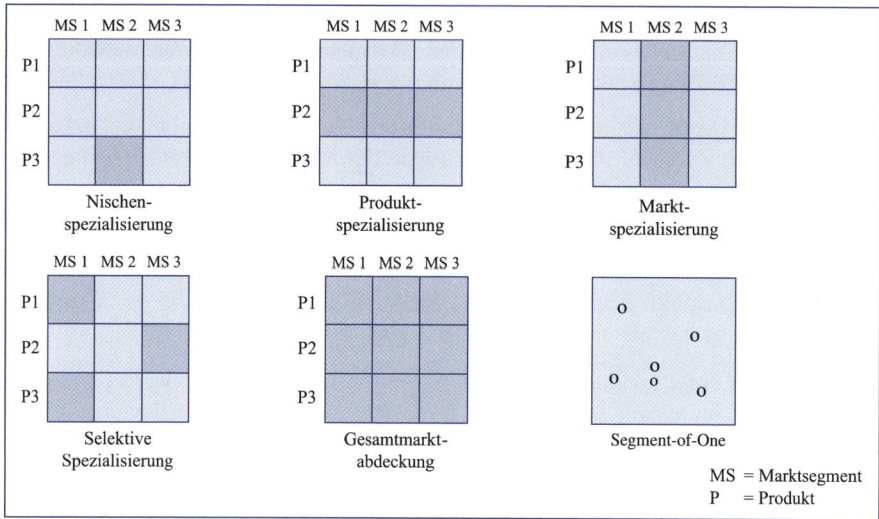

*Schaubild 3-2: Formen von Marktbearbeitungsstrategien
(in Anlehnung an Abell 1980, S. 179)*

(3) Die **Strategie der Marktspezialisierung** impliziert, dass sich ein Unternehmen mit vielfältigen Produkten auf ein Segment konzentriert. Durch genaue Kenntnis eines Bedürfnissegments (z.B. Jäger) ist das Unternehmen fähig, sehr unterschiedliche Produkte für diesen Zielmarkt zu entwickeln bzw. zu vertreiben (z.B. Frankonia).

(4) Die **Strategie der selektiven Spezialisierung** sieht eine Bearbeitung ausgewählter Marktsegmente mit ausgewählten Produkten vor. Das Unternehmen sucht mehrere lukrative Nischen aus, die es bearbeitet (z.B. 3M mit Post-it, Klebebändern usw.).

(5) Die **Strategie der Gesamtmarktabdeckung** sieht eine Marktbearbeitung mit vielen Produkten für sämtliche Marktsegmente vor. Das Unternehmen ist ein „Vollsortimenter", der für jedes Bedürfnissegment Produkte anbietet (z.B. Versandhäuser).

(6) Die **Segment-of-One-Strategie** verfolgt die individuelle Bearbeitung einzelner Kunden (häufig im Business-to-Business-Bereich).

3.3 Einsatz strategischer Analyseinstrumente

Bei der Entwicklung von Marketingstrategien sind Entscheidungen über die konkrete Form der Marktbearbeitung der relevanten strategischen Geschäftseinheiten und Marktsegmente zu treffen. Zur Fundierung strategischer Entscheidungen werden Analyseinstrumente eingesetzt, die Hinweise auf die erforderlichen Schwerpunkte in der Marktbearbeitung geben. An dieser Stelle beschränkt sich die Darstellung auf die **Lebenszyklus-, Positionierungs- und Portfolioanalysen** (zu weiteren strategischen Analyseinstrumenten vgl. *Benkenstein/Uhrich* 2009; *Welge/Al-Laham* 2011; *Meffert* et al. 2012).

3.3.1 Lebenszyklusanalysen

Das Konzept des Lebenszyklus versucht, auf der Grundlage zeitlicher Entwicklungsprozesse strategische Grundsatzentscheidungen zu fundieren sowie Schlussfolgerungen für den Einsatz von Marketinginstrumenten zu ziehen. Die Lebenszyklusanalyse basiert auf der Annahme, dass strategisch relevante Planungsobjekte – ähnlich natürlichen Organismen – eine begrenzte Lebensdauer aufweisen und bezieht sich auf Produkte, Marken, Branchen, Kunden u.a. (vgl. *Bruhn/Hadwich* 2006, S. 61ff.).

> **Lebenszyklusanalysen setzen sich mit verschiedenen Lebenszyklusphasen auseinander, identifizieren Gesetzmäßigkeiten im Verlauf des Analyseobjektes und ordnen das Analyseobjekt in den Lebenszyklus ein, um aufgrund der Lebenszyklusposition Schlussfolgerungen für die Marktbearbeitungsstrategie zu ziehen.**

In diesem Sinne existieren verschiedene Lebenszykluskonzepte. Im Folgenden werden die Produkt- und Marktlebenszyklusanalysen als wichtige Konzepte dargestellt.

(1) Produktlebenszyklusanalyse

Der Produktlebenszyklus zeigt die zeitliche Entwicklung einer Produktklasse oder eines einzelnen Produktes am Markt. Grundlage des Konzeptes ist die Annahme, dass der Verlauf eines Produktlebenszyklus einer gesetzmäßigen Entwicklung folgt und jedes Produkt ganz bestimmte Phasen durchläuft, unabhängig davon, ob die absolute Lebensdauer des Produktes Jahrzehnte oder nur einige Monate beträgt. Gründe für die begrenzte Lebensdauer von Produkten sind u.a. Änderungen der Nachfrage, eine Ausschöpfung des Nachfragepotenzials oder technologische Entwicklungen. Schaubild 3-3 zeigt, dass idealtypisch fünf **Phasen im Produktlebenszyklus** unterschieden werden:

(1) In der **Einführungsphase** stehen hohen Anfangsinvestitionen geringe Umsätze und häufig negative Deckungsbeiträge gegenüber. Der Kurvenverlauf erklärt sich vor allem durch Erfolge der Einführungsaktivitäten des Marketing sowie Neugierkäufe.

(2) In der **Wachstumsphase** erhöht sich durch die Wirkungen des Marketing der Bekanntheitsgrad und es werden überdurchschnittliche Zuwachsraten erzielt. Häufig erreichen Unternehmen in dieser Phase die Gewinnzone.

Einsatz strategischer Analyseinstrumente

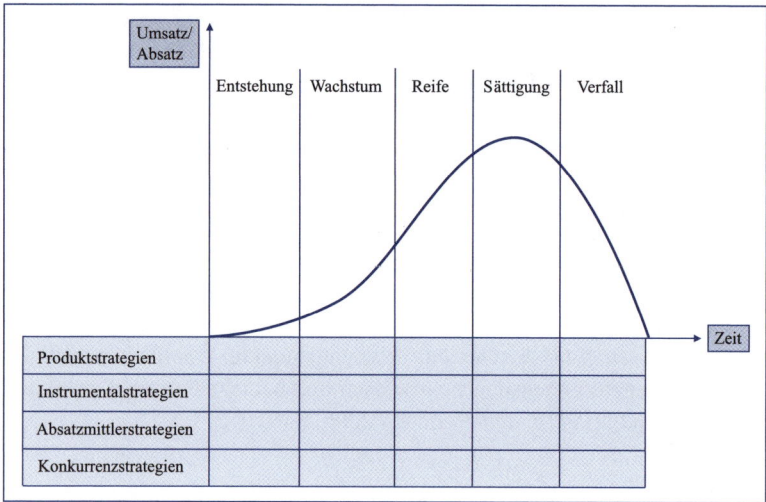

Schaubild 3-3: Idealtypische Phasen eines Produktlebenszyklus

(3) In der **Reifephase** erfolgt eine weitere absolute Marktausdehnung, die Wachstumsraten des Produktumsatzes nehmen jedoch ab. Die Umsatzrentabilität sinkt und die Wirkung der Marketinginstrumente lässt nach.

(4) In der **Sättigungsphase** ist die Umsatzentwicklung erstmals rückläufig. Das Marktpotenzial ist ausgeschöpft, der Markt ist gesättigt, die relative Bedeutung von Ersatzkäufen steigt.

(5) Schließlich zeigt sich in der **Schrumpfungs- bzw. Verfallsphase** ein stark rückläufiger Umsatz. Durch das Vordringen verbesserter (Substitutions-) Produkte besteht kaum noch Bedarf am ursprünglichen Produkt.

Die eigenen Produkte bzw. Marken und die der Hauptkonkurrenten werden einer bestimmten Phase des Lebenszyklus zugeordnet. Die Ableitung strategischer Entscheidungen zur Marktbearbeitung und über den Einsatz der Marketinginstrumente basiert auf Plausibilitätsüberlegungen. Folgende Beispiele verdeutlichen dies:

Produktstrategien: In der Reifephase wirken Produktverbesserungen oder -differenzierungen („Relaunches") den Sättigungserscheinungen am Markt entgegen.

Instrumentalstrategien: In der Einführungsphase ist der Bekanntheitsgrad durch einen hohen Werbeeinsatz möglichst rasch zu steigern.

Absatzmittlerstrategien: In der Wachstumsphase empfiehlt es sich, durch attraktive Konditionen oder andere Maßnahmen weitere Absatzmittler zu gewinnen.

Konkurrenzstrategien: In der Sättigungsphase wird dem Hauptkonkurrenten durch Preissenkungen begegnet, um die eigene Marktstellung zu verbessern.

Bei einer Beurteilung des **Aussagewertes der Produktlebenszyklusanalyse** zur Ableitung von strategischen Entscheidungen sind die folgenden Gesichtspunkte einschränkend zu berücksichtigen. Sicherlich folgt die Entwicklung eines jeden Produktes dem Verlauf eines individuellen Lebenszyklus; es ist jedoch zu bezweifeln, dass dieser stets einem idealtypischen Verlauf folgt. Die Prognose- und Entscheidungsqualität des Konzeptes hängt entscheidend davon ab, inwieweit und mit welcher Sicherheit von dieser unterstellten Gesetzmäßigkeit auszugehen ist. Auch sind die aus den Zyklusphasen abgeleiteten Normstrategien wenig hilfreich, wenn nicht eindeutig nachvollziehbar ist, in welcher der Phasen sich das betreffende Produkt befindet. Dies gilt insbesondere bei Produkten, deren Lebensspanne sich nicht über Jahre, sondern Jahrzehnte entwickelt (z.B. Odol, Maggi oder Persil). Die Lebenszyklusanalyse ist zwar plausibel und in der Praxis verbreitet, zur Fundierung strategischer Entscheidungen ist sie aber nur bedingt geeignet.

Obwohl das Produktlebenszykluskonzept dazu verleitet, ältere gegenüber neuen Produkten zu vernachlässigen, und seine Validität sowie sein normativer Charakter als gering einzuschätzen sind, darf dessen diagnostischer und deskriptiver Wert nicht unterschätzt werden. Das Modell regt grundsätzlich dazu an, sich im Hinblick auf ein Gleichgewicht zwischen „wachsenden" und „schrumpfenden" Produkten Gedanken über die optimale Altersstruktur einer Produktpalette zu machen.

(2) Marktlebenszyklusanalyse

Der Marktlebenszyklus stellt den zeitlichen Verlauf eines gesamten Marktes in den Vordergrund. Der Lebenszyklus eines Marktes ergibt sich dabei aus einer Aggregation der spezifischen Produktlebenszyklen. Durch den erhöhten Aggregationsgrad steigt die Aussagekraft der Lebenszyklusanalyse, da nicht nur die Entwicklung eines Produktes, sondern mehrere Einflussfaktoren berücksichtigt werden. Schaubild 3-4 zeigt, vergleichbar mit dem Produktlebenszyklus, die fünf verschiedenen **Phasen des Marktlebenszyklus**:

(1) In der **Entstehungsphase** werden Märkte durch ein oder wenige Unternehmen aufgebaut. Die Durchsetzung einer Innovation im Markt steht im Vordergrund.

(2) In der **Wachstumsphase** setzt sich die Innovation durch. Unternehmen profitieren von starken Wachstumsimpulsen des Marktes. Dieses Wachstum zieht Konkurrenten an.

(3) In der **Reifephase** dehnt sich der Markt durch den Eintritt weiterer Unternehmen aus, es zeigen sich jedoch weniger starke Wachstumsraten.

Einsatz strategischer Analyseinstrumente

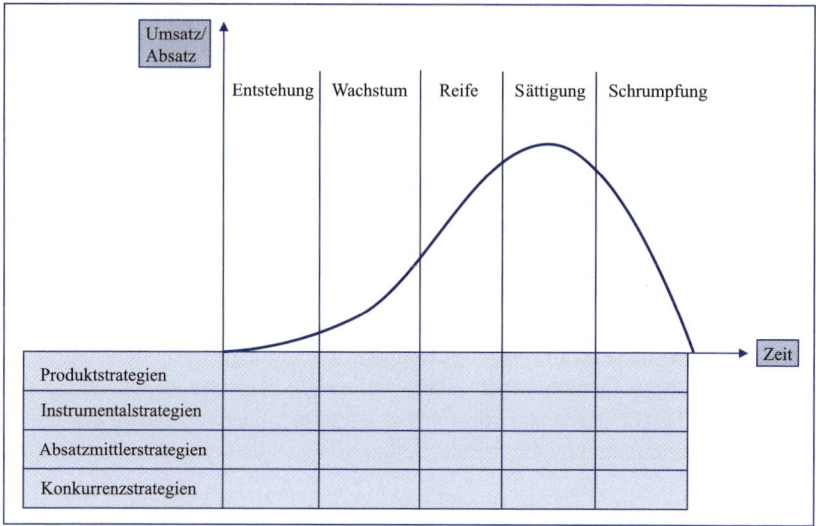

Schaubild 3-4: Idealtypische Phasen eines Marktlebenszyklus

(4) In der **Sättigungsphase** sinkt der Gesamtumsatz des Marktes und eine zunehmende Qualitätsangleichung der Produkte führt vielfach dazu, dass sich der Preis zum wichtigsten Wettbewerbsparameter entwickelt.

(5) Schließlich nimmt in der **Schrumpfungsphase** die Gesamtnachfrage stark ab. Es ist lediglich eine Frage der Zeit, wann die ersten Unternehmen aus dem Markt austreten und das ursprüngliche Produkt durch eine Produktinnovation substituiert wird.

Ähnlich wie beim Produktlebenszyklus wird ein Unternehmen seine eigene Position zunächst den unterschiedlichen Phasen im Marktlebenszyklus zuordnen und aus der Positionsbestimmung Schlussfolgerungen für das weitere strategische Marketingverhalten ziehen. Auch hier seien zur Verdeutlichung einige Beispiele genannt:

Produktstrategien: In der Entstehungsphase auf einem Markt für technische Produkte sind technologische Standards zu setzen.

Instrumentalstrategien: In der Wachstumsphase gilt es, durch den Einsatz der Kommunikationsinstrumente das Potenzial des Marktes möglichst umfassend auszuschöpfen.

Absatzmittlerstrategien: In der Reifephase ist es erforderlich, dass Unternehmen nach neuen Absatzmittlern suchen, um sich weitere Wachstumsmöglichkeiten zu erschließen.

Konkurrenzstrategien: In der Sättigungsphase sind starke Rationalisierungen in Produktion und Marketing (z.B. Vertrieb, Logistik) vorzunehmen, um für Preiskämpfe gerüstet zu sein. Für Unternehmen kommt es darauf an, deutlicher nach spezifischen Wettbewerbsvorteilen zu suchen, um sich im Markt zu behaupten.

Die Analyse der strategischen Verhaltensweisen von Unternehmen im Verlauf des Marktlebenszyklus verdeutlicht, dass sich die **Erfolgsfaktoren im Marketing** im Zeitablauf ändern. Es ist Aufgabe jedes Unternehmens, die in den einzelnen Marktphasen relevanten Erfolgsfaktoren zu erkennen und sich rechtzeitig darauf einzustellen.

3.3.2 Positionierungsanalysen

Die Positionierungsanalyse ist als Analysetechnik sowohl im Rahmen der strategischen Programmplanung als auch zur Segmentierung von Märkten einsetzbar. Sie orientiert sich an der **subjektiven Wahrnehmung** von Produkten oder Leistungen durch die Konsumenten. Die Bedeutung von Positionierungsanalysen ist darauf zurückzuführen, dass es bei einer zunehmenden objektiven Ähnlichkeit der Marktleistungen immer wichtiger wird, das eigene Leistungsangebot hinsichtlich der von Kunden subjektiv wahrgenommenen Produkteigenschaften von den Wettbewerbsangeboten abzugrenzen.

> **Die Positionierung ist ein „psychologisches Marktmodell" und stellt in einer mehrdimensionalen Darstellung die unterschiedlichen Leistungen bzw. Marken eines relevanten Marktes in der Wahrnehmung der Kunden dar.**

Im Rahmen der Marketingforschung werden zunächst Daten über die Wahrnehmung realer und idealer Produkteigenschaften verschiedener Marken bei Konsumenten erhoben. Mit Hilfe von Verfahren der multivariaten Datenanalyse (Multidimensionale Skalierung, Faktoren- oder Clusteranalysen) werden diese Daten im mehrdimensionalen Wahrnehmungsraum so weit verdichtet, dass ein psychologisches Marktmodell entsteht (vgl. *Meffert* et al. 2012). Aus Vereinfachungsgründen werden dabei meist nur zwei Dimensionen betrachtet. Das **klassische Positionierungsmodell** beinhaltet vier **Kernelemente** (*Meffert* et al. 2012, S. 367ff.):

- Vom Kunden wahrgenommener Eigenschaftsraum,
- Platzierung der eigenen Produkte bzw. Leistungen sowie der Konkurrenzprodukte aus Kundensicht,
- Idealposition aus Kundensicht,
- Distanzen zwischen den Idealvorstellungen der Kunden und den Realpositionen der einzelnen Produkte bzw. Marken.

Diese Kenntnisse werden für marketingstrategische Überlegungen genutzt, z.B. zur Einführung von Neuprodukten in eine Positionierungslücke sowie zur Repositionierung bestehender Marken in Richtung der Idealvorstellungen der Kunden. Schaubild 3-5 zeigt ein zweifaktorielles Beispiel für ein Positionierungsmodell aus der Bekleidungsbranche. Die Dimension „Modegrad" umfasst dabei verschiedene Ausprägungen von „Streng klassisch zeitlos" bis „Modisch avantgardistisch"; die Dimension „Preisgenre" Ausprägungen von „Billig-Genre" bis „Sehr teures Genre."

Als Nachteil von Produktpositionierungsverfahren wird häufig eine mangelnde Stabilität der Positionierungskriterien genannt. Durch Präferenzverschiebungen und rasche Veränderungen der wahrgenommenen Produkteigenschaften ist es oftmals schwierig, Marken über einen längeren Zeitraum in einer bestimmten, relativen Position zu halten. Der übersichtlichen grafischen Darstellung aller relevanten Marken in einem Modell steht insbesondere bei zweidimensionalen Positionierungsmodellen eine starke Reduktion der relevanten Wahrnehmungseigenschaften aus Kundensicht entgegen. In vielen Märkten werden Marken aus Sicht des Kunden mehrdimensional betrachtet bzw. bewertet.

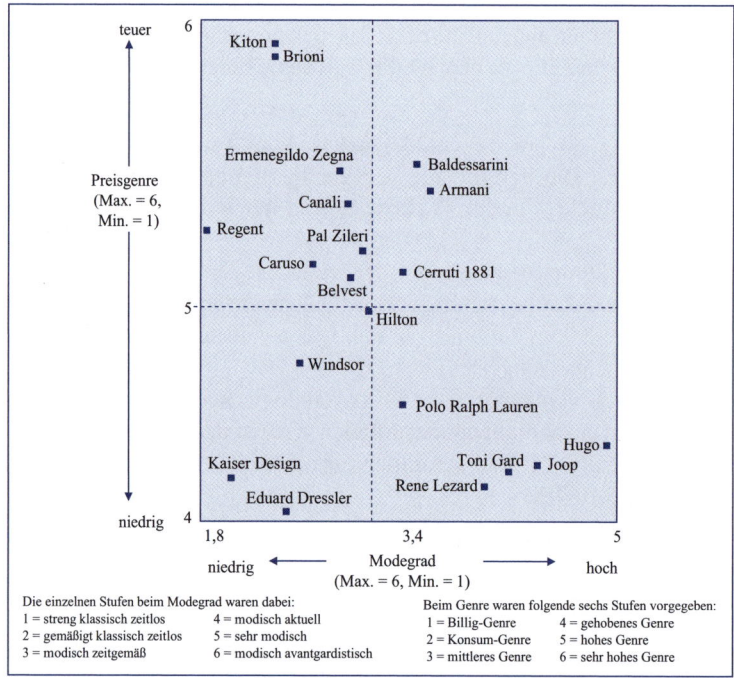

Schaubild 3-5: Beispiel für eine Markenpositionierung im Bekleidungsmarkt (Werner/Wulff 2003, S. 37)

Entwicklung von Marketingstrategien

Die Methoden der Produktpositionierung werden überwiegend für reife Märkte sowohl in Ver- und Gebrauchsgütermärkten, z.B. bei Waschmitteln, Kosmetika oder Automobilen, als auch im Industriegüter- und Dienstleistungsbereich, z.B. in den Bereichen Banken, Versicherungen, Handel u.a.m., eingesetzt. In jüngster Zeit wird dabei die Positionierungsanalyse z.T. dahingehend erweitert, dass der Kundenperspektive (Fremdbild) die Unternehmensperspektive, d.h. die Selbsteinschätzung des Unternehmens (Eigenbild), gegenübergestellt wird.

3.3.3 Portfolioanalysen

Portfolioanalysen zählen zu den am häufigsten eingesetzten strategischen Analyseinstrumenten. Den Ursprung des Portfoliogedankens bilden Diversifikationsüberlegungen im Finanzanlagebereich. Dort wird angestrebt, Vermögenswerte eines Anlage-Portefeuilles so zu kombinieren, dass sich das Gesamtrisiko der Wertanlage minimiert und folglich Risiko- sowie Renditegesichtspunkte in einem optimalen Verhältnis zueinander stehen. Dieser Grundgedanke eines ausgewogenen Portefeuilles wurde in den 1970er Jahren auf Entscheidungstatbestände des Marketing übertragen.

> **Portfolioanalysen geben in einer zweidimensionalen Darstellung einen Überblick über die Marktsituation von strategischen Geschäftseinheiten, Produkten, Kunden, Wettbewerbern oder anderen Analyseobjekten, um daraus Schlussfolgerungen für eine strategische Neuorientierung dieser Analyseobjekte zu ziehen.**

Ein Portfolio stellt eine zweidimensionale Abbildung dar, bei der eine Achse (Abszisse) eine interne, beeinflussbare Variable und die andere Achse (Ordinate) eine externe Variable repräsentiert, die vom Unternehmen nicht oder nur indirekt beeinflussbar ist. Die Erstellung einer Portfolioanalyse erfolgt anhand von fünf **Ablaufschritten**:

Schritt 1: Festlegung der Analyseobjekte, auf die sich die Portfolioanalyse bezieht (SGEs, Produkte o.a.) sowie der Form der Portfolioanalyse.

Schritt 2: Generierung der für die Positionierung der Analyseobjekte relevanten Informationen und Erstellung des Ist-Portfolios. Meist werden die Analyseobjekte als Kreis dargestellt, wobei der Durchmesser des Kreises das Umsatz- bzw. Absatzvolumen oder den Deckungsbeitrag repräsentiert.

Schritt 3: Je nach Position der Analyseobjekte im Portfolio werden unterschiedliche Normstrategien empfohlen. Unter Berücksichtigung der Ressourcen, der Konkurrenz und weiterer Kriterien wird eine strategische Stoßrichtung abgeleitet, durch die eine Ausgewogenheit des Portfolios realisiert wird.

Schritt 4: Erstellung von Soll-Positionen für den betrachteten Planungshorizont im Sinne eines Soll-Portfolios, das die zukünftig angestrebte Lage der Analyseobjekte wiedergibt.

Schritt 5: Konkretisierung der Normstrategien und des Soll-Portfolios durch detaillierte Marketingstrategien. Dazu sind die personellen und organisatorischen Konsequenzen der neuen strategischen Ausrichtung zu analysieren und notwendige Anpassungen im Unternehmen vorzunehmen.

Portfolioüberlegungen bilden als Instrument der Standortbestimmung den Ausgangspunkt für eine intensive Auseinandersetzung mit der Unternehmenszukunft (vgl. *Becker* 2009). Strategieentscheidungen für einzelne Geschäftsbereiche sind stets unter Berücksichtigung des Gesamtportfolios zu treffen. Die Ausgewogenheit des Portfolios steht dabei aus unternehmensstrategischer Sicht im Vordergrund.

In der Literatur finden sich vielfältige Portfoliomodelle (vgl. *Benkenstein/Uhrich* 2009, S. 71ff.). Die beiden bekanntesten Portfolioansätze sind das Marktanteils-Marktwachstums-Portfolio sowie das Wettbewerbsvorteils-Marktattraktivitäts-Portfolio.

(1) Marktanteils-Marktwachstums-Portfolio

Die Überlegungen dieses Portfolioansatzes gehen auf die Unternehmensberatung Boston Consulting Group (BCG) zurück; aus diesem Grund wird häufig die Bezeichnung Boston-Portfolio verwendet. Wie bereits aus der Bezeichnung ersichtlich, sind bei diesem Portfolio folgende Dimensionen bzw. Achsen zu unterscheiden:

Relativer Marktanteil: Umsatz bzw. Absatz des Analyseobjektes (im Folgenden wird von SGEs ausgegangen) dividiert durch den Umsatz bzw. Absatz des größten Wettbewerbers. Teilweise wird durch den gemeinsamen Umsatz bzw. Absatz der drei Hauptwettbewerber dividiert. Die Trennlinie zwischen einem hohen und einem niedrigen relativen Marktanteil wird im Portfolio üblicherweise bei 1,0 gezogen.

Marktwachstum: Wachstumsrate des Gesamtmarktes bzw. des betrachteten Teilmarktes zum Zeitpunkt der Analyse. Die Trennlinie zwischen hohem und niedrigem Wachstum wird im Portfolio häufig beim durchschnittlichen Marktwachstum, betrachtet über den Zeitraum der letzten vier bis fünf Jahre, gezogen.

Das Marktanteils-Marktwachstums-Portfolio basiert hinsichtlich der Achse Marktwachstum auf der **Lebenszyklusanalyse**, wobei unterstellt wird, dass das Wachstum eines Marktes ein Indikator für eine bestimmte Phase im Lebenszyklus ist. Der Achse relativer Marktanteil liegen die Grundgedanken der **Erfahrungskurve** zu Grunde. Sie sagt aus, dass mit steigendem Marktanteil auch die kumulierte Fertigungsmenge steigt und somit aufgrund eines Erfahrungskurveneffektes Kostendegressionseffekte generiert werden (vgl. *Henderson* 1984).

Entwicklung von Marketingstrategien

Nachdem die Achsen des Portfolios gekennzeichnet sind, wird der Merkmalsraum in vier Felder unterteilt. Schaubild 3-6 verdeutlicht grafisch den Aufbau eines Marktwachstums-Marktanteils-Portfolios und zeigt die abzuleitenden **Normstrategien**.

Stars sind strategische Geschäftseinheiten, die in wachsenden Märkten über eine gute Marktposition und somit einen hohen relativen Marktanteil verfügen. Durch die Realisierung von Mengeneffekten in der Produktion werden Kostendegressionseffekte genutzt. Als Normstrategie wird empfohlen, die strategische Geschäftseinheit durch Investitionen zu halten bzw. auszubauen (**Investitionsstrategie**).

Milchkühe sind strategische Geschäftseinheiten, die zwar über eine etablierte Marktposition verfügen, allerdings in Märkten mit geringen Wachstumsraten. Hier sind Kostensenkungspotenziale zu nutzen und nur noch so viele Investitionen zu tätigen, wie zur Erhaltung der Marktstellung erforderlich sind. Es bietet sich eine **Abschöpfungsstrategie** an, bei der der bestehende relative Marktanteil gehalten wird, alle zusätzlichen finanziellen Mittel jedoch in die Star- oder Fragezeichen-Segmente investiert werden.

Arme Hunde sind strategische Geschäftseinheiten, die bei geringer Marktwachstumsrate über eine schwache Marktposition bzw. einen geringen relativen Marktanteil verfügen. Arme Hunde sind meist nicht mehr rentabel und bedürfen, falls sie nicht aufgegeben werden, zusätzlicher finanzieller Mittel. Es empfiehlt sich daher die Überprüfung einer **Desinvestitionsstrategie**, bei der versucht wird, die SGE zu verkaufen oder schrittweise aus dem Markt auszutreten.

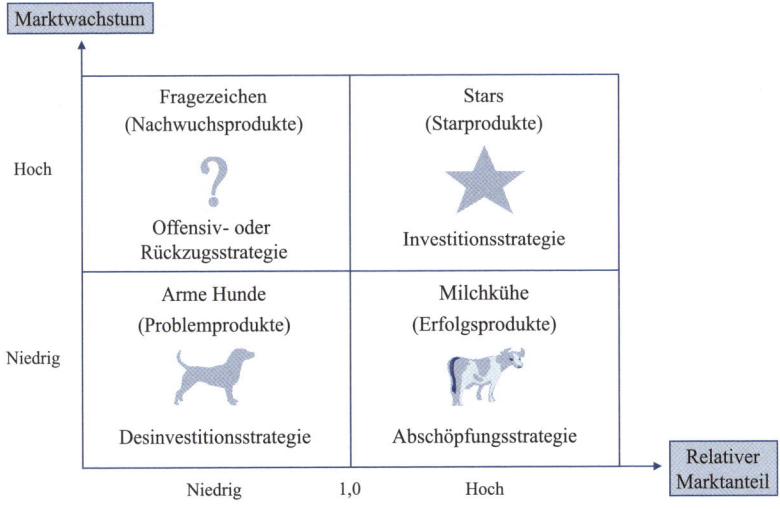

Schaubild 3-6: Normstrategien des Marktanteils-Marktwachstums-Portfolios

Fragezeichen sind strategische Geschäftseinheiten, die aufgrund des noch geringen Marktanteils einen geringen Cashflow erwirtschaften, aber für das Ziel einer wesentlichen Verbesserung der Marktstellung erhebliche Mittel beanspruchen würden. In diesem Fall ist nach weiteren Analysen der Erfolgschancen im Markt abzuwägen, ob eine offensive **Markterschließungs-** oder eine **Rückzugsstrategie** sinnvoll ist.

Die **Vorteile** des Marktanteils-Marktwachstums-Portfolios sind darin zu sehen, dass durch die parallele Betrachtung des Marktanteils und des Marktwachstums versucht wird, die Finanzmittelflüsse im Unternehmen abzubilden und den Zusammenhang zwischen Cashflow, Rentabilität, Verschuldungsgrad und anderen Größen herzustellen (*Benkenstein/ Uhrich* 2009, S. 71f.). Als Vorteile sind die leichte Anfertigung und der geringe Informationsbedarf zu nennen. Des Weiteren ist das Portfolio anschaulich, kommunikativ und erhöht die Aufgeschlossenheit gegenüber strategischen Fragen im Unternehmen.

Als **Nachteil** ist jedoch zu nennen, dass die Analyse lediglich auf zwei – wenn auch bedeutenden – Faktoren basiert. Dies stellt keine valide Basis für strategische Entscheidungen dar. Darüber hinaus sind die Trennlinien des Portfolios nicht exakt definiert, die Normstrategien haben keine Allgemeingültigkeit, konkurrenzbezogene Aspekte werden nur unzureichend berücksichtigt und der Erfahrungskurveneffekt sowie die Wachstumsorientierung werden überbetont. Da sich viele Unternehmen heute in schrumpfenden bzw. stark rückläufigen Märkten bewegen, wurde die traditionelle Aufteilung des Marktanteils-Marktwachstums-Portfolios um zwei Felder in der Marktschrumpfungsphase erweitert (*Meffert* 1994, S. 50).

(2) Wettbewerbsvorteils-Marktattraktivitäts-Portfolio

Das Wettbewerbsvorteils-Marktattraktivitäts-Portfolio wurde von der Unternehmensberatung McKinsey & Company entwickelt. Bei diesem Portfolioansatz – auch McKinsey-Portfolio genannt – werden ebenfalls zwei Dimensionen, die relativen Wettbewerbsvorteile und die Marktattraktivität, unterschieden. Die Operationalisierung dieser beiden Dimensionen erfolgt jedoch durch eine Vielzahl von Einzelindikatoren, die es zu erheben gilt. Beispielhaft seien einige genannt:

Relative Wettbewerbsvorteile:

- Relative Marktposition (z.B. Marktanteil, Unternehmensgröße, Wachstumsrate, Rentabilität),

- Relatives Produktionspotenzial (z.B. Kostenvorteile, Know-how, Lizenzbeziehungen, Standortvorteile, Energie- und Rohstoffversorgung),

- Relatives F&E-Potenzial (z.B. Grundlagen- und Anwendungsforschung, Innovationspotenzial der Forscher, Innovationsfähigkeit der Organisation, Innovationszyklen),
- Relative Qualifikation der Führungskräfte und Mitarbeitenden (z.B. Qualität der Führungssysteme, Professionalität, Innovationsklima, Motivation der Führungskräfte).

Sämtliche Indikatoren werden im Vergleich zum stärksten Konkurrenzunternehmen beurteilt. Der Dimension „Marktattraktivität" liegen u.a. folgende Indikatoren zu Grunde:

Marktattraktivität:

- Marktwachstum und Marktgröße,
- Marktqualität (z.B. Branchenrentabilität, Phase im Marktlebenszyklus, Wettbewerbsintensität, Anzahl und Struktur potenzieller Abnehmer, Eintrittsbarrieren für neue Anbieter, Bedrohung durch Substitutionsprodukte),
- Energie- und Rohstoffversorgung (z.B. Störanfälligkeit der Versorgung, Verhandlungsstärke der Lieferanten, Existenz alternativer Rohstoffe),
- Umfeldsituation (z.B. Abhängigkeiten von Konjunktur, Gesetzgebung, öffentlicher Meinung, Arbeitnehmerorganisationen, Umweltschutzmaßnahmen).

Für die Erstellung des Portfolios ist es nicht zwingend notwendig, sämtliche Indikatoren zu ermitteln. Vielmehr wählt ein Unternehmen aus den vielfältigen Einzelindikatoren die für die spezielle Unternehmens- und Marktsituation relevanten Faktoren aus. Die Verknüpfung der Einzelindikatoren wird zweckmäßigerweise mit einem **Punktbewertungsmodell** vorgenommen, um der relativen Bedeutung einzelner Indikatoren gerecht zu werden (vgl. zum methodischen Vorgehen Abschnitt 5.3.2).

Aus dem Wettbewerbsvorteils-Marktattraktivitäts-Portfolio lassen sich ebenfalls **Normstrategien** ableiten. Schaubild 3-7 zeigt die sich durch die Dreiteilung der beiden Achsen ergebenden neun Normstrategien.

Marktführerschafts-, Investitions- oder **Wachstumsstrategien** sind zu empfehlen, wenn starke relative Wettbewerbsvorteile gegenüber den Konkurrenten bestehen und der Markt attraktiv ist. Existieren nur geringe relative Wettbewerbsvorteile für das Unternehmen und ist der Markt wenig attraktiv, empfiehlt sich eine **Abschöpfungs-** und stufenweise **Desinvestitionsstrategie** bis hin zum sofortigen **Ausstieg** aus dem Markt. Für die übrigen Marktsituationen bieten sich **Selektionsstrategien** an, d.h., es ist zu prüfen, ob aufgrund der vorhandenen Unternehmensressourcen eine Investitions-, Rückzugs-, Übergangs- oder Abschöpfungsstrategie sinnvoll ist.

Das Wettbewerbsvorteils-Marktattraktivitäts-Portfolio weist als wesentlichen **Vorteil** die umfassende Informationsaufnahme über die momentane Unternehmenssituation auf.

Einsatz strategischer Analyseinstrumente

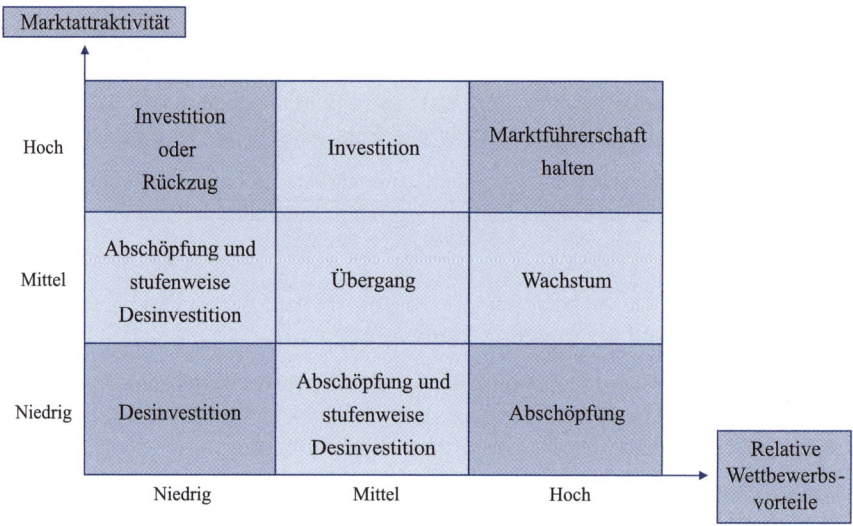

Schaubild 3-7: Normstrategien des Wettbewerbsvorteils-Marktattraktivitäts-Portfolios

Durch die Vielzahl der Einzelindikatoren werden die Entscheidungsträger im Unternehmen gezwungen, sich systematisch mit der eigenen Marktstellung und den relevanten Marktfaktoren auseinander zu setzen. Durch diese Form der Portfolioanalyse wird implizit eine professionelle SWOT-Analyse durchgeführt. Darüber hinaus wird die Konkurrenz durch die Beurteilung des relativen Wettbewerbsvorteils einbezogen.

Als **Nachteile** gelten eine kosten- und zeitaufwändige Erhebung der Informationen sowie Schwierigkeiten, objektive Informationen zu den Einzelindikatoren zu erhalten. Bei der Verwendung des Punktbewertungsverfahrens besteht zudem die Gefahr, Auswahl und Gewichtung der Indikatoren wie auch Punktevergabe unvollständig und subjektiv vorzunehmen. Im Ergebnis resultiert eine „scheingenaue" Position in Form eines Punktwertes. Die zentrale Frage für eine valide Ableitung von Normstrategien wird deshalb sein, ob es dem Unternehmen gelingt, die relevanten internen und externen Erfolgsfaktoren in angemessener Gewichtung für die Positionsbestimmungen im Portfolio heranzuziehen.

Portfolioanalysen sind ein Analyseinstrument der strategischen Planung, vermitteln aber kein vollständiges Bild von der Situation der strategischen Geschäftseinheiten oder anderer Analyseobjekte. Generell verfügen sämtliche Portfolioansätze über eine geringe theoretische Fundierung. Als problematisch lässt sich zudem die Tatsache bezeichnen, dass sich die Normstrategien lediglich auf bereits vorhandene Geschäftseinheiten oder Produkte beziehen. Damit ist die Portfoliotechnik vergangenheitsorientiert, da sie potenzielle strategische Geschäftseinheiten und Neuprodukte nicht einbezieht.

3.4 Strategien der Marktbearbeitung

Im Rahmen der Marktbearbeitungsstrategien stehen die **Marktteilnehmerstrategien** gegenüber den Konsumenten, Konkurrenten sowie Absatzmittlern im Vordergrund (vgl. auch *Meffert* et al. 2012). Die **Instrumentalstrategien** legen die Schwerpunkte im Einsatz der Marketinginstrumente fest. Zu entscheiden ist, wie sich das Unternehmen gegenüber den Marktteilnehmern verhält, um die definierten Ziele bestmöglich zu erreichen.

3.4.1 Abnehmergerichtete Strategien

Ausgangspunkt der abnehmergerichteten Strategien ist die Frage, durch welche Verhaltensweisen und Maßnahmen ein Unternehmen in die Lage versetzt wird, den Markt zu beeinflussen bzw. zu stimulieren (vgl. *Becker* 2009; *Meffert* et al. 2012). Generell wird das Abnehmerverhalten durch zwei grundsätzliche Strategien beeinflusst: Präferenzstrategie oder Preis-Mengen-Strategie. Bei der Festlegung einer abnehmergerichteten Strategie ist daher die Frage zu beantworten, welchen Vorteil – Qualität, Marke oder Preis – der Anbieter den Abnehmern im Vergleich zur Konkurrenz bietet. Vor diesem Hintergrund wird der Begriff **abnehmergerichtete Strategie** wie folgt definiert:

> **Eine abnehmergerichtete Strategie ist ein langfristiger Verhaltensplan, der durch die Realisierung eines oder mehrerer Wettbewerbsvorteile in der Wahrnehmung der Kunden ihr Verhalten beeinflusst bzw. stimuliert.**

Zur Festlegung abnehmergerichteter Strategien liefern die Grundkonzeptionen der Wettbewerbsstrategien in stagnierenden und schrumpfenden Märkten nach *Porter* wichtige Hinweise (vgl. *Porter* 2013). Gemäß *Porter* ist es für Unternehmen essenziell, eine zentrale Kernkompetenz aufzuweisen und somit zu entscheiden, ob der zentrale Vorteil gegenüber dem Wettbewerb auf Qualitäts- (Qualitätsführerschaft) oder auf Kostenvorteilen (Kostenführerschaft) beruht. Insofern geht es um die Suche nach abnehmergerichteten Vorteilen. *Porter* unterscheidet ferner, ob das Unternehmen auf dem Gesamtmarkt oder lediglich auf einem Teilmarkt agiert. Schaubild 3-8 zeigt diese strategischen Grundkonzeptionen im Überblick. Auf Basis der beiden Grunddimensionen werden vier **Strategierichtungen** unterschieden (vgl. *Porter* 2013):

(1) Die **Strategie der Qualitätsführerschaft** zielt darauf ab, Leistungs- bzw. Qualitätsvorteile (hohe Produktqualität, Serviceleistungen) auf dem Gesamtmarkt zu realisieren (Beispiele aus der Automobilwirtschaft: Mercedes, BMW).

Strategien der Marktbearbeitung

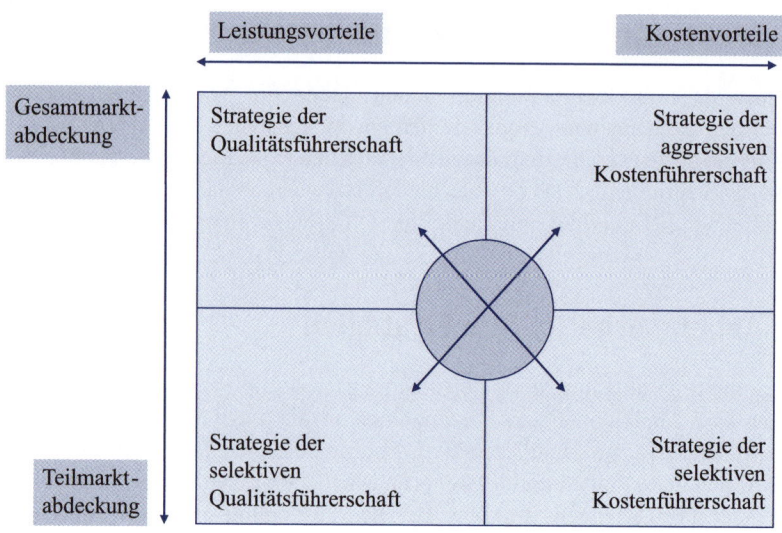

Schaubild 3-8: Grundkonzeptionen für Wettbewerbsstrategien nach Porter (2013)

(2) Die **Strategie der Kostenführerschaft** ist darauf ausgerichtet, auf dem Gesamtmarkt durch z.B. Standardisierung, Verfahrensinnovationen oder neue Technologien Kostendegressionseffekte zu nutzen, um diese in Form von vergleichsweise niedrigen Preisen an die Konsumenten weiterzugeben (Beispiele: Nissan, KIA).

(3) Die **Strategie der selektiven Qualitätsführerschaft** legt den Schwerpunkt auf einen bestimmten Teilmarkt (Nische), auf dem Leistungsvorteile realisiert werden. Von besonderer Bedeutung ist eine Konzentration auf lukrative Nischen, die von größeren Unternehmen vernachlässigt werden. Hier erlangt das Unternehmen durch besondere Leistungen (z.B. Spitzenprodukte, hohes Kundendienst- und Serviceniveau, individuelle Beratung) Wettbewerbsvorteile; dies rechtfertigt höhere Preise (Beispiele: Porsche, Ferrari).

(4) Die **Strategie der selektiven Kostenführerschaft** fokussiert ebenfalls einen bestimmten Teilmarkt, auf dem die Unternehmensleistung besonders preisgünstig angeboten wird. Da es sich häufig um Produktimitationen in technologisch ausgereiften Märkten handelt, ist mit dieser Strategie auch das Risiko verbunden, dass andere Anbieter mit noch günstigerer Kostenstruktur die Preise unterbieten, und die eigene Gewinnsituation dadurch verschlechtert wird (Beispiel: Daewoo).

Die bewusste Entscheidung für eine der vier Strategien ist eine zentrale Voraussetzung für den Markterfolg. Danach ist es nicht ausreichend, „einige" Kostenvorteile oder

„einige" Leistungsvorteile (Gefahr des **„stuck in the middle"**) zu realisieren. Grundsätzlich ist zu berücksichtigen, dass die Aussagen von *Porter* nicht für wachsende, sondern nur für gesättigte Märkte Gültigkeit besitzen.

In heutigen Marktsituationen ist die einmalige Entscheidung für eine der vier grundsätzlichen Wettbewerbsstrategien häufig nicht ausreichend, um den Unternehmenserfolg langfristig sicherzustellen. Vielmehr streben Unternehmen gleichzeitig sowohl Kosten- wie auch Qualitätsvorteile an. Daher wurde das Konzept von *Porter* durch hybride Wettbewerbsstrategien erweitert. Dazu zählen z.B. die **Outpacing-Strategien**, bei denen ein Unternehmen rechtzeitig zwischen beiden strategischen Grundkonzeptionen wechselt (vgl. dazu *Gilbert/Strebel* 1987), um den Wettbewerber zu überholen.

Neben der Frage, welche Wettbewerbsvorteile ein Unternehmen gegenüber dem Abnehmer fokussieren möchte, steht im Rahmen des Relationship Marketing die Frage der **Kundenorientierung** im Zentrum. Mit Blick auf die strategischen Aspekte des Beziehungsmarketing (vgl. auch Abschnitt 1.6) sind insbesondere die Kundenbindungs- und Kundenrückgewinnungsstrategien zentral (vgl. *Michalski* 2002; *Bruhn/Homburg* 2010).

3.4.2 Konkurrenzgerichtete Strategien

Abnehmergerichtete Strategien sind darauf ausgerichtet, Wettbewerbsvorteile beim Kunden aufzubauen bzw. abzusichern. Da einmal erreichte Wettbewerbsvorteile jedoch immer von Wettbewerbsvorteilen der Konkurrenz bedroht werden, sind im Rahmen des strategischen Marketing neben einer Kundenorientierung parallel konkurrenzorientierte Strategien zu entwickeln.

> **Konkurrenzgerichtete Strategien zielen darauf ab, sich in der Realisierung des Kundennutzens deutlich gegenüber den Wettbewerbern abzugrenzen sowie das künftige Verhalten des Unternehmens gegenüber den Wettbewerbern und damit die Stellung im Wettbewerbsumfeld festzulegen.**

Der Fokus liegt in der Schaffung von Wettbewerbsvorteilen gegenüber der Konkurrenz, um im Bewusstsein des Kunden eine gewisse **Alleinstellung im Markt** zu erreichen (vgl. *Porter* 2014). Diese Denkhaltung, die bei der Entwicklung konkurrenzgerichteter Strategien im Vordergrund steht, ist in Schaubild 3-9 aufgezeigt. In diesem Kontext wird vom **„Denken im Strategischen Dreieck"** gesprochen.

Für Unternehmen ist jedoch die Konzentration auf die Schaffung von Kundennutzen nicht ausreichend. Vielmehr sind gleichzeitig Wettbewerbsvorteile gegenüber der Konkurrenz zu realisieren, da diese häufig ähnliche Nutzendimensionen erfüllen.

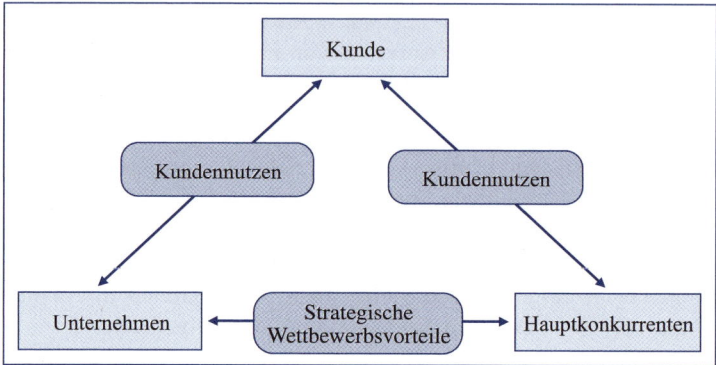

Schaubild 3-9: Das „Strategische Dreieck" zur Realisierung von Wettbewerbsvorteilen

Ausgangspunkt konkurrenzgerichteter Strategieentscheidungen ist eine umfassende Konkurrenzanalyse. Sind Stärken und Schwächen der Wettbewerber eruiert und die Wettbewerbssituation bekannt, werden in Abhängigkeit von der Frage, ob Unternehmen dem Wettbewerb aktiv oder passiv, innovativ oder imitativ begegnen, grundsätzlich vier **konkurrenzgerichtete Strategien** differenziert (vgl. *Meffert* et al. 2012, S. 317ff.).

(1) **Konfliktstrategie**: Die Konfliktstrategie ist mit einem aggressiven Verhalten gegenüber den Wettbewerbern verbunden, z.B. durch direkte Vergleiche in der klassischen Werbung oder durch das Angebot von Niedrigpreisen, um Marktanteile zu gewinnen und in der Folge die Marktführerschaft zu übernehmen.

(2) **Kooperationsstrategie**: Die Zusammenarbeit mit einem oder mehreren Wettbewerbern wird von Unternehmen bevorzugt, die nicht über die erforderlichen Ressourcen verfügen, um eine Alleinstellung im Markt einzunehmen. Die Unternehmen schließen z.B. Lizenzverträge, Joint Ventures, strategische Allianzen oder vereinbaren die Zusammenarbeit auf bestimmten Teilgebieten, um konfliktären Wettbewerbssituationen zu entgehen, sich gegenüber dritten Wettbewerbern zu verbünden oder gemeinsam große Investitionsaufwendungen zu tragen (z.B. gemeinsame Forschungsleistungen für VW Sharan und Ford Galaxy).

(3) **Ausweichstrategie**: Es wird versucht, dem Wettbewerbsdruck auszuweichen, indem besonders innovative, von den Wettbewerbern nur langsam zu imitierende Leistungen angeboten werden. In diesem Zusammenhang gilt es, Markteintrittsbarrieren aufzubauen und den Innovationsvorsprung möglichst lange zu verteidigen.

(4) **Anpassungsstrategie**: Das eigene Verhalten wird auf die Aktion der Wettbewerber abgestimmt. Es handelt sich um eine defensive Verhaltensweise, die von vielen Unternehmen vertreten wird, wenn es sich um einen vergleichsweise wirtschaftsfriedlichen Markt handelt.

Über die dargestellten konkurrenzgerichteten Verhaltensweisen hinaus haben Unternehmen ferner eine Entscheidung über die anzustrebende **Marktstellung** zu treffen. Folgende Positionen der Marktstellung kommen grundsätzlich in Frage:

Strategie des Marktführers: Marktführer versuchen, ihre dominante Position im Markt zu behaupten und auszubauen. Dies gilt für Qualitäts- und Kostenführer gleichermaßen. Eine Ausweitung des Marktanteils erfolgt z.B. durch Produktinnovationen, Einbeziehung zusätzlicher Absatzkanäle, Ansprache weiterer Kundensegmente, verstärkte werbliche oder verkaufsfördernde Aktivitäten oder durch Preissenkungen.

Strategie des Marktfolgers: In einer strategisch weniger riskanten Position befinden sich Marktfolger, da sie die vom Marktführer vorgegebene Richtung imitieren und von seinen Erfahrungen und Fehlern profitieren. Sie warten Reaktionen der Marktteilnehmer auf Richtungsänderungen des Marktführers ab, bevor sie sich diesen anschließen. Diese Risikominimierung geht aber auch mit geringeren Marktchancen einher. Eine andere Situation ergibt sich, wenn ein Marktfolger zum Marktherausforderer avanciert und die Stellung des Marktführers angreift, um selbst dessen Position einzunehmen. Auf oligopolistisch strukturierten Märkten sind Kämpfe um die Marktführerschaft häufig zu beobachten (z.B. im Zigaretten-, Benzin-, Telekommunikations- und Automobilmarkt).

Strategien des Marktnischenanbieters: Vor allem für Unternehmen, die aufgrund ihrer Größe den Gesamtmarkt nicht abdecken, aber fähig sind, auf Marktveränderungen besonders schnell und flexibel zu reagieren, empfiehlt es sich, Nischen zu bearbeiten. Von besonderer Bedeutung ist eine Konzentration auf lukrative Nischen, die von größeren Unternehmen vernachlässigt oder zu spät besetzt werden. Hier ist es für den Nischenanbieter möglich, durch besondere Leistungen (z.B. Spitzenprodukte, exklusive Markenführung, hohes Serviceniveau, intensive Beratung und Schulung) Wettbewerbsvorteile zu erringen und dadurch höhere Preise zu rechtfertigen. In diesem Zusammenhang gelingt es auch kleineren Unternehmen, durch kontinuierliche Innovation und Markenpolitik eine selektive Qualitätsführerschaft mittel- bis langfristig abzusichern (z.B. Ferrari).

In den letzten Jahren gewann im Zusammenhang mit konkurrenzgerichteten Strategien die **Konkurrenzforschung** an Bedeutung. Als mögliche Informationsquellen sind neben der kostengünstigen Sekundärforschung Paneldaten, Produktanalysen, Expertenbefragungen, Kundenbefragungen und Benchmarking zu nennen (vgl. Kapitel 4).

3.4.3 Absatzmittlergerichtete Strategien

Angesichts der starken Bedeutungszunahme des Handels, bedingt durch Konzentrationsprozesse, neue Informationssysteme und ein zunehmend eigenständiges Handelsmarketing mit attraktiven Handelsmarken, ist es für Herstellerunternehmen, die nicht direkt vertreiben, notwendig, neben den abnehmer- und konkurrenzgerichteten Strategien mit gleicher Priorität auch **absatzmittlergerichtete Strategien** zu erarbeiten.

> Absatzmittlergerichtete Strategien sind auf die Vertriebspartner ausgerichtete Konzepte und Verhaltensweisen, die darauf abzielen, die eigene Position bei den Absatzmittlern zu stärken.

Eine klassische Systematisierung absatzmittlergerichteter Strategien ist die Differenzierung zwischen Push- und Pull-Strategie. Liegt eine **Push-Strategie** vor, ist das aktive Einwirken vom Hersteller auf den Handel gemeint (z.B. durch die Schaltung von Handelsanzeigen), damit die Produkte gelistet und optimal unterstützt werden. In diesem Zusammenhang wird von einem „Hineindrücken" der Produkte in den Markt gesprochen. Bei der **Pull-Strategie** setzt der Hersteller hingegen auf konsumentengerichtete Maßnahmen wie z.B. ein Produktsampling oder die Werbung in klassischen Medien, die darauf abzielen, dass der Endkonsument das entsprechende Produkt im Handel nachfragt. Es wird ein „Nachfragesog" erzeugt, der den Handel dazu veranlasst, dem Produkt hohe Priorität einzuräumen. Bei diesem Ansatz wird allerdings eine Machtdominanz der Hersteller unterstellt, die heute meist nicht mehr gegeben ist. In der Praxis ist daher mehrheitlich eine Kombination von Push- und Pull-Strategie zu beobachten.

Im Folgenden werden vier **absatzmittlergerichtete Strategien** unterschieden, die jeweils verschiedene Machtkonstellationen unterstellen, abhängig davon, ob Unternehmen aktiv oder passiv auf Aktionen des Handels reagieren und passiv oder aktiv die Gestaltung von Vertriebskanälen vornehmen (vgl. *Meffert* et al. 2012, S. 321ff.):

(1) **Konfliktstrategie**: Das Machtpotenzial sowie die Forderungen des Handels werden nicht anerkannt. Der Hersteller strebt eine dominante Machtposition an, bei der sich der Handel an die Forderungen des Herstellers anzupassen hat. Diese Strategie ist nur realisierbar, wenn der Hersteller bekannte und erfolgreiche Marken anbietet, so dass eine Auslistung aufgrund zu erwartender Verluste für den Handel unwahrscheinlich bzw. sehr riskant ist (z.B. Jägermeister, Nutella oder Kinderschokolade).

(2) **Umgehungsstrategie**: Bewusster Verzicht auf eine Zusammenarbeit mit dem Handel und Versuch, die Aufgaben des Handels selbst zu organisieren. Mögliche Ausprägungen der Umgehungsstrategie sind der stationäre Vertrieb (z.B. Show Room, Fabrikverkauf), der mobile Vertrieb (z.B. Messe, fahrbare Verkaufsstellen) oder der elektronisch gestützte Vertrieb (z.B. Internet Shopping, Telefonverkauf).

(3) **Kooperationsstrategie**: Enge Zusammenarbeit zwischen Hersteller und Handel mit dem Ziel, für beide Partner die besten Gewinne zu erzielen. Diese Strategie führte in den 1990er Jahren zu neuen Kooperationskonzepten wie Category Management oder Efficient Consumer Response (vgl. Kapitel 9).

(4) **Anpassungsstrategie**: Akzeptanz der Machtposition des Handels. Der Hersteller geht auf die Forderungen des Handels wie z.B. Listungsgelder oder Funktionsverlagerungen ein. Damit wird die Gefahr einer vollständigen Auslistung der Produkte reduziert. Diese Strategie ist in der Lebensmittelindustrie die Regel.

Über die Definition der absatzmittlergerichteten Strategie hinaus ist die Umsetzung der Strategie zu konkretisieren. Hierbei spielen zahlreiche Entscheidungstatbestände eine Rolle. Die Kernfragen beziehen sich auf die **Selektion** der „richtigen" Absatzmittler, die **Stimulierung** und **Motivation** der Händler durch Anreizsysteme sowie die vertraglichen Vereinbarungen zwischen Hersteller und Absatzmittler (vgl. Kapitel 8).

3.4.4 Instrumentalstrategien

In Abhängigkeit von den strategischen Stoßrichtungen und den spezifischen Strategien gegenüber den einzelnen Marktteilnehmern wird der Einsatz der Marketinginstrumente ausgerichtet.

> **Instrumentalstrategien beinhalten grundsätzliche Entscheidungen darüber, wie sich das Unternehmen hinsichtlich der Ausgestaltung der Marketinginstrumente (Produkt, Preis, Kommunikation und Vertrieb) verhalten wird.**

Die Instrumentalstrategien bilden den Übergang von der strategischen zur operativen Marketingplanung. Im Vordergrund des klassischen Instrumentemix stehen vier Ausprägungen von Instrumentalstrategien.

Produktstrategie: Sie legt fest, welches Qualitätsniveau der Produkte angeboten wird, um die Bedürfnisse der Kunden bestmöglich zu befriedigen. Eine Strategie der Qualitätsführerschaft ist immer mit einer hochwertigen Ausgestaltung der Produkte und Leistungen verbunden. Hingegen wird sich die Produktstrategie eines Kostenführers auf die Realisation der „Standard"-Qualität ohne zusätzliche Serviceleistungen beschränken.

Preisstrategie: Die Festlegung der Preisstrategie hängt wesentlich davon ab, wie sich das Unternehmen grundsätzlich am Markt positioniert bzw. welcher Wettbewerbsvorteil angestrebt wird. Wird eine Qualitätsführerschaft angestrebt, wird sich das Unternehmen für ein eher hohes Preisniveau (Hochpreisstrategie), bei der Kostenführerschaft für ein vergleichsweise niedriges Preisniveau (Niedrigpreisstrategie) entscheiden. Bei der Bearbeitung unterschiedlicher Kundengruppen oder Märkte steht hingegen die Preisdifferenzierungsstrategie im Vordergrund.

Kommunikationsstrategie: Die strategische Ausrichtung der Kommunikationspolitik orientiert sich an der grundsätzlichen abnehmergerichteten Strategie. Je nachdem, ob der Wettbewerbsvorteil im Bereich der Produktqualität oder der Marke liegt, ist die Kommunikationsstrategie auf den Aufbau und die Pflege der Marke ausgerichtet. Bei einer Strategie der Kostenführerschaft wird ein Unternehmen auf einen aufwändigen Kommunikationsauftritt verzichten (z.B. Aldi).

Vertriebsstrategie: Ähnliche Überlegungen gelten für die Vertriebspolitik. Wird eine Qualitätsführerschaft angestrebt, ist zu entscheiden, welche Vertriebswege und -partner geeignet sind, das hochwertige Image des Unternehmens zu transportieren. Sinnvoll wäre z.B., die Produkte im Exklusivvertrieb bzw. nur in Fachgeschäften zu vertreiben. Bei einer Kostenführerschaft richtet sich die Instrumentalstrategie eher auf die Frage, mit welchen Vertriebswegen und -partnern die angestrebten Mengeneffekte und damit Kostenvorteile realisierbar sind (z.B. Vertrieb in Discountern oder Fachmärkten).

3.5 Implementierung von Marketingstrategien

Trotz einer sorgfältigen Marktanalyse und Strategieentwicklung scheitern viele Marketingstrategien und -konzepte an der konkreten Umsetzung in der betrieblichen Praxis. Der Grund für dieses Umsetzungsdefizit besteht häufig nicht in einer prinzipiell mangelnden Eignung der Strategie zur Lösung der Unternehmensprobleme, sondern im Anschluss der Strategieprozesse nach der Planung. Des Weiteren wird die Planung häufig von externen Dienstleistern erbracht, die in der Implementierungsphase nicht mehr im Unternehmen sind, und somit ein geschlossenes Konzept sowie ein kontinuierliches Management für die Implementierung der entwickelten Strategie fehlt. Neben einer schriftlichen Fixierung ist es in diesem Zusammenhang vor allem notwendig, dass Marketingkonzeptionen verbindlich erklärt und in konkrete Handlungsanweisungen für die betroffenen Abteilungen und Mitarbeitenden „übersetzt" werden (vgl. *Becker* 2009, S. 937ff.). Die Planung und Implementierung einer Marketingstrategie ist ebenso bedeutend wie die Strategieentwicklung selbst. Damit Marketingstrategien nicht nur geplant, sondern auch erfolgreich umgesetzt werden, ist es unabdingbar, sich detailliert mit dem **Implementierungsprozess von Marketingstrategien** sowie deren Erfolgsbedingungen auseinanderzusetzen (vgl. *Benkenstein/Uhrich* 2009, S. 174ff.; *Müller-Stewens/Lechner* 2011, S. 429ff.; *Sander* 2011, S. 763ff.).

3.5.1 Begriff und Prozess der Strategieimplementierung

Unter Implementierung wird ein Prozess verstanden, der die Strategie in aktionsfähige Aufgaben umwandelt und damit die Um- und Durchsetzung der Strategie sicherstellt. Hierzu ist es erforderlich, dass die Unternehmensführung kulturelle, strukturelle und systemorientierte Rahmenbedingungen schafft. Da die Strategieimplementierung in Unternehmen meist eine komplexe und mehrstufige Aufgabe darstellt (vgl. *Sander* 2011, S. 765ff.), empfiehlt es sich, einen Implementierungsprozess zu definieren. Dieser umfasst idealtypisch verschiedene Prozessphasen. Schaubild 3-10 zeigt ein Beispiel eines Implementierungsprozesses, der im Folgenden näher erläutert wird.

Entwicklung von Marketingstrategien

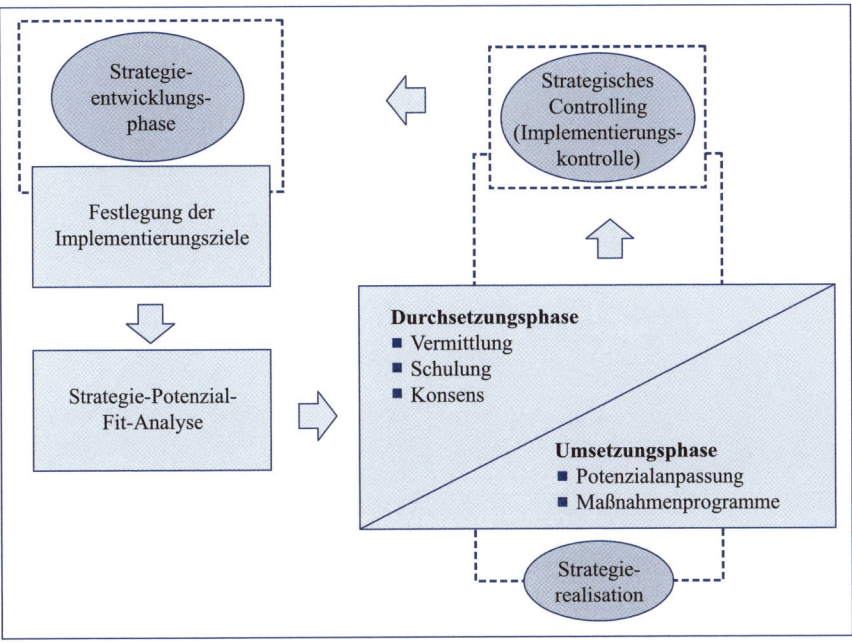

*Schaubild 3-10: Prozess der Strategieimplementierung
(in Anlehnung an Meffert et al. 2012, S. 776)*

Festlegung der Implementierungsziele: Das Oberziel der Implementierung ist die erfolgreiche Umsetzung der Strategie. Dieses Oberziel wird in die Subziele der Durchsetzung und Umsetzung der Strategie unterteilt. Die **Durchsetzungsziele** stellen auf die Schaffung von Akzeptanz für die Strategie bei den betroffenen Unternehmensmitgliedern ab, während die **Umsetzungsziele** die situative Spezifizierung der global formulierten Strategievorgaben sowie die Anpassung von Unternehmensstrukturen, -systemen und -kultur beinhalten. Damit diese Anpassung möglich ist, empfiehlt es sich, die Umsetzungsziele in Abhängigkeit von einer Analyse der Implementierungsumgebung festzulegen. Schaubild 3-11 zeigt die Ziele der Strategieimplementierung im Überblick.

Bei der Festlegung von Implementierungszielen spielen zudem Kosten- und Zeitaspekte eine Rolle. Es geht nicht ausschließlich um eine effektive, sondern häufig auch um eine effiziente Implementierung von Strategien. Implementierungsfragen sind folglich unter Wirtschaftlichkeitsaspekten zu betrachten. Vor diesem Hintergrund ist im Einzelfall zu klären, ob eine Anpassung der bestehenden Unternehmenspotenziale erforderlich bzw. realisierbar ist.

Implementierung von Marketingstrategien

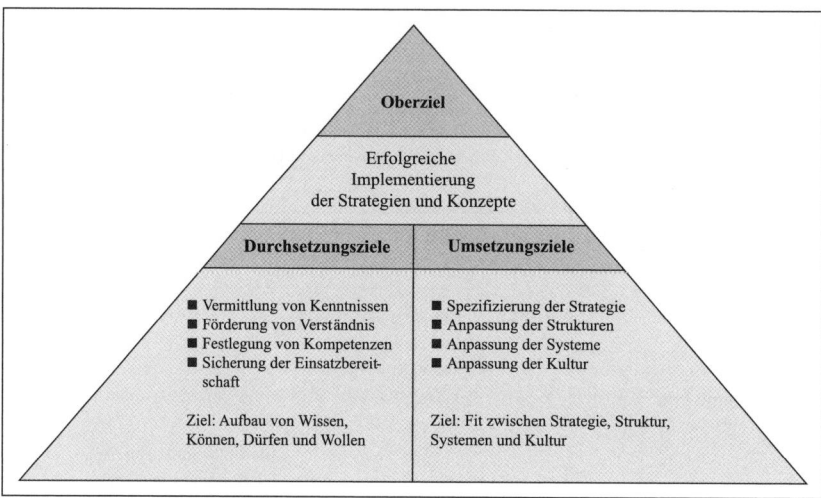

*Schaubild 3-11: Ziele der Strategieimplementierung
(in Anlehnung an Meffert et al. 2012, S. 776)*

Strategie-Potenzial-Fit-Analyse: In einem nächsten Schritt wird geprüft, ob die vorhandenen Unternehmenspotenziale geeignet sind, die Strategie direkt umzusetzen. Ist dies der Fall, wird von einem hohen „Strategie-Fit" gesprochen. In der Regel sind jedoch Anpassungen im Unternehmen erforderlich, um die Strategieumsetzung zu realisieren. Zu unterscheiden sind Anpassungen der Strukturen, der Systeme und der Kultur von Unternehmen.

Im Rahmen der **Strukturanpassung** ist der reale Organisationsaufbau mit den in der Strategieformulierung festgelegten Spezialisierungen der Organisationseinheiten, Koordinationsmechanismen sowie Entscheidungskompetenzen abzustimmen. Anschließend erfolgt eine **Anpassung der Unternehmenssysteme** – z.B. der Informations- und Kommunikationssysteme, oder aber auch der Anreiz- und Steuerungssysteme – an die Strategie und die Organisationsstruktur. Weiterhin ist die vorhandene **Unternehmenskultur** als Grundgesamtheit aller Werte- und Normenvorstellungen sowie Denk- und Verhaltensmuster entsprechend der zu implementierenden Strategie anzupassen. Fehlt die Übereinstimmung von strategischer und kultureller Ausrichtung, scheitert eine Strategie an der fehlenden Akzeptanz der Mitarbeitenden.

Um-/Durchsetzungsphase: Sie stellt den Kern der Implementierung dar. Die **Durchsetzung** einer Strategie beinhaltet die Lösung zahlreicher vertikaler und horizontaler Implementierungskonflikte zwischen den Strategieentscheidern und den betroffenen Bereichen (*Meffert* et al. 2012, S. 778ff.). Typische **Konfliktpotenziale** liegen in den folgenden Bereichen (vgl. *Kolks* 1990):

- Zielkonflikte,
- Erwartungsdivergenzen zwischen den Führungskräften,
- Durchsetzungskonflikte sowie
- Kulturkonflikte.

Als Lösungsalternativen bieten sich verschiedene Formen der Konflikthandhabung an wie z.B. die Problemlösung durch Überzeugung einzelner Konfliktträger, Kompromisse zwischen den Beteiligten, Vermittlung und Schlichtung durch Vorgesetzte oder Unternehmensberater (*Kolks* 1990, S. 126f.). Bei der **Umsetzung** der Marketingstrategie geht es um die Zuweisung von Verantwortung, beispielsweise durch die Bildung von Implementierungsteams, sowie um die Realisation der erforderlichen Maßnahmenprogramme (z.B. Kick-off-Veranstaltungen, Workshops, Rundschreiben an sämtliche Mitarbeitende).

Implementierungskontrolle: In der letzten Prozessphase gilt es zu prüfen, ob die Strategie tatsächlich erfolgreich umgesetzt wurde. An diesem Punkt befindet sich das Marketing an der Schnittstelle zum strategischen Controlling, mit dem eine enge Zusammenarbeit anzustreben ist (vgl. *Reinecke/Janz* 2007).

Vor dem Hintergrund der Identifikation der Strategieimplementierung als zentrales branchenübergreifendes Problem des Strategischen Managements hat sich in Wissenschaft und Praxis die so genannte **Balanced Scorecard** etabliert, die Unternehmen durch ein ganzheitliches Managementkonzept dabei unterstützt, Strategien wirkungsvoll in aktionsorientierte Ziele und Maßnahmen umzusetzen. Durch die Einführung einer Balanced Scorecard erhält die Unternehmensführung eindeutig messbare Steuerungsgrößen für den laufenden Implementierungsprozess (vgl. *Kaplan/Norton* 2001, 2010).

3.5.2 Erfolgsvoraussetzungen der Strategieimplementierung

Angesichts der zahlreichen Probleme einer erfolgreichen Implementierung von Marketingstrategien ist es eine zentrale Aufgabe der Unternehmensführung, die notwendigen Voraussetzungen im Unternehmen zu schaffen, damit die bestehenden Barrieren abgebaut werden und die Maßnahmen ihre volle Wirkung entfalten. Eine zentrale **Erfolgsvoraussetzung** der Strategieumsetzung ist, dass die Führungskräfte die Notwendigkeit der Anpassungen im Unternehmen erkennen und diese tatsächlich realisieren. Im Hinblick auf eine effektive Durchführung der Strategieimplementierung hat es sich als sinnvoll erwiesen, die Implementierung als eigenständiges Projekt innerhalb des Unternehmens zu definieren. Als wesentliche **Erfolgsfaktoren** derartiger Implementierungsprojekte sind neben der Festlegung der Implementierungsintensität und -geschwindigkeit folgende Aspekte herauszustellen (vgl. *Sander* 2011, S. 770ff.; *Meffert* et al. 2012, S. 782ff.):

- Identifikation relevanter **Implementierungsträger**, d.h. der Fach- und Machtpromotoren, die zur Erfüllung der zahlreichen Durchsetzungs- und Umsetzungsaufgaben maßgeblich beitragen.
- Anwendung **adäquater Führungs- und Implementierungsstile**, z.B. partizipativer Führungsstil, Einsatz von Down-up-Planungsprozessen, aktive Kommunikation u.a.
- Einsatz einer effizienten **Implementierungsorganisation**, d.h. Etablierung fachlich heterogener und geschäftsbereichsübergreifender Projektteams in Form von Gremien, Arbeitskreisen oder Umsetzungskommissionen.

Die Marketingwissenschaft und -praxis hat sich in den letzten Jahrzehnten intensiv mit der Entwicklung von marktgerichteten Marketingstrategien auseinandergesetzt. Das externe Marketing stand dabei eindeutig im Vordergrund. Das Verständnis für die Notwendigkeit einer auf die internen Austauschprozesse gerichteten Marketingorientierung hat dagegen noch keine lange Tradition. So steht im Zielsystem der Unternehmen die Zufriedenheit der Mitarbeitenden meist weit hinter der Zufriedenheit der externen Kunden. Die kausalen Zusammenhänge zwischen der Erreichung der unternehmensinternen und -externen Zielsetzungen werden vielfach nicht erkannt. Inzwischen zeigt sich in der Marketingpraxis jedoch deutlich, dass nicht die Erarbeitung einer absatzmarktorientierten Marketingstrategie, sondern die **unternehmensinterne Strategieimplementierung**, d.h. die Schaffung der internen Voraussetzungen für die Durchführung der Konzepte im Markt, eine der zentralen Problemstellungen von Unternehmen darstellt (vgl. *Homburg/Krohmer* 2009). Vor diesem Hintergrund nimmt das so genannte **Interne Marketing** seit einiger Zeit eine wichtige Rolle ein (*Bruhn* 1999, S. 20).

> **Das Interne Marketing beinhaltet die systematische Optimierung unternehmensinterner Prozesse mit Instrumenten des Marketing- und Personalmanagements, um durch eine konsequente und gleichzeitige Kunden- und Mitarbeiterorientierung das Marketing als interne Denkhaltung durchzusetzen, damit die marktgerichteten Unternehmensziele effizient erreicht werden.**

Dieses Begriffsverständnis des Internen Marketing verdeutlicht, dass eine **gleichzeitige Kunden- und Mitarbeiterorientierung** notwendig ist. Neben die externe tritt eine interne Kundenorientierung. Sie stellt die Fähigkeit eines Unternehmens und seiner Mitarbeitenden dar, durch die Ausrichtung am internen Kunden die innerbetrieblichen Fähigkeiten dafür zu schaffen, dass eine kontinuierliche, an den Erwartungen der externen Kunden ausgerichtete Unternehmensstrategie umgesetzt wird (*Bruhn* 2002, S. 27).

4. Methoden der Marketingforschung

> **Lernziele**
>
> In diesem Kapitel werden Ihnen typische Fragestellungen sowie die Aufgaben und verschiedenen Formen der Marketingforschung vorgestellt. Sie
>
> ➢ lernen die Methoden der Datengewinnung kennen und beurteilen ihren Einsatz in der Marktforschung,
>
> ➢ vollziehen die Verfahren der Stichprobenplanung nach,
>
> ➢ setzen sich mit statistischen Methoden der Datenauswertung auseinander und
>
> ➢ lernen, die klassischen Verfahren der Marktprognose anzuwenden.
>
> Besonderes Anliegen dieses Kapitels ist es, zu verdeutlichen, dass Methodik und Vorgehensweise der Marketingforschung wesentlichen Einfluss auf die weitere Planung des Marketing haben.

4.1 Begriff und Funktionen der Marketingforschung

Bei der Festlegung des Marketingplans, der Entwicklung von Marketingstrategien und bei taktischen Marketingentscheidungen benötigt der Marketingleiter eine Vielzahl von Informationen. Die Fundierung dieser Marketingentscheidungen ist Aufgabe der Marketingforschung.

> **Marketingforschung umfasst die Gewinnung, Auswertung und Interpretation von Informationen über jetzige und zukünftige Marketingsituationen und -entscheidungen einer Unternehmung.**

Die Definition verdeutlicht, dass sämtliche unternehmensinternen und -externen Informationen von Bedeutung sind, die die derzeitige Stellung und zukünftige Entwicklung des Unternehmens im Absatzmarkt betreffen. Das Aufgabenspektrum der Marketingforschung lässt sich durch die verschiedenen **Funktionen der Marketingforschung** dokumentieren (vgl. zu den Aufgaben auch *Hammann/Erichson* 2006, S. 33ff.; *Meffert* et al. 2012, S. 148f.). Folgende Funktionen stehen im Mittelpunkt:

- **Anregungsfunktion**: Generierung von Impulsen für die Initiierung neuer Marketingentscheidungen, beispielsweise die Bearbeitung neuer Märkte, die Entwicklung neuer Produkte oder Produktverbesserungen, Preisanpassungen u.a.
- **Prognosefunktion**: Einschätzung der Veränderungen marketingrelevanter Faktoren in den Bereichen Markt, Kunden, Lieferanten, Handel, Konkurrenz und Umfeld sowie deren Auswirkungen auf das eigene Geschäft.
- **Bewertungsfunktion**: Unterstützung bei der Bewertung und Auswahl von Entscheidungsalternativen, z.B. bei Neuprodukten, Preisanpassungen, der Bearbeitung von Vertriebskanälen u.a.
- **Kontrollfunktion**: Systematische Suche und Sammlung marketingrelevanter Informationen über die Marktstellung des eigenen Unternehmens sowie die Wirksamkeit einzelner Marketinginstrumente.
- **Bestätigungsfunktion**: Erforschung von Ursachen des Erfolgs bzw. Misserfolgs von Marketingentscheidungen.

In größeren Unternehmen ist die Marketingforschung meist eine organisatorisch selbstständige Einheit, die über eigene Budgetmittel verfügt und dem Marketingleiter unterstellt ist. In der Unternehmenspraxis wird allerdings häufig weniger von der **Marketingforschung** als vielmehr von der **Marktforschung** gesprochen. Die traditionsbedingte Wortwahl „Marktforschung" ist jedoch als Oberbegriff irreführend, da es im Rahmen des Marketing nicht ausschließlich um die Erforschung von Märkten geht (Beschaffungs-, Arbeits-, Finanz- und Absatzmärkte), sondern generell um die Erfassung und Bearbeitung absatzmarktbezogener Tatbestände und interner Informationen. Grundsätzlich werden vier **Untersuchungsbereiche der Marketingforschung** unterschieden:

(1) Entwicklung des Marktes

Für eine Einschätzung der Marktchancen und der relativen Marktbedeutung ist die Entwicklung des Marktpotenzials und des Marktvolumens von besonderem Interesse. Darüber hinaus ist der Einfluss von Umfeldtendenzen (z.B. Bevölkerungsentwicklung, politische Veränderungen) in Verbindung mit den Potenzialen und Volumina des Gesamtmarktes und des Unternehmens zu bewerten.

(2) Verhalten der Marktteilnehmer

Die Beobachtung des derzeitigen sowie Abschätzung des zukünftigen Verhaltens der Marktteilnehmer beeinflusst Marketingentscheidungen in hohem Maße. Deshalb kommt der Marktteilnehmerforschung hohe Bedeutung zu. Dazu zählen die Konsumentenforschung, Handelsforschung und Konkurrenzforschung (Competitive Intelligence).

(3) Wirkungen der Marketinginstrumente

Da eine effiziente Verwendung des Marketingbudgets angestrebt wird, empfiehlt es sich, die Wirkung des Instrumenteeinsatzes ex ante abzuschätzen sowie ex post zu ermitteln. Im Rahmen der Produkt-, Preis-, Kommunikations- und Vertriebsforschung ist es Aufgabe der Marketingforschung, die beabsichtigten Wirkungen unterschiedlicher Maßnahmen abzuschätzen, um das Risiko von Fehlinvestitionen zu minimieren. Nach dem Instrumenteeinsatz ist die Effektivität der angewandten Maßnahmen zu überprüfen.

(4) Beobachtung unternehmensspezifischer Marketingfaktoren

Die hohe Dynamik der Marktveränderungen erfordert eine permanente Überwachung der marktrelevanten Faktoren und bei Abweichungen die Vornahme einer Ursachenanalyse. Deshalb zählen die Beobachtung des Absatzvolumens, des Marktanteils, der Deckungsbeiträge, das Erstellen von Umsatz- und Vertriebsstatistiken usw. zu weiteren Aufgaben der unternehmensgerichteten Marketingforschung.

Die Marketingforschung wird seit den 1960er/1970er Jahren von vielen Unternehmen systematisch betrieben. Standen in der Vergangenheit die klassische Marktforschung und die Marktprognose im Vordergrund, gewinnen zunehmend die Wettbewerbs- und Umfeldforschung an Bedeutung. Dies gilt insbesondere für Märkte, die sich dynamisch entwickeln (z.B. Telekommunikation, Medien, Mode u.a.). Durch das Internet und die Sozialen Medien (Web 2.0) sind zusätzlich neue Formen und Möglichkeiten der Marktforschung entstanden.

4.2 Methoden der Marktforschung

4.2.1 Begriff und Formen der Marktforschung

In Abgrenzung zur Marketingforschung setzt sich die Marktforschung ausschließlich mit Tatbeständen von Märkten auseinander. Der **Begriff der Marktforschung** wird wie folgt definiert:

> **Die Marktforschung beschäftigt sich mit einer systematischen und empirischen Ermittlung sowie Aufbereitung relevanter Informationen über Absatz- und Beschaffungsmärkte eines Unternehmens, um Marketingentscheidungen zu fundieren.**

Schaubild 4-1 gibt einen Überblick über die verschiedenen Formen der Marktforschung, die – je nach Untersuchungsgegenstand und Problemstellung – einsetzbar sind. Einige Beispiele verdeutlichen die Erscheinungsformen:

Methoden der Marktforschung

Formen der Marktforschung	
Erhebungshäufigkeit	▪ Einmalige Erhebung ▪ Permanente Erhebung
Bezugszeitpunkt	▪ Retrospektive Marktforschung ▪ Rekognoszierende Marktforschung ▪ Prospektive Marktforschung
Art des Untersuchungsobjektes	▪ Ökoskopische Marktforschung ▪ Demoskopische Marktforschung
Form der Informationsgewinnung	▪ Primärforschung ▪ Sekundärforschung
Erhebungsmethode	▪ Befragung ▪ Beobachtung ▪ Experiment
Forschungsdesign	▪ Explorative Marktforschung ▪ Deskriptive Marktforschung ▪ Experimentelle Marktforschung
Untersuchte Marketinginstrumente	▪ Produktforschung ▪ Preisforschung ▪ Kommunikationsforschung ▪ Vertriebsforschung
Untersuchte Marktteilnehmer	▪ Konsumentenforschung ▪ Konkurrenzforschung ▪ Absatzmittlerforschung
Untersuchte Märkte	▪ Beschaffungsmarktforschung ▪ Absatzmarktforschung ▪ Finanzmarktforschung
Art der Messung	▪ Quantitative Marktforschung ▪ Qualitative Marktforschung
Träger der Marktforschung	▪ Instituts-Marktforschung ▪ Betriebliche Marktforschung
Ort der Messung	▪ Laboruntersuchung ▪ Felduntersuchung
Räumlicher Geltungsbereich	▪ Nationale Marktforschung ▪ Internationale Marktforschung

Schaubild 4-1: Formen der Marktforschung

Erhebungshäufigkeit: Einmalige Erhebungen sind Sondererhebungen, beispielsweise zur Abschätzung von Marktchancen in ausländischen Märkten. Permanente Erhebungen erfassen marktrelevante Faktoren wie z.B. Umsatz- oder Marktanteilsdaten fortlaufend.

Bezugszeitpunkt: Die retrospektive Marktforschung erhebt vergangenheitsbezogene Daten. Zur Absicherung laufender Entscheidungen ermittelt die rekognoszierende Marktforschung gegenwartsbezogene Daten. Die prospektive Marktforschung fokussiert schließlich zu Prognosezwecken auf zukunftsbezogene Daten.

Art des Untersuchungsobjektes: Die ökoskopische Marktforschung beschäftigt sich mit objektiv beobachtbaren Sachverhalten von Märkten (z.B. Lagerbestände). Dagegen fokussiert sich die demoskopische Marktforschung auf die Erfassung subjektiver Sachverhalte (z.B. Meinung von Händlern über das Leistungsprogramm eines Unternehmens).

Form der Informationsgewinnung: Im Rahmen der Sekundärforschung werden bereits verfügbare und in anderem Zusammenhang erhobene Daten genutzt (z.B. Statistiken). In der Primärforschung werden dagegen neue Daten erhoben.

Erhebungsmethode: Bei der Befragung werden Informationen durch die Auskunft von Befragten gewonnen (z.B. Imageerhebungen). Die Beobachtung erhebt Informationen ohne Wissen der Teilnehmer (z.B. die Beobachtung des Kundenlaufverhaltens in Supermärkten). In einem Experiment wird in einer künstlich geschaffenen Versuchsanordnung die Wirkung einer Marketingmaßnahme isoliert von Störfaktoren gemessen.

Forschungsdesign: Bei der explorativen Marktforschung werden unbekannte Strukturen untersucht. Die deskriptive Marktforschung beschreibt Sachverhalte, während die experimentelle Marktforschung Kausalzusammenhänge anhand von Tests prüft.

Untersuchte Marketinginstrumente: Die Produktforschung analysiert die Stellung des derzeitigen Leistungsprogramms und überprüft z.B. die Akzeptanz neuer Produkte und Dienstleistungen. Die Analysen von Preiswahrnehmungen und Reaktionen von Kunden und Konkurrenten auf Preisveränderungen stehen im Mittelpunkt der Preisforschung. Die Kommunikationsforschung untersucht die Beeinflussung der Zielgruppen durch verschiedene Kommunikationsinstrumente und Werbemittel (z.B. die Akzeptanz einer neuen Kampagne) und dokumentiert damit u.a. die Wirkung von Mediaplänen. Die Vertriebsforschung ist darauf ausgerichtet, die Effizienz vorhandener Vertriebskanäle sowie die Erfolgschancen neuer Vertriebsmöglichkeiten zu analysieren.

Untersuchte Marktteilnehmer: Die Konsumentenforschung beschäftigt sich mit verschiedenen Verhaltensweisen im Kaufentscheidungsprozess (z.B. Veränderungen des Bedarfs). Die Konkurrenzforschung setzt sich mit der Analyse der Stellung der Hauptkonkurrenten im Vergleich zum eigenen Unternehmen sowie eine Abschätzung der Konkurrenzstrategien und zukünftigen Maßnahmen der Wettbewerber auseinander. Die Absatzmittlerforschung bzw. Handelsforschung untersucht Verhaltensweisen und Anforderungen der Absatzmittler sowie die Stellung des Unternehmens beim Handel (z.B. Akzeptanz neuer Verpackungsformen im Handel).

Untersuchte Märkte: In diesem Bereich wird differenziert, ob die Marktforschung für den Beschaffungs-, Absatz- oder Finanzmarkt durchgeführt wird.

Art der Messung: Die quantitative Marktforschung basiert auf zahlenmäßig erfassbaren Tatbeständen und setzt mathematisch-statistische Verfahren zur Analyse ein (z.B. Erstellung von Umsatzstatistiken). Dagegen basiert die qualitative Marktforschung auf Erhebungen mit schwer quantifizierbaren Ergebnissen (z.B. Expertenbefragungen).

Träger der Marktforschung: Die betriebliche Marktforschung ist verantwortlich für die innerbetrieblichen Marktforschungsaktivitäten des Unternehmens. Werden dagegen externe Stellen genutzt, handelt es sich um Instituts-Marktforschung (z.B. durch die Gesellschaft für Konsumforschung (GfK) oder A.C. Nielsen Marketing Research).

Ort der Messung: Bei Laboruntersuchungen herrschen keine realen Marktbedingungen und die Testperson ist sich der Untersuchung bewusst, während im Rahmen einer Felduntersuchung Marktforschungsstudien unter realen Bedingungen durchgeführt werden, ohne dass die untersuchten Personen davon zwingend wissen.

Räumlicher Geltungsbereich: Hier wird zwischen nationaler und internationaler Marktforschung unterschieden. Die internationale Marktforschung ist für international tätige Unternehmen unabdingbar.

4.2.2 Prozess der Marktforschung

Vor der Durchführung von Marktforschungsuntersuchungen stehen planerische Überlegungen, die den Ablauf der Gewinnung relevanter Informationen im Einzelnen festlegen. Schaubild 4-2 zeigt den idealtypischen Verlauf und die einzelnen Phasen eines **Planungsprozesses der Marktforschung** (vgl. auch *Herrmann* et al. 2008, S. 7ff.; *Homburg* 2012, S. 244ff.; *Weis/Steinmetz* 2012, S. 26ff.).

In der **Phase der Problemformulierung** werden die Fragestellungen formuliert, an denen die Entscheidungsträger interessiert sind. Dabei ist entscheidend, dass die vom Marketingmanagement aufgeworfenen Fragen von den Marktforschern richtig und vollständig aufgenommen und in ein Forschungsprogramm umgesetzt werden. Nach der Auflistung der einzelnen Fragestellungen erfolgt eine Themenstrukturierung, d.h., es wird versucht, Fragestellungen zu gruppieren und in gleichartige Sachgebiete zu unterteilen. Am Ende der Themenstrukturierung steht die Festlegung des Untersuchungsziels und des Untersuchungsgegenstands der beabsichtigten Marktforschungsuntersuchung.

Nach der Problemformulierung wird in der **Phase der Auswahl der Marktforschungsmethode** entschieden, ob das Untersuchungsziel allein durch Sekundärforschung erreicht wird oder ob zusätzlich der Einsatz von Primärforschung notwendig ist. Bei einer Entscheidung für den Einsatz von Primärforschung sind Größe und Zusammensetzung der Stichprobe sowie die zur Datengewinnung einzusetzenden Methoden, z.B. Befragung oder Beobachtung der Kunden, festzulegen.

Die Phase der **Durchführung der Marktforschungsstudie** umfasst die Datengewinnung und die Datenanalyse. Die Frage der Datengewinnung beinhaltet die Gestaltung des Erhebungsrahmens, z.B. die Entwicklung eines Fragebogens oder den Entwurf eines experimentellen Designs. Bei der Konzeption der Erhebung empfiehlt es sich, die verschiedenen Verfahren der Datenanalyse zu berücksichtigen, da bereits die Skalierung der zu erfassenden Variablen die möglichen statistischen Analyseverfahren determiniert.

Methoden der Marketingforschung

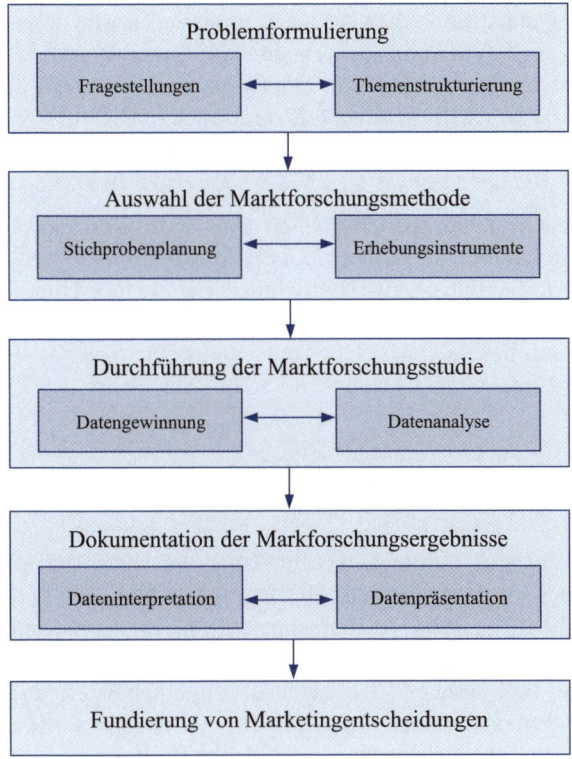

Schaubild 4-2: Prozess der Marktforschung

Weiterhin hat das Unternehmen darüber zu entscheiden, ob die geplante Erhebung durch interne Abteilungen oder ein Marktforschungsinstitut durchgeführt wird.

Am Ende des Planungsprozesses steht die **Phase der Dokumentation der Marktforschungsergebnisse**. Sie beinhaltet eine Dateninterpretation, in der u.a. die Gründe für Abhängigkeiten im Datenmaterial untersucht und verschiedene Einzelergebnisse zu Hauptergebnissen verdichtet werden. Die Marktforschungsstudie wird i.d.R. mit der Datenpräsentation abgeschlossen, indem die Marktforscher ihre Ergebnisse vorstellen und mit den Entscheidungsträgern diskutieren.

In der Phase der Diskussion der Marktforschungsergebnisse zeigen sich bereits Ansatzpunkte für die Umsetzung der Erkenntnisse. Es kommt darauf an, die Marktforschung nicht als Selbstzweck oder zur Absicherung bereits getroffener Entscheidungen, sondern zur **Fundierung von Marketingentscheidungen** zu nutzen.

In jeder Phase des Planungsprozesses ist eine Beurteilung der einzusetzenden Formen und Verfahren unter **Kosten-Nutzen-Aspekten** sinnvoll. Dabei ist eine Abwägung zwischen dem zeitlichen, finanziellen sowie personellen Ressourceneinsatz und den (Mindest-) **Anforderungen an die Marktforschungsinformationen** hinsichtlich Vollständigkeit, Relevanz, Objektivität, Zuverlässigkeit (Reliabilität), Gültigkeit (Validität) und Aktualität vorzunehmen (vgl. *Hammann/Erichson* 2006, S. 92ff.; *Berekoven* et al. 2009, S. 80ff.).

Bei der Beurteilung von Informationsquellen unter Kosten-Nutzen-Aspekten steht der Entscheidungsträger häufig vor einem „**Informationsdilemma**": So ist der **Nutzen** einer Marktforschungsinformation – etwa hinsichtlich der Verbesserung einer Marketingentscheidung – meist erst beurteilbar, wenn die Information beschafft wurde. Dann sind allerdings die **Kosten** bereits angefallen. Ein weiteres Dilemma besteht in dem Konflikt zwischen der Schnelligkeit und Genauigkeit von Informationen.

4.2.3 Methoden der Stichprobenplanung

Für die Erhebung von Daten im Rahmen der Primärforschung kommen grundsätzlich zwei Vorgehensweisen in Betracht: die Erhebung der Daten bei allen Einheiten der **Grundgesamtheit** (Vollerhebung) oder die **Durchführung von Teilerhebungen**. Die Grundgesamtheit bezeichnet die Gesamtmenge aller für die zu untersuchende Fragestellung relevanten Personen bzw. Untersuchungselemente, z.B. alle Kaffeetrinker der Schweiz oder alle Tankstellen in Deutschland. Vollerhebungen sind nur praktikabel, wenn die interessierende Gesamtheit relativ klein und einfach sowie eindeutig zu identifizieren ist (z.B. bei einer Befragung potenzieller Käufer einer Fertigungsstraße für Autos). Meist wird sich die Datenerhebung aus zeitlichen, finanziellen und organisatorischen Erwägungen auf eine bestimmte Auswahl aus der Gesamtheit beschränken.

Um eine Teilerhebung durchzuführen, ist es notwendig, eine Stichprobe aus der Grundgesamtheit zu ziehen. Die Auswahl der Stichprobe hat so zu erfolgen, dass das Ergebnis möglichst exakt und sicher Aufschluss über die Verhältnisse in der Grundgesamtheit gibt, d.h., die Stichprobe muss repräsentativ für die Grundgesamtheit sein.

> **Eine Stichprobe ist repräsentativ, wenn die Verteilung aller interessierenden Merkmale der Untersuchungselemente der Verteilung in der Grundgesamtheit entspricht.**

Zur Auswahl einer Stichprobe aus der Grundgesamtheit stehen eine Reihe von Verfahren zur Verfügung (vgl. *Hammann/Erichson* 2006, S. 110ff.; *Homburg/Krohmer* 2008, S. 21ff.; *Berekoven* et al. 2009, S. 43ff.; *Fantapié Altobelli* 2011, S. 183ff.; *Homburg* 2012, S. 291ff.). Grundsätzlich werden zwei Gruppen von Auswahlverfahren unterschieden: Verfahren der bewussten Auswahl und Verfahren der Zufallsauswahl.

4.2.3.1 Verfahren der bewussten Auswahl

Die Auswahl der Erhebungseinheiten erfolgt nach logischen Erwägungen auf Basis sachrelevanter Merkmale, ohne dass ein Zufallsmechanismus angewandt wird. Dabei werden vier **Ansätze** unterschieden (vgl. *Fantapié Altobelli* 2011, S. 187ff.):

(1) Willkürliche Auswahl

Es werden jene Erhebungseinheiten ausgewählt, die besonders leicht zu erreichen sind („convenience sample"). Ein Beispiel stellt die Befragung von Studenten in einer Vorlesung zur Beurteilung von Do-it-yourself-Märkten dar. Die willkürliche Auswahl von Stichproben führt i.d.R. nicht zu repräsentativen Stichproben und wird deshalb primär in der explorativen Phase von Forschungsvorhaben eingesetzt.

(2) Konzentrationsverfahren

Es werden jene Teile der Grundgesamtheit **nicht** berücksichtigt, die keine zusätzlichen Erkenntnisse, aber wesentlich höhere Kosten verursachen. Ein Beispiel ist die Befragung von Käufern in einem Supermarkt in Bezug auf die Zufriedenheit mit Waschmitteln. Weitere Verwender, z.B. Familienmitglieder, bleiben unberücksichtigt. Ein verbreitetes Vorgehen ist dabei die **typische Auswahl**, bei der nur jene Erhebungseinheiten ausgewählt werden, die am ehesten repräsentativ für die Grundgesamtheit erscheinen, z.B. die Befragung von Diskothekenbesuchern zu den neuesten Musiktrends.

(3) Quotenauswahl

Die Erhebungseinheiten werden analog der Verteilung einiger Merkmale in der Grundgesamtheit über Quotenanweisungen ausgewählt, z.B. Alter, Geschlecht, Beruf usw. Für jede Merkmalsklasse wird eine Anzahl von Erhebungseinheiten festgelegt (z.B. bei einer Quotierung nach dem Alter: bis 18 Jahre: 20 Personen, von 19 bis 29 Jahren: 50 Personen, von 30 bis 39 Jahren: 50 Personen usw.). Bei der Festlegung der Quoten ist darauf zu achten, dass diese die Verteilung der Grundgesamtheit widerspiegeln, um die Repräsentativität der Stichprobe zu gewährleisten. Die für die Quotierung verwendeten Merkmale lassen sich sowohl getrennt als auch kombiniert nutzen. In der Praxis entscheidet sich die Marktforschung für diejenigen, die für den spezifischen Untersuchungsgegenstand eine besondere Rolle spielen.

Nicht auf dem Zufallsprinzip beruhende Auswahlverfahren sind i.d.R. relativ leicht und schnell durchführbar. Da die Wahrscheinlichkeit, mit der ein Element der Grundgesamtheit in die Auswahl gelangt, nicht berechenbar ist, sind keine repräsentativen Rückschlüsse von den in der Stichprobe geschätzten Parametern auf die der Grundgesamtheit möglich.

4.2.3.2 Verfahren der Zufallsauswahl

Die Auswahl der Erhebungseinheiten erfolgt durch einen Zufallsmechanismus. Jede Erhebungseinheit hat eine berechenbare Wahrscheinlichkeit, in die Stichprobe zu gelangen. Damit lässt sich ein möglicher Stichprobenfehler – die Zusammensetzung der Stichprobe entspricht nicht der Grundgesamtheit – mathematisch berechnen. Mit zunehmender Zahl der zufällig ausgewählten Erhebungseinheiten steigt die Wahrscheinlichkeit, dass die Stichprobe in ihrer Zusammensetzung der Grundgesamtheit entspricht bzw. die Genauigkeit der Teilerhebung der einer Vollerhebung entspricht. Auch hier werden verschiedene Verfahren unterschieden:

(1) Einfache Zufallsauswahl

Auf Basis der Stichprobentheorie lässt sich bei einfacher Zufallsauswahl der zur Erreichung einer bestimmten Sicherheitswahrscheinlichkeit und eines maximalen Fehlerbereichs notwendige **Stichprobenumfang (n)** wie folgt berechnen:

$$n = \frac{z^2 \cdot p \cdot q}{e^2} \text{ (homograder Fall) bzw. } n = \frac{z^2 \cdot \sigma^2}{e^2} \text{ (heterograder Fall)}$$

Dabei steht z für den aus der Sicherheitswahrscheinlichkeit (1-α) resultierenden z-Wert der Normalverteilung, wie in Schaubild 4-3 angegeben; e steht für die Fehlerspanne, p und q für die Anteilswerte eines Merkmals und σ^2 für die Varianz. Die Untersuchung von Anteilswerten (z.B. Rückschluss von einem in der Stichprobe ermittelten Bekanntheitsgrad einer Marke auf den Bekanntheitsgrad in der Grundgesamtheit) wird als **homograder Fall** bezeichnet. Bei Mittelwerten intervallskalierter Variablen (z.B. Rückschluss von der in der Stichprobe der Probanden ermittelten Zahlungsbereitschaft in Geldeinheiten auf die Zahlungsbereitschaft in der Grundgesamtheit) wird hingegen vom **heterograden Fall** gesprochen.

Beispiel: Es wird untersucht, wie hoch der Bekanntheitsgrad einer Marke ist. Die über eine Stichprobe zu ermittelnde Aussage soll eine Sicherheitswahrscheinlichkeit von

Sicherheitswahrscheinlichkeit (1-α)	z-Wert der Normalverteilung
0,950	1,96
0,955	2,00
0,997	3,00

Schaubild 4-3: Wahrscheinlichkeitswerte zur Stichprobenberechnung

99,7 Prozent aufweisen und das Ergebnis maximal fünf Prozent vom wahren Wert in der Grundgesamtheit abweichen. Da die Anteilswerte p und q vorab nicht bekannt sind, wird (üblicherweise) der ungünstigste Fall von p = q = 50 angenommen. Der notwendige Stichprobenumfang n beträgt somit:

$$n = \frac{3^2 \cdot 50 \cdot 50}{5^2} = 900$$

(2) Geschichtete Zufallsauswahl

Viele Auswahlmerkmale weisen eine hohe Varianz in der Grundgesamtheit auf. Folglich ist auch der Standardfehler relativ hoch. Sichere Aussagen sind demnach nur bei hohen Stichprobenumfängen möglich. Ziel der geschichteten Zufallsauswahl ist die Verringerung des Standardfehlers, ohne den Stichprobenumfang zu erhöhen. Deshalb wird die Grundgesamtheit in mehrere, sich gegenseitig ausschließende („disjunkte") Untergruppen aufgeteilt, aus denen jeweils eine eigene Stichprobe gezogen wird. Dabei ist zu beachten, dass die Untergruppen im Hinblick auf die Auswahlmerkmale (z.B. Soziodemografie wie etwa Alter, Einkommen oder Geschlecht) in sich möglichst homogen und untereinander möglichst heterogen sind. Je stärker sich die Mittelwerte der Untergruppen unterscheiden, desto geringer wird die Standardabweichung und damit der notwendige Stichprobenumfang. Die Schichtung der Stichprobe ist sowohl proportional nach dem jeweiligen Anteil der Schichten an der Grundgesamtheit als auch disproportional nach der Bedeutung der Schichten für das Untersuchungsziel möglich.

(3) Klumpenauswahl

Bei der Klumpenauswahl wird die Grundgesamtheit in disjunkte Untergruppen aufgeteilt und per Zufallsauswahl eine Anzahl von Klumpen gezogen. Die Klumpen ergeben sich aus zumeist natürlichen Konglomeraten von Untersuchungseinheiten, z.B. Stadtteile oder Berufsgruppen. Im einfachsten (einstufigen) Fall werden alle Erhebungseinheiten eines Klumpens in die Stichprobe aufgenommen. Bei einer mehrstufigen Klumpenauswahl werden aus den gezogenen Klumpen per Zufallsauswahl einzelne Erhebungseinheiten gezogen.

4.2.4 Methoden und Formen der Datengewinnung

Im Rahmen der Datengewinnung steht ein Unternehmen vor der Frage, ob lediglich **Sekundärforschung** mittels verfügbarer Informationen betrieben wird, oder ob durch **Primärforschung** Daten zur gezielten Beantwortung der formulierten Fragestellungen erhoben werden.

Die beiden grundsätzlichen Erhebungsmethoden der Primärforschung stellen die **Befragung** und die **Beobachtung** dar, die in der Praxis häufig kombiniert eingesetzt werden. Befragungen werden oft durch Beobachtungen (z.B. spontaner Reaktionen) ergänzt. Ebenso werden Beobachtungen mit Befragungen verknüpft (z.B. Ermittlung der Richtung einer „Aktivierung" durch Konfrontation mit Werbeanzeigen und mit Hilfe einer zusätzlichen Befragung). Zu den Sonderformen der Datenerhebung zählen Experimente und Panels (vgl. für einen Methodenüberblick auch *Hammann/Erichson* 2006, S. 75ff.; *Berekoven* et al. 2009, S. 87f.).

4.2.4.1 Instrument der Befragung

Befragungen nehmen im Rahmen der Primärforschung den größten Stellenwert ein. Hierbei werden Erhebungen zur Beantwortung von marktbezogenen wie auch internen Fragestellungen durchgeführt. Befragungen beziehen sich entweder nur auf einen Themenkomplex oder beinhalten im Rahmen von Mehrthemen-Befragungen (so genannte „Omnibus-Befragungen") unterschiedliche Befragungsgegenstände. **Omnibus-Befragungen** werden regelmäßig von Marktforschungsinstituten durchgeführt. Unternehmen beteiligen sich zu einem bestimmten Preis mit eigenen Fragen an dem Omnibus (jeweils aus Fragen unterschiedlicher Auftraggeber zusammengestellter Fragenkatalog). Omnibus-Befragungen sind ein relativ kostengünstiges Instrument, wenn unkomplizierte Fragen repräsentativ zu erheben sind.

Grundsätzlich werden vier **Typen einer Befragung** unterschieden: schriftliche, persönliche, telefonische sowie Online-Befragung (vgl. *Berekoven* et al. 2009, S. 87ff.).

(1) Schriftliche Befragung

Die Durchführung von schriftlichen Befragungen erfordert die Erarbeitung eines Fragebogens, der den zu befragenden Personen zugesandt wird. Schriftliche Befragungen sind besonders geeignet, wenn der Inhalt der Befragung in hohem Umfang standardisierbar ist, d.h., die Fragen einfach strukturiert sind und darüber hinaus nur geringe Budgetmittel zur Verfügung stehen (vgl. *Mayer* 2012).

Der **Vorteil** schriftlicher Befragungen besteht darin, dass keine umfangreiche Feldorganisation erforderlich ist und sie relativ kostengünstig durchführbar sind. Durch die räumliche und zeitliche Ungebundenheit der Befragungssituation ist auch die Befragung schwer zu erreichender Berufsgruppen (z.B. Ärzte, Vertreter) möglich. Die Anonymität der Befragungssituation führt häufig zu größerer Offenheit und damit realitätsnäheren Antworten.

Als **Nachteil** stellt sich die mangelnde Kontrolle der Befragungssituation und die damit verbundene Gefahr der Missinterpretation von Fragen dar. Zudem ist es nicht möglich, sicherzustellen, dass die ausgewählte Auskunftsperson tatsächlich selbst den Fragebogen beantwortet und ihn nicht an eine andere Person weitergibt. Weiterhin bedingt die zeitliche Verteilung der Rücksendung der ausgefüllten Fragebögen einen längeren Durchführungszeitraum. Vor allem aber weisen schriftliche Befragungen i.d.R. eine relativ geringe Rücklaufquote auf.

(2) Persönliche Befragung

Bei persönlichen Befragungen wird ein Fragebogen erarbeitet, der in einem Gespräch zwischen Interviewer und Befragtem durchgearbeitet und ausgefüllt wird. Persönliche Befragungen werden vor allem eingesetzt, wenn dem Befragten Unterlagen zu zeigen sind und die Möglichkeit von Rückfragen für das Befragungsziel von Bedeutung ist.

Als **Vorteil** der persönlichen Befragung lässt sich die relativ hohe Erfolgsquote erwähnen. Durch das persönliche Gespräch ist es möglich, einen größeren Fragebogenumfang mit dem Befragten durchzugehen. Die Fragethematik ist im Grundsatz unbeschränkt, da das befragungstaktische Instrumentarium (z.B. Vorlage von Proben, Listen) beliebig anwendbar ist. Dies gilt insbesondere für die Möglichkeit, speziell auf die Antworten des Befragten einzugehen und Zusatzfragen zu stellen. Darüber hinaus handelt es sich um eine kontrollierte Befragungssituation, in der durch den Interviewer ergänzende Beobachtungen während der Befragung möglich sind.

Zu den **Nachteilen** der persönlichen Befragung zählen die hohen Kosten der Durchführung von Befragungen (insbesondere Personalkosten), die Notwendigkeit des Aufbaus eines Interviewerstabes sowie der Einfluss des Interviewers auf die Antworten des Befragten („Interviewer-Bias"), z.B. bei tabuisierten Themen.

(3) Telefonische Befragung

Für telefonische Befragungen wird ebenfalls ein Fragebogen erarbeitet, der mit den Befragten am Telefon durchgesprochen wird. Dabei wird heute primär die Methode des Computer Aided Telephone Interviewing (CATI) eingesetzt. Der Computer übernimmt die Auswahl und telefonische Anwahl der Auskunftspersonen. Im eigentlichen Interview werden dem Interviewer die Fragen vorgegeben und die Antworten vom Interviewer direkt in das System eingegeben. In Abhängigkeit von der gegebenen Antwort wählt das Programm die nächste Frage aus. Telefonische Befragungen eignen sich vor allem für Situationen, in denen eine schnelle Verfügbarkeit der Ergebnisse notwendig ist, begrenzte Mittel für die Durchführung vorhanden sind und es ausreichend ist, grobe Tendenzen für bestimmte Fragestellungen zu erhalten.

Als **Vorteile** sind der geringe Erhebungsaufwand und die rasche Durchführung zu erwähnen. Die durch das Telefon geschaffene Distanz reduziert den Interviewereinfluss. Es handelt sich aufgrund der geringen erforderlichen Ausstattung (Büro und Telefon) um ein kostengünstiges Befragungsinstrument.

Als **Nachteil** wird der aufgrund der Befragungssituation beschränkte Fragebogenumfang angeführt. Auch die Fragethematik ist begrenzt, da der Befragte eher Zurückhaltung und Argwohn gegenüber dem Fragenden verspürt. Aufgrund dieser Probleme ist die Repräsentativität der Befragung zum Teil schwer zu gewährleisten.

(4) Online-Befragung

Bei Online-Befragungen sind Internet-Befragungen und Online-Kioskterminals am Point of Sale am weitesten verbreitet. Im Gegensatz zur klassischen Befragung übernimmt bei der Online-Befragung das informationstechnische System die Rolle des Interviewers. Dabei ist die gezielte Nutzung einer Kombination von Text, Ton, animierten Bildern und Film möglich, um Probleme der klassischen Befragungsformen wie insbesondere fehlende Darstellungs- und Steuerungsmöglichkeiten zu beheben.

Der Einsatz dieses Befragungsinstrumentes erfolgt z.B. in Form eines Fragebogens im Internet oder als per E-Mail versendete Umfrage. Neben einmalig durchgeführten Studien werden insbesondere von Marktforschungsinstituten so genannte Online-Panels und Online-Omnibus-Befragungen eingesetzt, bei denen in regelmäßigen Abständen ein mittel- bis langfristig gleichbleibender Kreis von Auskunftspersonen via Internet zu ausgewählten Sachverhalten befragt wird. Darüber hinaus wird in der Zukunft der mobilen Befragung, z.B. mittels Applikation auf einem Smartphone, ein erhebliches Potenzial zugesprochen.

Als wichtigste **Vorteile** sind die guten Möglichkeiten der Datenerfassung, die hohe Antwortbereitschaft aufgrund des Interesses großer Teile der Bevölkerung an neuen Medien und die schnelle Erzielung großer Fallzahlen zu nennen. Bei vorhandener Infrastruktur und einer relativ großen Anzahl an Auskunftspersonen ergeben sich vergleichsweise geringe Kosten. Interviewereinflüsse sind nicht gegeben und Zwischenauswertungen leicht durchführbar.

Fehlt die Infrastruktur und die entsprechende Hard- und Software, stellt die Höhe der Kosten einen **Nachteil** gegenüber den klassischen Erhebungsinstrumenten dar. Weitere Probleme ergeben sich insbesondere bei WWW-Umfragen durch die mangelnden Kontrollmöglichkeiten der Repräsentativität der Auskunftspersonen, da durch die Selbstselektion der Teilnehmer Verzerrungen entstehen. Befragungen per E-Mail sind hingegen gut geeignet, wenn sich eine Befragung ausschließlich an alle Mitglieder einer Organisation (z.B. Studierende einer Universität, Mitarbeitende eines Unternehmens) richtet und entsprechende Adresslisten vorliegen.

Der multimediale Einsatz erfolgt auch in anderen Bereichen der Marktforschung, z.B. in Form von Sekundärforschung via Internet oder virtuellen Testmärkten. Die Einbindung des Computers in klassische Befragungsformen wie die telefonische Befragung ist zudem ebenfalls üblich.

Nach Angaben des Arbeitskreises Deutscher Markt- und Sozialforschungsinstitute (ADM) lag in Deutschland im Jahre 2012 folgende Verteilung der unterschiedlichen **Befragungsformen in der Praxis** vor (vgl. *ADM* 2014):

- Schriftliche Befragung: 6 Prozent
- Persönliche Befragung: 22 Prozent
- Telefonische Befragung: 36 Prozent
- Online-Befragung: 36 Prozent

Hinsichtlich der im Rahmen von Befragungen zu erhebenden Daten ist neben der Interaktionsform zwischen quantitativen und qualitativen Studien zu unterscheiden, wobei qualitative Studien mit etwa 11 Prozent des Umsatzes der Marktforschung in Deutschland nur einen geringen Stellenwert einnehmen (vgl. *ADM* 2014). **Quantitative Studien** zielen darauf ab, exakte, repräsentative Zahlen zu ermitteln bzw. zu prognostizieren (z.B. Ermittlung des Bekanntheitsgrades einer Marke in Prozent oder Berechnung eines Kundenzufriedenheitsindizes). Sie zeichnen sich durch relativ große Stichprobenumfänge und stark standardisierte Fragebögen aus, d.h., die Fragenanzahl, die Fragenreihenfolge und ein Großteil der Antwortkategorien sind vorgegeben. Dagegen werden **qualitative Studien** eingesetzt, wenn eine Standardisierung der Befragung nicht möglich oder nicht sinnvoll ist. Dies ist z.B. der Fall, wenn komplexe psychologische Sachverhalte, Ereignisse oder Verhaltensabläufe ermittelt werden (z.B. Beschwerdeprozesse oder Abwanderungsprozesse von Kunden). Dabei steht bei qualitativen Studien weniger der Aspekt der repräsentativen Überprüfung eines Sachverhaltes, sondern vielmehr die Entdeckung von neuen Aspekten oder tiefer gehenden Strukturen im Vordergrund. Der Stichprobenumfang ist deshalb i.d.R. wesentlich geringer als bei quantitativen Befragungen.

Qualitative Studien werden oft im Rahmen persönlicher Befragungen vorgenommen (vgl. *Berekoven* et al. 2009, S. 87ff.). Dabei lassen sich zwei Ansätze unterscheiden:

- **Einzelexplorationen** beinhalten Interviews einzelner Personen, bei denen im Dialog und durch Nachfragen tiefe Einblicke in bestimmte Untersuchungsgegenstände, z.B. Verhaltensweisen, Meinungen, Einstellungen o.Ä., gewonnen werden.

- **Gruppeninterviews** beinhalten die Diskussion ausgewählter Fragestellungen (z.B. Kaufbarrieren, Beurteilung von Neuprodukten) mit einer Befragtengruppe (z.B. Kunden, Experten). Die Durchführung einer solchen Befragung erfordert vom Interviewleiter die Fähigkeit der Führung und Lenkung der Gruppe, ohne die Inhalte und die Aussagen der Gruppendiskussion zu beeinflussen. Vielfach werden Gruppeninterviews mit technischen Hilfsmitteln (z.B. Tonband, Video) durchgeführt. Gruppeninterviews werden eingesetzt, um in kurzer Zeit ein breites Spektrum von Meinungen, Ansichten oder Ideen zu bestimmten Themenbereichen zu gewinnen.

Qualitative Studien stellen entweder eigenständige Forschungsansätze dar und finden unabhängig von quantitativen Studien Anwendung oder sind quantitativen Studien vorgeschaltet. In diesem Fall werden sie sowohl zur Konzeption der quantitativen Studie als auch zur Interpretation der quantitativen Ergebnisse herangezogen. Beispielsweise erlauben qualitative Befragungen eine Sammlung von aus Kundensicht relevanten Beurteilungskriterien, deren Ausprägungen anschließend im Rahmen einer quantitativen Befragung gemessen werden.

4.2.4.2 Instrument der Beobachtung

Bei der Datengewinnung über Beobachtungen werden nicht die Antworten von Auskunftspersonen zu Grunde gelegt, sondern aus der Analyse des sinnlich wahrnehmbaren Verhaltens und der Reaktion von Personen auf Stimuli Rückschlüsse auf marketingrelevante Sachverhalte gezogen. Beobachtungen werden nach zwei Gesichtspunkten klassifiziert:

- Feld- versus Laboratoriumsbeobachtungen,
- Persönliche Beobachtungen versus Einsatz apparativer Verfahren zur Beobachtung.

Bei **Feldbeobachtungen** wird unter realen Marktbedingungen das Verhalten der Probanden beobachtet, z.B. die Verhaltensweisen in Einkaufsstätten, die Nutzung von Geldautomaten o.Ä. Bei **Laboratoriumsbeobachtungen** werden künstliche Bedingungen geschaffen (i.d.R. ein speziell eingerichteter Versuchsraum), in dem die Testpersonen mit Untersuchungsgegenständen (z.B. Produkten, Verpackungen, Anzeigen) konfrontiert und ihr Verhalten bzw. ihre Reaktionen beobachtet werden.

Bei **persönlichen Beobachtungen** werden das Verhalten und die Reaktionen von Versuchspersonen durch den Untersuchungsleiter beobachtet und interpretiert. Dies ist beispielsweise bei Verkaufsgesprächen gegeben. Dabei werden auch technische Hilfsmittel wie Einwegspiegel verwendet. Beim **Einsatz apparativer Beobachtungsverfahren** werden technische Hilfsmittel genutzt, um die Verhaltensweisen und Reaktionen der Versuchspersonen besser zu messen. Schaubild 4-4 zeigt einige Beispiele für die verschiedenen Beobachtungsformen. Bei einer Cross-Klassifikation der beiden genannten Strukturierungsansätze werden vier **Grundtypen der Beobachtung** unterschieden:

(1) Persönliche Beobachtungen im Feld

Das Verhalten der Personen wird unter realen Bedingungen beobachtet. Die Personen selbst sind nicht darüber informiert, dass sie beobachtet werden. Mögliche Formen sind:

Kundenreaktionsstudien: Beobachtung der Reaktionen von Kunden auf bestimmte Marketingmaßnahmen, z.B. Sonderangebote oder Sonderplatzierungen im Handel. Finden die Beobachtungen im Laboratorium statt, werden zum Verdecken des Beobachters spezielle Hilfsmittel eingesetzt (z.B. Einwegspiegel).

	Persönliche Beobachtungsverfahren	Apparative Beobachtungsverfahren
Feldbeobachtungen	■ Kundenreaktionsstudien ■ Testkäufe usw.	■ Kundenlaufstudien ■ Kundenkontaktstudien usw.
Laboratoriumsbeobachtungen	■ Produkt- und Verpackungstests ■ Tachistoskopische Tests usw.	■ Messung psychogalvanischer Reaktionen ■ Blickaufzeichnungen usw.

Schaubild 4-4: Beispiele für verschiedene Formen der Beobachtung

Testkäufe: Durch Testkäufer im Handel werden Beratungsqualität und Verhalten des Verkaufspersonals beobachtet.

(2) Persönliche Beobachtungen im Labor

Hier werden den Versuchspersonen Gegenstände vorgelegt und Reaktionen darauf untersucht. Die Personen sind darüber informiert, dass ihre Reaktionen Gegenstand der Untersuchung sind. Mögliche Formen sind:

Produkttest: Test bestimmter Produkteigenschaften (z.B. Geschmack, Handhabung) oder des gesamten Produktes.

Tachistoskop: Beim Betrachten von Medien wird der Versuchsperson für eine kurze Darbietungszeit Werbung eingeblendet (z.B. Dias, Filme) und die Erinnerungsfähigkeit an diese geprüft.

(3) Feldbeobachtungen mit apparativen Verfahren

Das Verhalten von Personen wird unter realen Bedingungen durch den Einsatz technischer Hilfsmittel beobachtet. Die Personen selbst sind nicht darüber informiert, dass sie beobachtet werden. Mögliche Formen sind:

Kundenlaufstudien: Beobachtung des Laufverhaltens von Kunden in Einkaufsstätten durch Videokameras.

Kundenkontaktstudien: Durch den Einbau von Lichtschranken wird z.B. die Anzahl der Besucher eines Handelsgeschäftes gezählt.

(4) Laborbeobachtungen mit apparativen Verfahren

Laborbeobachtungen mit apparativen Verfahren beinhalten primär die Messung von meist unbewussten Reaktionen der Probanden unter künstlichen Bedingungen.

Messung physiologischer bzw. psychogalvanischer Reaktionen: Physiologische Reaktionen sind unbewusste Reaktionen des Körpers aufgrund von Stimuli (z.B. eine Werbeanzeige). Diese Reaktionen der Versuchspersonen, die über das Ziel der Beobachtung informiert sind, werden mit Hilfe von apparativen Verfahren gemessen. Dazu zählt die Messung der Lidschlagfrequenz, des Hautwiderstandes, der Hirnströme, der Pupillenweite, der Stimmfrequenz u.a. Es wird davon ausgegangen, dass sich durch apparative Verfahren der Grad der Aktivierung von Versuchspersonen messen lässt.

Blickaufzeichnungen: Mit Hilfe einer speziellen Brille, durch die Blickbewegungen der Pupille durch eine Kamera aufgezeichnet werden, wird die Betrachtung von Werbeanzeigen durch Versuchspersonen registriert.

Die wesentlichen **Vorteile** der Datengewinnung durch Beobachtung liegen in der Erhebung des Kundenverhaltens während des eigentlichen Verhaltensaktes und der simultanen Erfassung der Umwelteinflüsse. Dadurch werden auch Sachverhalte erfasst, die den Probanden selbst nicht bewusst sind, weil es sich um selbstverständliches, habitualisiertes Verhalten handelt. Zudem erfolgt die Datengewinnung im Vergleich zur Befragung unabhängig von der Auskunftsbereitschaft der Probanden und dem Einfluss des Interviewers.

Die **Nachteile** sind insbesondere darin zu sehen, dass bestimmte psychologische Sachverhalte wie z.B. Einstellungen, Meinungen oder Präferenzen nicht beobachtbar sind. Weiterhin sind Beobachtungen schwer realisierbar, wenn Vorgänge über einen längeren Zeitraum oder in größeren Zeitabständen erhoben werden.

4.2.4.3 Experimente

Ein Experiment ist nicht als eine weitere Methode der Datengewinnung neben der Beobachtung und der Befragung zu verstehen, sondern legt ein bestimmtes Untersuchungsdesign bei der Datengewinnung fest. Zunächst werden unabhängige und abhängige Variablen bestimmt. In der Regel sind die einzelnen Marketingmaßnahmen die **unabhängigen Variablen**. Nur sie lassen sich im Experiment variieren. Nach einer Variation wird deren Wirkung auf die abhängigen Variablen gemessen. Als **abhängige Variablen** gelten die Marketingziele. Ziel ist es, die isolierte Wirkung („Faktorwirkung") des Einsatzes von Marketinginstrumenten zu messen.

Experimentelle Testverfahren werden vor allem im Bereich der Konsumenten- und Handelsforschung in unterschiedlich „marktnahen" Situationen eingesetzt. Typische **Fragestellungen** bei der Durchführung von Experimenten sind:

- Welche Wirkungen haben Sonderpreisaktionen auf den Abverkauf der Produkte in bestimmten Einkaufsstätten des Handels?

- Wie wirken werbliche Maßnahmen in einem Testgebiet auf Probier- und Wiederholungskäufe von Kunden?
- Welchen Einfluss hat die Platzierung von Produkten im Handel auf den Abverkauf?
- Wie sind die Wirkungen unterschiedlich gestalteter Werbeanzeigen auf das wahrgenommene Produktimage?

Typische Anwendungsfelder experimenteller Designs sind in Markt-, Store-, und Produkttests zu sehen (vgl. dazu Abschnitt 5.3.4).

Zur Erstellung von **experimentellen Designs** werden Gruppen gebildet. Von diesen wird nur eine mit der Marketingmaßnahme konfrontiert. Eine Messung der Wirkung des Instrumenteeinsatzes erfolgt vor und/oder nach der Durchführung der Marketingmaßnahme. In Anlehnung an diese Unterscheidung werden für experimentelle Testverfahren die folgenden Notationen verwendet:

E = Versuchsgruppe („Experimental group") (x)

C = Kontrollgruppe („Control group") (y)

B = Messung vor dem Experiment („Before") (t_0)

A = Messung nach dem Experiment („After") (t_1)

Entsprechend ergeben sich für die Messung der Wirkungsgrößen in Abhängigkeit vom Zeitpunkt der Messung bei beiden Gruppen die folgenden Anordnungen mit den entsprechenden Werten: EBx_0, CBy_0, EAx_1 und CAy_1.

Auf der Grundlage dieser Möglichkeiten werden vier **Grundtypen von experimentellen Designs** unterschieden (vgl. *Berekoven* et al. 2009, S. 149ff.):

(1) EBA-Typ

Es wird eine Experimentiergruppe gebildet, die mit der Marketingmaßnahme konfrontiert wird. Die Messung der Faktorwirkung erfolgt durch einen Vergleich der Wirkungsgrößen vor Beginn und nach Beendigung des Experimentes.

Berechnung der Faktorwirkung: $x_1 - x_0$

(2) EBA-CBA-Typ

Bei diesem „klassischen" Experiment wird eine Experimentiergruppe (die mit der Marketingmaßnahme konfrontiert wird) und eine Kontrollgruppe (auf die die Marketingmaßnahme nicht einwirkt) gebildet. Bei beiden Gruppen wird eine Messung der Wirkungsgrößen vorher und nachher vorgenommen. Die Faktorwirkung wird durch die

Differenz der Wirkungen beider Gruppen errechnet. Durch Bildung einer Kontrollgruppe werden jene Einflüsse kontrolliert, die auf beide Gruppen gleichermaßen einwirken, aber nicht durch die Marketingmaßnahme verursacht wurden.

Berechnung der Faktorwirkung: $(x_1 - x_0) - (y_1 - y_0)$

(3) EA-CA-Typ

Auch hier wird eine Experimentier- und eine Kontrollgruppe gebildet, jedoch bei beiden Gruppen nur nach der Durchführung des Experimentes die Wirkung gemessen. Ein Verzicht auf die Messung vor Beginn des Experimentes erfolgt aus Kostengründen. Jedoch ist darauf zu achten, dass beide Gruppen gleiche Anfangsbedingungen aufweisen.

Berechnung der Faktorwirkung: $x_1 - y_1$

(4) E_1A-E_2BA-CBA-Typ

Bei diesem Experiment werden zwei Versuchsgruppen (E_1 und E_2) und eine Kontrollgruppe gebildet. Bei der zweiten Versuchsgruppe und der Kontrollgruppe wird eine Messung der Wirkungsgrößen vorher und nachher vorgenommen. Durch Einschaltung einer weiteren Versuchsgruppe wird sichergestellt, dass mögliche Lerneffekte – resultierend aus der Messung vor Beginn der Maßnahme – ausgeschaltet werden.

Berechnung der Faktorwirkung: $(E_2{:}x_1 - E_2{:}x_0) - (E_1{:}x_1 - E_2{:}x_1) - (y_1 - y_0)$

Bei allen vier Grundtypen des Experimentes wird die Messung der Wirkung durch eine **Differenzenbildung** vorgenommen. Als Ergebnis resultiert eine Faktorwirkung, die dem Einsatz der Marketingmaßnahme zuzuschreiben ist. Allerdings lässt sich auch bei Vorlage positiver Differenzen noch keine Aussage über deren Signifikanz machen. Zur Beantwortung dieser Frage ist es unumgänglich, Signifikanzprüfungen durchzuführen.

Experimentelle Versuchsanordnungen sind in der Lage, die Faktorwirkung durch Bildung verschiedener Gruppen zu isolieren. Dabei ist u.a. sicherzustellen, dass Experimentier- und Kontrollgruppen (Personen, Geschäfte) ähnliche Strukturmerkmale aufweisen. Darüber hinaus ist eine sorgfältige Beobachtung anderer Einflussfaktoren, die das Ergebnis des Experimentes unter Umständen beeinflussen, notwendig. Dazu zählen beispielsweise bei Laboratoriumsexperimenten situative Faktoren und bei Feldexperimenten Maßnahmen der Konkurrenz.

4.2.4.4 Panel als Spezialform der Datenerhebung

Mit dem Begriff des Panels verbindet sich die kontinuierliche Erhebung konsumrelevanter Verhaltensweisen ausgewählter Gruppen von Personen oder Organisationen durch eine spezifische Ausprägung und Anordnung von Befragungen oder Beobachtungen.

Die besonderen **Merkmale des Panels** lassen sich wie folgt kennzeichnen:

- Der Kreis der Auskunftspersonen bleibt konstant. Bei größeren Paneluntersuchungen wird die Auswahl einer repräsentativen Stichprobe angestrebt; bei kleineren Panelstudien ist dies nicht notwendig.
- Die Erhebungen werden über einen längeren Zeitraum und in regelmäßigen Abständen durchgeführt.
- Der Gegenstand der Erhebung bleibt im Zeitablauf gleich.

Im Rahmen der Panelforschung werden mehrere **Erscheinungsformen des Panels** unterschieden. Am bedeutendsten sind Handels- und Verbraucherpanels, die im Folgenden näher betrachtet werden. Neben diesen zentralen Erscheinungsformen sind des Weiteren unterschiedliche Spezialpanels (z.B. Fernsehpanel) zu erwähnen (vgl. auch *Günther* et al. 2006, S. 73ff.; *Hammann/Erichson* 2006, S. 160ff.; *Fantapié Altobelli* 2011, S. 110ff.).

(1) Handelspanel

Handelspanels werden sowohl im Verbrauchsgüter- als auch im Gebrauchsgütermarkt erhoben. Hierbei wird zwischen Groß- und Einzelhandelspanel differenziert. Die erhobenen Daten umfassen i.d.R. die Verkäufe, Lagerbestände und Einkäufe nach Warengruppen bzw. den einzelnen Artikeln in den ausgewählten Handelsgeschäften. Daneben werden die Verkaufspreise, die Platzierung und bei Sonderanalysen die Verkaufsförderungsmaßnahmen im Geschäft erfasst. Aus **Standardauswertungen** werden Informationen über Umsätze, Bestände, Durchschnittspreise, Distributionsgrade usw. für verschiedene Produkte gewonnen und nach Merkmalen wie Geschäftstypen, Gebieten, Geschäftsgrößen usw. aufgegliedert. Im Rahmen von **Sonderanalysen** werden Preisklassen und -elastizitäten, Distributionsüberschneidungen und -wanderungen, Konzentrationen, Kontaktstrecken, Bevorratungen und die Wirkung von Verkaufsförderungsmaßnahmen analysiert.

Die Erfassung der Verkäufe erfolgt meist über **Scannerkassen**, die die klassische Erfassung durch eine monatliche Inventur ersetzen. Absatz, Warenbestand und Verkaufspreise der Artikel sind jederzeit abrufbar. Der Einsatz von Scannerkassen verkürzt den früher üblichen Berichtszeitraum von einem Monat auf eine Woche und erlaubt eine Trennung des Absatzes in Basis- und Zusatzabsatz, der durch Verkaufsförderungsmaßnahmen am Point of Purchase generiert wurde.

In Deutschland werden von den großen Marktforschungsinstituten verschiedene **Handelspanels** angeboten, die sich in Bezug auf die betrachteten Warengruppen oder Handelskanäle unterscheiden. Zu nennen sind z.B. die Handels-, Regional-, Getränke- und Körperpflegepanels der Gesellschaft für Konsumforschung (GfK) oder die Lebensmitteleinzelhandels-, Apotheken-, Drogeriemärkte-, SB-Warenhäuser- sowie Getränkeabholmärkte-Indizes von A.C. Nielsen Marketing Research.

(2) Verbraucherpanel

Konsumentenpanels zielen auf die Gewinnung von Daten über das Einkaufsverhalten der Endverbraucher ab. Dabei ist zwischen **Haushaltspanels**, die sich auf Einkäufe für den gesamten Haushalt beziehen (z.B. Nahrungsmittel, Putzmittel usw.), und **Individualpanels**, die die Einkäufe von persönlichen, innerhalb der Haushalte unterschiedlich präferierten Gütern (z.B. Tabakwaren, Kosmetika, Süßwaren usw.) betrachten, zu unterscheiden. Zu den bekanntesten Konsumentenpanels in Deutschland zählen beispielsweise das GfK-Haushaltspanel (ConsumerScan) mit 20.000 teilnehmenden Haushalten zu Fast Moving Consumer Goods und das GfK-ConsumerScope Individualpanel mit 25.000 Einzelpersonen. Die Datenerhebung erfolgt entweder über Berichtsbögen, in welche die Haushalte ihre Einkäufe eintragen und wöchentlich bzw. monatlich dem Marktforschungsinstitut zusenden, über Handscanner, mit denen die Einkäufe anhand des EAN-Codes und bestimmten Codierungsanweisungen erfasst und täglich über ein Modem an das Marktforschungsinstitut oder über Interneterfassung übermittelt werden.

Die Einkaufsberichte enthalten Informationen zu Einkaufsdatum, Produktart, Markenname, Preis, Menge und Einkaufsstätte. Diese Daten werden aggregiert und nach Warengruppen und Artikeln strukturiert. Die **Standardauswertungen** eines Konsumentenpanels beinhalten im Wesentlichen Absatzmengen, Umsätze, Marktanteile, die Anzahl der Einkäufe in einer Periode, die Menge pro Einkauf u.a., die sich nach den einzelnen Artikeln, aber auch nach Absatzgebieten, Handelsformen, Käufermerkmalen usw. untergliedern lassen. Darüber hinaus sind **Sonderanalysen** möglich, die sich beispielsweise auf Einkaufsintensität, Markentreue, Wiederkaufverhalten, Käuferwanderungen, Preisklassenakzeptanz von Testprodukten u.a. beziehen (vgl. *Günther* et al. 2006, S. 89ff.; *Berekoven* et al. 2009, S. 128ff.).

Moderne Konsumentenpanels basieren auf dem **Single-Source-Ansatz**. Dabei werden die Einkäufe der Haushalte mit Sondererhebungen verknüpft, die z.B. das Media-, Umwelt- oder Ernährungsverhalten betreffen. Einen Schwerpunkt bildet die Einbeziehung von Daten über Verkaufsförderungsmaßnahmen in den von Haushaltsmitgliedern besuchten Einkaufsstätten sowie Daten des Kontaktes mit Fernsehwerbung, die durch spezielle Hilfsmittel in den Panelhaushalten gemessen werden. Diese Verknüpfung von Maßnahmen- und Wirkungsdaten auf Basis **identischer Erhebungseinheiten** (Single Source) führt zu einem höheren Informationsgehalt der Panels.

Handels- und Konsumentenpanels weisen eine hohe Bedeutung als **Entscheidungsgrundlage** für den Einsatz des Marketinginstrumentariums auf. Die verschiedenen Analysen erlauben einen genauen Einblick in die Stellung der Unternehmensprodukte sowie der Konkurrenzmarken im Handel bzw. bei den verschiedenen Endabnehmergruppen. Dadurch bilden Panels die Informationsgrundlage für eine gezielte Steuerung sowohl der handelsorientierten als auch der verbrauchergerichteten Marketingmaßnahmen.

Die Validität der Panelergebnisse als Entscheidungsgrundlage wird in wesentlichem Maße durch die Repräsentativität, d.h. durch die Übertragbarkeit der Stichprobenergebnisse auf die Grundgesamtheit und die interne Validität determiniert.

Die folgenden Faktoren beeinträchtigen die **Repräsentativität** von Panelergebnissen (*Berekoven* et al. 2009, S. 120ff.; *Fantapié Altobelli* 2011, S. 131ff.):

- **Marktabdeckung (Coverage)**: Panelergebnisse repräsentieren i.d.R. nicht alle Handelsbetriebe bzw. Konsumenten. So entfallen in Handelspanels z.B. Kleinbetriebe aus Wirtschaftlichkeitsgründen oder Warenhausabteilungen aus Geheimhaltungsinteressen der Großbetriebe, während in Konsumentenpanels z.B. Ausländerhaushalte oder Anstaltshaushalte nicht berücksichtigt werden.

- **Verweigerung der Mitarbeit**: Viele Panelteilnehmer verweigern bereits in der Anwerbungsphase für ein Panel die weitere Mitarbeit.

- **Panelsterblichkeit**: Darunter wird der Ausfall von Panelteilnehmern aus dem laufenden Panel verstanden, z.B. durch Tod oder Umzug.

Beeinträchtigungen der **internen Validität** eines Panels werden – primär bei den Konsumentenpanels – durch so genannte **Paneleffekte** hervorgerufen. Diese entstehen, wenn die Panelmitglieder ihre Verhaltensweisen aufgrund der Mitgliedschaft verändern, indem sie z.B. ein bewussteres oder prestigeorientierteres Konsumverhalten zeigen. Zu den Paneleffekten zählen weiterhin Verhaltensweisen, die sich aus der **Panelroutine** von Mitgliedern ergeben und die insbesondere zu Nachlässigkeiten beim Ausfüllen der Berichtshefte bzw. beim Scannen der Einkäufe führen (*Berekoven* et al. 2009, S. 24ff.).

4.2.4.5 Quellen der Sekundärforschung

Die **Sekundärforschung** zeichnet sich dadurch aus, dass sie sich mit der Sammlung, Aufbereitung und Interpretation von Daten beschäftigt, die bereits vorliegen bzw. leicht zu beschaffen sind. Dies gilt sowohl für Informationen innerhalb des Unternehmens (interne Informationsquellen) als auch für Informationen, die auf dem Markt verfügbar sind (externe Informationsquellen).

Zu den **internen Informationsquellen** zählen alle Daten, die früher erhoben oder in einem anderen Zusammenhang ermittelt wurden (z.B. im Rahmen der Betriebsstatistik, der Kosten- und Leistungsrechnung, der Außendienstberichte oder der Marketingplanung). Durch interne Informationsquellen werden in erster Linie Gründe für Sachverhalte der Vergangenheit in Erfahrung gebracht. Sie sind kaum geeignet, zukunftsorientierte Fragestellungen des Marketing zu beantworten.

Sekundärinformationen aus **externen Quellen** sind meistens allgemein gehalten und beziehen sich auf den Gesamtmarkt (z.B. amtliche Statistiken, Verbandsstudien, Schätzungen des Marktpotenzials, Verlagsstudien u.a.). Sie geben allenfalls grobe Hinweise auf Marktveränderungen und -verschiebungen.

Sekundärinformationen haben den **Vorteil**, dass sie schnell verfügbar und relativ kostengünstig beschaffbar sind. Dem steht jedoch als **Nachteil** gegenüber, dass die Daten teilweise veraltet und meist ungeeignet sind, um spezifische Marketingfragestellungen des Unternehmens zu beantworten. Dennoch wird jedes Unternehmen ein System entwickeln, um die verfügbaren internen und externen Sekundärinformationen systematisch zu sammeln, auszuwerten und zu verarbeiten.

4.2.5 Methoden der Datenanalyse

An die Phase der Informationsgewinnung schließt sich die **Phase der Datenanalyse** an, in der eine Auswertung und Interpretation der erhobenen Daten erfolgt. Ausgangspunkt der Datenanalyse ist die Aufbereitung der erhobenen Daten in einer Datenmatrix, in der die einzelnen Befragungsfälle (z.B. Befragte) und die Befragungsvariablen (z.B. Merkmalsausprägungen der Antworten) einander gegenübergestellt werden. Auf der Basis dieser Datenmatrix trifft der Marktforscher eine Entscheidung über die einzusetzenden Methoden der Datenanalyse.

Vielfach hängt die Verwendung der statistischen Methoden von den verwendeten **Skalenniveaus** bei den Variablen ab. Als nominalskaliert werden Variablen eingestuft, die sich auf eine reine Klassifikation der Untersuchungsgegenstände beschränken (z.B. Farbe). Das nächsthöhere Skalenniveau ist die Ordinalskalierung, bei der die Variablenausprägungen zusätzlich in eine eindeutige Reihenfolge gebracht werden (z.B. Angabe einer Präferenzrangfolge). Weisen die Skalenabschnitte zudem gleich große Abstände auf, handelt es sich um eine Intervallskalierung (z.B. Celsius-Skala). Das höchste Messniveau stellt die Ratioskala dar, bei der neben gleichen Abständen ein so genannter „natürlicher Nullpunkt" existiert, der sinngemäß als Ausprägung „nicht vorhanden" interpretiert wird (z.B. Einkommen). Die Intervallskala und die Ratioskala werden auch als metrische Skalen bezeichnet.

Die Ansätze zur **Klassifikation der statistischen Verfahren** sind vielfältig. In Abhängigkeit von der Anzahl der in die Analyse einbezogenen Variablen werden im Folgenden drei Gruppen unterschieden: univariate, bivariate und multivariate Verfahren (vgl. auch *Homburg* et al. 2008, S. 156ff.; *Berekoven* et al. 2009, S. 187ff.).

4.2.5.1 Univariate und bivariate Verfahren

Univariate Verfahren untersuchen eine einzige Variable und deren Verteilung über sämtliche Elemente der Stichprobe. Ein gängiges univariates Verfahren stellt die **Häufigkeitsauszählung** dar, in der die Ausprägungen einer Variablen über alle Befragungsfälle absolut, relativ (prozentual) oder kumulativ ausgewiesen werden. Häufigkeitsauszählungen werden meist grafisch dargestellt, z.B. durch Balken- oder Tortendiagramme. Zu den univariaten Verfahren zählen weiterhin die **Ermittlung von Lage-** (Mittelwert, Median, Modus) **und Streuparametern** (Varianz, Spannbreite, Schiefe u.a.) einer Variablen.

Bivariate Verfahren untersuchen gleichzeitig zwei Variablen der Datenmatrix mit dem Ziel, Zusammenhänge zwischen diesen herauszufinden. Zu den gängigen Methoden der bivariaten Datenanalyse zählen Kreuztabellierungen, Korrelationsanalysen und einfache Regressionsanalysen.

(1) Kreuztabellierungen

Bei diesem einfachsten Verfahren zur Darstellung und Analyse von Zusammenhängen zwischen zwei Variablen werden in einer Matrix Ausprägungen einer Variablen denen einer anderen Variable gegenübergestellt. Dies bietet sich insbesondere bei nominal skalierten Daten an, z.B. bei der Aufsplittung der Antwortkategorien einer Frage nach Geschlecht, Berufs-, oder Einkommensgruppen usw. Datenanalysen mit Kreuztabellen sind gut geeignet, um einen Zusammenhang zwischen zwei Variablen aufzuzeigen. Zur Beurteilung der Stärke bzw. der Signifikanz eines Zusammenhanges ist es zweckmäßig, Kreuztabellierungen um Signifikanzanalysen, z.B. Chi-Quadrat-Tests oder Kontingenzanalysen, zu ergänzen.

(2) Korrelationsanalysen

Liegen intervallskalierte Daten vor, lassen sich durch einfache **Korrelationsanalysen** Zusammenhänge zwischen zwei Variablen analysieren. Die Korrelationsanalyse beruht auf der Messung des Zusammenhanges zwischen verschiedenen Zahlenreihen. Als Ergebnis resultiert ein **Korrelationskoeffizient (r)**, der die Richtung und das Ausmaß des Zusammenhanges angibt. Er liegt zwischen +1 (stark positiver Zusammenhang) und –1 (stark negativer Zusammenhang). Bei einem Korrelationskoeffizienten von Null besteht kein Zusammenhang zwischen den Zahlenreihen. Die Formel zur Berechnung des Korrelationskoeffizienten r (nach Bravais-Pearson) lautet:

$$r = \frac{n \sum x_i y_i - \sum x_i \sum y_i}{\sqrt{n \sum x_i^2 - (\sum x_i)^2} \cdot \sqrt{n \sum y_i^2 - (\sum y_i)^2}}$$

Die Verwendung von einfachen Korrelationsanalysen empfiehlt sich in der Marktforschung beispielsweise bei der Darstellung des Zusammenhanges von vergangenheitsbezogenen Zeitreihen (z.B. Umsatz und Preisniveau) oder, um den Zusammenhang zwischen intervallskalierten Antworten bei Befragungen (z.B. zwischen der Kundenzufriedenheit und dem Alter der Befragten) darzustellen. Zusätzlich wird darauf hingewiesen, dass sich mit Hilfe des **Spearman'schen Rangkorrelationskoeffizienten** ein Zusammenhang zwischen ordinalskalierten Rangreihen messen lässt.

(3) Einfache Regressionsanalysen

Die einfache Regressionsanalyse untersucht bei Vorlage zweier metrisch skalierter Datenreihen den Zusammenhang zwischen einer abhängigen, erklärten Variable (y) und einer unabhängigen, erklärenden Variable (x). Die Regressionsverfahren unterstellen eine mathematische Funktion, die den Verlauf der Zahlenreihe wiedergibt, und schätzen die Parameter der Funktion durch statistische Verfahren.

Bei linearen Zusammenhängen (y = a + b · x) erfolgt dies nach der **Methode der kleinsten Quadrate**. Die Formeln zur Berechnung der Parameterwerte a und b durch die Methode der kleinsten Quadrate lauten:

$$a = \frac{\sum x_i^2 \sum y_i - \sum x_i \sum x_i y_i}{n \sum x_i^2 - (\sum x_i)^2}$$

$$b = \frac{n \sum x_i y_i - \sum x_i \sum y_i}{n \sum x_i^2 - (\sum x_i)^2}$$

Die Güte der geschätzten Parameterwerte wird mit Hilfe des **Bestimmtheitsmaßes (R^2)**, d.h. dem quadrierten Korrelationskoeffizienten, überprüft.

4.2.5.2 Multivariate Verfahren

Multivariate statistische Verfahren analysieren die Beziehungen zwischen mindestens drei Variablen. Sie finden vor allem bei umfangreichen Datensätzen Anwendung (vgl. zu verschiedenen Verfahren *Kuß/Eisend* 2012; *Backhaus* et al. 2011). Grundsätzlich werden zwei Formen der multivariaten Datenanalyse unterschieden: Interdependenz- und Dependenzanalysen:

(1) Interdependenzanalysen

Interdependenzanalysen untersuchen Zusammenhänge zwischen verschiedenen Variablen mit dem Ziel der **Aufdeckung von Strukturen**. Dazu werden beispielsweise Faktoren- und Clusteranalysen eingesetzt.

Die **Faktorenanalyse** untersucht Zusammenhänge zwischen verschiedenen Variablen und versucht, diese auf einige wenige Hauptfaktoren zu reduzieren. Für den Einsatz des Verfahrens werden metrisch skalierte Daten vorausgesetzt. Ein typisches Anwendungsgebiet der Faktorenanalyse ist die Auswertung von Konsumentenbefragungen über die Wahrnehmung von Produkten oder Marken. Wurden durch die Marktforschung eine Vielzahl von Wahrnehmungseigenschaften erhoben (für ein Auto z.B. Sicherheit, Sportlichkeit, Anschaffungspreis, Reparaturkosten, Wiederverkaufswert usw.), erfolgt durch die Faktorenanalyse eine Verdichtung dieser Wahrnehmungsmerkmale auf einige wenige, zentrale Wahrnehmungsdimensionen. Es obliegt dem Marktforscher, nach Kenntnis der Verteilung der Faktorladungen auf einzelne Hauptfaktoren zu entscheiden, wie diese Hauptfaktoren inhaltlich interpretierbar sind (z.B. Zusammenfassung der Merkmale Anschaffungspreis, Reparaturkosten, Wiederverkaufswert usw. zu einem Hauptfaktor „Wirtschaftlichkeit").

Bei der **Clusteranalyse** werden nicht Interdependenzen zwischen Variablen, sondern zwischen den Fällen in der Datenmatrix untersucht. Ziel der Clusteranalyse ist es, Gruppen von Elementen („Cluster") zusammenzufassen, die hinsichtlich bestimmter Merkmale ähnlich sind (intern homogen) und sich durch diese Merkmale von anderen Clustern unterscheiden (extern heterogen). Gegenstand der Clusteranalyse sind sowohl Objekte als auch Personen. Ein typisches Anwendungsbeispiel für die Clusteranalyse im Bereich der Marktforschung sind Segmentierungsstudien oder Konsumententypologien, die Verlage häufig erstellen. Bei diesen werden durch Konsumentenbefragungen produktspezifische Verwendungsgewohnheiten erfasst. Aufgabe der Clusteranalyse ist es, verschiedene Käufertypen (Cluster) zu finden, die sich in ihren Konsumgewohnheiten unterscheiden. Der Marktforscher hat die Aufgabe, eine treffende Bezeichnung für die unterschiedlichen Typen zu finden, z.B. Intensivverwender, preisbewusste Käufer, markenbewusste Käufer, Nichtkäufer usw. Die Cluster werden dann nach weiteren Merkmalen wie demografischen Merkmalen, Medianutzungsverhalten usw. beschrieben.

(2) Dependenzanalysen

Dependenzanalysen untersuchen den Einfluss einer (bivariat) oder mehrerer (multivariat) unabhängiger Variablen auf eine abhängige Variable mit dem Ziel der **Prüfung von Strukturen**. Schaubild 4-5 beinhaltet die vier grundlegenden Verfahren der Dependenzanalyse, die sich in Abhängigkeit von der Skalierung der Daten ergeben (vgl. *Backhaus* et al. 2011).

Die **multiple Regressionsanalyse** untersucht den relativen Einfluss unabhängiger Variablen auf eine abhängige Variable. Abhängige und unabhängige Variablen sind metrisch skaliert. Die multiple Regressionsanalyse berechnet den relativen Beitrag zur erklärten Varianz der einzelnen Einflussgrößen. Ein typisches Beispiel für eine Regressionsanalyse stellt die Messung des Einflusses von Preis und Werbeausgaben auf den Absatz dar.

| | | Unabhängige Variable ||
		Metrisches Skalenniveau	Nominales Skalenniveau
Abhängige Variable	Metrisches Skalenniveau	Regressionsanalyse	Varianzanalyse
	Nominales Skalenniveau	Diskriminanzanalyse	Kontingenzanalyse

Schaubild 4-5: Verfahren der Dependenzanalyse

Regressionsanalysen werden sowohl zur Erklärung von Zusammenhängen als auch zur Durchführung von Prognosen (vgl. Abschnitt 4.3.3) verwendet.

Werden die unabhängigen Variablen auf nominalem und die abhängigen Variablen auf metrischem Skalenniveau gemessen, findet die **Varianzanalyse** Anwendung. So wird z.B. die Wirkung der Farbe auf den Absatz eines Produktes analysiert. Dieses Verfahren hat besondere Bedeutung im Rahmen von Experimenten, wobei die nominalen unabhängigen Variablen die experimentellen Einwirkungen repräsentieren.

Die **Diskriminanzanalyse** ist ein Verfahren zur Untersuchung von Gruppenunterschieden. Eine nominale Skalierung der abhängigen Variablen wird vorausgesetzt. Die diskriminierenden (unabhängigen) Variablen, die die Unterschiede zwischen den Gruppen kennzeichnen, sind metrisch skaliert. Durch die Diskriminanzanalyse werden jene Variablen gefunden, die in der Lage sind, die Unterschiede zwischen den Gruppen besonders gut zu beschreiben. Ein typisches Anwendungsbeispiel ist die Analyse von Unterschieden zwischen Kunden und Nichtkunden eines Unternehmens. Wurden im Rahmen von Befragungen verschiedene Merkmale von Personen erfasst und liegen Informationen darüber vor, ob die Befragten Kunden oder Nichtkunden des Unternehmens sind, lässt sich über eine Diskriminanzanalyse ermitteln, anhand welcher Variablen sich beide Gruppen unterscheiden (z.B. durch Alter, Einkommen, wahrgenommenes Markenimage o.Ä.).

Die **Kontingenzanalyse** ist eine Methode zur Analyse der Beziehungen von ausschließlich nominalen Variablen. Die Kreuztabellierung (vgl. Abschnitt 4.2.5.1) stellt eines der wichtigsten Verfahren der Kontingenzanalyse dar und lässt sich auch für mehr als zwei Variablen anwenden. Ein Beispiel ist die Analyse des Einflusses der Produktform (Pulver, Perls, Tabs) auf die Waschmittelwahl (Persil, Ariel, Sunil usw.).

Die bisher betrachteten Analysemethoden gehen davon aus, dass alle Variablen in der Realität beobachtbar und messbar sind („**manifeste Variablen**"). Bei vielen theoriegestützten Fragestellungen ist die Marktforschung jedoch mit nicht beobachtbaren Variablen („**latenten Variablen**") konfrontiert, so genannten hypothetischen Konstrukten, die sich durch manifeste Variablen messen lassen. Die Messung der Beziehungen zwischen latenten Konstrukten erfolgt im Rahmen einer **Kausalanalyse** auf zwei Modellebenen (vgl. *Weiber/Mühlhaus* 2013):

- **Ebene des Messmodells**, das die Erklärung der latenten Variablen über eine Reihe von Indikatoren ermöglicht (vgl. das Konzept der Faktorenanalyse).
- **Ebene des Strukturmodells**, das die eigentliche Überprüfung der Zusammenhänge zwischen den latenten Variablen vornimmt.

Zur Schätzung der Modelle existiert das Verfahren der Kovarianzstrukturanalyse, das durch die Softwareanwendungen **AMOS** (**A**nalysis of **Mo**ment **S**tructures) und **LISREL** (**Li**near **S**tructural **Rel**ationships) unterstützt wird sowie der varianzbasierte **PLS-**(**P**artial-**L**east-**S**quares-)Ansatz, der mithilfe der Software PLS-Graph Anwendung findet.

4.3 Methoden der Marktprognose

4.3.1 Begriff und Formen der Marktprognose

Durch den Einsatz der Methoden der **Marktprognose** erfolgt – auf Basis der Ergebnisse der Marktforschung – eine Voraussage zukünftiger marktrelevanter Ereignisse. Der Marketingplaner bedient sich, abhängig vom konkreten Prognoseproblem, einer Vielzahl von Methoden. Einen Überblick über verschiedene **Typen von Marktprognosen**, unterschieden nach den folgenden Merkmalen, vermittelt Schaubild 4-6.

- **Ebene der Prognose**: Die Prognose bezieht sich auf den Gesamtmarkt bzw. auf Teilmärkte oder auf zu prognostizierende Größen des Unternehmens.
- **Art der abhängigen Variable**: Gegenstand von Prognosen sind i.d.R. Absatzmengen (markt- und unternehmensbezogen), Umsätze oder Marktanteile.
- **Art der unabhängigen Variable**: Werden Daten aus der Vergangenheit für die Prognose verwendet, handelt es sich um Entwicklungsprognosen. Demgegenüber versuchen Wirkungsprognosen, die Wirkung der in Zukunft eingesetzten Marketinginstrumente vorauszusagen.
- **Anzahl der unabhängigen Variablen**: Bei monokausalen Prognosen werden die Zukunftswerte aus einer Größe abgeleitet, bei multikausalen aus mehreren Größen.
- **Bezugszeitraum der Prognose**: Je nach Prognosezeitraum unterscheidet die Prognoseforschung zwischen kurz-, mittel- oder langfristigen Prognosen.
- **Einflussgrößen**: Die Entwicklung von marktrelevanten Größen wird u.a. von externen Faktoren bestimmt, die das Prognoseergebnis beeinflussen. Entsprechend wird zwischen Saison-, Konjunktur- und Wachstumsprognosen unterschieden.

Methoden der Marktprognose

Formen der Marktprognose	
Ebene der Prognose	■ Gesamtmarktbezogene Prognosen ■ Teilnehmerbezogene Prognosen ■ Unternehmensbezogene Prognosen
Art der abhängigen Variable	■ Absatzprognosen ■ Umsatzprognosen ■ Marktanteilsprognosen
Art der unabhängigen Variable	■ Entwicklungsprognosen ■ Wirkungsprognosen
Anzahl der unabhängigen Variablen	■ Monokausale Prognosen ■ Multikausale Prognosen
Bezugszeitraum der Prognose	■ Kurzfristige Prognosen ■ Mittelfristige Prognosen ■ Langfristige Prognosen
Art der Einflussgröße	■ Saisonprognosen ■ Konjunkturprognosen ■ Wachstumsprognosen
Bezugsobjekt	■ Konsumentenprognosen ■ Konkurrenzprognosen ■ Absatzmittlerprognosen ■ Umfeldprognosen
Form der Messung	■ Quantitative Prognosen ■ Qualitative Prognosen

Schaubild 4-6: Formen der Marktprognose

- **Bezugsobjekt**: Marktprognosen beziehen sich auf das zukünftige Verhalten unterschiedlicher Marktteilnehmer. Eine Differenzierung nach Konsumenten-, Konkurrenten-, Absatzmittler- sowie Umfeldprognosen ist möglich.

- **Form der Messung**: Bei quantitativen Prognosen wird zur Prognoseerstellung ein mathematisch-statistisches Verfahren verwendet, während qualitative Prognosen nicht über formale Lösungsalgorithmen bei der Ergebnisermittlung verfügen.

4.3.2 Prozess der Marktprognose

Unabhängig davon, welche Prognoseform gewählt wird, sind bei der Erstellung von Marktprognosen planerische Schritte zu durchlaufen. Diese einzelnen Planungsschritte sind in Schaubild 4-7 dargestellt.

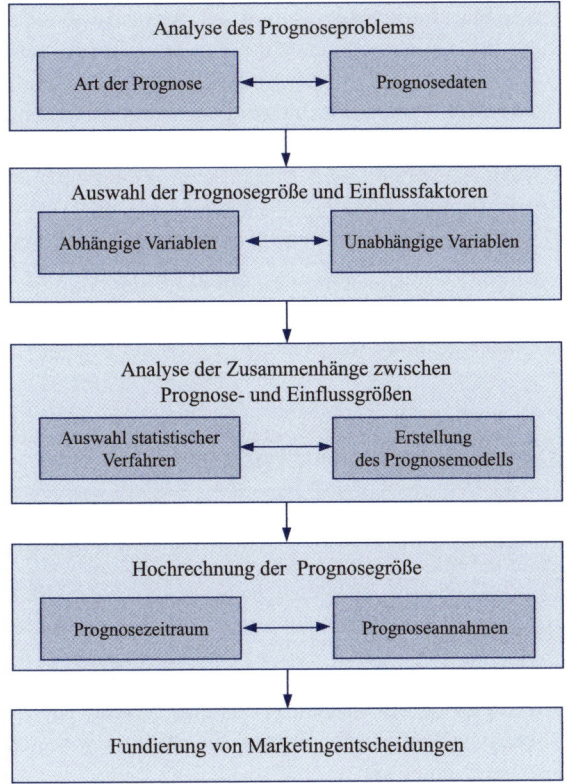

Schaubild 4-7: Prozess der Marktprognose

Am Anfang der Prognoseplanung steht eine **Analyse des Prognoseproblems**. Diese determiniert die Prognoseform (z.B. mittelfristige Prognose) und klärt, welche Daten bereits zur Verfügung stehen oder zur Lösung des Prognoseproblems zu beschaffen sind. Besteht Einigkeit über das Prognoseproblem, sind **Prognosegröße und Einflussfaktoren** zu identifizieren. In diesem Zusammenhang werden die zu prognostizierende Größe (abhängige Variable) und die Art der Einflussgrößen (unabhängige Variablen) gekennzeichnet. In einem nächsten Schritt gilt es, die **Zusammenhänge zwischen Prognose- und Einflussgrößen** zu analysieren. Liegt das Prognosemodell vor, wird bei Zugrundelegung des relevanten Prognosezeitraums eine **Hochrechnung der Prognosegröße** vorgenommen. Dient das Prognoseergebnis der Fundierung von Marketingentscheidungen, hat sich der Marketingplaner über sämtliche Prognoseannahmen im Klaren zu sein.

Bei der Erstellung von Marktprognosen kommt der **Auswahl der Prognosegröße** entscheidende Bedeutung zu. Übliche Prognosegrößen sind Absatzmengen, Umsatzwerte oder Marktanteile, die sich auf den Gesamtmarkt oder das Unternehmen beziehen. Grundsätzlich wird zwischen **Potenzialschätzungen** (Prognose der maximalen Aufnahmefähigkeit des Marktes im Zeitablauf) und **Volumenschätzungen** (Prognose der tatsächlich realisierten Absatzmengen des Marktes im Zeitablauf) unterschieden. Die Schätzungen erfolgen rein mengenmäßig (absatzbezogen) oder wertmäßig (umsatzbezogen), d.h. unter Berücksichtigung der voraussichtlichen Preisentwicklung.

Im Folgenden werden einige ausgewählte Grundformen der Marktprognose dargestellt. Dabei wird zwischen quantitativen und qualitativen Prognoseverfahren unterschieden (vgl. zu weiteren Prognoseverfahren *Hammann/Erichson* 2006, S. 424ff.; *Berekoven* et al. 2009, S. 243ff.).

4.3.3 Quantitative Prognosemethoden

Quantitative Prognosen beinhalten die Hochrechnung der Prognosegröße auf Basis mathematischer Funktionsverläufe. Dabei wird zwischen **Entwicklungs-** und **Wirkungsprognosen** unterschieden.

4.3.3.1 Entwicklungsprognosen

Entwicklungsprognosen gehen davon aus, dass sich die in der Vergangenheit beobachteten Werte der Prognosegröße als Grundlage für eine Vorhersage heranziehen lassen. Als wesentliche Ausprägungsformen der Entwicklungsprognose werden die Trend- und die Indikatorprognose unterschieden.

Die Erstellung einer **Trendprognose** als einfachste Form läuft grundsätzlich in den folgenden fünf Schritten ab:

Schritt 1: Die Vergangenheitswerte der Prognosegröße werden aufgelistet und eventuell grafisch dargestellt. Wird z.B. eine Prognose des Umsatzvolumens vorgenommen, sind entsprechend die verfügbaren Umsatzwerte aus der Vergangenheit heranzuziehen.

Schritt 2: Auf der Grundlage der beobachteten Werte wird ein Funktionstyp ausgewählt, der die empirische Entwicklung und die darin liegende Gesetzmäßigkeit am besten wiedergibt. Hier bieten sich unterschiedliche mathematische Trendfunktionen an (vgl. zur Ableitung der Formeln z.B. *Holland/Scharnbacher* 2010; vgl. auch Schaubild 4-8).

Einen linearen Trend wird der Marktforscher heranziehen, wenn sich der Markt stabil entwickelt, den exponentiellen Trend für Märkte mit starken Wachstumsimpulsen und den logistischen Trend, wenn bereits erste Sättigungserscheinungen und abnehmende Wachstumsraten zu verzeichnen sind.

Methoden der Marketingforschung

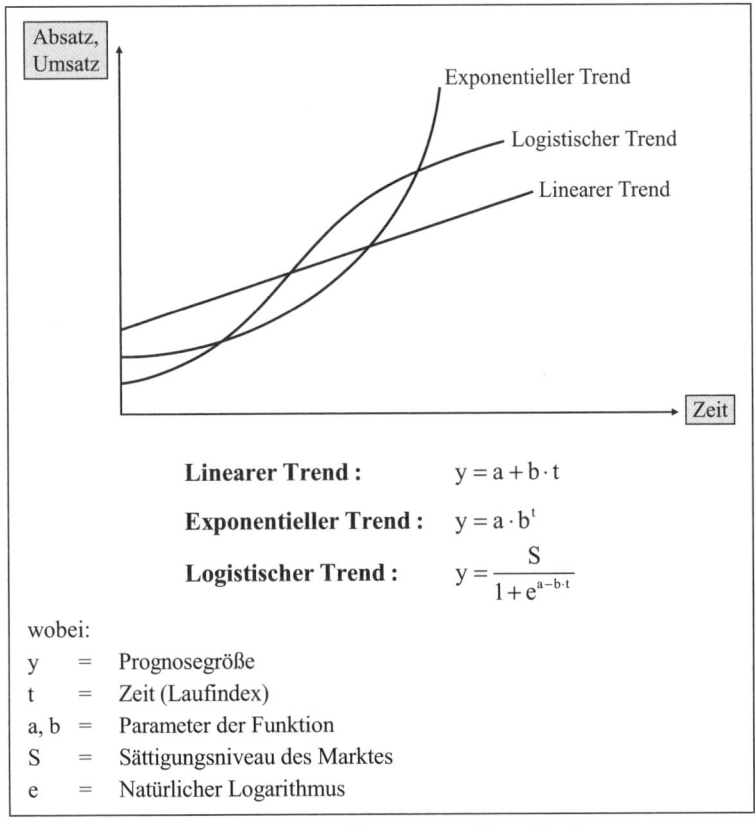

Schaubild 4-8: Grundformen von Trendfunktionen

Schritt 3: Liegt der Funktionstyp fest, werden die Parameterwerte der Funktion (a, b) berechnet. Bei linearen Trendfunktionen erfolgt dies beispielsweise auf Basis der einfachen Regressionsanalyse (vgl. Abschnitt 4.2.5.1). Dabei stellt der Laufindex t die unabhängige Variable x dar. Bei nicht linearen Funktionstypen ist eine Linearisierung der Funktion vorzunehmen, beispielsweise durch Logarithmierung der Werte.

Schritt 4: Wurde die Regressions- bzw. Trendfunktion berechnet, ist ein Maß zur Beurteilung der Eignung der errechneten Funktion für die Prognoseerstellung heranzuziehen. Ein Maßstab ist z.B. der **Korrelationskoeffizient** (vgl. Abschnitt 4.2.5.1), der die Stärke des

Zusammenhanges zweier Variablen wiedergibt. Ein weiterer Schritt wird mit der Berechnung und Interpretation des **Bestimmtheitsmaßes** realisiert, das als quadrierter Korrelationskoeffizient (R^2) den Anteil der erklärten Streuung an der gesamten Streuung angibt.

Schritt 5: Wird die Prognosefunktion als geeignet angesehen, erfolgt die Hochrechnung der Prognosegröße. Dazu werden die den Prognosejahren entsprechenden Laufindizes in die Prognosefunktion eingesetzt und die Prognosewerte berechnet.

Der **Vorteil** von Trendprognosen besteht darin, dass sie relativ leicht zu berechnen sind. Länger zurückliegende Daten werden mit Gewichtungsfaktoren versehen. Demgegenüber steht der zentrale **Nachteil**, dass es sich bei Trendprognosen um eine reine Fortführung von Vergangenheitsdaten in die Zukunft handelt und es fraglich ist, ob die in der Vergangenheit beobachteten Gesetzmäßigkeiten auch zukünftig gelten. Trendprognosen sind nicht in der Lage, grundlegende Veränderungen des Marktes zu antizipieren (z.B. Strukturbrüche, neue Wachstumsschübe, Konjunktureinbrüche). Hier sind andere Formen der Prognose, z.B. exponentielle Glättungen, erforderlich.

Eine weitere Form von Entwicklungsprognosen stellen **Indikatorprognosen** dar, bei denen die Prognose nicht anhand der Vergangenheitsentwicklung der Prognosegröße, sondern anhand der Entwicklung eines Indikators erfolgt. Voraussetzung ist, dass der Indikator eine enge Beziehung zu der Prognosegröße aufweist, die die zukünftigen Marktveränderungen gut wiedergibt und selbst leicht zu prognostizieren ist. So wird z.B. für die Prognose des Reifenabsatzes die Zahl zugelassener PKW oder für die Prognose der Verkaufszahlen von Einbauküchen die Zahl der Baugenehmigungen als Indikator herangezogen. Die Erstellung einer Indikatorprognose erfolgt analog zum Vorgehen bei der Trendprognose. Auch hier ist es erforderlich, Funktionstypen zu Grunde zu legen und Parameterwerte zu schätzen. Entsprechend werden Funktionstypen und Formeln der Trendprognose verwendet. Anstelle des Zeitindex t ist lediglich der Wert für den Indikator (x) einzusetzen.

Indikatorprognosen sind gut geeignet, um Marktveränderungen zu antizipieren. Jedoch hängt ihre Qualität von der Qualität des zu Grunde liegenden Indikators ab. Als **Nachteil** gilt, dass Vergangenheitswerte herangezogen werden und Indikatorprognosen mit einem „zweifachen" Prognoseproblem behaftet sind: der Hochrechnung des Indikators und darauf aufbauend der Voraussage der Prüfgröße.

4.3.3.2 Wirkungsprognosen

Wirkungsprognosen nehmen eine Hochrechnung der Prognosegröße auf Basis der eingesetzten Marketinginstrumente vor. Eine **Wirkungsprognose** wird anhand folgender Schritte erstellt:

Schritt 1: Aufstellung verschiedener Ausprägungen der Marketinginstrumente im Rahmen geplanter, unterschiedlicher Marketingstrategien.

Schritt 2: Wahl eines Funktionstyps, der die Beziehungen zwischen den Marketinginstrumenten und deren Wirkungen auf die zu prognostizierende Größe (Marktreaktion) mathematisch wiedergibt. Additive Verknüpfungen von Instrumenten weisen auf eine unabhängige Wirkung der Instrumente hin. Multiplikative Verknüpfungen unterstellen die realitätsnäheren Interdependenzen zwischen Marketinginstrumenten. Generell werden folgende **Grundformen von Wirkungsmodellen** unterschieden:

Additives Modell: $\quad y = z + a \cdot p^{-1} + b \cdot W + c \cdot V$

Multiplikative Modelle:

    Linear: $\quad y = z + a \cdot p^{-1} \cdot b \cdot W \cdot c \cdot V$

    Nicht linear: $\quad y = z + p^a \cdot W^b \cdot V^c$

Gemischt-verknüpfte Modelle: $y = z + a \cdot p^{-1} \cdot b \cdot W + c \cdot V$

wobei:
z = Absoluter Wert der Funktion
p = Preis
W = Werbebudget
V = Vertriebsbudget
a,b,c = Parameter der Funktion

Die Anzahl der in den Grundformen der Wirkungsmodelle dargestellten Marketinginstrumente und die konkrete Form ihrer Verknüpfung sind beispielhaft zu verstehen.

Schritt 3: Hat der Marketingplaner die Form des Wirkungsmodells festgelegt, sind die Parameterwerte der Funktion zu schätzen. Hier bieten sich zwei Möglichkeiten an. Die Parameter werden durch mathematisch-statistische Verfahren aus Erfahrungswerten der Vergangenheit errechnet (z.B. multiple Regressionsanalysen) oder durch Expertenschätzungen bestimmt, in deren Rahmen z.B. Produktmanager ihre Erfahrungen einbringen. Häufig wird eine Kombination beider Möglichkeiten gewählt.

Schritt 4: Bei Vorlage des Wirkungsmodells wird die Prognosegröße auf der Grundlage des geplanten Einsatzes der Marketinginstrumente berechnet.

Wirkungsprognosen weisen gegenüber Entwicklungsprognosen den entscheidenden **Vorteil** auf, dass sie mit Zukunftswerten arbeiten und sich auf Aktivitäten des Marktes konzentrieren. Damit handelt es sich um eine spezielle Form der **Marktreaktionsfunktionsermittlung**. Wirkungsmodelle lassen sich gezielt für einzelne Märkte entwickeln. Es sind jedoch erhebliche **Probleme** mit der Schätzung der Parameterwerte verbunden. Nur wenn umfangreiche Erfahrungen auf dem Markt vorhanden sind, wird der Marketingplaner in der Lage sein, die Parameterwerte zu berechnen bzw. zu schätzen.

Die **quantitativen Prognoseverfahren** gehen i.d.R. von beobachteten Marktdaten aus und versuchen, auf der Grundlage eines mathematisch-statistischen Verfahrens mit Hilfe eines Lösungsalgorithmus möglichst exakte Prognosewerte zu erhalten. Diese Vorgehensweise empfiehlt sich für kurz- und mittelfristige Prognosen. Bei Strukturbrüchen im Markt sowie bei langfristigen Prognosen ist nicht davon auszugehen, dass die berechneten Gesetzmäßigkeiten über einen längeren Zeitraum stabil bleiben. Deshalb werden für Langzeitprognosen eher qualitative Verfahren eingesetzt.

4.3.4 Qualitative Prognoseverfahren

Qualitative Prognoseverfahren verfügen nicht über ein mathematisches Modell, sondern nutzen das Wissen und die Intuition von Experten oder anderer Personen. Für Langzeitprognosen finden häufig **Expertenbefragungen** Anwendung. Als Experten dienen z.B. Außendienstmitarbeiter, Einkäufer im Handel oder Unternehmensberater. Von ihrer Kompetenz und Nähe zum Markt erhofft sich die Marktforschung konkrete Aussagen über die voraussichtliche Entwicklung von Marktgrößen.

Expertenbefragungen werden auch in Form der so genannten **Delphi-Technik** durchgeführt. Hierbei wird ein Kreis von Experten zusammengeführt, der in regelmäßigen Abständen mündlich oder schriftlich eine Prognose über bestimmte Marktentwicklungen abgibt. Das Besondere an der Delphi-Technik ist, dass die Experten in den einzelnen Prognoseschritten die Prognoseergebnisse der gesamten Expertenrunde erhalten und auf diese Weise ihre eigenen Prognosen überdenken.

Zunehmend gewinnt die **Szenario-Technik** an Bedeutung. Die Grundüberlegung besteht darin, Einflussgrößen auf die Entwicklung der Prognosegröße zu identifizieren, das Zusammenspiel zwischen unterschiedlichen Bestimmungsfaktoren zu untersuchen und Auswirkungen der einzelnen Faktoren auf die zu prognostizierende Größe zu analysieren. Für die Prognoseerstellung wird ein optimistisches Szenario entworfen, in dem von einer positiven Entwicklung der Einflussgrößen ausgegangen wird. Diesem wird ein pessimistisches Szenario gegenübergestellt, in dem eine gegenläufige Entwicklung angenommen wird. Das Erstellen dieser beiden Extreme zeigt die Spannweite möglicher Entwicklungen auf und sensibilisiert das Marketingmanagement für potenzielle Richtungsänderungen zukünftiger Entwicklungen.

Auch wenn **qualitative Prognoseverfahren** aufgrund des Fehlens eines formalen Prognosemodells als subjektiv bewertet werden, gewinnen sie für strategische Überlegungen zunehmend an Bedeutung. Dies vor allem angesichts der hohen Dynamik von Marktveränderungen und den damit verbundenen Schwierigkeiten, Gesetzmäßigkeiten des Marktes durch quantitative Verfahren in mathematisch-statistische Formeln zu fassen. Um die Nachteile der Verfahren zu kompensieren, ist in der Praxis vielfach ein kombinierter Einsatz qualitativer und quantitativer Prognoseverfahren zu beobachten.

5. Entscheidungen der Produktpolitik

> **Lernziele**
>
> Sie werden in die Lage versetzt, grundlegende Entscheidungen der Produktpolitik zu treffen. Sie
>
> ➢ lernen die Ziele und Instrumente der Produktpolitik kennen,
>
> ➢ machen sich mit den verschiedenen Methoden der Entscheidungsfindung im Produktmanagement vertraut,
>
> ➢ setzen sich mit dem Neuproduktplanungsprozess auseinander und
>
> ➢ lernen, die wesentlichen Entscheidungen im Rahmen der Marken-, Verpackungs-, Service- und Sortimentspolitik zu treffen.
>
> Besonderes Anliegen dieses Kapitels ist es, die Notwendigkeit einer Zusammenführung der Vielzahl produkt- bzw. leistungspolitischer Entscheidungen zu einem ganzheitlichen Leistungsprogramm des Unternehmens aufzuzeigen.

5.1 Begriff und Aufgaben der Produktpolitik

Als zentraler Instrumentebereich im Rahmen des Marketingmix gelten produktpolitische Entscheidungen.

> **Die Produktpolitik beschäftigt sich mit sämtlichen Entscheidungen, die in Zusammenhang mit der Gestaltung des Leistungsprogramms einer Unternehmung stehen und das Leistungsangebot (Sach- und Dienstleistungen) eines Unternehmens repräsentieren.**

In der Literatur hat sich der Begriff „Produktpolitik" eingebürgert, obwohl eine eindeutige Definition des Produktbegriffes nicht vorherrscht und damit sowohl materielle (Sachgüter) als auch immaterielle Leistungen (Dienstleistungen) angesprochen sind. In einem erweiterten Verständnis der Produktpolitik wird auch von der **„Leistungspolitik"** gesprochen, weil ein Produktprogramm i.d.R. aus einem Bündel verschiedener materieller und immaterieller Eigenschaften besteht (vgl. zur begrifflichen Auseinandersetzung z.B. *Bruhn/Hadwich* 2006, S. 11ff.; *Herrmann/Huber* 2013, S. 4ff.). Zentrales Anliegen im

Rahmen der Produktpolitik ist der **Kundennutzen**, auf den die Gestaltung des Leistungsprogramms abzustimmen ist. Das Leistungsprogramm beinhaltet neben der eigentlichen Leistung (z.B. im Konsumgüterbereich das physische Produkt, bei Dienstleistungen die Kernleistung) auch Zusatz- bzw. Serviceleistungen, die es dem Kunden ermöglichen, eine komplette Problemlösung in Anspruch zu nehmen (z.B. beim PKW die Problemlösung „Mobilität", die durch den PKW selbst, aber auch durch Wartung und Reparaturdienste offeriert wird). Aufgrund der zunehmenden Angleichung der Produkte hinsichtlich Qualität, Leistung und Preis sowie der gestiegenen Bedürfnisse der Kunden nach kompletten Problemlösungen haben Serviceleistungen in den letzten Jahren einen starken Bedeutungszuwachs erfahren.

5.1.1 Festlegung des Leistungsprogramms

Unter der **Zusammenstellung des Leistungsprogramms** ist – ausgehend von einem festgelegten Produktkern – ein Prozess zu verstehen, in dem schrittweise weitere Leistungsmerkmale zum physischen Produkt hinzukommen und zu einem ganzheitlichen Leistungsprogramm – dem **Produkt-** bzw. **Leistungsmix** – zusammengefügt werden (vgl. z.B. *Lehmann/Winer* 2005; *Kotler/Bliemel* 2006). Dieser Prozess umfasst drei wesentliche Elemente, die jeweils am Kundennutzen auszurichten sind:

(1) Definition der Einzigartigkeit des Produktes

Ausgangspunkt des Leistungsprogramms ist die Frage, welche Produktmerkmale ein Produkt beim Kunden „einzigartig" bzw. „unverwechselbar" machen. Grundlage ist der einzigartige **Kundennutzen**, der durch das Produkt geschaffen wird und von konkurrierenden Produkten nicht vermittelt wird. In diesem Zusammenhang steht die Definition der **Unique Selling Proposition (USP)** von Produkten, jene Eigenschaft, die das Produkt von Konkurrenzprodukten in besonderem Maße unterscheidet und daher im Mittelpunkt der Verkaufsargumentation steht (vgl. Abschnitt 1.2). Bei der Suche nach einem USP ist darauf zu achten, dass dieser mittelfristig gilt, von der Konkurrenz nur schwer zu imitieren ist und das Kriterium der Einzigartigkeit auch ein kaufverhaltensrelevantes Kriterium aus Sicht des Kunden darstellt.

(2) Gestaltung des Produktes

Erst wenn die Einzigartigkeit des Produktes bzw. der USP definiert ist, befasst sich das Produktmanagement mit der Produktgestaltung. Dabei geht es um die Sicherstellung des spezifischen Kundennutzens des eigentlichen Produktes durch Maßnahmen hinsichtlich der Produktbeschaffenheit, der Produktqualität, der Markenbezeichnung usw. Bei physischen Produkten zählen hierzu auch Fragen des Produktdesigns und der Verpackung.

(3) Festlegung von Serviceleistungen

Über das physische Produkt hinausgehend zielen produktbegleitende Serviceleistungen darauf ab, den Kundennutzen durch weitere Leistungsmerkmale zu steigern und ein abgerundetes Leistungsprogramm zu erstellen. Zu den Serviceleistungen zählen z.B. Garantieleistungen, die Lieferleistungs- und Kundendienstpolitik und vor allem der Value Added Service, d.h. Serviceleistungen, die dem Kunden einen zusätzlichen Nutzen bieten.

Das Vorgehen bei der Zusammenstellung des Leistungsprogramms lässt sich exemplarisch anhand eines **Beispiels aus dem Automobilbereich** verdeutlichen:

In Zeiten erwarteter Benzinpreiserhöhungen und gesteigertem Umweltbewusstsein steht ein Automobilhersteller vor der Entwicklung eines neuen Modells, dessen Kundennutzen darin bestehen soll, dass der Käufer über ein sparsames und kostengünstiges Fortbewegungsmittel mit einem gewissen Standard verfügt. Der USP dieses Kleinwagens liegt im extrem niedrigen Treibstoffverbrauch und geringen Unterhaltungskosten (Klassenbester). Diese Eigenschaften werden durch eine selbsttragende Kunststoffkarosserie, einhergehend mit einem günstigen c_w-Wert und einen verbrauchsoptimierten Motor gewährleistet. Um die außergewöhnliche Sparsamkeit nach außen zu dokumentieren, wird das Fahrzeug ausschließlich mit nicht glänzender, matter Lackierung unter der Modellbezeichnung „Economico" angeboten.

Der Kauf des Wagens ist mit einer Garantieleistung von zehn Jahren gegen Korrosionsschäden und fünf Jahren gegen Motorschäden verbunden. Der technische Kundendienst wird durch ein Netz an Vertragshändlern bundesweit sichergestellt, die im Rahmen eines besonderen Kundenservices alle 15.000 km für einen kostenlosen Ölwechsel für „Economico"-Besitzer zur Verfügung stehen. Außerdem erhalten die Käufer eine Mobilitätsgarantie, d.h., im Falle einer Panne garantiert der Hersteller die Reparatur innerhalb von sechs Stunden oder die Bereitstellung eines Ersatzwagens. Das Leistungsprogramm wird komplettiert durch das allradgetriebene Sondermodell „Eco Quatro" und den zu Transportzwecken umfunktionierbaren Kleinwagen „Eco Vario".

5.1.2 Aufgaben des Produktmanagements

Träger der produktpolitischen Entscheidungen im Unternehmen sind Personen, die im Produktmanagement in erster Linie für die Entwicklung und Verbesserung von Produkten sowie die Führung von Produkten am Markt verantwortlich sind. Dabei handelt es sich um Unternehmens- oder Marketingleiter, die sich ein Team aus Mitarbeitenden verschiedener Abteilungen (z.B. F&E, Produktentwicklung, Marktforschung) zusammenstellen. Im Konsumgüter- und Industriegütermarketing ist die Funktion des Produktmanagements weit verbreitet, während das Konzept im Dienstleistungssektor selten anzutreffen ist. Der Verantwortungsbereich des Produktmanagements umfasst die folgenden **Aufgaben**, die nach drei Ebenen untergliedert werden (*Bruhn/Hadwich* 2006, S. 22ff.; *Meffert* et al. 2012, S. 386ff.).

Auf höchster Ebene sind **Programmentscheidungen** über Veränderungen des Absatzprogramms, d.h. sämtlicher Produktlinien und Produkte, zu treffen. Solche strategischen Entscheidungen – z.B. die Übernahme und Eingliederung der Marke Gillette durch Procter & Gamble – erfordern die Einbindung des Managements. Zur Optimierung des Absatzprogramms sind vom Produktmanagement Wachstums- und Wettbewerbsanalysen sowie Umsatz- und Ertragsprognosen durchzuführen.

Im Rahmen der **Produktlinienentscheidungen** auf der zweiten Ebene ist über Veränderungen in der Produktlinie zu befinden. Es besteht die Möglichkeit, die Produktlinie um zusätzliche Produkte zu erweitern, wie z.B. die Einführung der A-Klasse bei Mercedes (Line Extension), oder auch Produkte aus der Linie zu eliminieren. Hierzu sind eine Reihe qualitativer (z.B. Imageauswirkungen) und quantitativer Kriterien (z.B. Deckungsbeitrag, Umsatzanteil) zu berücksichtigen (vgl. auch Abschnitt 5.7.2).

Auf Ebene der **Produktentscheidungen** sind vom Produktmanagement Festlegungen für das einzelne Produkt vorzunehmen. Diese beziehen sich auf die Innovation, d.h. die Konzeptionierung und Markteinführung von Neuprodukten, die Verbesserung bestehender Produkte infolge der Veränderung von Kundenbedürfnissen sowie die Eliminierungsentscheidung über Produkte, die z.B. einen negativen Deckungsbeitrag aufweisen. Im Vordergrund steht die Aufgabe, ein Produkt durch seinen gesamten Lebenszyklus zu managen (vgl. *Bruhn/Hadwich* 2006, S. 61ff.; *Saaksvuori/Immonen* 2008). Hierzu sind kontinuierlich Informationen über Produkterfolge, Einstellungen von Kunden und Händlern sowie über Probleme, Chancen und Risiken des Marktes zu sammeln und zu bewerten.

Die Aufgaben des Produktmanagements und die einzusetzenden Instrumente variieren in Abhängigkeit von der jeweiligen Branche. Die institutionellen Besonderheiten, z.B. in der Dienstleistungsbranche die Immaterialität der Leistung sowie die Notwendigkeit, den Kunden bei interaktiven Dienstleistungen in den Produktionsprozess einzubinden (vgl. Abschnitt 1.7.3), sind bei der Ausarbeitung von Produkt- bzw. Leistungsprogrammen zu berücksichtigen. Um der Aufgabenfülle gerecht zu werden, durchlaufen Unternehmen einen systematischen Prozess, der die Teilaktivitäten im Produktmanagement strukturiert.

5.2 Prozess des Produktmanagements

Ähnlich wie für die gesamte Marketingplanung lässt sich für den Bereich der Produktpolitik ein Planungsprozess aufstellen, der die Vorgehensweise der produktpolitischen Entscheidungsfindung im zeitlichen Ablauf regelt. Schaubild 5-1 zeigt im Überblick einen **Prozess der Produktpolitik**, der vom Produktmanagement idealtypisch in sechs Phasen durchlaufen wird.

Entscheidungen der Produktpolitik

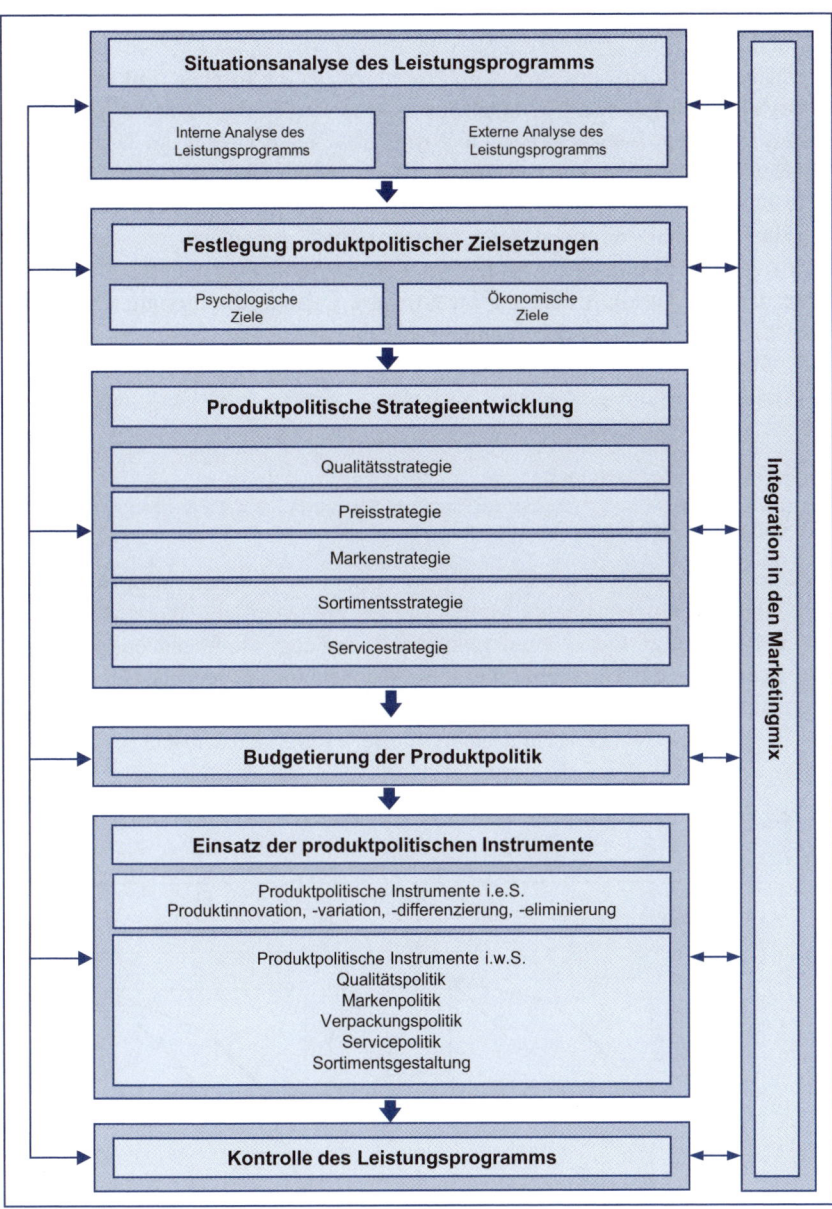

Schaubild 5-1: Planungsprozess der Produktpolitik

(1) Situationsanalyse des Leistungsprogramms

Eine permanente Aufgabe des Produktmanagements ist die **interne und externe Analyse des bestehenden Leistungsprogramms**. Hierzu werden die bereits in Kapitel 3 und 4 erläuterten Verfahren herangezogen. Liegt der Fokus aus der Sicht des Unternehmens auf dem eigenen Leistungsprogramm, erfolgt die Durchführung von z.B. Lebenszyklusanalyse, Portfolioanalyse sowie Produktpositionierung. Zusätzlich werden Informationen aus Deckungsbeitragsanalysen oder Kennzahlensystemen herangezogen. Ein klassisches Instrument der internen Analyse im Bereich des Produktmanagements stellen **Strukturanalysen** dar, die Auskunft über die Struktur des Leistungsprogramms (Produkte bzw. Leistungen) oder der Leistungsempfänger (Kunden) geben (vgl. z.B. *Hüttel* 1998, S. 163ff.; *Bruhn/Hadwich* 2006, S. 132ff.). Generell lassen sich zwei Formen von Strukturanalysen differenzieren, die jeweils als Umsatz-, Kosten- oder Deckungsbeitragsstrukturanalysen durchführbar sind:

- Programmstrukturanalysen,
- Kundenstrukturanalysen.

In der Regel werden Strukturanalysen in so genannten **Konzentrationskurven** dargestellt: In einer zweidimensionalen Matrix werden die jeweiligen Werte der Achsen kumuliert und als Rangfolge in einer relativen Verteilung wiedergegeben. Hieraus lässt sich die Bedeutung einzelner Produkte bzw. Kunden für die jeweils betrachtete Größe (Umsatz, Kosten oder Deckungsbeiträge) ablesen. Schaubild 5-2 zeigt exemplarisch eine Programm- und eine Kundenstrukturanalyse, die jeweils den Umsatz als Maßstab verwenden.

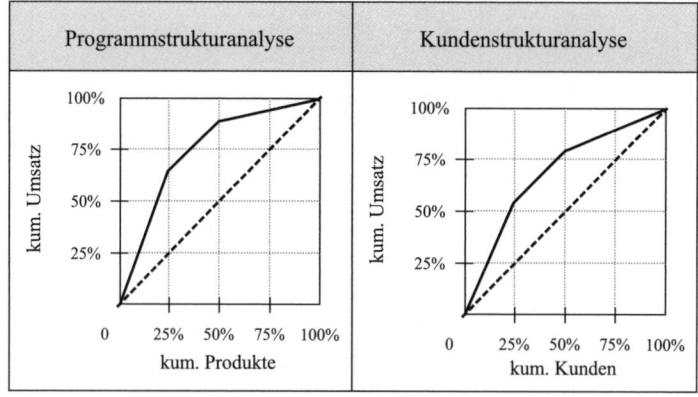

Schaubild 5-2: Beispiele für Strukturanalysen

Strukturanalysen geben Hinweise auf eine Dominanz bzw. Konzentration von Produkten bzw. Kunden. Eine spezielle Form dieser Analyse wird als **ABC-Analyse** bezeichnet. Danach werden diejenigen Produkte bzw. Kunden mit dem höchsten Umsatzanteil als A-Produkte bzw. A-Kunden und die restlichen Produkte/Kunden als B- bzw. C-Produkte/Kunden bezeichnet. Diese Klassen werden unternehmensspezifisch definiert und differenziert bearbeitet. In diesem Zusammenhang wird von der oftmals zu beobachtenden 20:80-Regel (Pareto-Regel) gesprochen, d.h., mit 20 Prozent der Produkte bzw. Kunden werden 80 Prozent des Umsatzes erzielt. ABC-Analysen decken somit starke Konzentrationen und Abhängigkeiten innerhalb des Leistungsprogramms auf. Die Gefahr der ABC-Analysen besteht in der Vernachlässigung der B- und C-Produkte/Kunden.

Im Rahmen der **externen Analyse** des Leistungsprogramms werden Kunden- und Handelsbefragungen, Kundenzufriedenheits- und Beschwerdeanalysen, Konkurrenzbeobachtungen oder auch das Benchmarking herangezogen, um Auskunft über die externe Sicht, z.B. der Kunden oder Händler, zu erhalten.

(2) Festlegung produktpolitischer Zielsetzungen

Eine Bestandsaufnahme des Leistungsprogramms – unternehmensintern und -extern – ist die Grundlage für die Ableitung von Zielen, die durch bestehende und neue Produkte zu realisieren sind. Dies geschieht z.B. im Rahmen einer im Schaubild 5-3 dargestellten **Lückenanalyse** (vgl. *Becker* 2009, S. 413ff.) als Hilfsmittel zur Zielbestimmung. Dabei wird der für die einzelnen Planperioden durch bestehende Produkte erwartete Umsatz dem jeweils geplanten Umsatz gegenübergestellt. Eine sich ergebende **Umsatzlücke** (in

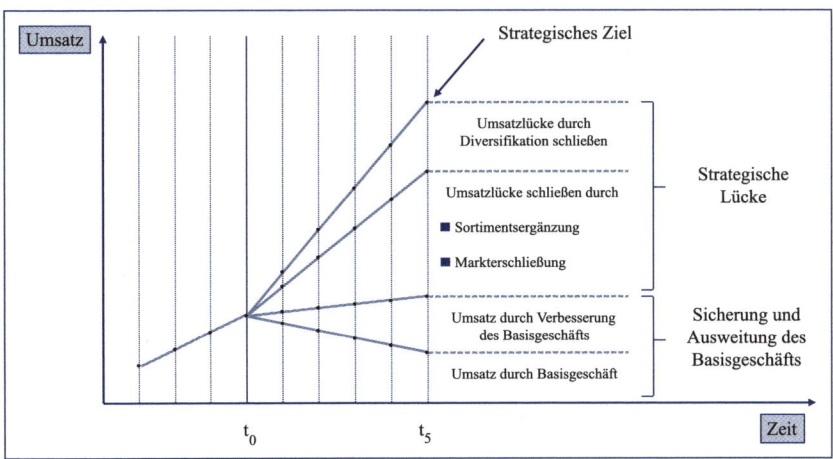

Schaubild 5-3: Lückenanalyse

Abhängigkeit der Zielsetzung auch **Gewinnlücke**) wird u.a. durch Leistungsverbesserungen der bestehenden Produkte oder durch neue Produkte geschlossen.

Neben den sich aus der Lückenanalyse ergebenden Zielvorgaben sind diejenigen **Produktziele** zu berücksichtigen, die sich aus der Marketingplanung ergeben. Sie werden nach einzelnen Marktteilnehmern oder nach ökonomischen und psychologischen Produktzielen differenziert:

Ökonomische Ziele der Produktpolitik: z.B. Wachstumsziele wie die Erhöhung der Kauffrequenz oder die Erhöhung der durchschnittlichen Menge pro Kauf bei Familien oder Marktstellungsziele wie die Steigerung des Marktanteils, die Erhöhung des Distributionsgrades oder die Ansprache neuer Kundensegmente u.a.

Psychologische Ziele der Produktpolitik: z.B. Verbesserung der Imagedimension „Qualität" gegenüber dem Hauptkonkurrenzprodukt, Einstellungsänderungen gegenüber einer Marke u.a.

(3) Strategieentwicklung im Rahmen der Produktpolitik

Liegen die produktpolitischen Ziele fest, ist die mittel- bis langfristige Stoßrichtung als Rahmen für die Produktpolitik zu determinieren. In der Produktpolitik sind folgende Leistungsdimensionen im Sinne von Strategien festzulegen:

Qualitätsstrategie: Festlegung des Qualitätsniveaus zwischen qualitativ hochwertigen Produkten (Premiumprodukte) und Produkten mit Standardqualität.

Preisstrategie: Festlegung des Preisniveaus zwischen einem hohen und einem niedrigen Preisniveau sowie Bestimmung der Preisabfolge.

Markenstrategie: Entscheidung zwischen einer Dachmarken-, Familienmarken-, Mehrmarken- oder Einzelmarkenstrategie (vgl. Abschnitt 5.4.2).

Sortimentsstrategie: Entscheidung zwischen einem breiten Sortiment (z.B. sämtliche Klassen von Automobilen) oder einem hochspezialisierten, engen Sortiment (z.B. Luxusuhren) (vgl. Abschnitt 5.7).

Servicestrategie: Entscheidung über Umfang und Niveau der Garantie- und Lieferbedingungen, des Kundendienstes sowie der produktbegleitenden und zusätzlichen Services.

(4) Budgetierung der Produktpolitik

Die produktpolitischen Maßnahmen und insbesondere die Produktentwicklung binden im Unternehmen Zeit und Geld. Je nach Branche und Produktkomplexität ist mit erheblichen Entwicklungszeiten und -kosten für neue Produkte zu rechnen (im Automobil- oder Pharmabereich z.B. mehrere Jahre). Das Budget für das Produktmanagement hat sämtliche Maßnahmen für die Spezifizierung und Umsetzung der Anforderungen aus der

Sicht des Marketing (Kundenperspektive) und der Technik (Technologieperspektive) zu berücksichtigen. Dies beinhaltet im Einzelnen Kosten für die Marktforschung, F&E, Einsatz von externen Spezialisten und Beratern, Erstellung von Prototypen, Testverfahren u.a.m. Dieses Budget ist auf die einzelnen Planungsperioden zu verteilen.

(5) Einsatz der produktpolitischen Instrumente

Ist der Rahmen der Produktpolitik durch das Budget abgesteckt, erfolgt eine Feinabstimmung hinsichtlich des Einsatzes der produktpolitischen Instrumente. Hier ist im Einzelnen festzulegen, wie die Produktstrategie durch Einzelmaßnahmen der produktpolitischen Instrumente im engeren Sinn (z.B. Produktinnovationen) und produktpolitische Instrumente im weiteren Sinn (z.B. Haltbarkeit im Rahmen der Qualitätspolitik, Namensgebung im Rahmen der Markenpolitik usw.) umsetzbar ist.

(6) Kontrolle des Leistungsprogramms

Im Rahmen der Kontrolle wird geprüft, ob die geplanten Ziele erreicht oder Anpassungsmaßnahmen erforderlich sind. Anpassungen beziehen sich u.a. auf modifizierte produktpolitische Zielsetzungen, die Initiierung von Produktentwicklungen oder Änderungen einzelner produktpolitischer Instrumente. Die Kontrolle des Leistungsprogramms ist inhaltlich und organisatorisch Aufgabe des Marketingcontrolling (vgl. Kapitel 10).

5.3 Entscheidungen der (Neu-)Produktplanung

Die Weiterentwicklung und Veränderung von Produktprogrammen ist eine permanente Aufgabe des Produktmanagements. Im Rahmen der (Neu-) Produktpolitik werden drei Ansätze unterschieden (vgl. zu den einzelnen Ansätzen z.B. *Bruhn/Hadwich* 2006; *Brockhoff* 2007; *Büschken/Thaden* 2007; *Aumayr* 2009; *Meffert* et al. 2012):

- **Produktinnovation**: Entwicklung von Produkten, die für den Markt und/oder das Unternehmen vollkommen neuartig sind.

- **Produktverbesserung**: Verbesserung bestimmter Eigenschaften oder sonstiger Leistungsmerkmale von bereits im Markt eingeführten Produkten (z.B. Qualitätsverbesserung, verlängerte Garantiezeit, Verpackungsänderungen). Dabei wird das Ursprungsprodukt durch die verbesserte Variante ersetzt.

- **Produktdifferenzierung**: Entwicklung zusätzlicher Produktvarianten, durch die bisherige Produkte im Markt ergänzt werden, z.B. kleinere Verpackungseinheiten, exklusivere Produktausstattungen, Zweitmarken für bestimmte Vertriebsschienen o.Ä.

Träger des Neuproduktplanungsprozesses sind nicht nur das Produktmanagement, sondern in den einzelnen Phasen gleichermaßen auch Personen aus Marktforschung, F&E,

Produktion sowie Kunden und Produktverwender (Lead User). Handelt es sich um reine Produktinnovationen, die mit einem hohen Risiko verbunden sind, empfiehlt es sich, einen mehrstufigen **Neuproduktplanungsprozess** zu durchlaufen, um die Entscheidungen über die Produktinnovation systematisch zu fundieren (zu ähnlichen Planungsprozessen vgl. *Kotler/Bliemel* 2006; *Homburg* 2012; *Meffert* et al. 2012):

(1) Suche nach Produktideen,

(2) Grobauswahl von Produktideen,

(3) Entwicklung und Prüfung von Produktkonzepten,

(4) Feinauswahl von Produktkonzepten,

(5) Einführung des Neuproduktes.

Bei Produktverbesserungen und -differenzierungen wird ein ähnlicher Planungsprozess angewandt, allerdings in verkürzter Form, da das Risiko geringer ist.

5.3.1 Suche nach Produktideen

Anregungen zur Entwicklung von Ideen kommen vom Markt, wenn Produkte des Unternehmens nicht mehr konkurrenzfähig sind oder sich die Bedürfnisse der Kunden verändert haben. Dabei beginnt die Ideensuche i.d.R. damit, unternehmensinterne und -externe Quellen zu nutzen. Für eine **Ideensammlung** sind folgende Quellen von besonderer Bedeutung (*Herrmann/Huber* 2013, S. 125ff.):

- **Unternehmensinterne Quellen**: Kundendienstberichte, Kundenanfragen, Kundenbeschwerden, Betriebliches Vorschlagswesen, Vorschläge aus der F&E-Abteilung, Befragung der Außendienstmitarbeiter u.a.

- **Unternehmensexterne Quellen**: Kunden-, Experten-, Händlerbefragungen, Konkurrenzbeobachtung (im In- und Ausland, z.B. Messebesuche), Veröffentlichungen in Fachzeitschriften, Internetrecherchen, Verbandsmitteilungen und Publikationen anderer Institutionen, Erfinder, Lizenzgeber, Patentämter und -anwälte, Forschungsinstitute und Technologieberater, Marketing- und Innovationsberater u.a.

Diesen unternehmensinternen und -externen Quellen lassen sich erste Anregungen für Neuproduktentwicklungen entnehmen. Erfahrungsgemäß reichen sie jedoch nicht aus, um individuelle und innovative Problemlösungen zu finden. Daher werden häufig **Kreativitätstechniken** mit dem Ziel eingesetzt, auch ungewöhnliche Vorschläge für neue Produkte oder Produktveränderungen zu generieren (*Herrmann* 2004, S. 415; *Rosenkranz/Missler-Behr* 2005, S. 179ff.). Zur **Ideenproduktion** werden vom Produktmanagement sowohl intuitive als auch diskursive Verfahren eingesetzt, die in

Ideenauslösendes Element / Arbeitsweise	Assoziation bzw. Abwandlung	Konfrontation
Verstärkung der Intuition	**Intuitive Assoziation** ■ Brainstorming ■ Brainwriting (6-3-5) u.a.	**Intuitive Konfrontation** ■ Reizwortanalyse ■ Synektik ■ Visuelle Konfrontation u.a.
Systematisch-analytisches Vorgehen	**Systematische Abwandlung** ■ Modifizierung/Checklisten ■ Funktionsanalysen ■ Morphologische Analyse ■ Progressive Abstraktion u.a.	**Systematische Konfrontation** ■ Systematische Reizobjektermittlung ■ Bionik ■ TILMAG u.a.

Schaubild 5-4: Systematisierung von Kreativitätstechniken
(in Anlehnung an Geschka 1986, S. 150)

Schaubild 5-4 aufgezeigt sind (vgl. auch *Bruhn/Hadwich* 2006, S. 217ff.; *Herrmann/Huber* 2013, S. 151ff.). Die wichtigsten Verfahren werden im Folgenden kurz dargestellt (vgl. vertiefend *Geschka* 1986).

(1) Intuitive (spontan-kreative) Verfahren

Brainstorming: Drei bis acht Personen aus möglichst unterschiedlichen Abteilungen bilden eine Gruppe und entwickeln spontane Ideen zu einer vorgegebenen Problemstellung. Von besonderer Wichtigkeit ist dabei, dass Vorschläge zwar verbessert und mit anderen Ideen kombiniert werden, jedoch keine Bewertung oder gar Kritik an einzelnen Ideen erfolgt, um die Kreativität nicht zu unterbinden. Im Vordergrund von Brainstormingsitzungen steht die Quantität der Ideenvorschläge. Die Vorschläge werden protokolliert und später durch das Produktmanagement bewertet.

Brainwriting: In ähnlicher Weise, aber ohne Gefahr der öffentlichen Kritik, verläuft das Brainwriting, indem die Gruppenteilnehmer Produktideen schriftlich fixieren. Ein bekanntes Verfahren ist die Methode 6-3-5, d.h., sechs Personen notieren jeweils drei Produktideen. Diese Ideen werden in der Runde fünf Mal an das nächste Gruppenmitglied weitergegeben, das die drei ihm vorliegenden Ideen jeweils weiterentwickelt.

Reizwortanalyse: Bei der Reizwortanalyse setzt sich eine Gruppe zusammen und sucht aus einem Referenzbereich aktuelle Reizwörter (z.B. im Lebensmittelbereich Light, Bio, Cholesterin, Vital), deren Eignung für den Suchbereich (z.B. Tierfutter) geprüft wird.

Synektik: Bei diesem Verfahren werden unternehmensinterne und -externe Personen aus möglichst unterschiedlichen Bereichen von einem professionellen Synektikleiter mit der zu lösenden Problemstellung vertraut gemacht. Dann werden die Teilnehmer aufgefordert, die Problemstellung zu verfremden, indem sie diese auf andere Bereiche übertragen, in denen ähnliche Probleme vorliegen (z.b. Natur, Technik, Alltag). Bei der Verfremdung werden durch Analogien Produktideen gefunden, die ungewöhnlich sind.

Visuelle Konfrontation: Nach einer Problemeinführung werden Personen mit Bildern konfrontiert. Durch die Beschreibungen der wahrgenommenen Einzelelemente und die Diskussion in der Gruppe entstehen neue Assoziationen für Problemlösungen.

(2) Diskursive (systematisch-analytische) Verfahren

Modifizierung/Checklisten: Spezielle Frage- bzw. Attributlisten – meist in Praktikerbüchern zu finden – geben Anregungen für Produktveränderungen. Beispiele für Fragen: Lässt sich das Produkt vergrößern oder verkleinern? Gibt es andere Verwendungsmöglichkeiten? Ist es mit anderen Produkten kombinierbar? Lässt sich die Technologie anpassen? Wo liegt das größte Optimierungspotenzial?

Funktionsanalysen: Es werden diejenigen Funktionen beschrieben, die die Produkte bereits erfüllen. Durch eine Kombination verschiedener Funktionen entstehen im Idealfall Anregungen für neue Produkte. Beispiel: Ein Hersteller von Milcherzeugnissen stellt Milch, Butter und Joghurt mit Früchten und Körnern her. Durch eine Kombination der Funktionen – z.B. Durst löschen, gesunde Ernährung und Genuss – entwickeln sich neue Produktideen wie z.B. Frucht-Buttermilch, Joghurtbutter, Trinkjoghurt.

Morphologische Analyse: Hier wird die Bedarfserfüllung von Produkten in bestimmte Grunddimensionen zerlegt, um durch Kombination der Merkmalsausprägungen der einzelnen Dimensionen Hinweise auf neue Produkte zu erhalten. Ein Tierfutterhersteller teilt beispielsweise Hundefutter nach drei Grunddimensionen mit folgenden Merkmalsausprägungen auf: (1) Produktinhalt (Rind-, Schweinefleisch, Leber, Herz, Pansen, Getreide); (2) Produktbeschaffenheit (roh, gekocht, getrocknet, Flocken, Brocken); (3) Verpackung (Dose, Tube, Karton, Flasche). Durch systematisches Kombinieren sämtlicher Merkmalsausprägungen lassen sich vielfältige, neuartige Produktideen generieren (z.B. getrocknete Leberbrocken im Karton).

Progressive Abstraktion: Bei dieser Methode werden durch die Entfernung vom Problem – im Sinne der Veränderung der Perspektive – neue Lösungen gefunden. Durch eine schrittweise Erhöhung des Abstraktionsniveaus und somit Trennung des Wesentlichen vom Unwesentlichen werden die Kernfragen eines Problems aufgedeckt.

Systematische Reizobjektermittlung: Hierbei werden systematisch Reizobjekte bzw. Reizworte ermittelt, die in ihren Eigenschaften den Anforderungen an die Problemlösung gerecht werden. Dazu erfolgt nach der Formulierung der Problemstellung (neues Tiershampoo) und der Ermittlung der zentralen Einflussfaktoren auf das Problem (neue

Wirksubstanzen, Verpackung) die Definition jener Anforderungen, die jede noch zu findende Lösung zu erfüllen hat (z.B. Vitamine, fettfrei). Danach erfolgt die Auswahl relevanter Analogiebereiche (z.B. Shampoo für Menschen) und die Ableitung von Reizobjekten bzw. -worten aus diesem Analogiebereich. Schließlich werden zu jedem Reizobjekt neue Lösungsmöglichkeiten für das Problem erarbeitet.

Bionik: Dieses Verfahren nimmt eine systematische Übertragung von biologischen Problemlösungen auf die Entwicklung von Neuprodukten vor. Biologische Prozesse dienen nicht nur als Referenzbeispiele, sondern werden detailliert analysiert und „technisch" nachgebaut (z.B. Riplet-Haut für Rennboote nach dem Profil der Haifischhaut).

TILMAG: Diese Methode (Transformation Idealer Lösungselemente durch Matrizen der Assoziations- und Gemeinsamkeitenbildung) ist eine vereinfachte und weniger abstrakte Abwandlung der klassischen Synektik. In verschiedenen Phasen der Problemverfremdung (z.B. direkte Analogien wie Natur und persönliche Analogien aus dem Alltag) wird mit Hilfe von Reizbegriffen nach einer Problemlösung gesucht.

Kreative Verfahren führen zu einer Vielzahl von Vorschlägen, die Hinweise auf Produktinnovationen und Produktverbesserungen geben. Von den vielfältigen Ansätzen werden in der Praxis vor allem die genannten diskursiven Verfahren und die Methoden des Brainstorming und Brainwriting eingesetzt, da diese leicht zu handhaben sind.

5.3.2 Grobauswahl von Produktideen

Eine Prüfung von Neuproduktideen erfolgt zunächst als **Grobauswahl**, in der einzelne Produktideen nach vorgegebenen Beurteilungskriterien bewertet werden. Da es sich um eine komplexe Entscheidung unter Berücksichtigung einer Vielzahl von Kriterien handelt, wird zur Entscheidungsunterstützung u.a. das Punktbewertungsverfahren eingesetzt. Das **Grundmodell des Punktbewertungsverfahrens** umfasst die folgenden Ablaufschritte:

(1) **Festlegung der Beurteilungskriterien**, die das Unternehmen zur Entscheidungsfindung heranzieht. Diese Kriterien sind möglichst überschneidungsfrei zu wählen.

(2) **Festlegung von Gewichtungsfaktoren**, um die unterschiedliche Bedeutung der verschiedenen Kriterien zu berücksichtigen. Die Gewichtungsfaktoren werden mit den beteiligten Abteilungen bzw. Personen für die Beurteilungskriterien festgelegt.

(3) **Vergabe von Punktwerten** für die einzelnen Produktideen. Dies wird meist individuell vorgenommen, um anschließend unterschiedliche Meinungen und Einschätzungen über die Produktideen darzulegen und in der Gruppe zu erörtern.

Entscheidungen der (Neu-)Produktplanung

(4) Für die einzelnen Produktideen erfolgt eine Multiplikation der Punktwerte pro Kriterium mit dem jeweiligen Gewichtungsfaktor und eine **Addition** der daraus resultierenden **gewichteten Punktwerte**.

(5) Die Summe der gewichteten Punktwerte ist **Maßstab für die Entscheidung** über eine weitere Verfolgung der Produktidee. Diese Entscheidung erfolgt durch die vorherige Festlegung eines Mindestpunktwertes. Ebenso ist es möglich, nur eine bestimmte Anzahl von Produkten zu berücksichtigen.

In Schaubild 5-5 ist ein Schema für ein Punktbewertungsverfahren zur Beurteilung von Produktideen wiedergegeben. Von **Vorteil** ist die Berücksichtigung der unternehmensspezifischen Situation durch die Auswahl relevanter quantitativer und qualitativer Beurteilungskriterien.

Als **Nachteil** gilt die Verwendung subjektiver Einschätzungen (bei der Auswahl der Beurteilungskriterien und Gewichtungsfaktoren, der Punktevergabe sowie der Entscheidungsregel für oder gegen eine Produktidee). Der Durchführungsaufwand ist relativ groß. Es trägt jedoch zur Konfrontation mit der Einschätzung anderer Beteiligter bei. Das Punktbewertungsverfahren – auch **Scoringmodell** genannt – wurde durch zahlreiche Anpassungen modifiziert und durch weitere Entscheidungstechniken, insbesondere Nutzwert- und Wahrscheinlichkeitsanalysen, Risiko-Nutzen-Kalküle u.a. ergänzt und verfeinert.

Produktidee/Produktkonzept Nr. _____			
Beurteilungskriterien	Gewichtung (Σ 100%)	Punkte 1 bis 10	Gewichtete Punktwerte
1. Unternehmensbezogene Kriterien • Technisch realisierbar • Investitionsvolumen • ---			
2. Kundenbezogene Kriterien • Kundennutzen wahrnehmbar • Erschließung neuer Käuferschichten • ---			
3. Handelsbezogene Kriterien • Zusätzliche Handelsprofilierung • Kooperationsbereitschaft des Handels • ---			
4. Konkurrenzbezogene Kriterien • Erlangung von Wettbewerbsvorteilen • Nachahmungsgefahr der Konkurrenz • ---			
5. Umfeldbezogene Kriterien • Rechtliche Beschränkungen • Umweltverträglichkeit • ---			
Summe der gewichteten Punktwerte			

Schaubild 5-5: Schema für ein Punktbewertungsverfahren zur Beurteilung von Produktideen

5.3.3 Entwicklung und Prüfung von Produktkonzepten

Nach Abschluss der Grobauswahl bleibt eine kleinere Anzahl von Produktideen übrig, die das Produktmanagement weiterverfolgt. Dazu ist es erforderlich, auf Basis einzelner Produktideen detaillierte Produktkonzepte auszuarbeiten. Ein **Produktkonzept** besteht aus einer genauen Beschreibung des Produktes, insbesondere der angestrebten Positionierung, der Kennzeichnung der Vorteile gegenüber anderen Produkten, der Identifizierung anvisierter Kundensegmente und der Verwendungssituationen (vgl. auch *Erichson* 2007, S. 395ff., *Herrmann/Huber* 2013).

Ausgangspunkt für die Erarbeitung des Produktkonzeptes ist wiederum der **Kundennutzen**. Hierzu ist es für die angestrebte **Produkt- bzw. Markenpositionierung** erforderlich, Produktunterschiede im Wahrnehmungsraum der Kunden zu identifizieren und eine Platzierung des neuen Produktes im „Produktraum" vorzunehmen (zur Vorgehensweise im Rahmen der Positionierung vgl. auch Abschnitt 3.3.2; *Brockhoff* 1999, S. 134ff.).

Zur systematischen Entwicklung von Produktkonzepten und zur Sicherstellung einer hohen Produktqualität wird seitens des Produktmanagements ein **Lastenheft** erstellt, in dem spezifiziert wird, welche (z.B. technischen) Anforderungen das zu entwickelnde Produkt zu erfüllen hat (z.B. sparsamer Motor). Aufgabe der Entwicklungsabteilung ist es, im **Pflichtenheft** festzulegen, wie und womit die im Lastenheft definierten Anforderungen zu realisieren sind (z.B. Dieselmotor mit Direkteinspritzung). In dieser frühen Phase der Produktentwicklung wird bereits angestrebt, ein möglichst hohes Qualitätsniveau des Produktes sicherzustellen. Dies wird durch den Einsatz des Qualitätsmanagements realisiert, indem die Kundenanforderungen (Lastenheft) systematisch durch den Einsatz der Methode des **Quality Function Deployment** (QFD) in konkrete Produktmerkmale (Pflichtenheft) überführt werden (vgl. *Herrmann/Huber* 2013, S. 192ff.). Durch das QFD wird sichergestellt, dass sich die Produktentwicklung auf jene Produktmerkmale konzentriert, die aus Kundensicht wichtig sind (z.B. Sparsamkeit und Sicherheit eines PKW).

Im **Industriegüterbereich** ist es spätestens in dieser Phase von Vorteil, die (potenziellen) Kunden direkt in den Produktentwicklungsprozess als Partner einzubinden. Innovative Produktkonzepte werden so den tatsächlichen, oft sehr speziellen Kundenanforderungen frühzeitig angepasst. Zudem leisten derartige „Pilotkunden" wertvolle Überzeugungsarbeit bei der tatsächlichen Einführung der Produktinnovation (*Backhaus/Voeth* 2011, S. 215ff.).

Gleiches gilt wegen der Integration des Kunden bei der Leistungserstellung auch für den **Dienstleistungsbereich**. Dort ist für eine systematische Entwicklung eines Leistungskonzeptes eine Auflistung einzelner Ablaufschritte bzw. eine Zerlegung der Dienstleistung in Phasen vorzunehmen („Blueprinting", vgl. hierzu *Meffert/Bruhn* 2012, S. 206ff.).

Auf Basis des Produktkonzeptes werden – je nach Art der Leistung – Zeichnungen, Modelle, Prototypen oder schriftliche Beschreibungen des Produktes bzw. der Dienstleistung erstellt. Mit folgendem **Beispiel eines Schokoladenriegels** mit erhöhtem Milchanteil und Joghurt- bzw. Kefirfüllung wird eine Produktbeschreibung veranschaulicht:

- **Verwendungszweck**: Multifunktional als Zwischenmahlzeit, Partysnack oder kleine Aufmerksamkeit,

- **Produktvorteile**: Kalorienarm durch extrem niedrigen Zuckergehalt, ungekühlt haltbar durch neuartige Verpackung,

- **Kundensegmente**: Junge und junggebliebene sportliche Schokoladenfreunde sowie ernährungsbewusste „Naschkatzen",

- **Produktpositionierung**: Gesund, leicht, wohlschmeckend, sportlich.

Anschließend erfolgt die **Prüfung des Produktkonzeptes** durch ausgewählte Testpersonen. Durch verschiedene Fragen gelingt es, dessen Eignung, Innovationsgehalt und Marktchancen zu testen. Beispiele für Fragen in dieser Phase sind: Wird der Kundennutzen verstanden? Welches sind die wichtigsten Konkurrenzprodukte? Sind die Produktvorteile gegenüber Konkurrenzprodukten ausreichend? Wie wird das Preis-Leistungs-Verhältnis beurteilt? Bestehen Präferenzen und Kaufabsichten bezüglich des neuen Produktes?

Die Schwierigkeit der Prüfung von Produktkonzepten besteht darin, dass es sich in der Testsituation nicht um reale Kaufsituationen handelt und deshalb Antworten über Kaufwahrscheinlichkeiten mit Vorbehalt zu interpretieren sind. Dabei ist eine Prüfung von Produktkonzepten sowohl bei Endabnehmern als auch bei Händlern oder anderen Absatzmittlern vorzunehmen. Aufgrund der besonderen Marktnähe zu den Kunden geben Händler dem Hersteller eine realistische Einschätzung der Marktchancen und -risiken neuer Produktkonzepte.

Nach Prüfung der Produktkonzepte werden – falls das einzelne Produktkonzept nicht verworfen wird – **Produktverbesserungen** vorgenommen. Dies gilt insbesondere bezüglich einer klareren und konsequenteren Positionierung des Produktes bzw. der Marke gegenüber Konkurrenzprodukten und einer Feinabstimmung des Preises. Die Prüfung von Produktkonzepten wird von vielen Unternehmen vernachlässigt. Es besteht die Gefahr, dass das Unternehmen von der eigenen Produktidee und dem Produktkonzept so überzeugt ist, dass auf ausführliche Tests verzichtet wird. Da sich aber in diesem Stadium der Produktentwicklung Fehleinschätzungen frühzeitig aufdecken und Fehlplanungen korrigieren lassen, ist durch das Produktmanagement sicherzustellen, dass eine Prüfung von Produktkonzepten vorgenommen wird.

5.3.4 Feinauswahl von Produktkonzepten

In der Phase der Feinauswahl sind jene Produktkonzepte zu bestimmen, die letztlich am Markt durchsetzbar sind. Im Rahmen von **Wirtschaftlichkeitsanalysen** wird mit Hilfe von **Verfahren der Investitionsrechnung** (z.B. Break-Even-Analyse, Kapitalwertmethode, interne Zinsfußmethode oder Annuitätenmethode) bestimmt, inwiefern die einzelnen Produktkonzepte zum Erreichen ökonomischer Ziele (z.B. Absatz, Umsatz, Gewinn, Deckungsbeitrag) beitragen.

Grundlage der **Gewinnplanung** ist die Schätzung der Umsätze und Kosten der einzelnen Produktkonzepte. Für die **Umsatzprognose** sind entsprechend zu erwartende Umsatzverläufe abzuschätzen (zu Marktprognosen siehe auch Abschnitt 4.3). Der jeweils branchentypische Umsatzverlauf bietet oftmals Anhaltspunkte. In Verbrauchsgütermärkten sind Erst- und Probierkäufe sowie Wiederkaufraten der Kunden im zeitlichen Verlauf abzuschätzen. Bei Gebrauchsgütern sind es angesichts größerer Kaufintervalle vor allem die Schätzungen der Erstkäufe und des Ersatzbedarfs, die für die Umsatzprognose herangezogen werden. Im Industriegüterbereich ist die potenzielle Kundschaft überschaubar; hier sind zur Umsatzprognose Schätzungen hinsichtlich der Kaufwahrscheinlichkeiten einzelner Kundensegmente möglich. Die **Kostenschätzung** umfasst sämtliche dem Produktkonzept zurechenbaren Kosten aus den Bereichen F&E, Produktion, Marketing, Vertrieb und Administration. Hier liegen im Rechnungswesen häufig Erfahrungswerte vor, die für die Kostenkalkulation herangezogen werden. Ein Beispiel für die Ermittlung der Gewinnbeiträge der einzelnen Perioden zeigt Schaubild 5-6.

Bei einer Gewinnplanung nach diesem Schema ist zu beachten, dass die Umsatz- und Kostenplanungen der einzelnen Jahre mit erheblichen **Risiken** verbunden sind. Dies betrifft insbesondere die Sicherheit der Abschätzung der Preisentwicklung sowie der Handels- und Konkurrenzreaktionen. Deshalb ist es erforderlich, Kosten- und Umsatzwerte unter Wahrscheinlichkeitsgesichtspunkten zu ermitteln und diese entsprechend auszuweisen. Weiterhin sind die berechneten Erfolgsdaten zu den angestrebten ökonomischen Unternehmens- und Marketingzielen in Beziehung zu setzen. Nur so ist beurteilbar, ob die geplanten Umsatz-, Marktanteils- und Renditeziele durch die neuen Produkte realisiert werden und wie hoch das Investitionsrisiko ist.

Nach der Wirtschaftlichkeitsanalyse entscheidet die Unternehmensleitung über **Aufgabe oder Weiterverfolgung des betrachteten Produktkonzeptes**. Im positiven Fall wird das Produktkonzept weiterentwickelt bzw. verfeinert und sämtliche produktpolitischen Instrumente – Qualität, Design, Markenname, Verpackung usw. – festgelegt.

Entscheidungen der (Neu-)Produktplanung

	Angaben in Mio. GE	t_0	t_1	t_2	t_3	t_4
1	Umsatzerlöse	0,0	2,0	4,0	5,0	6,0
2	./. variable Herstellkosten (25%)	0,0	0,5	1,0	1,25	1,5
3	Deckungsbeitrag I	0,0	1,5	3,0	3,75	4,5
4	./. variable Marketingkosten	0,0	0,5	0,7	0,9	1,0
5	Deckungsbeitrag II	0,0	1,0	2,3	2,85	3,5
6	./. anteilige Gemeinkosten	0,0	0,2	0,4	0,5	0,6
7	Deckungsbeitrag III	0,0	0,8	1,9	2,35	2,9
8	./. F & E-Kosten	1,0	0,0	0,0	0,0	0,0
9	./. Marketing-Fixkosten	0,0	1,0	1,0	1,0	1,0
10	Nettoerfolg	-1,0	-0,2	0,9	1,35	1,9
11	Diskontierter Nettoerfolg (i = 10%)	-1,0	-0,18	0,74	1,01	1,3
12	Kumulierter Nettoerfolg	-1,0	-1,18	-0,44	0,57	1,87

Schaubild 5-6: Beispiel für die Gewinnplanung von neuen Produkten

Die Markteinführung neuer Produkte ist heute aufgrund gesättigter Märkte und sich schnell verändernder Konsumbedürfnisse mit hohen Risiken für ein Unternehmen verbunden (z.B. finanzielle Risiken, Imageschaden usw.). Vor der eigentlichen Markteinführung werden Verbrauchs- und Gebrauchsgüter sowie Dienstleistungen einem Produkt-, Store- und/oder Markttest unterzogen, um weitere Hinweise auf mögliche Produktverbesserungen zu erhalten (vgl. auch *Herrmann/Huber* 2013, S. 214ff., *Homburg* 2012).

> **Ein Produkttest ist ein Test von Produkteigenschaften durch ausgewählte Testpersonen unter kontrollierten Bedingungen.**

Dabei werden die Testpersonen mit dem Produkt konfrontiert und zu einer Stellungnahme zu bestimmten Produktmerkmalen aufgefordert. Es werden zwei **Formen von Produkttests** unterschieden:

- **Volltests** prüfen das Produkt in seiner Gesamtheit, um sich einen Eindruck von der Akzeptanz des gesamten Produktkonzeptes zu verschaffen.

- **Partialtests** untersuchen ausgewählte Produktmerkmale, z.B. Qualität, Preis, Geschmack, Markenname oder Verpackung.

Häufig werden beide Testverfahren als **Blindtest** durchgeführt, indem den Testpersonen die Markennamen nicht bekannt gegeben werden. Darüber hinaus ist der Produkttest als

Einzel- (nur ein Produkt wird den Testpersonen vorgelegt) oder **Mehrfachtest** (unter Einbeziehung weiterer Produkte) möglich.

Als **Vorteil** von Produkttests ist ihre relativ schnelle und kostengünstige Abwicklung zu erwähnen. Die durch Produkttests gewonnenen Informationen geben wertvolle Hinweise für eine Verbesserung der Produktkonzepte. Als **Nachteil** gilt, dass die Testbedingungen meist nicht den realen Kaufsituationen entsprechen.

In Situationen, in denen mit der nationalen Markteinführung ein hohes finanzielles Risiko verbunden ist, wird die Durchführung eines **Markttests** in Erwägung gezogen.

> **Ein Markttest ist die Prüfung des Abverkaufs von Produkten in einem Testgebiet unter Einsatz des gesamten Marketinginstrumentariums unter realen Bedingungen.**

Dazu wird ein regional abgegrenztes, für den nationalen Markt repräsentatives Gebiet (z.B. einzelne Bundesländer) ausgewählt und das gesamte Marketinginstrumentarium unter realen Bedingungen eingesetzt. Erst wenn sich das Produkt im Testgebiet bewährt, wird es endgültig national eingeführt.

Verschiedene Marktforschungsinstitute bieten hierzu als Alternative **lokale Testmärkte** an (z.B. BehaviorScan der GfK). Bei lokalen Testmärkten handelt es sich meist um kleinere Orte, in denen durch technische Hilfsmittel eine Einteilung der Bevölkerung in Gruppen erfolgt, so dass gezielt eine oder mehrere Gruppen mit der zu testenden Marketingmaßnahme konfrontiert werden (z.B. durch speziell eingeblendete Fernsehspots im Kabelfernsehen, eigens aufbereitete Programmzeitschriften mit unterschiedlichen Anzeigen). Durch die Verwendung von Identifikationskarten der Kunden in den Einkaufsstätten wird im Rahmen eines experimentellen Untersuchungsdesigns (vgl. Abschnitt 4.2.4.3) die Faktorwirkung der Marketingmaßnahmen bei Experimentier- und Kontrollgruppen gemessen.

Die **Vorteile** des Markttests liegen in der Absicherung von Risiken, der Möglichkeit zur Verbesserung des Produktes und der Marketingmaßnahmen sowie in einer Analyse der Kaufbarrieren bei Endabnehmern und Händlern. Dem stehen jedoch einige **Nachteile** gegenüber. Markttests sind sehr kostenintensiv, die Konkurrenz erfährt frühzeitig von eventuellen (Einführungs-) Absichten und beeinflusst das Testergebnis bewusst und plant entsprechende Gegenmaßnahmen in der eigenen Produktpolitik. Eine weitere Schwierigkeit liegt in der Kontrolle der Einflussfaktoren im Testmarkt (störende Umfeldeinflüsse und insbesondere Konkurrenzreaktionen). Daher sind Markttests i.d.R. nur auf gesättigten Konsumgütermärkten zu beobachten, in denen Markteinführungen neuer Produkte oder Marken mit einem erheblichen Investitionsvolumen und entsprechendem Risiko verbunden sind (z.B. im Waschmittel-, Zigaretten- und Zeitschriftenmarkt).

Ein Markttest beabsichtigt, die Reaktionen der Endabnehmer und des Handels auf das neue Produkt zu testen. Sind mit der Einführung von Neuprodukten spezielle handelsorientierte Maßnahmen (z.B. Verkaufsförderungsmaßnahmen oder Sonderplatzierungen) verbunden, bietet sich zu deren Überprüfung ein **Storetest** an.

> Ein Storetest überprüft die Wirkung von Marketingmaßnahmen in ausgewählten Betriebsformen des Handels unter realen Bedingungen.

Bei einem Storetest wird ein Produkt in 20 bis 30 Geschäften in Verbindung mit einer speziellen Marketingmaßnahme probeweise zum Verkauf angeboten. Neben diesen Testgeschäften wird die Wirkung auch in anderen (Kontroll-) Geschäften beobachtet. Die Anzahl und Struktur der Geschäfte sind i.d.R. nicht repräsentativ.

Als **Vorteile** von Storetests gelten die relative Kostengünstigkeit und die im Vergleich zum Markttest kürzeren Durchführungszeiten. Zudem sind Storetests gut geeignet, Ansatzpunkte für die Zusammenarbeit mit dem Handel zu gewinnen. Als **Nachteil** gilt vor allem die mangelnde Repräsentativität der Ergebnisse, da oft wenige Einkaufsstätten in den Test einbezogen werden.

5.3.5 Einführung des Neuproduktes

Auch in der Endphase der Neuproduktplanung sind planerische Maßnahmen erforderlich, um die Durchsetzung des neuen Produktes im Unternehmen, beim Konsumenten und im Handel sicherzustellen. Die **Durchsetzung der Produktinnovation im Unternehmen** erfordert die Abstimmung verschiedener Abteilungen. Auf Basis der Netzplantechnik werden Projekte definiert, die alle für die Weiterentwicklung der Neuprodukte bis zur Marktreife notwendigen Aktivitäten und Zeitpläne angeben. Neben der engen Zusammenarbeit mit der F&E- sowie Produktionsabteilung ist darauf zu achten, dass innerhalb des Marketing eine sachliche und zeitliche Koordination verschiedener Stellen durch das Marketingmanagement erfolgt. Dies gilt z.B. für die Markenpolitik (z.B. rechtzeitiger Schutz des Markennamens), die Werbung (frühzeitige Buchung von Werbezeiten und -flächen), die Verkaufsförderung (Druckauftragsvergabe und Verteilung des Prospektmaterials), den Vertrieb (Information und Schulung der Außendienstmitarbeiter) und den Kundendienst (Sicherstellung der Ersatzteilversorgung). Im Dienstleistungsbereich ist zudem den durch das Angebot einer neuen Leistung erweiterten Anforderungen an die Mitarbeiterqualifikation, z.B. in Form von Schulungen, Rechnung zu tragen.

Neben dem Koordinationsaspekt bei der Durchsetzung einer Produktinnovation im Unternehmen sind mögliche Innovationswiderstände seitens der Mitarbeitenden gezielt abzubauen (z.B. durch eine aktive Einbeziehung der Mitarbeitenden in den Innovationsprozess). Eine wesentliche Aufgabe besteht darin, die Organisation „innovationsfähig" zu machen.

Wird die **Durchsetzung der Produktinnovation beim Konsumenten** betrachtet, ist insbesondere die zu erwartende Akzeptanz und Verbreitung von Produkten näher zu analysieren. Mit dieser Fragestellung beschäftigt sich die Adoptionsforschung, die das Verhalten des Individuums gegenüber Innovationen analysiert und für die Annahme von Innovationen einen fünfphasigen **Adoptionsprozess** unterstellt:

(1) **Aufmerksamkeit**: Die Zielpersonen nehmen das Angebot des neuen Produktes wahr, haben aber noch keine konkreten Informationen über das Produkt.

(2) **Interesse**: Die Zielpersonen interessieren sich für das neue Produkt und suchen nach spezifischen Informationen.

(3) **Bewertung**: Die Zielpersonen beurteilen das Produkt und entscheiden sich für oder gegen das Angebot.

(4) **Versuch**: Die Zielpersonen kaufen das Produkt erstmalig, um es auszuprobieren (Versuchskauf).

(5) **Annahme**: Die Zielpersonen entscheiden sich, das Produkt erneut zu kaufen (Wiederholungskäufe).

Der Verlauf des Adoptionsprozesses ist abhängig von den jeweiligen **Bestimmungsfaktoren der Adoption** (z.B. demografische, sozioökonomische sowie psychologische Merkmale der Zielpersonen, das Unternehmensimage, die wahrgenommenen Vorteile des Produktes sowie situative Faktoren). Konsumenten werden je nach Adoptionsfreudigkeit in fünf **Adopterkategorien** unterteilt, die sich als **Innovatoren, Frühadopter, Frühe Mehrheit, Späte Mehrheit** sowie **Nachzügler** klassifizieren lassen (vgl. auch *Rogers* 2003, S. 281).

Die Identifikation und gezielte Ansprache der Innovatoren und Frühadopter ist notwendig, um den **Diffusionsprozess** von Innovationen, d.h. die kumulierte Adoption der Neuerung im Zeitablauf, zu fördern. Mit dem Diffusionsprozess setzt sich die Diffusionsforschung auseinander, die belegt, dass sich die beiden Adopterklassen – Innovatoren und Frühadopter – durch spezifische Merkmale (hohes Produktinteresse, spezifisches Informationsverhalten) signifikant von anderen Adopterkategorien unterscheiden. Sie spielen durch die Bedeutung der Mund-zu-Mund-Kommunikation bei Produktneuerungen eine zentrale Rolle, weil sie aufgrund ihres Status von der (frühen und späten) Mehrheit der Konsumenten als Experten und Meinungsführer anerkannt werden. Für die Markteinführung neuer Produkte ist daher ein zweistufiges Vorgehen Erfolg versprechend: neben der Ansprache der Konsumentenmehrheit bedarf es einer gezielten Ansprache der Innovatoren und Frühadopter, damit diese durch ihr Beeinflussungsverhalten den Diffusionsprozess beschleunigen.

5.4 Entscheidungen der Markenpolitik
5.4.1 Begriff der markierten Leistung und der Marke

Die Markenpolitik ist ein zentrales Element des Marketing und wird häufig als das „Herzstück" der Produktpolitik angesehen, da die Marke beim Konsumenten zum Synonym für die Leistungsfähigkeit des Produktes wird. Der Aufbau und die Pflege von Marken stellt daher eine wichtige Aufgabe des Marketingmanagements dar, die sich auf immer mehr Branchen bezieht. Hinsichtlich des Begriffs der Marke und damit in Verbindung stehender weiterer Begriffe (z.B. dem Markenartikel) findet sich in der Literatur eine große Anzahl unterschiedlicher – z.T. sogar widersprüchlicher – Definitionen und Auffassungen. Im Folgenden wird zwischen markierten Leistungen und Marken unterschieden (vgl. *Bruhn* 2004). Als markierte Leistungen werden vereinfacht Produkte und Dienstleistungen betrachtet, die durch ein marken- und schutzfähiges Zeichen eine unterscheidungskräftige Markierung aufweisen. Sie erfüllen jedoch nicht die Anforderungen an eine Marke. Um eine Leistung als „Marke" zu bezeichnen, sind zusätzliche Anforderungen notwendig (*Bruhn* 2004, S. 21):

> **Als Marke werden Leistungen bezeichnet, die neben einer unterscheidungsfähigen Markierung durch ein systematisches Absatzkonzept im Markt ein Qualitätsversprechen geben, das eine dauerhaft werthaltige, Nutzen stiftende Wirkung erzielt und bei der relevanten Zielgruppe in der Erfüllung der Kundenerwartungen einen nachhaltigen Erfolg im Markt realisiert bzw. realisieren kann.**

Sowohl der Begriff der markierten Leistung als auch der Begriff der Marke umfasst nicht nur **Herstellermarken** im Konsumgüterbereich, sondern auch **Handelsmarken** sowie **Marken im Industriegüterbereich** und **Dienstleistungsmarken**. Unabhängig davon lassen sich **Einzelmarken, Markenfamilien** und **Dachmarken** differenzieren. Nach der Reichweite werden regionale, nationale und internationale Marken unterschieden. Schaubild 5-7 gibt Beispiele für Typen von Marken in den verschiedenen Sektoren.

Die Motive für den aufwändigen Aufbau und die Pflege von Marken sind vielfältig und liegen in unterschiedlichen **Funktionen der Marke** begründet. Die erfolgreich geführte Marke erleichtert seinem Anbieter die Erreichung einer besseren Marktstellung im Vergleich zur Konkurrenz. Das eigene Produktangebot lässt sich gegenüber unternehmensfremden Angeboten besser abgrenzen, um etwa Ausstrahlungseffekte der eigenen Produktwerbung auf den Absatz ähnlicher Konkurrenzprodukte zu vermeiden. Auch der Händler ist – falls er nicht eigene Handelsmarken anbietet – an Herstellermarken interessiert, da durch die intensive Endverbraucherwerbung bereits Nachfrage geschaffen wurde, die Produkte quasi „vorverkauft" sind.

Aus Konsumentensicht erleichtert die Marke durch ihre Orientierungsfunktion die Entscheidung zwischen konkurrierenden Angeboten; sie gibt dem Käufer Sicherheit, die erwartete Qualität tatsächlich zu erhalten. Er minimiert durch das in die Marke gesetzte Vertrauen das Risiko, Fehlkäufe zu tätigen.

5.4.2 Markenstrategien

Die Entwicklung einer erfolgreichen Strategie und die Technik der Markenführung werden aufgrund des zunehmenden Wettbewerbs zwischen Herstellermarken als auch zwischen Hersteller- und Handelsmarken zu einer immer schwierigeren Herausforderung (vgl. *Esch* 2012). Besonders auf Massenmärkten sind unterschiedliche Techniken und Strategien des Aufbaus und der Pflege von Marken zu beobachten. Folgende grundlegenden **Markenstrategien** sind voneinander abzugrenzen (vgl. *Meffert* et al. 2012, S. 367ff. sowie vertiefend *Haedrich* et al. 2003; *Esch* 2005; *Meffert* et al. 2005; *Sattler/Völckner* 2007; *Esch* et al. 2011):

Markenarten		Konsumgütermarke	Industriegütermarke	Dienstleistungsmarke
Bezugsobjekt	Einzelmarke	Mon Chéri Red Bull	WAKAIR®II Optivell	Lufthansa-Party-Service T-Online
	Familien-marke	Nivea Maggi	Linoscan (Heidelberger Druck) Unimog (Mercedes Nutzfahrzeuge)	IDEAL DERTOUR
	Dach-marke	BMW Sony	SIEMENS Turbomach (Dampfturbine)	HILTON Allianz
Reichweite der Marken	Regionale Marke	Basler Leckerli Tannenzäpfle Bier	Palstring (Küchen)	Air Zermatt Frankfurter Oper
	Nationale Marke	Warsteiner Pils Du darfst	Stahlgruber Küppersbusch (Großküchen)	CinemaxX Deutscher Wetterdienst (DWD)
	Internationale Marke	Coca-Cola Apple	ABB Würth	American Express UPS

Schaubild 5-7: Beispiele für verschiedene Typen von Marken

- **Einzelmarkenstrategien** zielen bewusst darauf ab, für einzelne Produkte unterschiedliche Marken zu entwickeln und im Markt durchzusetzen. Die Konsumenten sind häufig nicht in der Lage zu erkennen, dass unterschiedliche Markenartikel von einem einzigen Anbieter sind (z.B. Punika und Pampers von Procter & Gamble).

- **Markenfamilienstrategien** stellen eine einheitliche Markenbezeichnung in den Vordergrund einer Produktgruppe (Markengruppe), unter der verschiedene Einzelprodukte angeboten werden. Die einzelnen Produkte profitieren vom Image der gesamten Markenfamilie. Vor allem im Bereich der Körperpflege und Kosmetik ist diese Markenstrategie häufig zu beobachten (z.B. Nivea, Dove).

- **Dachmarkenstrategien** verbinden den Firmennamen mit sämtlichen Produkten und Leistungen des Unternehmens (Firmenmarke). Der Unternehmensname gilt als Dachmarke, selbst wenn unterschiedliche Leistungsangebote vorliegen (z.B. Siemens, Sony, Philips). Damit sind nicht nur positive, sondern auch negative Ausstrahlungseffekte von einzelnen Geschäftsbereichen auf das Firmenimage möglich.

- **Mehrmarkenstrategien** sind vor allem in stark gesättigten Märkten (z.B. Waschmittel- und Zigarettenmarkt) mit dem Ziel zu beobachten, eine bessere Marktausschöpfung zu erreichen. Der Anbieter entwickelt unterschiedliche Marken, die sich gleichzeitig an ähnliche Marktsegmente richten. Diese Strategie ist mit einem hohen Aufwand verbunden, da sämtliche Marken selbständig vermarktet werden. Selbst wenn die Gefahr der Substitution innerhalb des eigenen Sortiments besteht („Kannibalisierungseffekt"), wird durch mehrere auf den Massenmarkt gerichtete Marken eine höhere Marktausschöpfung durch das Unternehmen erreicht (z.B. Marlboro, Philip Morris und Chesterfield von Philip Morris). Negative Ausstrahlungseffekte, z.B. ausgelöst durch „Flops", werden vermieden.

Die dargestellten Markenstrategien treten in der Praxis häufig nicht isoliert, sondern in Mischformen auf, die sich im Zeitablauf ergeben. Die Betrachtung von Markenstrategien hat daher unter dynamischen Aspekten zu erfolgen. Aufgrund von Diversifikationen bzw. Unternehmenszukäufen besteht in der Praxis oft die Notwendigkeit der **Markenrestrukturierung**, z.B. zu einem neuen Markendach. Um einen möglichst hohen Return on Investment aus der Marke zu realisieren, sind Unternehmen weiterhin vor die Aufgabe gestellt, bestehende Markenpotenziale auszuweiten. Derartige **Markendehnungen**, die eine Wachstumssteigerung zum Ziel haben, erfolgen in Form von Produktlinienerweiterungen (z.B. Einführung neuer Geschmacksrichtungen bei Müller Joghurt) oder durch Markenerweiterungen (z.B. Übertragung der Marke Jil Sander von Bekleidung auf Parfum).

Aufgrund hoher Kosten beim Aufbau und der Durchsetzung neuer Marken, einer zunehmenden Anzahl an Marken, und dem Ziel, einmal getätigte Markeninvestitionen weiter auszuschöpfen, wird vielfach ein **Markentransfer** vorgenommen. Dieser versucht, ein bestehendes positives Markenimage auf neue Produkte zu übertragen. Eine solche Übertragung des Markennamens erfolgt zum einen auf neu in das Sortiment aufgenommene Produkte, die in engem Problemlösungszusammenhang zur bisherigen Marke stehen (z.B. Übertragung der Marke Odol von Mundwasser auf Kaugummis). Zum anderen wird das Markenimage auf Produkte völlig anderer Leistungsbereiche übertragen (z.B. Übertragung der Marke Marlboro auf Reisen oder Camel auf Kleidung), um neue Märkte schneller zu erschließen. Strategische Entscheidungen hinsichtlich der Markenführung ergeben sich auch beim Zusammenschluss bzw. bei strategischen Allianzen zwischen Unternehmen, da hier **Co-Branding-Strategien** zu finden sind.

5.4.3 Prinzipien der Markenführung

Abhängig von den strategischen Entscheidungen hinsichtlich der Markenführung, insbesondere der Positionierung der Marke im Wahrnehmungsraum des Kunden sowie der Markenstrategie, gelten für die erfolgreiche Markenführung eine Reihe von Prinzipien, die im Produkt- bzw. Markenmanagement zu berücksichtigen sind. Vor dem Hintergrund steigender Investitionen, die in den Aufbau und die Führung von Marken in werblicher Hinsicht zu tätigen sind, kommt der Pflege der Markenidentität eine besondere Bedeutung zu. Markenimages, die in den Köpfen der Konsumenten verankert sind, werden durch Irritationen, Qualitätsprobleme o.Ä. leicht geschwächt oder zunichte gemacht.

Der Aufbau und die Pflege eines Markenartikels sowie die damit verbundenen markenpolitischen Maßnahmen sind in den letzten Jahren für viele Anbieter zu einer zentralen Leitidee ihres Marktauftretens geworden. Die Suche nach der Individualität einer Marke („**Brand Identity**") bestimmt insbesondere in gesättigten Märkten vor dem Hintergrund der massiven Gefährdung durch Handelsmarken und Me-too-Produkte (Markenimitationen) den Einsatz des gesamten Marketinginstrumentariums. In diesem Zusammenhang sind **Prinzipien der Markentechnik** (zur Vertiefung vgl. *Domizlaff* 2005; *Esch* 2005, 2010) zu beachten, die u.a. wahrnehmungspsychologischen Erkenntnissen bei der Gestaltung des Markenzeichens, der Verpackung, der Werbung usw. Rechnung tragen. Insbesondere bei Markendehnungen besteht die Gefahr, den Kern der Marke zu vernachlässigen und das Markenbild zu verwässern bzw. zu schwächen. Schließlich stellt die **kommunikative Markenführung** eine zentrale Erfolgsgröße des Markenmanagements dar, da beim Einsatz einer Vielzahl unterschiedlicher Kommunikationsinstrumente und -medien die Gefahr des uneinheitlichen Markenauftritts und damit einer Schwächung der Markenidentität besteht. Ansätze der Integrierten Markenkommunikation sind daher für die Markenführung von zentraler Bedeutung (vgl. Abschnitt 7.10).

Als weitere **Erfolgsfaktoren** der Markenführung gilt die konsequente Ausrichtung an der Zielgruppe, die Schaffung eines „Brand USP" zur Differenzierung vom Wettbewerb, die Berücksichtigung aller Elemente des Marketingmix innerhalb der Markenführung, die Integration sämtlicher Kundenkontaktpunkte, der Einsatz kundenorientierter Mitarbeiter als Markenbotschafter, die Ausrichtung der Preisstrategie an der Marke sowie der Preissensitivität der Zielgruppe und schließlich ein kontinuierliches Controlling des Markenerfolgs.

5.5 Entscheidungen der Verpackungspolitik

5.5.1 Begriff und Funktionen der Verpackungspolitik

Der Begriff der **Packung** bezieht sich auf die Umhüllung einer einzelnen Verkaufseinheit, während der Begriff der **Verpackung** weiter zu fassen ist:

> Die Verpackungspolitik befasst sich mit sämtlichen Maßnahmen, die mit der Umhüllung von Produkten verbunden ist.

In den letzten Jahrzehnten hat sich ein erheblicher **Funktionswandel der Verpackung** ergeben. Dabei kamen der Verpackung im Zeitablauf unterschiedliche **Funktionen** zu (vgl. *Herrmann/Huber* 2013; *Homburg* 2012):

- Schutz und Sicherung der Produkte beim Transport und der Lagerung (z.B. Eierkarton, Getränkeflaschen),
- Dimensionierung für den Verkaufsvorgang, d.h., die Verpackung ermöglicht das Angebot einheitlicher Verkaufsmengen im Hinblick auf Gewicht, Anzahl u.a. (z.B. Verpackung mit sechs oder zwölf Eiern).
- Warenpräsentation und Verkaufsförderung in der Einkaufsstätte,
- Ge- und Verbrauchserleichterung beim Konsum (z.B. wiederverschließbarer Tetrapack),
- Vermittlung eines Zusatznutzens (z.B. Senfglas als Trinkglas),
- Rationalisierung der Warenwirtschaft zwischen Industrie und Handel (z.B. Warencodes),
- Erfüllung ökologischer und gesellschaftlicher Anforderungen (z.B. Grüner Punkt, Recyclingkartons),
- Unterstützung der kommunikativen Maßnahmen des Herstellers durch Verpackungsinformationen und Wiedergabe der Markierungselemente.

Die Verpackung ist nicht nur eine notwendige „Begleiterscheinung" des Kernprodukts, sondern wird zum Qualitätsbestandteil der gesamten Leistung. Dies dokumentiert die Entwicklung von **Verpackungsinnovationen** in gesättigten Märkten, die – vor allem im Konsumgüterbereich – Ursache für Wachstumsimpulse waren. Als Beispiele seien Dosierspender für Zahncreme und Nachfüllpackungen für Waschmittel erwähnt.

5.5.2 Anforderungen an die Verpackungspolitik

Produkte durchlaufen auf ihrem Weg vom Hersteller bis zum Endverbraucher verschiedene Stationen, die die Verpackungsgestaltung prägen. Unter Berücksichtigung dieses Marktweges lassen sich verschiedene **Anforderungen an die Verpackungspolitik** stellen (vgl. *Hansen* et al. 2001, S. 184ff.):

- **Verpackungsgestaltung für den Warenweg zwischen Hersteller und Handel**: Hersteller versuchen, die physische Distribution zum Händler möglichst kostengünstig zu halten. Die Verpackung hat die Produktqualität zu erhalten und knappe Lagerräume optimal zu nutzen. Weiterhin beschleunigt die Verpackung den warenwirtschaftlichen Informationsfluss zwischen Industrie und Handel. Dazu dient das System der Europäischen Artikel-Nummer (**EAN**), das durch einen Strichcode eine rasche und eindeutige Identifikation von Artikeln ermöglicht.

- **Verpackungsgestaltung für den Verkaufsvorgang im Handel**: In diesem Bereich sorgt die Verpackungspolitik dafür, dass die Regalfläche im Handel effizient genutzt und das Produkt optimal im Regal präsentiert wird. Ebenso lässt sich durch Displaymaterialien oder Regalstopper der Abverkauf im Handel fördern. Hinsichtlich der erwünschten Selbstverkäuflichkeit von Produkten in den Einkaufsstätten ist dafür zu sorgen, dass Kunden durch die Verpackung produktspezifische Informationen erhalten. Damit hat die Verpackung auch kommunikativen Charakter.

- **Verpackungsgestaltung für den Ge- und Verbrauch beim Konsumenten**: Auf Konsumentenebene trägt die Verpackung dazu bei, den Produktge- und -verbrauch zu erleichtern. Von besonderer Bedeutung sind z.B. die Packungsgröße, die Wiederverschließbarkeit oder die Wiederverwendungsmöglichkeit. Eine weitere wichtige Anforderung für den Verbrauch beim Konsumenten stellt die einfache und umweltfreundliche Entsorgung (z.B. Altglas) dar.

Die Verpackung hat heute verstärkt **ökologischen Anforderungen** Rechnung zu tragen, denn gerade im Konsumgüterbereich ist die Verpackung aufgrund wachsender Umweltprobleme und steigender Kosten der Entsorgung zunehmend Gegenstand öffentlicher Kritik.

Die Verpackungspolitik steht vor dem Hintergrund der Reizüberflutung vor hohen Anforderungen hinsichtlich ihrer Funktion der Selbstpräsentation der Produkte im Handel und der Information des Kunden. Durch die gezielte Anwendung werbepsychologischer Erkenntnisse unterstützt die Verpackung die Kommunikationspolitik eines Unternehmens (*Hansen* et al. 2001, S. 187).

5.6 Entscheidungen der Servicepolitik

5.6.1 Begriff von Serviceleistungen

Der Stellenwert der Servicepolitik hat sich in den letzten Jahren stark gewandelt. Lange Zeit wurde Servicepolitik ausschließlich als Kundendienstpolitik, vor allem als **technischer Kundendienst** verstanden. Diesem kam lediglich die Funktion zu, dem Kunden nach dem Kauf die Inanspruchnahme seines Produktes durch Lieferung, Aufbau, Montage und Wartung bzw. Reparatur zu ermöglichen. Erst später wurde erkannt, dass Kundenerwartungen nicht nur auf technische Kundendienstleistungen gerichtet sind, sondern **kaufmännische Leistungen** ebenso „Dienstleistungen für den Kunden" darstellen. Der traditionelle technische Kundendienst entwickelte sich stärker zu einem **Kundenservice**.

In den letzten Jahren sind bei ausgereiften Ge- und Verbrauchs- sowie Industriegütern und steigender Produkthomogenität kaum noch Vorteile zu realisieren. Infolgedessen bieten Unternehmen neben dem Produkt als Primärleistung im Rahmen ihrer Servicepolitik zunehmend Sekundärleistungen sowohl für Endkunden als auch für Händler an (vgl. *Bliemel/Fassot* 2007). Insbesondere haben **„Value Added Services"** an Bedeutung gewonnen, die dem Kunden – im Gegensatz zu klassischen Kundendienstleistungen – einen zusätzlichen Nutzen stiften und gleichzeitig zur Differenzierung im Wettbewerb beitragen. Zusammenfassend wird von Serviceleistungen gesprochen.

> **Serviceleistungen sind sämtliche immaterielle, die Primärleistung unterstützende oder eigenständige Leistungen, die den Kundennutzen steigern.**

Gemäß dieser Definition werden sowohl **Sekundärleistungen**, die die Inanspruchnahme und Nutzung der Primärleistung vor, während und nach dem Kauf erleichtern (z.B. Mobilitätsgarantie bei Volkswagen) als auch **eigenständige Leistungen** (z.B. Opel Bank) zu Serviceleistungen zusammengefasst. Ausgangspunkt der Serviceleistungen sind die **Serviceerwartungen der Kunden**. Durch das Angebot marktorientierter Serviceleistungen trägt die Servicepolitik zur Profilierung und Differenzierung des Leistungsprogramms bei. Zahlreiche Studien belegen, dass insbesondere im Industriegüterbereich Serviceleistungen ein wichtiges Kaufentscheidungskriterium darstellen und zum zentralen Erfolgsfaktor für Unternehmen werden.

Serviceleistungen umfassen ein breites Leistungsspektrum. Es werden grundsätzlich vier **Formen der Servicepolitik** unterschieden (vgl. *Bruhn/Hadwich* 2006): Garantieleistungs-, Lieferleistungs- und Kundendienstpolitik sowie Value Added Services.

5.6.2 Garantieleistungspolitik

Die sehr eng mit der Primärleistung verbundene Garantieleistungspolitik wird durch den Garantieumfang und die Garantiedauer bestimmt. Der **Garantieumfang** (vgl. *Bruhn/Hadwich* 2006) beschreibt dabei jene Produktteile und -leistungen sowie Bedingungen, bei denen dem Kunden Garantieleistungen gewährt werden. Bei der **Garantiedauer** wird festgelegt, wie lange der Hersteller nach Kauf des Produktes dazu bereit ist, Garantieleistungen zu erbringen. Beispiel für eine typische Garantieleistung: 12 Jahre (Garantiedauer) Garantie gegen Durchrostung (Garantieumfang). Umfangreiche Garantieleistungen werden vor allem bei komplizierten Produkten mit tendenziell höherer Störanfälligkeit sowie bei Produkten, bei denen eine Störung zu hohen Folgekosten für den Kunden führt, z.B. bei einer Produktionsanlage, eingeräumt. Des Weiteren eignen sich Garantieleistungen zur Profilierung in Branchen mit hohem Wettbewerbsdruck und tragen zum Abbau von Kaufhemmnissen bei. Allerdings ist zu beachten, dass Garantieleistungen schnell von der Konkurrenz nachgeahmt werden und folglich nur zeitlich begrenzt zur Profilierung des Anbieters beitragen. Garantieversprechen lösen aber möglicherweise auch negative Imagewirkungen aus, wenn sie durch übertriebene Klauseln vom Kunden als unseriös und undurchschaubar erachtet werden.

5.6.3 Lieferleistungspolitik

Bei der Lieferleistungspolitik geht es um Entscheidungen der Zustellung des Produktes. Sofern dieses nicht selbst vom Kunden abgeholt wird, ist es Aufgabe des Unternehmens, über die Lieferbereitschaft, Lieferzuverlässigkeit und gelieferte Produktqualität zu befinden. Bei der Bestimmung der **Lieferbereitschaft** wird festgelegt, wie schnell und in welchem Umfang das Unternehmen auf kundenseitige Lieferwünsche reagiert. Das Ausmaß der Lieferbereitschaft hängt von zahlreichen Faktoren ab, z.B. Ausmaß des Konkurrenzdrucks, Auslastung der Produktionskapazitäten, Schnelligkeit des technischen Fortschritts, Wartebereitschaft des Kunden. Die **Lieferzuverlässigkeit** besagt, inwiefern zugesagte Liefertermine vom Hersteller eingehalten werden. Die termingerechte Lieferung wird von den Kunden im Prinzip als Selbstverständlichkeit vorausgesetzt und nimmt besonders bei saison- und modeabhängigen Produkten sowie Produkten mit hohen Umschlagsraten wie z.B. Lebensmitteln, aber auch bei Industriegütern wie z.B. einer Produktionsstraße einen hohen Stellenwert ein. Schließlich wird mit der **gelieferten Produktqualität** der Zustand des Produktes angesprochen. Dabei ist vom Unternehmen sicherzustellen, dass das gelieferte Produkt in unversehrtem Zustand und entsprechend der Kundenbestellung ankommt.

Der Sicherstellung einer **optimalen Lieferleistungspolitik** kommt vor allem im Business-to-Business-Bereich ein hoher Stellenwert zu, da infolge der Just-in-time-Produktion

Mängel in der Lieferbereitschaft und -zuverlässigkeit sowie in der gelieferten Produktqualität unmittelbare Auswirkungen auf den Produktionsprozess haben. Das Niveau der Lieferleistungspolitik im Gebrauchsgüterbereich hängt dagegen vor allem von marktspezifischen Faktoren ab. Während die Auslieferung eines PKW in den USA nur wenige Wochen dauert, sind in Deutschland teilweise mehrmonatige Lieferzeiten zu verzeichnen.

5.6.4 Kundendienstpolitik

5.6.4.1 Formen von Kundendienstleistungen

Zur Kundendienstpolitik zählen technische und kaufmännische Dienstleistungen im Sinne von produktbegleitenden Dienstleistungen. Schaubild 5-8 zeigt Beispiele für unterschiedliche **Formen von Kundendienstleistungen** vor der Inanspruchnahme, während und nach der Nutzung von Unternehmensleistungen. Kundendienstleistungen lassen sich danach unterscheiden, inwieweit sie vom Kunden erwartet werden. **Muss-Leistungen** sind solche, die für die Produktnutzung unbedingt notwendig sind (z.B. Montage, Installation). **Soll-Leistungen** umfassen marktübliche Standards, die von den Abnehmern erwartet und den Wettbewerbern ebenfalls erbracht werden (z.B. Wartung, 24-Stunden-Service). Eine Nichterfüllung führt zu Nachteilen bei der Vermarktung. Zur Profilierung und Nutzensteigerung des Kunden dienen in erster Linie **Kann-Leistungen** (z.B. Schulungsangebote), die von den Kunden nicht explizit gefordert werden, jedoch kundenspezifische Bedürfnisse erfüllen.

Zeitpunkt der Nutzung / Art des Kundenservices	Vor der Nutzung	Während der Nutzung	Nach der Nutzung
Technische Leistungen	■ Technische Beratung ■ Erarbeitung von Projektlösungen ■ Demontage alter Anlagen	■ Technische Einweisung ■ Installation ■ Reparaturen ■ Wartung	■ Umbauarbeiten ■ Erweiterungen ■ Abbau ■ Entsorgung
Kaufmännische Leistungen	■ Kaufmännische Beratung ■ Wirtschaftlichkeitsanalyse ■ Bestelldienst ■ Testlieferung ■ Kostenvoranschlag	■ Schriftliche Anleitung ■ Schulung ■ Ersatzteilversorgung ■ Beschwerdemanagement ■ Telefon-/Online-Hilfe	■ Information über Neuentwicklungen ■ Information über Entsorgungsmöglichkeiten ■ Rabatte bei Updates

Schaubild 5-8: Formen von Kundendienstleistungen

5.6.4.2 Ziele der Kundendienstpolitik

Die Kundendienstpolitik stellt auf Gebrauchs- und Industriegütermärkten ein zentrales Kaufentscheidungskriterium dar. Jedoch setzt sich auch im Verbrauchsgüter- und Dienstleistungsbereich die Erkenntnis durch, dass ein gezielter Kundendienst zur Profilierung des Unternehmens beiträgt.

Aufgrund der Bedeutung des Kundendienstes im Rahmen des Marketingmix werden als **generelle Kundendienstziele** die Schaffung von Präferenzen beim Kunden, die Erhöhung der Kundenzufriedenheit bzw. Kundenbindung, die Förderung positiver Verbundwirkungen im Sortiment des Anbieters, die Imageverbesserung und die Profilierung gegenüber Konkurrenten aufgeführt.

Auf der Ebene der Kundendienstabteilung oder des Profit Centers Kundendienst sind genauere Ziele zu formulieren. Zu diesen **speziellen Kundendienstzielen** zählen:

- **Kundendienstzeit**: Zeitspanne zwischen Eingang eines Kundendienstauftrages und dessen Erledigung beim Kunden (gemessen in Stunden oder Tagen).

- **Kundendienstbereitschaft**: Anzahl aller eingegangenen Kundendienstaufträge, die innerhalb eines vorgegebenen Zeitraumes (z.B. 24 Stunden oder drei Tage) von der Kundendienstabteilung erledigt werden können (gemessen in Prozent).

- **Kundendienstzuverlässigkeit**: Qualität der erledigten Kundendienstaufträge (gemessen durch Indikatoren wie z.B. Anzahl Reklamationen im Monat).

Da Kundendienstabteilungen meist als Profit Center geführt werden, lassen sich ebenfalls ökonomische Ziele wie **Kundendienstkosten** bzw. **Kundendienstgewinne** als Zielgrößen formulieren. Zu den psychologischen Zielen zählen das **Kundendienstimage** und die **Kundendienstzufriedenheit**.

5.6.4.3 Instrumente und Träger der Kundendienstpolitik

Die zunehmende Bedeutung von Kundendienstleistungen führte in der Praxis dazu, die Kundendienstabteilung nicht länger als Cost Center, sondern als Profit Center zu organisieren. Dadurch werden die Kundendienstleistungen sowohl für das eigene als auch für andere Unternehmen erbracht (z.B. Wartungsverträge für Kopiergeräte). Ein eigenständiges Marktauftreten bedingt ein systematisches Vorgehen und die Entwicklung eines eigenen **Kundendienstinstrumentariums**. In Anlehnung an die Überlegungen zum Marketingmix zählen dazu folgende Kundendienstentscheidungen:

- **Leistungspolitik**: Festlegung des Kundendienstprogramms, insbesondere Art und Umfang der Leistungen (Low Service oder Full Service) sowie des Niveaus der Kundendienstqualität, Service Level Agreements u.a.

- **Preispolitik**: Entwicklung eines Systems der Preisgestaltung, Festlegung der Konditionen, der Vertragsarten und der vertraglichen Bedingungen der Leistungserstellung u.a.

- **Kommunikationspolitik**: Betonung der Kundendienstleistungen in der klassischen Werbung, Entwicklung von Verkaufsförderungsprogrammen für Kundendienstleistungen, Vermarktung von Kundendienstleistungen im Rahmen des Persönlichen Verkaufs, Erwähnung auf Messen oder in der Presse- und Öffentlichkeitsarbeit u.a.

- **Vertriebspolitik**: Einbeziehung unterschiedlicher Kundendienstträger in das Gesamtsystem, Organisation der Kundendienstlogistik, insbesondere Ersatzteilversorgung, Organisation und Steuerung der Kundendiensttechniker u.a.

Sämtliche Instrumente des Kundendienstes werden zu einem **Kundendienstmix** zusammengefasst und dem Kunden als eigenständige Dienstleistung angeboten. Vielfach ist für Unternehmen eine breite Marktabdeckung sämtlicher Kundendienstleistungen nicht aus eigener Kraft möglich und sie sind auf die Zusammenarbeit mit anderen Serviceanbietern angewiesen. Generell kommen als **Kundendienstträger** Hersteller, Servicepools, Handelsbetriebe (Groß- und Einzelhändler) oder Handwerksbetriebe (so genannte „Third Party Maintenance", TPM) in Frage.

Industriegüteranbieter werden ihre Kundendienstleistung selbständig erbringen oder sich einem Servicepool anschließen. Demgegenüber sind Hersteller von Gebrauchsgütern (z.B. Haushaltsgeräte) und Industriegütern für den breiteren Bedarf (z.B. EDV- und Bürogeräte) darauf angewiesen, Handels- und Handwerkerbetriebe in die Sicherstellung von Kundendienstleistungen einzubeziehen und ein „**Kundendienstsystem**" mit mehreren Kundendienstträgern zu entwickeln. Dabei werden hohe Anforderungen an den Hersteller im Hinblick auf Ersatzteilversorgung, Einhaltung von Qualitätsrichtlinien bei der Leistungserstellung, Ausbildung und Schulung der Techniker usw. gestellt.

5.6.5 Value Added Services

Infolge der zunehmenden Angleichung von Produkten hinsichtlich Qualität und Preis versuchen immer mehr Unternehmen, sich durch das Angebot von **Value Added Services** im Wettbewerb zu differenzieren bzw. zu profilieren. Value Added Services sind Serviceleistungen, die dem Kunden zusammen mit der Primärleistung einen höheren Nutzen bzw. „Wert" stiften als Angebote von Wettbewerbern mit gleicher Primärleistung (vgl.

Entscheidungen der Produktpolitik

Laakmann 1995). Sie zielen darauf ab, aus Kundensicht den Wert einer Leistung zu erhöhen und damit die Kundenloyalität zu steigern.

Value Added Services werden nicht nur im Rahmen der Garantieleistungs-, Lieferleistungs- und Kundendienstpolitik erbracht, sondern beinhalten auch darüber hinausgehende Serviceleistungen, die nicht immer unmittelbar im Zusammenhang mit dem Produkt stehen.

Die Eignung von Value Added Services zur Profilierung im Wettbewerb hängt zum einen von den Erwartungen der Kunden an die Serviceleistungen des Unternehmens und zum anderen vom Grad der **Affinität der Primär- und Sekundärleistung** ab. Schaubild 5-9 zeigt mögliche Profilierungsfelder im Sekundärleistungsbereich am Beispiel der Automobilbranche.

Eine Systematisierung von Zusatzleistungen lässt sich anhand der Dimensionen Erwartungshaltung der Kunden und Affinität vornehmen (vgl. Schaubild 5-9). Geringe Profilierungsmöglichkeiten existieren in Feld I, da die diesbezüglichen Leistungen von den Kunden als selbstverständlich vorausgesetzt werden und eine hohe Affinität zur Primärleistung besteht. Eine Chance zur Differenzierung gegenüber Konkurrenzunternehmen besteht jedoch bei Zusatzleistungen, die in dieser Form nicht vom Kunden erwartet werden und keinen direkten Bezug zur Kernleistung aufweisen (Feld III).

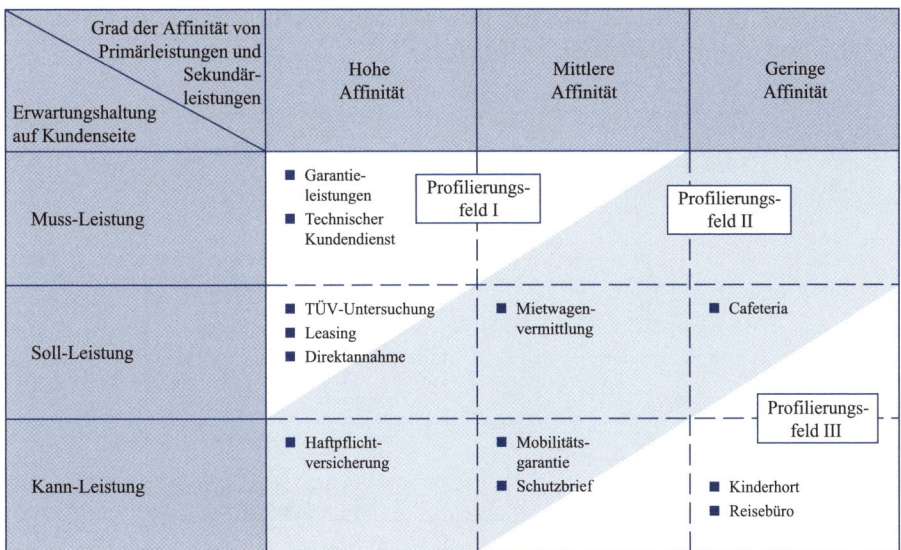

Schaubild 5-9: Profilierungsfelder für Value Added Services (Laakmann 1995, S. 19)

Aufgrund der Bedeutung von Value Added Services zur Wettbewerbsprofilierung haben Unternehmen in der Vergangenheit vielfältige Serviceleistungen ohne Berücksichtigung der Serviceanforderungen und Kostenkonsequenzen entwickelt („**Service Overkill**"). Bei der Entwicklung von Value Added Services ist insbesondere darauf zu achten, dass sich Kunden mit der Zeit an den Service gewöhnen und diese Zusatzleistungen aus Kundenperspektive zur Kernleistung werden. Deshalb sind Unternehmen gezwungen, sich permanent mit der Einführung neuer Value Added Services auseinanderzusetzen. Zur erfolgreichen Profilierung ist zudem erforderlich, die Serviceerwartungen sowie die Preisbereitschaft der Kunden für die Inanspruchnahme des Services zu analysieren.

5.6.6 Optimierung des Serviceniveaus

Aufgrund der Vielzahl unterschiedlicher Serviceleistungen lassen sich in der Literatur lediglich Grobkonzepte für eine Bestimmung des optimalen Serviceniveaus auffinden. Allgemein wird das Optimierungsproblem als **Kosten-Nutzen-Kalkül** betrachtet, bei dem das Optimum bei einem Ausgleich von Grenznutzen und -kosten erreicht ist.

Schaubild 5-10 zeigt die grafische Problemlösung anhand eines einfachen **Deckungsbeitragsmodells**, bei dem der Gewinn in Abhängigkeit vom Serviceniveau optimiert wird. Das optimale Serviceniveau ist erreicht, wenn die Differenz zwischen dem durch die Serviceleistung generierten Nutzen und den dafür aufzuwendenden Kosten maximal ist (in Anlehnung an *Hammann* 1982, S. 165f.).

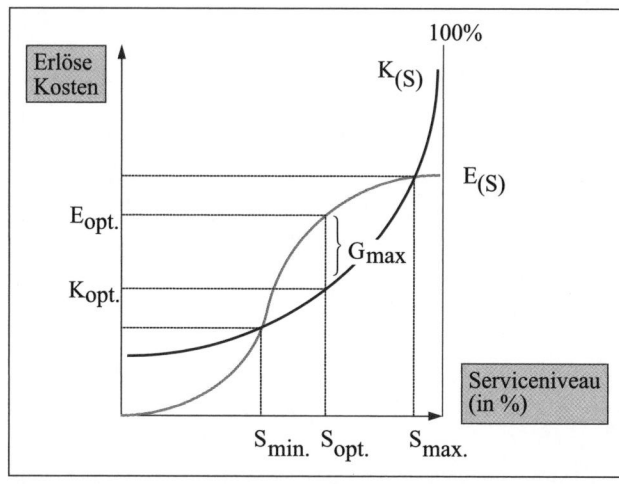

Schaubild 5-10: Serviceoptimierung auf Basis eines Kosten-Erlös-Vergleichs

5.7 Entscheidungen der Sortimentspolitik
5.7.1 Gegenstand der Sortimentsplanung

Ausgehend von der Entwicklung einzelner Produkte und deren Optimierung durch Marken-, Verpackungs- oder Servicepolitik wird eine Sortimentsgestaltung vorgenommen, d.h., es sind Produktlinien- und Produktprogrammentscheidungen zu treffen (vgl. *Hansen* et al. 2001, S. 227ff.; *Albers/Herrmann* 2007, S. 561ff.).

> **Die Sortimentspolitik umfasst sämtliche Entscheidungen, die mit der Erstellung und Umstrukturierung (Erweiterung oder Eliminierung) von Leistungsangeboten in einem Gesamtsystem verbunden sind.**

Diese Entscheidungen beziehen sich sowohl auf die **Sortimentsbreite** als auch auf die **Sortimentstiefe**. Für **Hersteller** und **Händler** haben sich unterschiedliche Begriffe für die Sortimentsplanung durchgesetzt. Während aus Sicht des Herstellers unter der **Sortimentsbreite** die Anzahl an Produktlinien verstanden wird, subsumiert der Handel unter diesem Begriff die Anzahl an Warengruppen. Von **Sortimentstiefe** spricht der Hersteller, wenn er die Anzahl der Artikel innerhalb einer Produktlinie bezeichnet, während für den Handel die Anzahl der Artikelgruppen und Artikel/Sorten innerhalb einer Warengruppe die Sortimentstiefe bestimmt (vgl. *Herrmann/Huber* 2013).

5.7.2 Aufgabenbereiche der Sortimentsplanung

Bei der Zusammenstellung des Sortiments lassen sich unterschiedliche Vorgehensweisen differenzieren. Zentrale Aufgabenbereiche der Sortimentsplanung – teils von strategischem, teils von taktischem Charakter – sind Entscheidungen der Sortimentserweiterung und der Sortimentsbereinigung.

(1) Entscheidungen der Sortimentserweiterung

Die Sortimentserweiterung zählt zum strategischen Bereich der Sortimentsplanung. Es ist zu entscheiden, in welchem Umfang zusätzliche Produkte in das Sortiment aufgenommen werden und welcher Bezug zum bisherigen Sortiment zu wahren ist. Die Sortimentserweiterung bezieht sich auf zwei **Entscheidungsbereiche**: Ausdehnung bzw. Ergänzung innerhalb einer Produktlinie und Einführung neuer Produktlinien.

(a) Ausdehnung bzw. Ergänzung innerhalb einer Produktlinie

In der Regel ist die Sortimentspolitik auf die **Produktdifferenzierung** und das Anbieten **neuer Produktvarianten** im Rahmen bestehender Produktlinien ausgerichtet. Während bei Produktvariationen lediglich bestimmte Eigenschaften des Produktes verändert werden und damit keine Ausdehnung des Sortimentes erfolgt, wird im Rahmen der Produktdifferenzierung eine zusätzliche Produktvariante in den Markt eingeführt.

Mit der Ausdehnung von Produktlinien ist das Ziel der besseren Ausschöpfung bestehender Kundenpotenziale, die Gewinnung neuer Kundengruppen, die Verbesserung der Sortimentsattraktivität für den Handel sowie die Abwehr der Konkurrenz verbunden. Ausgangspunkt für die Sortimentsausdehnung ist das bestehende Sortiment, das in einer bestimmten Qualitäts- und Preisklasse vom Unternehmen definiert wurde. Eine Ausdehnung ist in zwei Richtungen möglich:

- **Strategie des „Trading down"**, d.h., ein Unternehmen ist bereits in oberen Qualitätsklassen erfolgreich und versucht, mit Produkten in unteren Qualitäts- und Preisklassen aufzutreten. Hauptziel ist die Erschließung von Niedrigpreissegmenten. Der Gefahr des Verlustes eines guten Qualitätsimages wird dadurch begegnet, dass die Produkte unter einem anderen (Marken-) Namen angeboten werden (Beispiel: Filtertüten der Marke Melitta und Brigitta).

- **Strategie des „Trading up"**, d.h., ein Unternehmen ist bestrebt, durch Produkte höherer Qualitäts- und Preisniveaus eine Ausdehnung innerhalb der Produktlinie vorzunehmen. Auf diesem Weg wird das Hochpreissegment erschlossen. Auch hier bietet sich aus Imagegründen an, die Qualitätsprodukte unter einer speziellen Exklusiv- oder Premiummarke anzubieten (z.B. das Galeria-Konzept von Kaufhof oder TUI Select).

Beide Strategien der Ausdehnung innerhalb der Produktlinie sind mit Risiken verbunden. Dies gilt nicht nur für die erwähnten Imagewirkungen, sondern auch im Hinblick auf die Akzeptanz seitens des Handels und die Reaktion jener Konkurrenten, die bereits in den angestrebten Preissegmenten vertreten sind.

Werden in einer Produktlinie für einen definierten Qualitätsbereich weitere Artikel angeboten, spricht man von Auffüllung der Produktlinie bzw. von **Markendehnung (Line Extension)**. Diese klassische Form der Sortimentserweiterung ist mit dem Ziel intensiverer Marktausschöpfung, der Verbesserung der Position beim Handel und einer verstärkten Kapazitätsauslastung verbunden. Dem steht allerdings die Gefahr einer Sortimentsverzettelung und einer Markenverwässerung gegenüber. Meist werden dem bestehenden Sortiment neue Produktvarianten hinzugefügt (z.B. neue Geschmacksrichtungen für einen Joghurtanbieter, sportliche Variante eines bestehenden Automodells, weitere branchenspezifische Softwarepakete für angebotene EDV-Anlagen).

(b) Einführung neuer Produktlinien

Die Einführung neuer Produktlinien eines Unternehmens gehört zur Strategie der **Produktdiversifikation**. Es wird angestrebt, durch Erschließung neuer Märkte Wachstumsmöglichkeiten zu nutzen und das Unternehmensrisiko auf weitere Leistungsbereiche zu verteilen. Dies gilt besonders für Unternehmen, die in ihrer Sortimentspolitik eine „Monokultur" aufgebaut und sich zu stark auf bestimmte Produktbereiche konzentriert haben. Die Diversifikation vollzieht sich auf verschiedenen Ebenen:

- **Horizontale Diversifikation** (auf der gleichen Wirtschaftsstufe bzw. im gleichen Tätigkeitsfeld des Unternehmens) ein PKW-Hersteller beginnt z.B. mit der Produktion von Lastkraftwagen oder Motorrädern.

- **Vertikale Diversifikation** (auf verschiedenen Wirtschaftsstufen) in Form der **Rückwärtsintegration** einer vorgelagerten Wirtschaftsstufe, ein PKW-Hersteller produziert z.B. Reifen, oder in Form der **Vorwärtsintegration** einer nachgelagerten Wirtschaftsstufe, z.B. Übernahme der Handelsfunktion durch die Gründung eigener Einkaufsstätten.

- Bei einer **lateralen Diversifikation** besteht mit dem bisherigen Leistungsangebot kein Zusammenhang, z.B. Produktion von Flugzeugen oder Entwicklung von Software durch einen Automobilhersteller.

Diversifikationen sind mit erheblichen Risiken verbunden, je stärker sich ein Unternehmen von seinen Kernkompetenzen und seinem angestammten Tätigkeitsbereich und Marktumfeld entfernt.

(2) Entscheidungen der Sortimentsbereinigung

Neben der Erweiterung des Sortiments stellt die Sortimentsbereinigung einen weiteren, zentralen Aufgabenbereich der Sortimentsplanung dar. Die Sortimentsbereinigung bezieht sich auf folgende **Entscheidungen** (in Anlehnung an *Hansen* et al. 2001):

- Sorten- und Typenreduktion,
- Spezialisierung,
- Modifikation bzw. Produktverbesserung.

Bei einer **Sorten- und Typenreduktion** werden einzelne Produkte aus dem Sortiment genommen, ohne dabei eine Produktlinie aufzugeben (z.B. eliminiert ein Werkzeugmaschinenhersteller innerhalb der Produktlinie Drehmaschinen den Typ X, produziert jedoch die anderen Drehmaschinentypen weiter). Eine **Spezialisierung** beinhaltet die Eliminierung einer gesamten Produktlinie (z.B. gibt ein Werkzeugmaschinenhersteller die Produktion von Fräsmaschinen gänzlich auf, um sich auf Drehmaschinen zu konzentrieren). Während sowohl die Sorten- und Typenreduktion als auch die Spezialisierung durch eine ersatzlose Eliminierung gekennzeichnet sind, wird bei einer **Modifikation** die Modernisierung eines Produktes bzw. des Sortiments angestrebt. Anstelle des alten Produktes tritt ein Neues, das an Veränderungen der Technik, des Stylings oder des Geschmacks usw. angepasst wurde. Jede Sortimentsbereinigung setzt demnach die Eliminierung von Produkten voraus. Dabei ist eine Eliminierung sowohl unter **strategischen** Gesichtspunkten (Aufgabe ganzer Produktlinien) als auch unter **taktischen** Aspekten (Aufgabe bestimmter Artikel unter Beibehaltung der Produktlinie) möglich. Als **Entscheidungskriterien** für eine Eliminierung lassen sich quantitative und qualitative Kriterien heranziehen:

- **Quantitative Entscheidungskriterien**: Sinkende Absatzmengen oder Umsätze, sinkende absolute oder relative Marktanteile, sinkende Umschlagsgeschwindigkeiten, sinkende Deckungsbeiträge oder Renditen u.a.m.

- **Qualitative Entscheidungskriterien**: Einführung verbesserter Konkurrenzprodukte, negative Imagewirkung des Produktes für das Gesamtsortiment, Änderungen der Anforderungen seitens der Konsumenten, Gesetzesänderungen u.a.m.

Die genannten quantitativen und qualitativen Entscheidungskriterien sind nicht als zwingende Gründe für Produkteliminierungen, sondern als (Frühwarn-) Indikatoren für „eliminierungsverdächtige" Produkte zu verstehen. Vor der endgültigen Entscheidung über die tatsächliche Eliminierung sind die **Folgewirkungen der Eliminierungsentscheidung** zu berücksichtigen. Folgende Risiken einer Produkteliminierung sind denkbar und vor einer entsprechenden Entscheidung kritisch zu prüfen:

- Negative Imagewirkungen durch die Sortimentsbereinigung bei Kunden und Händlern,
- Negative Verbundwirkungen für den Verkauf verbleibender Produkte,
- Negative Verbundwirkungen für den Einkauf (geringere Rabattstaffeln o.a.),
- Stärkung der Konkurrenzposition durch die Eliminierung des Artikels oder der Produktlinie,
- Nutzungsprobleme der durch eine Eliminierung freigewordenen Kapazitäten im Unternehmen,
- Fehleinschätzung der zukünftigen Erfolgsaussichten der Produkte.

Erst nach einer fundierten Einschätzung dieser primär qualitativen Folgewirkungen einer Sortimentsbereinigung wird das Produktmanagement in der Lage sein, seine Eliminierungsentscheidung zu treffen.

5.7.3 Methoden der Sortimentsplanung

Zur Fundierung von Entscheidungen über die Erweiterung oder Bereinigung des Sortiments lassen sich verschiedene **Methoden der Sortimentsplanung** heranziehen. Über die Berücksichtigung einfacher Kennzahlen wie z.B. der Umschlagshäufigkeit hinaus werden unter Einbeziehung entscheidungsrelevanter Informationen der Kostenrechnung **gewinnorientierte Kennzahlen** für die Sortimentsentscheidung zu Grunde gelegt. Folgende drei Entscheidungssituationen werden dabei differenziert: Entscheidung ohne Engpässe, Entscheidung bei einem Engpass und Entscheidung bei mehreren Engpässen.

(1) Entscheidung ohne Engpässe

Die einfachste Form der Sortimentsplanung erfolgt nach der Methode der **Vollkostenrechnung**. Alle Produkte mit einem positiven Stückgewinn werden im Sortiment belassen, Produkte mit einem Stückverlust werden eliminiert. Der Stückgewinn berechnet sich nach der Formel:

$$SG = \frac{U - K}{x}$$

wobei:
SG = Stückgewinn (bzw. Stückverlust)
U = Umsatz
K = Kosten (fixe und variable Kosten)
x = Absatzmenge

Die Anwendung der Vollkostenrechnung führt möglicherweise kurzfristig zu Fehlentscheidungen, da bei einer Eliminierung von Produkten fixe Kosten mit in das Kalkül einbezogen werden, obwohl diese Fixkosten auch bei der Aufgabe der Produkte bestehen bleiben und damit den Stückgewinn der im Sortiment verbleibenden Produkte belasten.

Für eine kurzfristige Betrachtung empfiehlt sich daher, die **Methode der Teilkostenrechnung** für die Sortimentsplanung heranzuziehen. Wenn keine Engpässe bestehen, sind alle Produkte, die über eine positive Deckungsspanne (Beitrag eines einzelnen Produktes zur Deckung der Fixkosten und zur Erwirtschaftung eines Gewinns) verfügen, im Sortiment zu belassen. Alle Produkte mit einer negativen Deckungsspanne sind zu eliminieren. Die Deckungsspanne berechnet sich nach der Formel:

$$DS_a = p - k_v$$

wobei:
DS_a = Absolute Deckungsspanne (Deckungsbeitrag pro Stück)
p = Verkaufspreis pro Stück
k_v = Variable Kosten pro Stück (variable Selbstkosten)

Entscheidungen der Sortimentspolitik

Die absolute Deckungsspanne ist ein sinnvolles Entscheidungskriterium, wenn keine Restriktionen vorliegen, da jedes Produkt einen Beitrag zur Deckung der Fixkosten zu leisten hat. Dieses Entscheidungskriterium setzt voraus, dass kein funktionaler Zusammenhang zwischen der Höhe der Preise und der abgesetzten Menge besteht (existiert hingegen ein solcher Zusammenhang, sind marginalanalytische Verfahren anzuwenden; vgl. Abschnitt 6.4.3).

Ebenfalls auf Grundüberlegungen der Deckungsbeitragsrechnung basiert der Versuch von Industrie und Handel im Lebensmittelbereich, **Direkte-Produkt-Rentabilitäten (DPR)** zu berechnen. Dabei werden von der Bruttospanne (zuzüglich Rabatte) die einzelnen, direkt zurechenbaren Handlingkosten abgezogen, um einen direkten Produktertrag zu erhalten. Dieser wird auf verschiedene Engpassfaktoren bezogen (z.B. Regalfläche).

(2) Entscheidung bei einem Engpass

In der Regel treten Engpässe auf, die bei Sortimentsentscheidungen zu berücksichtigen sind. Für **Hersteller** sind dies Restriktionen, die durch begrenzte Produktionskapazitäten, knappe Rohstoffe, Mangel an Personal usw. auftreten. Im **Handel** kommen vor allem die Verkaufs- und Regalflächen als Engpässe zum Tragen.

Liegt bei der Annahme von konstanten Preisen und Absatzmengen ein Engpass vor, bietet sich die **Methode der Deckungsbeitragsrechnung** an, wobei in diesem Fall von **relativen Deckungsspannen** ausgegangen wird. Die Engpassbelastung bezieht sich auf die Beanspruchung der Engpassfaktoren durch die einzelnen Produkte. Für die Sortimentsplanung wird für Einzelprodukte eine Rangfolge nach relativen Deckungsspannen erstellt, um die Produkte mit den höchsten relativen Deckungsspannen bis zum Erreichen der Maximalkapazität des Engpassfaktors in das Sortiment aufzunehmen bzw. darin zu belassen. Die übrigen Produkte sind zu eliminieren. Die relative Deckungsspanne (DS_r) berechnet sich nach der Formel:

$$DS_r = \frac{\text{absolute Deckungsspanne (DSa)}}{\text{Engpassbelastung pro Stück}}$$

Das Arbeiten mit relativen Deckungsspannen ist ein zweckmäßiges Verfahren, das sich allerdings nur bei konstanten Preisen und Absatzmengen anwenden lässt.

Besteht ein funktionaler Zusammenhang zwischen der Höhe des Preises und der abgesetzten Menge in Form einer Preis-Absatz-Funktion, ist der **Lagrange-Ansatz** für die Sortimentsplanung heranzuziehen. Auf Basis der Preis-Absatz-Funktion erfolgt die Maximierung des Gewinns mit unterschiedlichen Produkten unter Berücksichtigung der Engpassrestriktion. Dabei ergibt sich für den Zwei-Produkt-Fall folgende Zielfunktion:

$$G(x_A, x_B) = x_A (p_A - k_{vA}) + x_B (p_B - k_{vB}) - K_f \rightarrow \max.!$$

wobei:
G = Gewinn
$x_{A,B}$ = Absatzmengen der Produkte A bzw. B
$p_{A,B}$ = Verkaufspreise der Produkte A bzw. B
K_f = Fixkosten des gesamten Sortiments

Als **Engpassrestriktion** lässt sich formulieren:

$$a x_A + b x_B - NB = 0$$

wobei:
a, b = Faktoren der Beanspruchung der Kapazitäten von Produkt A bzw. B
NB = Zur Verfügung stehende Einheiten des Engpassfaktors (z.B. Kapazitätsgrenze)

Somit lautet die **Zielfunktion** unter Berücksichtigung der Restriktion:

$$G(x_A, x_B) = x_A (p_A - k_{vA}) + x_B (p_B - k_{vB}) - K_f - \lambda (a x_A + b x_B - NB) \rightarrow \max.!$$

Die Auflösung dieser Zielfunktion (Bildung partieller Ableitungen, Auflösung des Gleichungssystems, Einsetzen der Lösungen für x_A und x_B in die Preis-Absatz-Funktion) ergibt das **optimale Sortiment** unter Berücksichtigung der Engpasssituation.

Bei der Ermittlung des Sortiments mit Hilfe des **Lagrange-Ansatzes** wird durch die Auflösung der Gleichungssysteme ein Wert für **Lambda (λ)** ermittelt, der wie folgt interpretierbar ist: Wird die Engpassrestriktion um eine (infinitesimal kleine) Einheit verändert, so ändert sich der Funktionswert der Zielfunktion um den Faktor Lambda.

(3) Entscheidung bei mehreren Engpässen

Treten mehrere Engpässe auf (z.B. gleichzeitig knappe Produktionszeiten, Beschaffungsengpässe, Arbeitsstunden der Mitarbeitenden), sind in der Sortimentsplanung andere Planungsmethoden wie etwa Verfahren der Linearen Programmierung (z.B. Simplex-Methode) heranzuziehen.

Schaubild 5-11 stellt in einem Gesamtüberblick die verschiedenen Entscheidungssituationen der Sortimentsplanung sowie die jeweiligen Lösungsmethoden dar. Bei einer

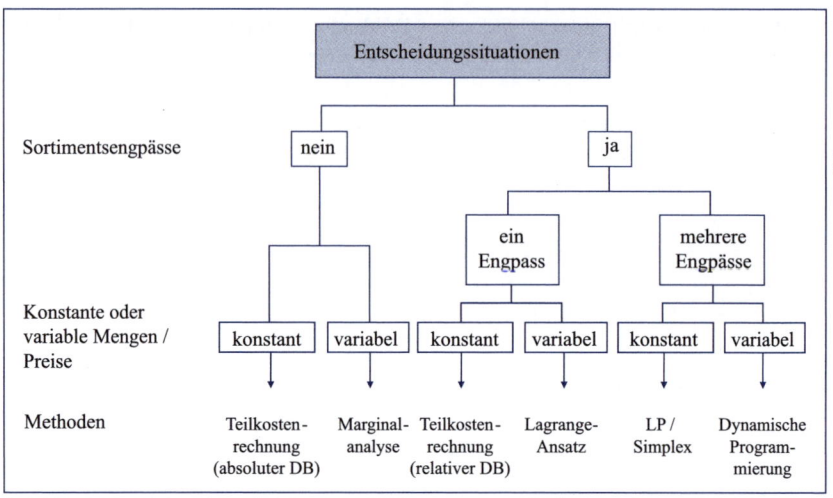

Schaubild 5-11: Methoden der Sortimentsplanung

kritischen Würdigung der Methoden der Sortimentsplanung ist hervorzuheben, dass die Verfahren in der Lage sind, quantitative Informationen zur Unterstützung der Entscheidung über das Sortiment zur Verfügung zu stellen. Diese Informationen nehmen jedoch allenfalls eine unterstützende Funktion bei der Entscheidungsfindung ein. Neben Rahmenbedingungen der gesamten Sortimentsstrategie sind weitere qualitative Aspekte für eine endgültige Entscheidung zu berücksichtigen.

6. Entscheidungen der Preispolitik

> **Lernziele**
>
> In diesem Kapitel machen Sie sich mit den Zielen und Instrumenten der Preispolitik vertraut. Sie
>
> ➢ erkennen Anlässe für Preisentscheidungen sowie die Bestimmungsfaktoren der Preisbildung für vorhandene und neue Produkte,
>
> ➢ erhalten Einblicke in wesentliche Preisstrategien,
>
> ➢ lernen, mit Verfahren der Preisbestimmung auf Grundlage der Marginalanalyse umzugehen und
>
> ➢ werden in die Lage versetzt, die praxisbezogenen Methoden einer kosten- und marktorientierten Preisbestimmung anzuwenden.
>
> Besonderes Anliegen dieses Kapitels ist es, dem Leser ein solides Fundament zur Erarbeitung preispolitischer Entscheidungen zu vermitteln.

6.1 Ziele und Instrumente der Preispolitik

Preispolitische Entscheidungen beeinflussen den Umsatz und damit unmittelbar die Gewinnsituation von Unternehmen. Preise sind das Ergebnis einer Übereinstimmung von Angebot (Leistung des Unternehmens) und Nachfrage (Gegenleistung der Abnehmer). Die Fähigkeit zur Durchsetzung von Preisen gilt daher als Indikator für die Marktstellung eines Unternehmens.

> **Die Preispolitik** beschäftigt sich mit der Festlegung der Art von Gegenleistungen, die die Kunden für die Inanspruchnahme der Leistungen des Unternehmens entrichten.

Sie umfasst die Bestimmung und das Aushandeln von Preisen und sonstigen Kauf- und Vertragsbedingungen. Da es bei der Preispolitik nicht ausschließlich um die Preishöhe, sondern auch um weitere Bedingungen (z.B. Zahlungs- und Lieferbedingungen, preisähnliche Maßnahmen wie Rabatte, Boni und Skonti u.a.) geht, die mit einer Leistungsinanspruchnahme verbunden sind, wird sie auch als **Kontrahierungspolitik** bezeichnet. Die Preispolitik stellt eine komplexe Managementaufgabe dar, die eine Vielzahl strategischer und operativer Entscheidungsparameter umfasst. Daher wird synonym häufig von **Preismanagement** gesprochen. Die wachsende strategische Bedeutung der Preispolitik steht in Zusammenhang mit steigenden **Risiken des Preismanagements** auf Seiten des Anbieters (Kalkulationsrisiken, Marktreaktionsrisiken, Auftragserlangungsrisiken u.a.), aber auch auf Abnehmerseite. Dazu zählen z.B. soziale Risiken beim Kauf günstiger Produkte mit geringem Prestige oder Preisgünstigkeitsrisiken, wenn das Produkt an einem anderen Ort bzw. bei einem anderen Händler günstiger angeboten wird (*Diller* 2003, S. 8f.). Aufgabe des Preismanagements ist daher u.a., die Risiken auf Anbieter- und Nachfragerseite zu minimieren.

Die Preispolitik dient übergeordneten Unternehmenszielen (z.B. Rentabilität, Gewinn) und einer Verbesserung der Wettbewerbsposition bei Händlern und Konsumenten. Schaubild 6-1 zeigt Beispiele für **preispolitische Zielinhalte** auf verschiedenen Ebenen.

Im Rahmen der Preispolitik sind Anbieter in der Lage, unterschiedliche Instrumente zu einer individuellen Gestaltung ihrer Preisforderung heranzuziehen. Die vier zentralen **Instrumente der Preispolitik** sind:

(1) Preise

Preise geben monetäre Gegenwerte wieder, die Unternehmen für die Inanspruchnahme ihrer Unternehmensleistungen fordern und die üblicherweise als Bruttopreise in Preislisten schriftlich fixiert werden.

(2) Preisnachlässe

Von der geforderten (Brutto-) Preishöhe ist die Gewährung von Preisnachlässen (direkte Preisermäßigungen) möglich. Als Nachlässe gelten:

- Rabatte (z.B. Mengen-, Einführungs-, Sonder-, Saison- und Treuerabatte),
- Boni („rückwirkende" Nachlässe für sämtliche Leistungsinanspruchnahmen am Ende einer bestimmten Abrechnungsperiode, z.B. Kundenkarten),
- Skonti (Preisreduzierung bei Zahlung innerhalb eines begrenzten Zeitraumes).

(3) Preiszuschläge

Neben Preisnachlässen fordern Unternehmen in bestimmten Situationen über den Preis hinausgehende Zuschläge, wie etwa:

- Entgelt für Sonderleistungen (z.B. Spezialanfertigungen),
- Mindermengenzuschläge („Negativrabatte", z.B. Zuschläge für Bestellungen unter einer bestimmten Euro-Mindestgrenze),
- Preiszuschläge in Abhängigkeit von bestimmten Zeiten (z.B. Nachtzuschläge).

Unternehmens-bezogene Ziele	▪ Erhöhung von Absatz bzw. Umsatz ▪ Erhöhung des Marktanteils ▪ Erhöhung der Deckungsbeiträge und des Gewinns ▪ Verbesserung der Rentabilität
Handels-bezogene Ziele	▪ Erhöhung der Präsenz in den Handelskanälen ▪ Verbesserung der Marktabdeckung ▪ Erhöhung des Distributionsgrades ▪ Sicherstellung eines einheitlichen Preisniveaus in unterschiedlichen Vertriebskanälen
Konsumenten-bezogene Ziele	▪ Verbesserung der wahrgenommen Preiswürdigkeit (Preisbeurteilung in Relation zum Qualitätsniveau) ▪ Verbesserung der wahrgenommen Preisgünstigkeit (Preisbeurteilung gegenüber Konkurrenzprodukten) ▪ Beeinflussung der Preiswahrnehmung in eine bestimmte Richtung (z.B. Preis als Qualitätsindikator) ▪ Gestaltung der Preiserwartung (z.B. Vermeidung der Erwartung von zukünftig sinkenden Preisen)

Schaubild 6-1: Beispiele für preispolitische Zielinhalte

(4) Zugaben durch Geld- und Sachwerte sowie Dienstleistungen

Zur Förderung der Akzeptanz geforderter Preise ist es in manchen Märkten üblich, weitere Geld- und Sachzuwendungen oder Dienstleistungen an den Endkunden oder den Handel zu vereinbaren. Im Lebensmittelbereich haben diese Zuwendungen von Herstellern letztlich eine preiswirksame Funktion für den Handel (indirekte Preisermäßigung). Dazu zählen im Sinne von Geldzuwendungen Werbekosten- oder Platzierungszuschüsse, Regalmieten u.a.m. Im Sinne von Sachzuwendungen sind kostenlose Testware, Naturalrabatte, Bereitstellung von Displaymaterial und anderer Verkaufsunterstützung sowie Kompensationsgeschäfte zu nennen. Als zusätzliche Dienstleistung gilt z.B. der Verkostungsservice. In Zeiten zunehmend gesättigter Märkte, hoher Konkurrenzintensität, steigender Bedeutung und Durchsetzung von Handelsmarken und einer stetig steigenden Nachfragemacht des Handels finden härtere Preisverhandlungen statt, in die vermehrt die genannten Nebenleistungen einbezogen werden.

Für Unternehmen gibt es eine Reihe von Gründen für eine Veränderung der Preise. Als **Anlässe für preispolitische Entscheidungen** lassen sich nennen:

▪ **Konsumentenbezogene Anlässe**: Mangelnde Akzeptanz des Preises durch die Konsumenten, veränderte Nachfragebedürfnisse, verändertes Konsumverhalten u.a.

- **Handelsbezogene Anlässe**: Forderung des Handels nach Preisreduzierungen, Rabatten oder Zugaben aufgrund steigender Handelsmacht, Entwicklung eigenständiger Handelsmarken u.a.

- **Unternehmensbezogene Anlässe**: Veränderungen der Kostenstruktur, insbesondere steigende Beschaffungs- oder Personalkosten, Einführung neuer Produkte und Produktvarianten, Rationalisierungsmaßnahmen u.a.

- **Konkurrenzbezogene Anlässe**: Veränderung der Konkurrenzpreise, Einführung ähnlicher, neuer Produkte durch die Konkurrenz, Zunahme der Wettbewerber u.a.

- **Umfeldbezogene Anlässe**: Preisbeeinflussende Gesetze, tarifäre Handelshemmnisse (Zölle, Kontingente, sonstige Einfuhrbeschränkungen), rechtliche Restriktionen u.a.

6.2 Prozess der Preisfestlegung

Ähnlich der anderen Marketinginstrumente orientiert sich die Preispolitik an einem entscheidungsorientierten, systematischen Planungsprozess. Der preispolitische Entscheidungsprozess bezieht sich auf die Preisentscheidung für neue Produkte (erstmalige Festlegung eines Preises) oder auf Preisentscheidungen für vorhandene Produkte im Sinne einer permanenten Preiskontrolle unter Beachtung von Markt-, Konkurrenz-, Konsumenten-, Handels-, Lieferanten-, Unternehmens- und Umfeldveränderungen.

Analog zu anderen Marketinginstrumenten empfiehlt es sich, dem Preisentscheidungsprozess einen systematischen Ablaufplan zu Grunde zu legen (vgl. auch *Diller* 2003). Schaubild 6-2 zeigt die fünf **Phasen des Prozesses der Preisfestlegung** im Überblick.

(1) Analyse des preispolitischen Spielraums

Der erste planerische Schritt besteht darin, zu klären, welcher Spielraum für preispolitische Entscheidungen zur Verfügung steht. In der Regel hat sich jedes Unternehmen ein gewisses **akquisitorisches Potenzial** geschaffen, in dessen Rahmen ein preispolitisch autonomes Verhalten möglich ist. Grenzen preispolitischer Spielräume werden grundsätzlich durch die Marktteilnehmer – aber auch durch das Unternehmen selbst – abgesteckt.

Traditioneller Ausgangspunkt einer preispolitischen Planung ist die **Analyse des kostenbezogenen Spielraums**. Auf der Basis von Selbstkosten und geplantem Gewinn ist zu kalkulieren, welche Mindestpreisforderung (Preisuntergrenze) wenigstens zu stellen ist und welche Gewinne bei alternativen Preisforderungen realisierbar erscheinen.

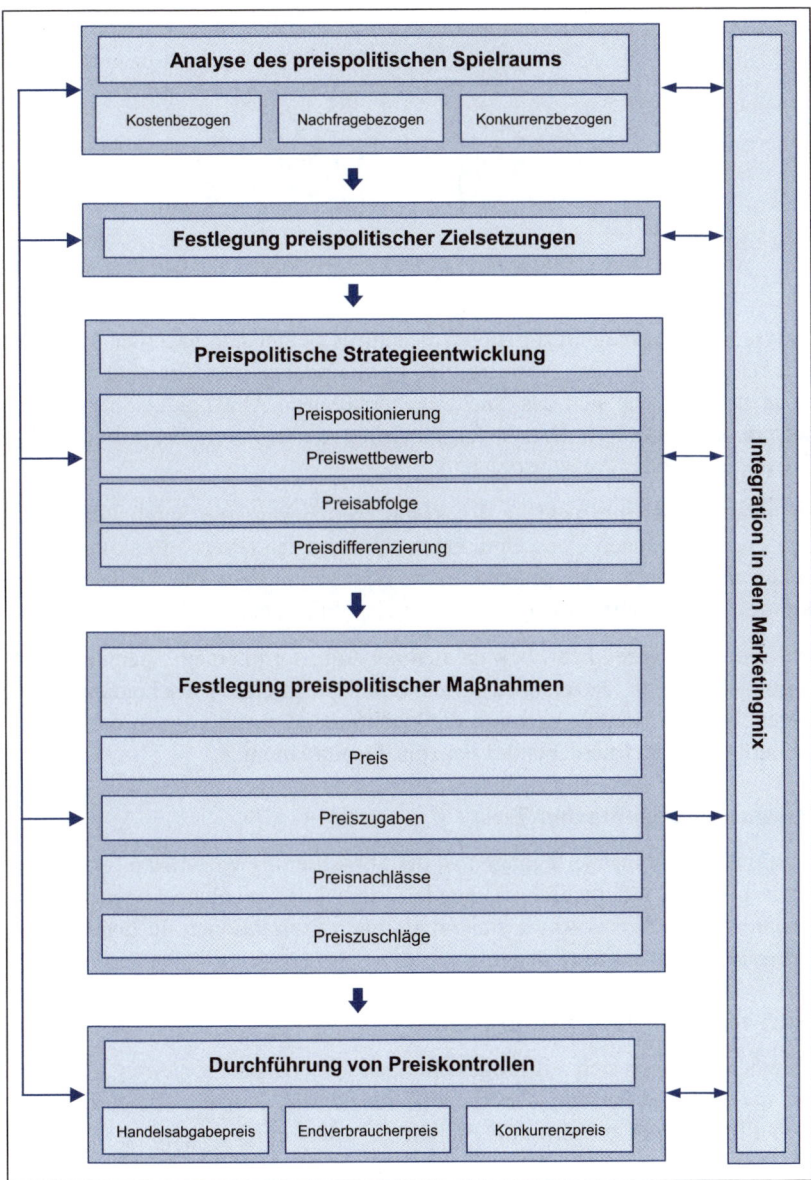

Schaubild 6-2: Planungsprozess der Preispolitik

Prozess der Preisfestlegung

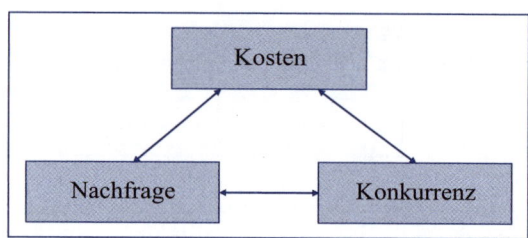

Schaubild 6-3: „Magisches Dreieck" preispolitischer Spielräume

Die **Analyse des nachfragebezogenen Spielraums** richtet sich nach der Akzeptanz von Preisforderungen seitens der Absatzmittler bzw. Endabnehmer. Es sind Überlegungen darüber anzustellen, wie sich das Nachfrageverhalten in Abhängigkeit von alternativen Angebotspreisen verändert. Dies erfolgt beispielsweise durch Ermittlung von Preis-Absatz-Funktionen oder Preiselastizitäten.

Darüber hinaus stellt eine **Analyse des konkurrenzbezogenen Spielraums** darauf ab, die durch Preisänderungen eines Unternehmens bedingten (Preis-) Reaktionen der Konkurrenz zu antizipieren. Der preispolitische Spielraum zeigt die Freiheitsgrade bzw. Restriktionen eines Unternehmens auf, sich preispolitisch autonom zu verhalten.

Wie Schaubild 6-3 verdeutlicht, bewegt sich der Anbieter in einem Spannungsfeld, auch als „magisches Dreieck" bezeichnet, da seine preispolitischen Entscheidungen wechselseitig eigene Kosten beeinflussen und die Nachfragerakzeptanz sowie die Konkurrenzreaktion berühren, also Interdependenzen zum Tragen kommen.

(2) Festlegung preispolitischer Ziele

Ausgangspunkt von Preisüberlegungen ist die Formulierung von Zielen. Treten Zielkonflikte zwischen den unternehmens-, handels- und konsumentenbezogenen Zielen auf (z.B. Gewinnstreben versus Absatzsteigerung durch Preisaktionen für den Handel), sind entsprechende Prioritäten festzulegen.

(3) Festlegung preispolitischer Strategien

Preisstrategien beziehen sich auf Fragestellungen der Preispositionierung, des Preiswettbewerbs, der Preisabfolge und der Preisdifferenzierung. Auf die Ausgestaltung unterschiedlicher Preisstrategien wird im Abschnitt 6.3 näher eingegangen.

(4) Festlegung preis- und konditionenpolitischer Maßnahmen

In dieser Phase erarbeitet der Anbieter seine Vorstellungen über Preishöhe, Formen der Preisnachlässe bzw. -zuschläge sowie über sonstige Preiszugaben. Je nach Form der

Preisdurchsetzung werden die Forderungen in Preislisten fixiert oder mit Marktpartnern aktiv ausgehandelt. Als Ergebnis entsteht ein für die Kaufabwicklung verbindliches **Preis- und Konditionensystem** des Unternehmens.

(5) Durchführung von Preiskontrollen

Der Planungsprozess schließt mit der Kontrolle der preis- und konditionenpolitischen Maßnahmen. Eine fortlaufende **Preiskontrolle** erstreckt sich auf drei Bereiche:

- **Kontrolle der Handelsabgabepreise**, d.h. der unterschiedlichen Abgabepreise für die verschiedenen Vertriebskanäle.

- **Kontrolle der Endverbraucherpreise**, d.h. der seitens der Händler bzw. verschiedener Vertriebspartner in unterschiedlichen Regionen gesetzten Verkaufspreise.

- **Kontrolle der Konkurrenzpreise**, insbesondere die Analyse von Preisunterschieden, differenziert nach verschiedenen Merkmalen (Produktvarianten, Vertriebskanälen, Regionen u.a.).

Preiskontrollen stellen die Grundlage einer Überprüfung der preis- und konditionenpolitischen Ziele, Strategien und Maßnahmen dar. Sie geben rechtzeitig Hinweise auf notwendige Preiskorrekturen. Neben der Durchführung der einzelnen Planungsschritte ist – ähnlich des Einsatzes anderer Marketinginstrumente – auch bei der Planung der Preispolitik eine **Integration** aller Planungsschritte in den Marketingmix sicherzustellen.

6.3 Preispolitische Strategien

Die kurzfristige Einsetzbarkeit und Wirksamkeit preispolitischer Entscheidungen verleitet dazu, in diesem Instrument lediglich ein taktisches Hilfsmittel zu sehen, bei dessen Einsatz langfristige Überlegungen keine Rolle spielen. In der Realität nehmen jedoch die strategischen Aspekte von Preisentscheidungen einen bedeutenden Stellenwert ein (vgl. *Diller* 2003, 2008; *Siems* 2009). Vier verschiedene **Ansatzpunkte strategischer Entscheidungen der Preispolitik** werden im Folgenden erläutert:

(1) Strategien der Preispositionierung

Eine erste strategische Entscheidung der Preispolitik bezieht sich auf die Höhe des Preises. Hier wird zwischen drei strategischen Optionen unterschieden:

- **Hochpreisstrategie**: Realisation eines hohen Preisniveaus durch besondere Leistungsvorteile (Spitzenqualität) für die Kunden, z.B. bei Premiummarken.

- **Mittelpreisstrategie**: Forderung von Preisen auf einem mittleren Niveau mit einem Standard-Qualitätsniveau, z.B. bei Handelsmarken.

- **Niedrigpreisstrategie**: Anstreben des geringsten Preisniveaus am Markt bei einer Mindestqualität, z.B. bei Gattungsmarken.

(2) Strategien des Preiswettbewerbs

Die Preispositionierung lässt sich mit einer Preisstrategie verbinden, die sich explizit am Verhalten der Konkurrenz (z.B. des Marktführers) orientiert. Mögliche Strategien im Preiswettbewerb sind:

- **Preisführerschaft**: Der Anbieter strebt einen hohen Preis an, der durch Qualität, Service, Marke u.a.m. gerechtfertigt wird. Die Preissetzung des Anbieters dient den Konkurrenten als Orientierung.

- **Preiskampf**: Der Anbieter ist bemüht, den geringsten Preis am Markt zu fordern. Bei Preissenkungen der Konkurrenz tritt der Anbieter in einen Preiskampf, um keine Kunden zu verlieren, z.B. bei preisaggressiven Discountern im Lebensmittelhandel.

- **Preisfolgerschaft**: Der Anbieter agiert in seinen Preisforderungen nicht selbständig, sondern reagiert auf Preisänderungen der Konkurrenz. Es erfolgt eine Anpassung an den Preisen der Wettbewerber, z.B. im Kaffeemarkt.

(3) Strategien der Preisabfolge

Auch die Position innerhalb des Lebenszyklus eines Produktes bestimmt die Preisstrategie. Bei der Einführung neuer Produkte werden folgende Strategiealternativen unterschieden:

- **Penetrationsstrategie**: Mit einem niedrigen Einführungspreis wird ein neuer Markt schnell erschlossen. Wenn genügend Kunden aufmerksam gemacht und entsprechende Umsätze realisiert wurden, werden Preiserhöhungen durchgeführt. Durch den in der Anfangsphase geringen Preis werden potenzielle Wettbewerber davon abgehalten, in diesen Markt einzusteigen. Ferner sind Kostensenkungspotenziale durch Mengeneffekte schnell realisierbar.

- **Skimmingstrategie**: Mit einem hohen Einführungspreis für neue Produkte beabsichtigt ein Anbieter, möglichst schnell Gewinne abzuschöpfen. Ein „Skimming", ein Abschöpfen des Marktes, empfiehlt sich vor allem, wenn etwa eine neuartige Technologie erheblich verbesserte Problemlösungen erwarten lässt. In einem solchen Fall werden stets Abnehmer (z.B. Innovatoren oder Frühadopter; vgl. Abschnitt 5.3.5) mit der Bereitschaft existieren, selbst hohe Preisforderungen zu akzeptieren. Erst mit steigendem Absatz und damit Diffusion des Produktes in den Markt werden die Preise sukzessive gesenkt. Diese Preisstrategie birgt die Gefahr, dass Wettbewerber aufgrund des hohen Preisniveaus bzw. hoher Gewinne schnell in den Markt eintreten.

(4) Strategien der Preisdifferenzierung

Es entspricht dem Prinzip differenzierter Marktbearbeitung, für unterschiedliche Produkte, Kunden und Regionen Möglichkeiten einer Preisdifferenzierung zu prüfen. Dabei werden verschiedene Ausprägungen der Preisdifferenzierung unterschieden (vgl. *Olbrich/Battenfeld* 2007, S. 112ff.; *Homburg* 2012, S. 707ff.):

(a) Mengenmäßige Preisdifferenzierung

Eine Preisdifferenzierung nach Mengen, auch als „Nicht lineare Preisbildung" bezeichnet, liegt vor, wenn der Durchschnittspreis, den eine Person für ein Produkt entrichtet, von der Anzahl der insgesamt durch diese Person abgenommenen Mengeneinheiten des Produktes abhängt. Dieser Ansatz beruht auf der Überlegung, dass mit zunehmender Menge der Grenznutzen einer Leistung für eine Person sinkt (vgl. *Simon/Fassnacht* 2009, S. 267ff.). Anwendung findet diese Form der Preisdifferenzierung vor allem in Form von Mengenrabatten. Hierzu zählen auch Tarifstrukturen, bei denen der Abnehmer unabhängig von der tatsächlich nachgefragten Anzahl an Mengeneinheiten eine fixe Gebühr für ein grundsätzliches Anrecht zum Erwerb der Leistung oder für den Erwerb der Leistung zu einem ermäßigten Stückpreis zu entrichten hat. Ein Beispiel für Ersteres ist die Grundgebühr für den Telefonanschluss, ein Beispiel für Letzteres die Bahncard.

(b) Zeitliche Preisdifferenzierung

In Abhängigkeit vom Zeitpunkt des Kaufs bzw. der Inanspruchnahme der Leistung werden unterschiedliche Preise gefordert. Typische Beispiele sind Urlaubsreisen, Telefongebühren oder Flugpreise. Ein im Zusammenhang mit der zeitlichen Preisdifferenzierung diskutiertes Konzept stellt das **Yield Management** dar. Das Ziel dieses Ertragsmanagements ist die vollständige Auslastung vorhandener Kapazitäten durch eine Preis-Mengen-Steuerung. Insbesondere bei Dienstleistungsanbietern schwankt der Preis der Dienstleistung im Zeitablauf, wenn er in Abhängigkeit vom Nutzen des Dienstleistungsnachfragers gestaltet wird. Der Einsatz des Yield Managements verspricht Ertragssteigerungen, wenn feste Kapazitäten mit hohen Fixkosten vorliegen, die Leistung bei Nichtabnahme verfällt, hohe, nicht vorhersehbare Schwankungen der Nachfrage bestehen oder die Kaufentscheidung vor Inanspruchnahme der Dienstleistung erfolgt (z.B. im Airlinegeschäft oder bei Ausbildungsinstituten) (vgl. *Meffert* et al. 2012, S. 509ff.).

(c) Räumliche Preisdifferenzierung

Differenzierungskriterien sind geografisch abgegrenzte Teilmärkte, z.B. Ländermärkte, Regionen und Städte. Mit Hilfe einer Preisdifferenzierung nach Ländern wird den Besonderheiten internationaler Ländermärkte (z.B. Kaufkraft, Inflationsraten, Zölle) entsprochen. Beispiele für regionale Preisdifferenzierungen sind Preisdifferenzen für Gastronomie oder Skiausrüstung innerhalb und außerhalb eines Skigebietes.

(d) Personelle Preisdifferenzierung

Bei der personellen Preisdifferenzierung werden unterschiedliche Preise für bestimmte Kundensegmente festgelegt. So gibt es z.B. Vorzugspreise für Jugendliche, Betriebsangehörige oder Vereinsmitglieder. Die personelle Differenzierung auf Basis des Alters und des Einkommens wird bei Unternehmensleistungen eingesetzt, bei denen eine langfristige Kundenbeziehung im Vordergrund steht, da im Zeitablauf mit einer wachsenden Kaufkraft des Nachfragers gerechnet wird. Der Preis wird auf Basis des so genannten „Customer Lifetime Value" (langfristiger Kundenwert) festgelegt. Außerdem finden unterschiedliche Preiselastizitäten der Nachfrage Berücksichtigung.

(e) Leistungsbezogene Preisdifferenzierung

Bei der leistungsbezogenen bzw. nutzenorientierten Preisdifferenzierung versucht der Anbieter, durch relativ geringfügige Veränderungen des Leistungsumfangs oder der Leistungsqualität beim Nachfrager unterschiedliche Nutzenvorstellungen und damit verbundene Preisbereitschaften abzuschöpfen. Typische Beispiele sind nach Economy und Business Class differenzierte Flugangebote oder Bücher, die als Taschenbuch oder gebundene Ausgabe zu unterschiedlichen Preisen angeboten werden.

(f) Preisbündelung

Die Preisbündelung stellt eine Sonderform der Preisdifferenzierung dar und geht der Frage nach, inwieweit Produkte oder Dienstleistungen eines Unternehmens einzeln zu getrennten Preisen oder zusammen als Bündel zu einem Paketpreis verkauft werden. Zu unterscheiden ist zwischen **reiner Preisbündelung**, wenn Produkte ausschließlich als Paket angeboten werden, und **gemischter Preisbündelung**, wenn sowohl Einzelprodukte als auch das Paket angeboten werden. Insbesondere im Dienstleistungsbereich, z.B. bei Pauschalreisen (Flug und Hotel) oder Versicherungen (Sach- und Haftpflichtversicherung), aber auch in anderen Bereichen wie z.B. EDV (Zentraleinheit, Monitor, Drucker und Software) oder Möbel ist eine Preisbündelung weit verbreitet.

Während die Festlegung der preispolitischen Strategie eine planerische Aufgabe darstellt, ist die Kalkulation und Festlegung des konkreten Preises eine eher operative Aufgabe. Zur Strukturierung der vielfältigen **Methoden der Preisfestlegung** wird eine Unterscheidung in statisches und dynamisches Preismanagement vorgenommen (vgl. *Olbrich/Battenfeld* 2007; *Simon/Fassnacht* 2009).

6.4 Statisches Preismanagement

Bei der statischen Betrachtung der Preisfindung wird vom Zeiteinfluss abstrahiert. Dabei werden mit der kostenorientierten, marktorientierten und marginalanalytischen Preisbestimmung drei **Verfahrensweisen** unterschieden (vgl. *Diller* 2008).

6.4.1 Kostenorientierte Preisbestimmung

Die Verfahren der kostenorientierten Preisbestimmung nehmen eine Preiskalkulation auf **Grundlage der Kostenträgerrechnung** vor. Dazu werden sowohl Instrumente der Vollkosten- als auch der Teilkostenrechnung herangezogen (vgl. dazu auch *Kilger/Vikas* 2012; *Diller* 2008).

6.4.1.1 Preisfestlegung nach der Vollkostenrechnung

In der Kostenträgerrechnung werden nach dem Vollkostenprinzip die fixen und variablen Kosten den einzelnen Produkten zugerechnet. Die Preisfestlegung für ein Produkt ergibt sich aufgrund einer einfachen Zuschlagskalkulation (Kosten plus Gewinnzuschlag):

$$p = k \cdot \left(1 + \frac{g}{100}\right)$$

wobei:
p = Preisforderung
k = Selbstkosten
g = prozentualer Gewinnzuschlag

In der Vollkostenrechnung sieht diese einfache Zuschlagskalkulation vor, dass die **Einzelkosten** der Produkte (z.B. Material- und Fertigungseinzelkosten, Sondereinzelkosten des Vertriebs) direkt und die **Gemeinkosten** (z.B. Verwaltungs- und Vertriebsgemeinkosten) indirekt nach einem oder mehreren Gemeinkostenschlüssel(n) auf die einzelnen Produkte verteilt werden. Die Gemeinkosten gehen bei dieser Vorgehensweise explizit in die Preisbestimmung von Produkten ein. Die Preisbestimmung nach der Vollkostenrechnung lässt sich als **Vorkalkulation** zur Abgabe eines Preisangebotes vornehmen; in diesem Fall werden der Berechnung Plankosten zu Grunde gelegt. Für eine **Nachkalkulation** ergibt sich die Berechnung nach den tatsächlichen Kosten.

Die **Vorteile** einer Preisbestimmung nach der Vollkostenrechnung liegen in ihrer einfachen Handhabung, da nur wenige Informationen für die Berechnung benötigt werden. Allerdings ist als **Nachteil** zu sehen, dass die Aufteilung der Gemeinkosten nach einem bestimmten Schlüssel problematisch ist und möglicherweise zu Fehlentscheidungen führt. Im Extremfall kalkuliert sich das Unternehmen durch seine kostenorientierte Preisbestimmung „aus dem Markt", denn bei sinkenden Absatzmengen verteilen sich bei einer Nachkalkulation die Gemeinkosten auf eine geringere Stückzahl. Dies zwingt zu einer höheren Preisforderung, die zu weiter sinkenden Absatzmengen führt, womit wiederum eine Erhöhung der Preise durch eine Aufteilung der Fixkosten nötig wird. Die Argumentationskette verdeutlicht, dass bei einer Preisbestimmung auf Grundlage der Vollkostenrechnung Interdependenzen zwischen Absatzmengen und Kosten nicht beachtet werden. Dennoch ist die Preisfestsetzung nach der Vollkostenrechnung in der Praxis aufgrund ihres einfachen Vorgehens häufig zu beobachten, da sämtliche Kosten durch Umsätze zu decken und deshalb auch die Fixkosten in das Entscheidungskalkül einzubeziehen sind.

6.4.1.2 Preisfestlegung nach der Teilkostenrechnung

Um die Nachteile der Vollkostenrechnung zu vermeiden, wird in der Teilkostenrechnung eine Kostenspaltung in fixe und variable Kosten vorgenommen. Die Berechnung der Preisforderung ergibt sich durch die Formel:

$$p = k_v \cdot \left(1 + \frac{ds}{100}\right)$$

wobei:
p   = Preisforderung
k_v = variable Stückkosten
ds   = prozentualer Deckungsspannenzuschlag

Für die Preisfestlegung werden lediglich die variablen Stückkosten sowie der geforderte Zuschlag (Prozentwert der variablen Stückkosten) zu Grunde gelegt. Dieser Zuschlag ist höher als bei der Vollkostenrechnung, da er zusätzlich einen Beitrag zur Deckung der fixen Kosten des Produktes zu leisten hat. Auch hier ist die Preiskalkulation als **Vor- oder Nachkalkulation** durchführbar.

Gegenüber der Vollkostenrechnung weist dieses Verfahren erhebliche **Vorteile** auf. Es ist in der Lage, für taktische Preisentscheidungen ausschließlich entscheidungsrelevante Kosten einzubeziehen. Allerdings ist als **Nachteil** zu berücksichtigen, dass die Gefahr einer zu kurzfristigen Perspektive bei Preisentscheidungen besteht. Bei einer Nichtbeachtung der Gemeinkosten ist ein Unternehmen geneigt, Forderungen nach Preisreduzierungen nachzugeben (Problem der Preisnachgiebigkeit). Sind die Preissenkungen mit höheren Absatzmengen verbunden, reduzieren sich aufgrund des Kostensenkungspotenzials die variablen Stückkosten weiter, d.h., für geforderte Preissenkungen besteht wieder mehr Spielraum usw. Insgesamt ist eine Verschlechterung der Gewinnsituation des Unternehmens möglich.

Dennoch ist die Teilkostenrechnung am besten in der Lage, eine fundierte Entscheidungshilfe zur Preisbestimmung abzugeben. Für die Mehrzahl taktischer Preisentscheidungen werden die entscheidungsrelevanten (variablen) Kosten einbezogen. Langfristige Überlegungen zur Deckung der fixen Kosten sind aber in die Analyse einzubeziehen.

6.4.2 Marktorientierte Preisbestimmung

Verfahren marktorientierter Preisbestimmung stützen sich nicht ausschließlich auf Kosten, sondern vor allem auf Reaktionen der Marktteilnehmer. Unter Annahme unterschiedlicher Preisforderungen wird eine „Rückrechnung" der Auswirkungen der Preise auf die Zielerreichung vorgenommen. Daher wird dieses Vorgehen als **„retrograde Kalkulation"** (vgl. *Diller* 2008, S. 319ff.) bezeichnet. Die praxis- und marktorientierten Verfahren der Preispolitik basieren auf den Prinzipien der Teilkostenrechnung. Sie nehmen eine realistische Schätzung von Absatz- und Umsatzwerten für alternative Preisforderungen vor. Auch hier lassen sich unterschiedliche Methoden differenzieren, die im Folgenden dargestellt werden.

6.4.2.1 Preisfestlegung nach der Break-Even-Analyse

Ein einfaches Verfahren der marktorientierten Preisbestimmung ist die Break-Even-Analyse. Sie berechnet die für das Erreichen der Gewinnschwelle erforderlichen Absatzmengen bei einem gegebenen Preis. Dem Verfahren liegt die Überlegung zu Grunde, dass die Gewinnschwelle erreicht wird, wenn die Kosten gleich dem Umsatz sind:

$$K_f + k_v \cdot x = p \cdot x$$

Die kritische Absatzmenge, bei der die Gewinnschwelle erreicht wird, liegt in dem Punkt, in dem die Deckungsspanne (Stückdeckungsbeitrag) den fixen Kosten entspricht.

$$x_{krit} = \frac{K_f}{p - k_v}$$

Die Berechnung der kritischen Absatzmenge wird nicht nur bei einem Preis, sondern für alternative Preise vorgenommen. Schaubild 6-4 zeigt am Beispiel linearer Kostenfunktionen unterschiedliche kritische Absatzmengen bei alternativen Preisforderungen.

Die endgültige Preisentscheidung wird davon abhängig gemacht, welche (kritischen) Absatzmengen das Management als realistisch ansieht und welches Risiko zur Gewinnerzielung akzeptiert wird. Über die einfache Break-Even-Analyse hinaus, die nur die Schwelle sucht, ab der ein Unternehmen in die Gewinnzone gerät, ist es auch möglich, **Gewinnüberlegungen** in das Break-Even-Modell einzubeziehen. Hierbei wird davon ausgegangen, dass es nicht nur notwendig ist, die Fixkosten zu decken, sondern auch einen angemessenen Gewinn zu erzielen.

Dieser Sachverhalt lässt sich formal so darstellen, dass die Kosten sowie der geforderte Gewinn dem Umsatz gleichgesetzt werden.

Statisches Preismanagement

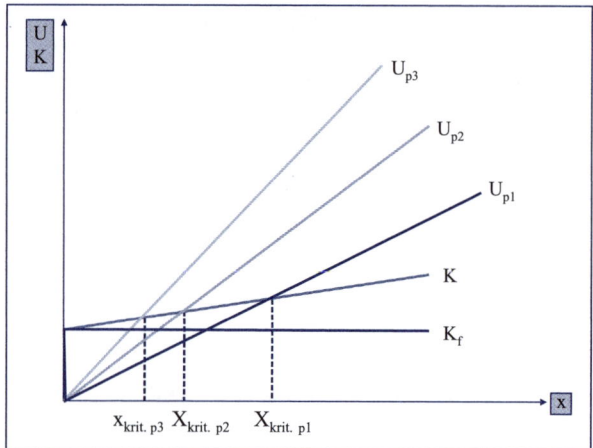

Schaubild 6-4: Break-Even-Analyse für alternative Preise bei linearen Kostenverläufen

$$K_f + k_v \cdot x + G = p \cdot x$$

$$x_{krit} = \frac{K_f + G}{p - k_v}$$

Bei einer **kritischen Würdigung** der Break-Even-Analyse ist hervorzuheben, dass es sich um ein einfaches Verfahren zur Preisbestimmung handelt, das nur in grober Weise eine Preisbestimmung vornimmt. Die Einschätzungen der bei einem gegebenen Marktpreis erreichbaren Absatzmengen sind subjektiv. Zwar wird mit einer marktorientierten Preisbestimmung nach der Break-Even-Analyse eine explizite Aufstellung von Preis-Absatz-Funktionen vermieden. Dennoch kommen gerade bei der Schätzung von Absatzmengen bei gegebenen Marktpreisen implizite Preis-Absatz-Funktionen zur Geltung (*Simon/Fassnacht* 2009, S. 195ff.). Das Verfahren weist den Vorteil auf, dass das Management bei der Preisfestlegung die bei bestimmten Marktpreisen erreichbaren Absatzmengen den kritischen Absatzmengen gegenüberstellt und damit mehr Entscheidungssicherheit erhält.

6.4.2.2 Preisfestlegung nach der Deckungsbeitragsrate

Ein auf der Break-Even-Analyse aufbauendes Verfahren ist die Nutzung der Deckungsbeitragsrate (DR). Diese drückt den Anteil zur Deckung der Fixkosten und zur Erzielung eines Gewinns je Preis- bzw. Umsatzeinheit aus. Sie wird wie folgt berechnet:

$$DR = \frac{p - k_v}{p} = \frac{U - K_v}{U}$$

Die Gewinnschwelle (U = K) lässt sich durch die nachfolgende Formel berechnen:

$$U_{krit} = \frac{K_f}{DR}$$

Für das Management ist die Deckungsbeitragsrate als ein Hilfsmittel zu verstehen, das die zur Überschreitung der Gewinnschwelle notwendigen Absatzmengen, Umsätze bzw. Preise verdeutlicht (*Diller* 2008, S. 329). Schaubild 6-5 zeigt an einem Beispiel, wie sich bei Preisveränderungen die abzusetzenden Mengen, Umsätze und andere Faktoren (z.B. Deckungsbeitragsrate) verändern.

Die **kritische Würdigung** der Preisfestlegung nach der Deckungsbeitragsrate zeigt, dass sie zwar ein einfach zu handhabendes Verfahren ist, die Preisbestimmung aber nur in relativ grober Weise erfolgt. Wie die Break-Even-Analyse bewirkt die Preisbestimmung nach der Deckungsbeitragsrate eine aktive Auseinandersetzung des Managements mit alternativen Preisforderungen und den kritischen Umsatz- bzw. Absatzmengen.

Entscheidungssituation	S_{-2}	S_{-1}	S_0	S_{+1}	S_{+2}
Preis (GE)	16	18	20	22	24
Preisveränderung gegenüber S_0	-20 %	-10 %	0	+10 %	+20 %
Variable Stückkosten (GE)	12	12	12	12	12
Deckungsspanne (GE)	4	6	8	10	12
Deckungsbeitragsrate	0,25	0,33	0,40	0,45	0,50
Fixkosten (GE)	400.000	400.000	400.000	400.000	400.000
Angestrebter Gewinn (GE)	150.000	150.000	150.000	150.000	150.000
Erforderlicher Umsatz (GE)	2.200.000	1.666.667	1.375.000	1.222.222	1.100.000
Veränderung gegenüber S_0	+60 %	+21,2 %	0	-11,1 %	-20 %
Erforderliche Absatzmengen (x)	137.500	91.667	68.750	55.000	45.833
Veränderung gegenüber S_0	+100 %	+34,7 %	0	-19,2 %	-33,3 %
Umsatzrendite	6,8 %	9,0 %	10,9 %	12,3 %	13,6 %

Schaubild 6-5: Beurteilung alternativer Preisforderungen mit Hilfe von Deckungbeitragsraten und anderen Veränderungsraten

6.4.2.3 Preisfestlegung bei Entscheidungssituationen unter Risiko

Bisher wurde bei den marktorientierten Verfahren der Preisbestimmung angenommen, dass sichere Informationen über die Verhaltensweisen der Abnehmer und der Konkurrenten vorliegen. In der Realität bestehen jedoch zahlreiche **Unsicherheiten über preispolitische Reaktionen** der Marktteilnehmer, die sich zwar durch Preistests und Abnehmerbefragungen mindern, aber nicht vollständig abbauen lassen. Dennoch sind die Entscheidungsträger aufgrund ihrer Marktkenntnis mitunter in der Lage, Aussagen über die Wahrscheinlichkeit von Reaktionen der Marktteilnehmer zu treffen.

Den Unsicherheiten wird bei der Preisbestimmung durch die Einbeziehung von Risikoüberlegungen Rechnung getragen. Ein Ansatz besteht darin, die Reaktionen der Konkurrenten und der Abnehmer auf alternative Preise mit Wahrscheinlichkeiten zu versehen. Nach der **Methode der Erwartungswertmaximierung** wird berechnet, welche Preisforderung unter Berücksichtigung der Wahrscheinlichkeiten des Eintretens von Umweltzuständen empfehlenswert ist. Der Erwartungswert ergibt sich nach der Formel:

$$E_p = \sum_{j=1}^{J} e_{pj} \cdot W_j \rightarrow \max.!$$

wobei:
E_p = Erwartungswert der Ergebnisse beim Preis p
e_{pj} = Ergebnisausprägung der Zielgröße bei den Preisalternativen p und Eintritt der Umweltzustände j (j = 1 ... J)
W_j = Wahrscheinlichkeit des Auftretens des Umweltzustandes (Reaktion der Marktteilnehmer)

Schaubild 6-6 zeigt ein einfaches Beispiel zur Berechnung des Erwartungswertes. Für die beiden in Frage kommenden alternativen Preisforderungen (p_1 von 20 GE und p_2 von 25 GE) ist mit jeweils drei möglichen Reaktionen der Konkurrenz, ihre eigenen Preise festzusetzen, zu rechnen (p_k). Für diese Situationen sind verschiedene Wahrscheinlichkeiten zu bestimmen, die die Entscheidungsträger aufgrund ihrer Marktkenntnisse abschätzen. Bei Vorliegen der eigenen Preisforderung und der der Konkurrenz sind die jeweiligen Absatzmengen (x) ebenfalls mit einer bestimmten Wahrscheinlichkeit abzuschätzen. Auf diese Weise ergeben sich die dargestellten Umweltzustände bei verschiedenen Preiskonstellationen.

Entscheidungen der Preispolitik

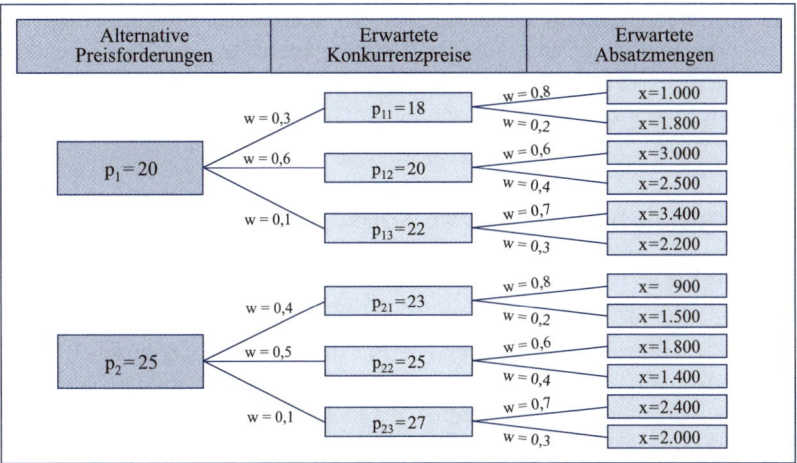

Schaubild 6-6: Entscheidungsbaum zur Kennzeichnung preispolitischer Entscheidungssituationen

Als Erwartungswerte berechnen sich:

Für $E(p_1) = (1.000 \cdot 0{,}8 + 1.800 \cdot 0{,}2) \cdot 0{,}3 +$
$(3.000 \cdot 0{,}6 + 2.500 \cdot 0{,}4) \cdot 0{,}6 +$
$(3.400 \cdot 0{,}7 + 2.200 \cdot 0{,}3) \cdot 0{,}1 = 2.332$

Für $E(p_2) = (900 \cdot 0{,}8 + 1.500 \cdot 0{,}2) \cdot 0{,}4 +$
$(1.800 \cdot 0{,}6 + 1.400 \cdot 0{,}4) \cdot 0{,}5 +$
$(2.400 \cdot 0{,}7 + 2.000 \cdot 0{,}3) \cdot 0{,}1 = 1.456$

Aufgrund der Wahrscheinlichkeitsüberlegungen und der prognostizierten Umweltergebnisse empfiehlt es sich in diesem Beispiel bei einer zu Grunde liegenden Zielsetzung der Absatzmaximierung, einen Preis von 20 GE zu fordern.

Insgesamt sind die **marktorientierten Verfahren der Preisbestimmung** gut geeignet, den Anforderungen der Praxis für die Festlegung von Preisen gerecht zu werden. Wenn auch die Verfahren nicht in der Lage sind, ein analytisches Preisoptimum zu bestimmen, versuchen sie doch, unter Nutzung bestehender Informationen eine Entscheidung zu optimieren. Sie beziehen sich bei ihren Überlegungen auf die Teilkostenrechnung und werden damit der Forderung gerecht, auf die Einbeziehung von Fixkosten für die Bestimmung von Preisen zu verzichten. Zusätzlich werden bei den marktorientierten Verfahren die Konsequenzen aufgezeigt, die sich bei alternativen Preisforderungen für unternehmens- und marktrelevante Größen (Deckungsbeiträge, Umsätze, Absatzmengen, Konkurrenzpreise) ergeben. Damit ist der Entscheider gezwungen, Einschätzungen der Reaktionen des Marktes auf seine Preispolitik vorzunehmen.

6.4.3 Marginalanalytische Preisbestimmung

6.4.3.1 Grundlagen der Marginalanalyse

Die Verfahren der marginalanalytischen Preisbestimmung basieren auf der Kenntnis funktionaler Zusammenhänge zwischen der Preishöhe und preispolitischen Zielgrößen, wie insbesondere Absatzmengen, Umsatz, Gewinn und Rentabilität. Wenn die Beziehungen zur Preishöhe durch Funktionen darstellbar sind, ist die Anwendung der **Differenzialrechnung** zur Bestimmung des Maximums einer Zielfunktion möglich. Die marginalanalytische Preisbestimmung ist ein Verfahren, das sich nicht nur auf die Vorteilhaftigkeitsbestimmung ausgewählter Preisalternativen bezieht, sondern in der Lage ist, ein **Preisoptimum** bei stetig definierten Funktionsverläufen zu bestimmen (vgl. dazu beispielsweise *Diller* 2008; *Simon/Fassnacht* 2009; *Meffert* et al. 2012). Voraussetzung zur Anwendung der Marginalanalyse ist die Kenntnis wichtiger **Funktionsverläufe**. Schaubild 6-7 gibt einen Überblick über relevante Funktionsverläufe, von denen einige im Folgenden dargestellt werden:

Preis-Absatz-Funktion

Die Preis-Absatz-Funktion gibt den Zusammenhang von erwarteten Absatzmengen und bestimmten Preisen wieder. Der Normalfall einer Preis-Absatz-Funktion sind sinkende Absatzmengen bei Preiserhöhungen. Aus didaktischen Gründen wird die Preis-Absatz-Funktion im Folgenden linear und invertiert dargestellt (zu weiteren Formen der Preis-Absatz-Funktion vgl. *Homburg/Krohmer* 2009, S. 651ff.). Damit ergibt sich:

$$p = a - bx$$

wobei:
p = Preisforderung
a = Prohibitivpreis
b = Steigung der Preis-Absatz-Funktion

Bezeichnung	Funktion	Erklärung	Beispiel
Lineare Preis-Absatz-Funktion	$p = a - bx$	Zusammenhang von erwarteter Absatzmenge und Preis	$p = 24 - \frac{1}{2}x$
Preiselastizität der Nachfrage	$\varepsilon = \frac{dx \cdot p}{dp \cdot x}$	Reaktionen der Nachfrage auf Änderungen des Preises	$\varepsilon = -2 \cdot \frac{p}{x}$
Umsatzfunktion	$U(x) = p \cdot x$	Änderungen des Umsatzes bei Änderungen des Preises/der Menge	$U(x) = 24x - \frac{1}{2}x^2$
Grenzumsatzfunktion	$U'(x)$	Änderung des Umsatzes bei infinitesimaler Änderung der Absatzmenge (Erste Ableitung der Umsatzfunktion nach x)	$U'(x) = 24 - x$
Lineare Kostenfunktion	$K(x) = K_f + k_v \cdot x$	Änderung der Kosten bei Veränderungen der Menge (K_f = fixe Kosten; k_v = variable Kosten)	$K(x) = 4 + 2x$
Grenzkostenfunktion	$K'(x)$	Änderung der Kosten bei infinitesimaler Änderung der Absatzmenge (Erste Ableitung der Kostenfunktion nach x)	$K'(x) = 2$
Gewinnfunktion	$G(x) = U(x) - K(x)$	Zusammenhang zwischen Gewinn und Absatzmenge	$G(x) = 22x - \frac{1}{2}x^2 - 4$
Grenzgewinnfunktion	$G'(x)$	Änderung des Gewinns bei infinitesimaler Änderung der Absatzmengen (Erste Ableitung der Gewinnfunktion nach x)	$G'(x) = 22 - x$
Rentabilitätsfunktion	$R(x) = \frac{G(x)}{C(x)}$	Zusammenhang zwischen Rentabilität und Absatzmenge (C = Kapitalbedarf)	für $C = \frac{1}{2}x$; $R(x) = \frac{44x - x^2 - 8}{x}$
Grenzrentabilitätsfunktion	$R'(x)$	Änderung der Rentabilität bei infinitesimaler Änderung der Absatzmengen (Erste Ableitung der Rentabilitätsfunktion nach x)	$R'(x) = \frac{-x^2 + 8}{x^2}$

Schaubild 6-7: Relevante Funktionsverläufe im Rahmen der marginalanalytischen Preisbestimmung

Statisches Preismanagement

Preiselastizität der Nachfrage

Die Preiselastizität der Nachfrage (Nachfrageelastizität) gibt die Reaktionen der Nachfrage (gemessen in Absatzmengen) auf Änderungen des Preises wieder, wobei die relative Mengenänderung der relativen Preisänderung gegenübergestellt wird. Bei der Ermittlung der Änderungen im infinitesimalen Bereich (direkte Punktelastizität) berechnet sich die Preiselastizität wie folgt:

$$\varepsilon = \frac{\frac{dx}{x}}{\frac{dp}{p}} \quad \text{bzw.} \quad \varepsilon = \frac{dx \cdot p}{dp \cdot x}$$

wobei:
ε = Preiselastizitätskoeffizient
dx = (infinitesimale) Änderung der Absatzmenge
dp = (infinitesimale) Änderung des Preises

Unter der Preiselastizität der Nachfrage wird das Verhältnis zwischen einer relativen Änderung des Preises und der dadurch bewirkten relativen Änderung der Absatzmenge verstanden. Der Koeffizient ε gibt dem Anbieter einen Hinweis darauf, wie eine bestimmte Preisänderung den Umsatz beeinflusst, wobei der Wert für die Elastizität im Bereich zwischen 0 und $-\infty$ liegt (vgl. Schaubild 6-8).

- Bei $\varepsilon < -1$ hat eine Preissenkung eine Absatzsteigerung zur Folge. Dabei ist die prozentuale Mengenänderung größer als die prozentuale Preisänderung (**elastische Nachfrage**).

- Bei $\varepsilon > -1$ hat eine Preissenkung eine steigende mengenmäßige Nachfrage, aber eine Umsatzabnahme zur Folge, d.h., die prozentuale Preisänderung ist größer als die prozentuale Mengenänderung (**unelastische Nachfrage**).

- Bei $\varepsilon = 0$ ist die nachgefragte Menge unabhängig vom Preis (**vollkommen unelastische Nachfrage**).

In diesem Zusammenhang ist die **Amoroso-Robinson-Relation** von Bedeutung, die bei einem linearen Verlauf der Preis-Absatz-Funktion die Bestimmung des Umsatzmaximums ermöglicht:

$$U'(x) = p \cdot \left(1 + \frac{1}{\varepsilon}\right)$$

Wie Schaubild 6-8 zeigt, schneidet die Grenzumsatzfunktion die Abszisse an der Stelle, an der die Preiselastizität den Wert ε = −1 annimmt. Dort ist gleichzeitig das Maximum der Umsatzfunktion erreicht. Im elastischen Bereich der Preis-Absatz-Funktion steigt der Umsatz; der Grenzumsatz ist positiv und fällt. Im unelastischen Bereich sinkt der Umsatz und der Grenzumsatz ist negativ.

Ein Spezialtyp der Preiselastizität ist die **Kreuzpreiselastizität**. Sie gibt an, um wie viel Prozent sich die Absatzmengen eines Produktes i ändern, wenn sich der Preis von Produkt j um 1 Prozent verändert und berechnet sich bei Änderungen im infinitesimalen Bereich für zwei unterschiedliche Produkte (i, j) nach der Formel:

$$\varepsilon_{ij} = \frac{dx_i \cdot p_j}{dp_j \cdot x_i}$$

Die Kreuzpreiselastizität der Nachfrage wird auch zur Kennzeichnung von Konkurrenzbeziehungen herangezogen. Für diesen Fall wird diese (indirekte) Preiselastizität auch

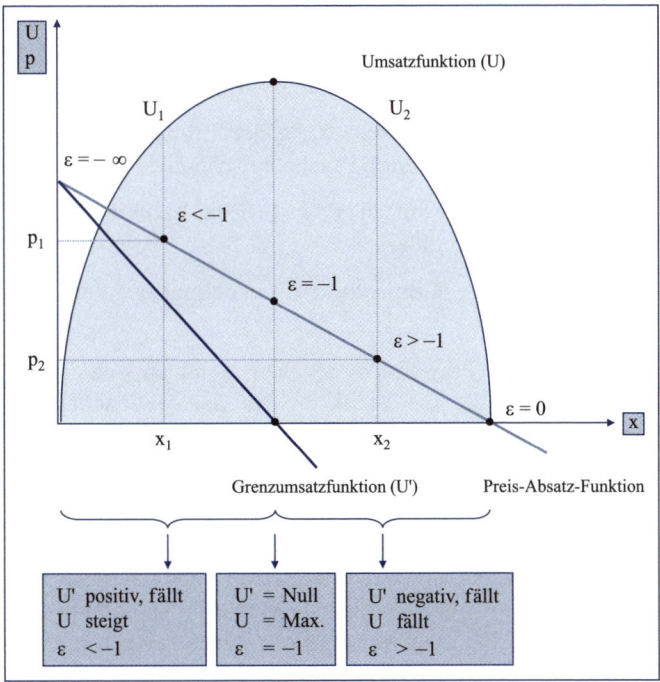

Schaubild 6-8: Preis-Absatz-Funktion, Umsatzfunktion, Grenzumsatzfunktion und Preiselastizität der Nachfrage

als **Triffinscher Koeffizient** (T) bezeichnet. Bei einem Koeffizienten **T = 0** liegt keine Konkurrenzgebundenheit vor; bei einem Wert von $T \to \infty$ handelt es sich um homogene und bei einem Wert von $0 < T < \infty$ um heterogene Konkurrenz. Im Falle **positiver** Elastizitätskoeffizienten handelt es sich um **konkurrierende Produkte** und im Falle **negativer** Koeffizienten um **komplementäre Produkte**.

Nur wenn die in Schaubild 6-8 aufgeführten Funktionen den Entscheidungsträgern bekannt sind, lassen sich mit Hilfe der Differenzialrechnung eine marginalanalytische Preisbestimmung sowie Optimierungs- bzw. Maximierungskalküle (z.B. Umsatzmaximierung, Rentabilitätsmaximierung u.a.) vornehmen. Darüber hinaus werden bei vielen klassischen marginalanalytischen Ansätzen u.a. folgende **Annahmen** getroffen:

- Es werden **sichere Informationen** über den Verlauf der Funktionen vorausgesetzt.

- Es ist eine **statische Analyse** erforderlich, da die Funktionen nur für einen bestimmten Zeitpunkt gelten.

- Es wird **rationales Kaufverhalten** der Nachfrager unterstellt (Fiktion des „homo oeconomicus"). Psychologische Kaufentscheidungskriterien werden nicht beachtet.

- Wirkungen des **Einsatzes anderer Marketinginstrumente** werden nicht berücksichtigt und bei der Preisbestimmung als gegeben angesehen (**ceteris paribus-Bedingung**). Beziehungen zwischen Marketinginstrumenten werden nicht betrachtet.

- Im Vordergrund stehen **ökonomische Ziele der Preispolitik** (z.B. Gewinn-, Umsatz- und Rentabilitätsmaximierung). Psychologische Ziele bleiben unberücksichtigt.

- Die Preisbestimmung basiert auf einer **einstufigen Marktbetrachtung**, d.h. ohne zwischengeschaltete Absatzmittler.

- Im Mittelpunkt steht eine **Einprodukt-Unternehmung**; Verbundwirkungen im Sortiment werden ignoriert.

Diese Annahmen sind in der Praxis nicht gegeben. Dennoch sind die marginalanalytischen Verfahren in der Lage, die **Struktur des preispolitischen Entscheidungsproblems** aufzuzeigen. Aus preistheoretischen Modellen lassen sich trotz aller Einschränkungen wichtige Erkenntnisse für die Preisbestimmung in der Praxis ableiten. Die Annahmen werden vereinzelt durch eine Verfeinerung der marginalanalytischen Optimierungsmodelle und die Inkaufnahme weiterer Prämissen aufgehoben.

Marginalanalytische Verfahren wurden in den letzten Jahren – besonders im Rahmen der mikroökonomischen Theorie – für verschiedene Marktformen und Entscheidungssituationen entwickelt. Schaubild 6-9 zeigt verschiedene **Marktformen** in Abhängigkeit von der Zahl der Anbieter und Nachfrager. Für die weitere Betrachtung erfolgt eine Beschränkung auf die Marktformen des Angebotsmonopols, Angebotsoligopols und Polypols.

Entscheidungen der Preispolitik

Anbieter Nachfrager	Einer	Wenige	Viele
Einer	Bilaterales Monopol	Beschränktes Nachfragemonopol	Nachfragemonopol (Monopson)
Wenige	Beschränktes Angebotsmonopol	Bilaterales Oligopol	Nachfrageoligopol (Oligopson)
Viele	Angebotsmonopol	Angebotsoligopol	Polypol

Schaubild 6-9: Morphologische Einteilung von Märkten

6.4.3.2 Preisfestlegung im Monopol

Im **Angebotsmonopol** wird ein Produkt nur von einem Unternehmen angeboten. Der Monopolist legt entweder den Preis oder die Menge fest. Legt er den Preis fest, ergibt sich die von ihm abgesetzte Menge aus der Preis-Absatz-Funktion und vice versa. Die Preisfestlegung nach den Verfahren der Marginalanalyse richtet sich nach den jeweiligen preispolitischen Zielvorstellungen (z.B. Gewinn, Rentabilität, Umsatz).

Gewinnmaximierung

Im Falle der Gewinnmaximierung als preispolitisches Ziel berechnet sich der Gewinn durch die erste Ableitung der Gewinnfunktion, die gleich Null gesetzt und aufgelöst wird.

$$\frac{dG}{dx} = \frac{dU}{dx} - \frac{dK}{dx} = 0$$

$$\frac{dU}{dx} = \frac{dK}{dx}$$

Die auf diesem Wege ermittelte gewinnmaximale Menge wird zur Berechnung des gewinnmaximalen Preises in die Preis-Absatz-Funktion eingesetzt. Die gewinnmaximale

Preisforderung liegt bei jenem Preis, bei dem die Grenzkosten dem Grenzumsatz entsprechen.

Sind die Umsatz- und Kostenfunktionen in Abhängigkeit von den Absatzmengen formuliert, und weisen die Preis-Absatz-Funktion und die Kostenfunktionen einen linearen Verlauf auf, lässt sich die Berechnung der gewinnmaximalen Preisforderung auch nach der **Cournot-Formel** vornehmen. Unter Annahme der folgenden Umsatz- und Kostenfunktion gilt:

$$U = a \cdot x - b \cdot x^2; \quad U' = a - 2b \cdot x = 0$$
$$K = K_f + k_v \cdot x; \quad K' = k_v$$

$$a - 2b \cdot x = k_v$$

Nach Auflösen der Gleichung nach x ergibt sich die Formel zur Berechnung der **Cournot-Menge**:

$$x_c = \frac{a - k_v}{2b}$$

Durch Einsetzen in die Preis-Absatz-Funktion resultiert folgende Formel zur Berechnung des **Cournot-Preises**:

$$p_c = \frac{a + k_v}{2}$$

wobei:
p_c = gewinnmaximaler Preis (Cournot-Preis)
x_c = gewinnmaximale Absatzmenge (Cournot-Menge)

Durch die Cournot-Formeln wird deutlich, dass Fixkosten für die gewinnmaximale Preisbestimmung im Monopol nicht entscheidungsrelevant sind. Schaubild 6-10 zeigt die Zusammenhänge und die Ableitung der gewinnmaximalen Preise und Absatzmengen bei linearen Funktionsverläufen auf. Als optimale Preis-Mengen-Kombination ergibt sich bei dem Beispiel ein Preis von p_c Geldeinheiten bei einem Absatz von x_c Einheiten.

Entscheidungen der Preispolitik

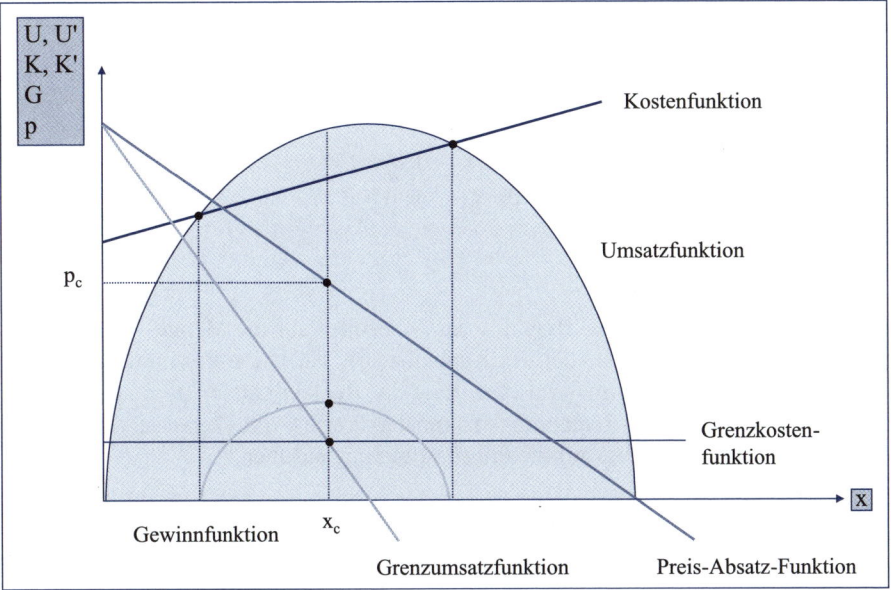

Schaubild 6-10: Gewinnmaximierung im Monopol

Umsatzmaximierung

Verfolgt ein Unternehmen das Ziel der Umsatzmaximierung, ist die erste Ableitung der Umsatzfunktion (Grenzumsatzfunktion) zu bilden, gleich Null zu setzen und aufzulösen. Eine andere Vorgehensweise wurde mit der Amoroso-Robinson-Relation aufgezeigt.

Rentabilitätsmaximierung

Die Bestimmung der rentabilitätsmaximalen Preisforderung berechnet sich durch Nullsetzen der ersten Ableitung der Rentabilitätsfunktion (Auflösung mit Hilfe der Quotientenregel):

$$\frac{dR}{dx} = \frac{G' \cdot C - G \cdot C'}{C^2} = 0$$

$$C' \cdot G = G' \cdot C \quad \text{bzw.} \quad \frac{G'}{G} = \frac{C'}{C}$$

Statisches Preismanagement

$$\frac{\frac{dG}{dx}}{G} = \frac{\frac{dC}{dx}}{C} \quad | \cdot x$$

$$\frac{dG \cdot x}{dx \cdot G} = \frac{dC \cdot x}{dx \cdot C}$$

$$\varepsilon_G = \varepsilon_C$$

Das Rentabilitätsmaximum ist erreicht, wenn – bezogen auf die Menge – die Elastizität des Gewinns gleich der Elastizität des Kapitalbedarfs ist. Diese Zusammenhänge zeigt Schaubild 6-11 auf. Die Formel zur Ableitung der Rentabilitätsfunktion zeigt, dass die Fixkosten zur Bestimmung rentabilitätsmaximaler Preise – im Gegensatz zur Gewinnmaximierung – einen Einfluss auf die Preisbestimmung ausüben.

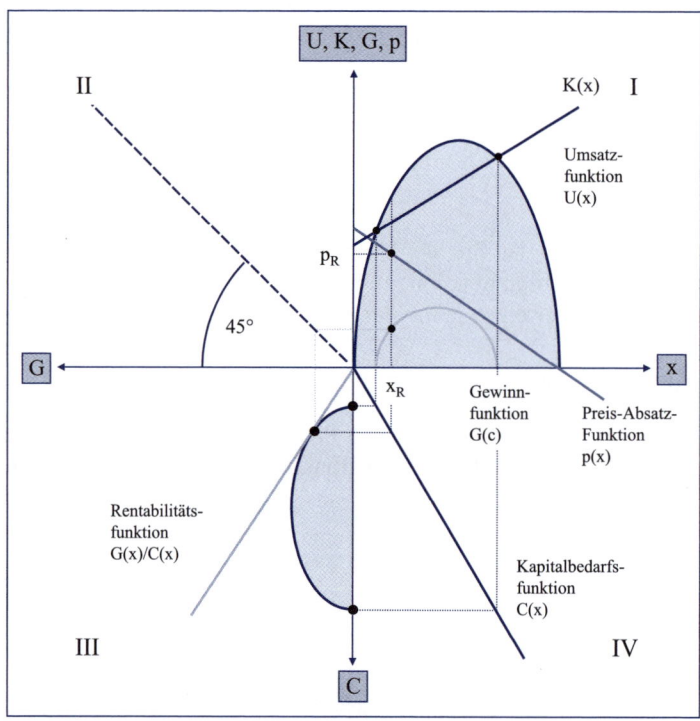

Schaubild 6-11: Rentabilitätsmaximierung im Monopol

Die marginalanalytischen Verfahren der Preisbestimmung lassen sich auf Situationen übertragen, in denen gleichzeitig eine **Preisbestimmung bei mehreren Produkten** vorgenommen wird. Wenn zusätzliche Restriktionen vorhanden sind, erfordert dies die Formulierung entsprechender Zielfunktionen mit Nebenbedingungen. Die Ableitungen sind nach verschiedenen mathematischen Verfahren vorzunehmen, z.B. mit Hilfe des Lagrange-Ansatzes, der Linearen Programmierung oder der Simplex-Methode (zur Anwendung der Lagrange-Methode vgl. auch Abschnitt 5.7.3).

6.4.3.3 Preisfestlegung im Oligopol

Das **Angebotsoligopol** ist durch wenige mittelgroße Anbieter und viele kleine Nachfrager gekennzeichnet. Diese Marktform kommt in der Realität relativ häufig vor (z.B. im Markt für Waschmittel, Automobile, Zigaretten oder Mineralöl). Der einfachste Fall eines Oligopols ist das **Duopol**, in dem sich zwei Anbieter gegenüberstehen.

Die Besonderheit der Preispolitik im Oligopol liegt darin, dass bei Preisänderungen eines Anbieters mit Preisreaktionen der Konkurrenz zu rechnen ist. Je nachdem, wie stark die einzelnen Anbieter aufgrund ihrer Marktstellung durch Preisänderungen beeinflusst werden, werden sie Preisreaktionen zeigen oder darauf verzichten. Es wird von einer **Konkurrenzgebundenheit der Preispolitik** gesprochen. Im Oligopol sind Preisaktionen und -reaktionen der Konkurrenz zu antizipieren und in das eigene preispolitische Kalkül einzubeziehen.

Die **Preis-Absatz-Funktion im Oligopol** weist eine doppelt geknickte Form auf. Dabei liegt ein **reaktionsfreier Bereich** vor, in dem der Anbieter aufgrund seines akquisitorischen Potenzials preispolitisch autonom ist und folglich nicht mit Preisreaktionen seiner Konkurrenten zu rechnen hat. Beim Verlassen dieses Raumes wird die Konkurrenz auf seine Aktivitäten preispolitisch reagieren. Dies gilt sowohl für Preiserhöhungen als auch -senkungen. In der Regel sind Konkurrenten für Preissenkungen sensitiver, während sie bei Preiserhöhungen zunächst die Reaktionen der Nachfrager abwarten.

Eine Preisbestimmung im Oligopol bedarf folglich der Berücksichtigung der **Kreuzpreiselastizität**. Mit ihr vergleichbar lässt sich auch eine **Reaktionselastizität** für verschiedene Produkte (i und j) berechnen:

$$\rho_{ij} = \frac{dp_j}{dp_i} \cdot \frac{p_i}{p_j}$$

Die **Ableitung des Preisoptimums** im Oligopol erfolgt nach den gleichen marginalanalytischen Verfahren wie im Angebotsmonopol, allerdings unter Berücksichtigung des spezifischen Verlaufs der Preis-Absatz-Funktion.

Statisches Preismanagement

Werden vom Oligopolisten die eigenen ökonomischen Zielsetzungen realisiert, ohne dass durch seine Preispolitik Konkurrenzreaktionen hervorgerufen werden, liegt ein „friedliches" Preisverhalten vor. Zielen die preispolitischen Verhaltensweisen auf die Verdrängung von Konkurrenten ab, handelt es sich um einen **Preiskampf**. Preiskämpfe führen i.d.R. zu einem Preis-, Gewinn- und Renditeverfall der an ihnen beteiligten Unternehmen.

Neben der zweifach geknickten Preis-Absatz-Funktion ist auch der Verlauf einer **einfach geknickten Preis-Absatz-Funktion** denkbar. Sie gilt aufgrund der Überlegung, dass Preissenkungen auf Oligopolmärkten von Konkurrenten vielfach sofort nachvollzogen werden, während sie bei Preiserhöhungen erst abwarten. Der Anbieter wird in diesem Falle überlegen, bis zu welchem unteren Preis er sich im reaktionsfreien Bereich bewegt, ohne Preisreaktionen der Konkurrenz zu provozieren. Die Ableitung des Preisoptimums erfolgt auch im Falle der einfach geknickten Preis-Absatz-Funktion nach den Methoden der Marginalanalyse.

Eine **konkurrenzorientierte Preisfestlegung** ist in der Praxis häufig zu beobachten. Dies gilt insbesondere, wenn eines der Unternehmen aufgrund seiner Produktqualität oder durch seine Stellung als Marktführer (z.B. der Preis für die Grundvariante des VW-Golf in seiner Automobilklasse) als **Preisführer** agiert. Die Preishöhe des Preisführers hat die Funktion eines **Leitpreises**, an dem sich die Konkurrenten orientieren und messen. Bei Änderungen des Leitpreises passen sich die Unternehmen durch Zu- bzw. Abschläge in ihrer eigenen Preispolitik an die „Vorgaben" des Preisführers an.

6.4.3.4 Preisfestlegung im Polypol

Im Polypol stehen sich viele kleine Anbieter und viele kleine Nachfrager gegenüber. Die einzelnen Unternehmen haben nur einen kleinen Marktanteil. Als typische Anbieter lassen sich hier Gaststätten, Handwerks- und Handelsbetriebe erwähnen. In Abhängigkeit vom **Vollkommenheitsgrad** des jeweiligen Marktes werden zwei Formen des Polypols unterschieden:

(1) Polypol auf vollkommenen Märkten: Atomistische Konkurrenz

Auf vollkommenen (homogenen) Märkten besteht keinerlei Produktpräferenz, vollkommene Markttransparenz und eine unendlich schnelle Reaktionsgeschwindigkeit der Marktteilnehmer. Für den einzelnen Polypolisten ist keine souveräne Preispolitik möglich. Am Markt existiert ein **Gleichgewichtspreis**, der für alle Anbieter gilt. Bei Preiserhöhungen verliert der einzelne Anbieter seine gesamte Nachfrage an die Konkurrenz; bei Preissenkungen würde er die Gesamtnachfrage erhalten. Der Anbieter versucht, seine eigenen preispolitischen Ziele als **Mengenanpasser** zu realisieren.

Es gilt:

$$U = \bar{p} \cdot x$$
$$U' = \bar{p}$$

wobei:
$\bar{p}$ = Gleichgewichtspreis

Bei atomistischer Konkurrenz ist der Grenzumsatz mit dem (Gleichgewichts-) Preis identisch. Der einzelne Anbieter wird eine reine Kosten- bzw. Gewinnbetrachtung vornehmen. Bei linearem Kostenverlauf und Überschreiten der Gewinnschwelle produziert er bis zur Kapazitätsgrenze. Bei nicht linearem Kostenverlauf bietet er im Betriebsmaximum (K' = U') an.

(2) Polypol auf unvollkommenen Märkten: Polypolistische Konkurrenz

Auf unvollkommenen (heterogenen) Märkten bestehen örtliche, zeitliche, sachliche und/ oder persönliche Präferenzen für Produkte. Das einzelne Unternehmen hat Affinitäten für seine Produkte geschaffen (z.B. über Qualitätsvorteile, Markenimage, freundlichere Bedienung, Standortvorteile oder schnellere Lieferung). Es wurde ein akquisitorisches Potenzial aufgebaut, das für den Polypolisten ein eigenes preispolitisches Verhalten – wenn auch nur in bestimmten Bereichen – ermöglicht. Für die polypolistische Konkurrenz gilt eine **zweifach geknickte Preis-Absatz-Funktion** mit drei Bereichen (vgl. Schaubild 6-12):

- Mittlerer „monopolistischer" Bereich der Preis-Absatz-Funktion: Hier ist es für den Polypolisten möglich, sich preispolitisch autonom zu verhalten, ohne nennenswerte Nachfrageverluste zu erleiden. Preiserhöhungen bis zum oberen Grenzpreis und Preisreduzierungen bis zum unteren Grenzpreis werden von den Nachfragern akzeptiert.

- Oberer „atomistischer" Bereich der Preis-Absatz-Funktion: Bei Überschreiten des oberen Grenzpreises kommt es für den Polypolisten zu erheblichen Nachfrageverlusten. Preiserhöhungen werden von den Nachfragern nicht mehr akzeptiert; sie decken ihren Bedarf bei Konkurrenten.

- Unterer „atomistischer" Bereich der Preis-Absatz-Funktion: Bei Unterschreiten des unteren Grenzpreises kommt auf den Polypolisten eine erhebliche zusätzliche Nachfrage zu. Die starke Preisreduzierung hat zur Folge, dass auch Kunden der Konkurrenz bei ihm kaufen.

Statisches Preismanagement

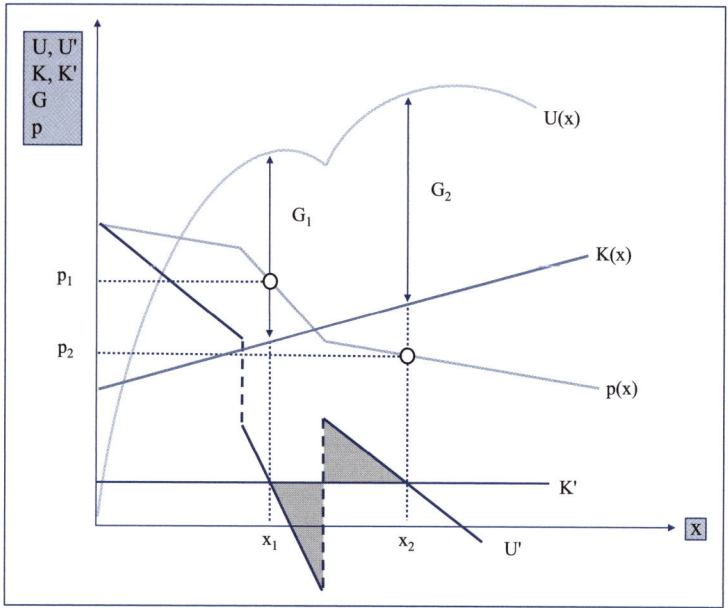

Schaubild 6-12: Gewinnmaximierung bei polypolistischer Konkurrenz

Die Steigungen der einzelnen Abschnitte der Preis-Absatz-Funktionen geben Hinweise auf den preispolitischen Spielraum und den Umfang des Nachfrageverlustes bzw. -zuwachses bei Preisveränderungen. Die Überlegungen zur Preiselastizität der Nachfrage gelten analog zum Monopolfall.

Die Berechnung der **optimalen Preisforderung im Polypol** ist ähnlich wie im Falle des Angebotsmonopols. Bei Anstreben der **Gewinnmaximierung** ist der Schnittpunkt zwischen Grenzumsatz- und Grenzkostenfunktion zu bestimmen. Dazu wird entsprechend die erste Ableitung gebildet, gleich Null gesetzt und aufgelöst. Bei linearen Kostenverläufen finden die Cournot-Formeln Anwendung.

Die Differenzialrechnung hat im Polypolfall für jeden einzelnen Kurvenabschnitt der Preis-Absatz-Funktion zu erfolgen. Nach Auflösung der Funktionen wird in Erfahrung gebracht, ob die berechnete Preisforderung im Definitionsbereich der Preis-Absatz-Funktion liegt. Nur wenn dies der Fall ist, handelt es sich um eine gewinnmaximale Preisforderung des Polypolisten. Außerdem sind die Schnittstellen der Preis-Absatz-Funktion auf die Optimalitätsbedingungen hin zu überprüfen. Dabei kommt es vor, dass zwei Lösungen im Definitionsbereich der Preis-Absatz-Funktionen liegen, d.h. Grenzumsatz- und Grenzkostenfunktion sich beispielsweise im „monopolistischen" und „unteren atomistischen" Bereich der Preis-Absatz-Funktion schneiden (vgl. auch Schaubild 6-12).

Für diesen Fall empfiehlt sich, beide gewinnmaximalen Preis-Mengen-Kombinationen in die Gewinnfunktion einzusetzen und zu berechnen, bei welcher der beiden Preisforderungen ein höherer absoluter Gewinn entsteht.

Der untere Grenzpreis wirkt für die meisten Polypolisten als **Preisbarriere**, keine weiteren Preissenkungen vorzunehmen. Die Unternehmen werden sich aufgrund zu erwartender Nachfragesteigerungen scheuen, durch Preissenkungen ihre Gewinnsituation zu verbessern; die Befriedigung der zusätzlichen Nachfrage hat i.d.R. Betriebsgrößenerweiterungen zur Folge, da die bestehende Kapazität oftmals nicht ausreicht.

Neben der Gewinnmaximierung ist auch bei der polypolistischen Konkurrenz die Setzung weiterer preispolitischer Ziele möglich, wie etwa die **Rentabilitätsmaximierung**, die **Umsatzmaximierung** sowie **kombinierte Zielsetzungen**. Dabei gelten die gleichen Methoden und Erkenntnisse wie im Falle des Angebotsmonopols (vgl. Abschnitt 6.4.3.2).

Neben dieser **Maximierung** sind im Monopol, Oligopol und Polypol auch andere Ausprägungen von preispolitischen Zielen Gegenstand preispolitischer Entscheidungskalküle. Hierzu zählen vor allem:

- **Mindestausprägungen von Zielerreichungsgraden**: Darunter fällt z.B. das Anstreben eines Mindestumsatzniveaus, eines angemessenen Gewinns oder einer Mindestrendite. Die Berechnung erfolgt nicht durch die Differenzialrechnung, da nicht das Maximum einer Funktion gesucht wird. Vielmehr wird ein Gleichungssystem erarbeitet, das Mindestausprägungen enthält. Aufgrund der Funktionen ergeben sich zwei Schnittpunkte auf der jeweiligen Zielfunktion. Die zwischen den Schnittpunkten liegenden Preishöhen geben den preispolitischen Spielraum des Anbieters an.

- **Kombinierte Zielsetzungen**: Als kombinierte Zielsetzung gilt, wenn neben der Einhaltung eines Mindestgewinns eine Absatzmengenmaximierung als Zielgröße angestrebt wird oder wenn Gewinn- und Umsatzmaximierung als gemeinsame Ziele angegeben werden. Sind die Zielsetzungen miteinander kompatibel, wird aufgrund der Mindestausprägung der preispolitische Spielraum des Anbieters berechnet und anschließend das zweite Ziel (z.B. Absatzmengenmaximierung) realisiert. Treten Zielkonflikte auf (z.B. Gewinn- und Umsatzmaximierung), sind vom Entscheider Präferenzkurven (Indifferenzkurven) für beide Ziele aufzustellen, mittels derer eine nutzenmaximale Kombination der Zielausprägungen zu ermitteln ist.

Eine weitere preispolitische Aufgabe stellt die **Berechnung von Preisuntergrenzen** dar, die sowohl für den Oligopolisten als auch den Polypolisten ökonomisch sinnvoll ist.

> **Als Preisuntergrenze wird jener Preis einer Leistungseinheit bezeichnet, bei dessen Unterschreiten die Unternehmung unter gegebenen Zielsetzungen nicht mehr bereit ist, ihre Leistung anzubieten.**

Als **kurzfristige Preisuntergrenze** gelten die variablen Stückkosten (k_v). Die **langfristige Preisuntergrenze** ist definiert durch die Deckung der Gesamtkosten, d.h., die gesamten Stückkosten (fixe und variable Kosten: k_g) sind durch den Preis zu decken.

Bei einer **kritischen Würdigung marginalanalytischer Verfahren** ist zu bedenken, dass die zur Berechnung notwendigen Annahmen über die Kenntnis von Funktionsverläufen usw. in der Realität kaum bzw. nur bedingt gegeben sind. Dennoch weisen diese Verfahren den Vorzug auf, dass sie idealtypisch aufzeigen, welche entscheidungsrelevanten Informationen zur Preisfestlegung notwendig sind. Für Unternehmen empfiehlt es sich, verstärkt Möglichkeiten der **Ermittlung empirischer Preis-Absatz-Funktionen**, zumindest in engeren Preisbereichen, zu prüfen. Dazu zählt auch, Methoden der Informationsgewinnung zur Preis-Mengen-Analyse (z.B. Kunden- und Expertenbefragungen, Preistests, ökonometrische Auswertungen von Marktdaten o.Ä.) häufiger zu nutzen.

6.5 Dynamisches Preismanagement

Die bisherigen Formen der Preisfestlegung basieren auf statischen Überlegungen. Denkbar ist auch, die Determinanten der Preisbildung im dynamischen Zeitablauf als Basis preispolitischer Entscheidungen zu betrachten. Die Einbeziehung der Zeitdimension führt zwar zu erhöhter Komplexität, die gewonnenen Ergebnisse sind jedoch realitätsnäher (vgl. *Simon/Fassnacht* 2009). Eine Betrachtung heißt dynamisch, wenn die Zeitdimension explizit berücksichtigt wird, d.h., in die Betrachtung zeitliche Interdependenzen zwischen verschiedenen Perioden eingehen. Die Dynamisierung tangiert sämtliche Determinanten der Preisbildung (vgl. *Olbrich/Battenfeld* 2007, S. 65ff.; *Simon/Fassnacht* 2009): Kosten, Gewinnfunktion und Marktsituation.

(1) Kosten

Eine Grundlage der dynamischen Betrachtung ist das **Erfahrungskurvenkonzept**, das die Entwicklung der Kosten in Abhängigkeit von der produzierten Menge beschreibt. Der so genannte Erfahrungskurveneffekt besagt, dass die variablen (preisbereinigten) Stückkosten mit jeder Verdoppelung der kumulierten Produktionsmenge um einen konstanten Prozentsatz, i.d.R. 20 bis 30 Prozent, zurückgehen. Das Erfahrungskurvenkonzept basiert auf einer empirisch festgestellten Regelmäßigkeit. Als Begründung für den Erfahrungskurveneffekt werden in der Literatur zumeist drei Ursachen aufgeführt (vgl. *Kreikebaum et al.* 2011):

- **Theorie der Lernkurve**: Die Lernkurve besagt in ihrer einfachsten Form, dass ein arbeitender Mensch während seiner Tätigkeit seine Fertigkeiten verbessert und so genannte Übungsgewinne realisiert.

- **Größendegression**: Die Größendegression beruht auf dem produktionstheoretischen Phänomen der „economies of scale": Die Erhöhung des Inputs führt zu einer überproportionalen Erhöhung des Outputs, d.h., die gesamten Stückkosten sinken mit einer Erhöhung der Kapazität. Außerdem sinken die jedem Einzelprodukt zuzurechnenden Fixkosten (Fixkostendegression).

- **Technologiedegression**: Ab einer gewissen Produktionsmenge ist häufig der Einsatz einer insgesamt kostengünstigeren Produktionstechnologie möglich, die eine Verminderung der fixen und variablen Kosten mit sich bringt. Daneben sind Produkt- und Verfahrensinnovationen denkbar, so dass sich die Produktions- und Kostenfunktion im Zeitablauf nach unten verschieben.

Untersuchungen haben gezeigt, dass das Erfahrungskurvenkonzept insbesondere bei stark wachsenden Umsätzen bzw. in der Einführungs- und Wachstumsphase von Produkten relevant ist (vgl. *Simon/Fassnacht* 2009, S. 322ff.). Die preispolitische Konsequenz, die sich aus diesem Konzept ableiten lässt, führt zu einer **Strategie eines äußerst niedrigen Anfangspreises**. Der Grundgedanke dieser **Penetrationsstrategie** besteht darin, durch einen niedrigen Einführungspreis einen hohen Absatz zu generieren, der zu Kostendegressionen und zu konkurrentengerichteten Marktbarrieren in Form von Kostenvorteilen führt. Ziel ist es, die (potenziellen) Konkurrenten so lange am Markteintritt und am Erwerb von Marktanteilen zu hindern, bis das neue Produkt marktbeherrschend ist.

(2) Gewinnfunktion

Unternehmen wird geraten, nicht den kurzfristigen Periodengewinn zu maximieren, sondern die langfristige Gewinnsicherung und -maximierung anzustreben. Da gegenwärtige Absatzchancen eines Produktes i.d.R. von den Marketingaktivitäten der Vergangenheit abhängig sind und heutige Maßnahmen die Absatzchancen der Zukunft beeinflussen, ist bei der Ermittlung der Gewinnfunktion eine dynamische Komponente zu berücksichtigen. In der Praxis kommt der langfristigen Gewinnorientierung die größte Relevanz zu.

Betrachtet wird ein Zeitraum mit T diskreten Perioden (z.B. Monate, Jahre). Für jede Periode wird ein Preis p_t mit $t = 1$ bis T festgelegt. Aufgrund der Einbeziehung mehrerer Perioden fallen Gewinne zu unterschiedlichen Zeitpunkten an. Da die Möglichkeit besteht, früher anfallende Gewinne zwischenzeitlich zu einem Zinsfuß i anzulegen, bedingen die Zeitunterschiede einen Unterschied in der Wertigkeit der Gewinne. Alle Gewinne werden zu diesem Zweck auf den Entscheidungszeitpunkt $t = 0$ diskontiert, so dass die Zielfunktion für die langfristige Gewinnmaximierung wie folgt lautet:

$$\sum_{t=1}^{T} (p_t x_t - K_t)(1 + i)^{-t}$$

Eine optimale Preisstrategie wird sich umso stärker an einer langfristigen Gewinnerzielung ausrichten, je niedriger der Kalkulationszinsfuß ist.

(3) Marktsituation

Für ein dynamisches Preismanagement ist die Berücksichtigung der Marktvorgänge relevant. Bedeutsam sind in diesem Zusammenhang spezielle Aspekte der Wettbewerbssituation und des Lebenszyklus der angebotenen Produkte, da die Wettbewerbsposition eines Produkts im Laufe seines Lebenszyklus einschneidende Veränderungen erfährt. Technologischer Wandel und modische Strömungen bewirken die permanente Entwicklung neuer und verbesserter Produkte sowie das Veralten der angestammten Erzeugnisse. Lebenszyklusphasen und Diffusionsprozesse verändern folglich den Preisspielraum im Zeitablauf. Zur Bestimmung eines dynamisch-optimalen Preises ist deshalb eine **dynamische Preis-Absatz-Funktion** zu spezifizieren (vgl. auch *Homburg* 2012, S. 673ff.). Diese unterscheidet sich von der zuvor erläuterten statischen Preis-Absatz-Funktion durch die Einbeziehung eines dynamischen Korrekturfaktors (Ψ).

Dazu wird die Amoroso-Robinson-Relation folgendermaßen erweitert:

$$U'(x) = p \cdot \left(1 + \frac{1}{\varepsilon}\right) + \Psi$$

Der dynamische Korrekturfaktor entspricht dem Barwert der zukünftigen Deckungsbeiträge, die aus einer marginalen Preisänderung in der laufenden Periode herrühren. Alle entscheidungsrelevanten Wirkungen einer zukünftigen preispolitischen Maßnahme werden somit erfasst. Die Differenz zwischen dem statisch und dem dynamisch optimalen Preis ist umso größer, je stärker der heutige Preis zukünftige Absatzmengen beeinflusst, je höher die in Zukunft erwarteten Stückdeckungsbeiträge sind und je niedriger der Kalkulationszinsfuß ist. Die dynamische Preis-Absatz-Funktion ist ein Ergebnis aus Markt- und Wettbewerbsbedingungen, die sich im Zeitablauf ergeben. Solche (indirekten) Zukunftswirkungen des laufenden Preises werden als so genannte **Carry-Over-Effekte** bezeichnet (*Homburg* 2012, S. 674). Sie sind die vom Absatz einer Periode t auf den Absatz in einer zukünftigen Periode t + r ausgehenden Wirkungen, wobei r für einen diskreten Zeitraum steht.

Carry-Over-Effekte haben unterschiedliche Ursachen, z.B. die Beeinflussung des Kaufverhaltens durch Erfahrungen mit früher gekauften Produkten, die Erfahrungsweitergabe von anderen Personen (Word of Mouth) oder Sättigungseffekte im Markt. Falls die dynamischen Effekte ausschließlich aus Carry-Over-Effekten resultieren, ist der benötigte Barfaktor ein Vielfaches der kurzfristigen Preiswirkung und somit relativ leicht ermittelbar.

7. Entscheidungen der Kommunikationspolitik

> **Lernziele**
>
> Sie erfahren in diesem Kapitel, welche Zielsetzungen in der Kommunikationspolitik im Vordergrund stehen und welche unterschiedlichen Instrumente eingesetzt werden, um Kommunikationsziele zu erreichen. Sie
>
> ➤ setzen sich mit einem systematischen Planungsprozess der Kommunikation auseinander,
>
> ➤ vollziehen unterschiedliche Methoden der Kommunikationsplanung nach,
>
> ➤ erkennen die Besonderheiten im Einsatz unterschiedlicher Kommunikationsinstrumente und
>
> ➤ werden mit der Notwendigkeit sowie den Ansatzpunkten einer Integrierten Kommunikation vertraut gemacht.
>
> Besonderes Anliegen des Kapitels ist es, die Kommunikation nicht nur als kreatives Instrument zu verstehen, sondern auch die relevanten Aspekte eines systematischen Kommunikationsmanagements aufzuzeigen.

7.1 Begriff und Entwicklung der Kommunikationspolitik

Die Entscheidungen der Produkt- und Preispolitik sind auf die Leistungserstellung gerichtet. Sie legen das Leistungsprogramm des Unternehmens detailliert fest. Demgegenüber hat die **Kommunikationspolitik** die Aufgabe der **Leistungsdarstellung** gegenüber seinen Zielgruppen.

> **Kommunikationspolitik** beschäftigt sich mit der Gesamtheit der Kommunikationsinstrumente und -maßnahmen eines Unternehmens, die eingesetzt werden, um das Unternehmen und seine Leistungen den relevanten Zielgruppen der Kommunikation darzustellen und/oder mit den Anspruchsgruppen eines Unternehmens in Interaktion zu treten.

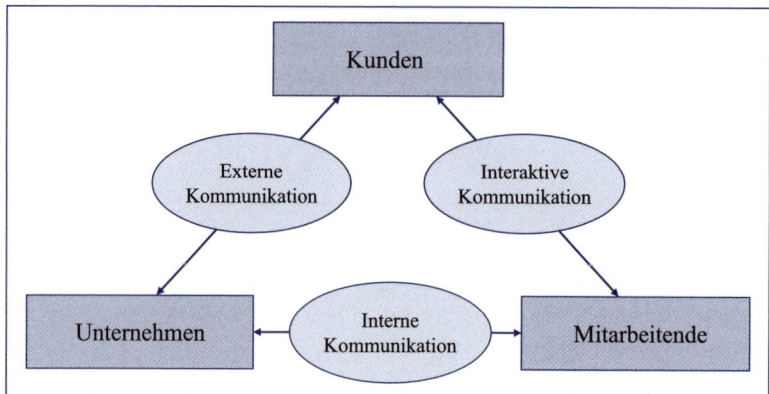

Schaubild 7-1: Erscheinungsformen der Kommunikation von Unternehmen

Die Kommunikationspolitik umfasst Maßnahmen der marktgerichteten, **externen Kommunikation** (z.B. Anzeigenwerbung), der innerbetrieblichen, **internen Kommunikation** (z.B. Mitarbeiterzeitschrift, Intranet) und der **interaktiven Kommunikation** zwischen Mitarbeitenden und Kunden (z.B. Kundenberatungsgespräch). Schaubild 7-1 veranschaulicht diese Erscheinungsformen der Kommunikation von Unternehmen.

Unternehmen verfügen über eine Vielzahl interner und externer kommunikativer Aktivitäten, um ihre Zielgruppen zu erreichen. Infolge des hohen Stellenwertes der externen Marktkommunikation wird diese in den folgenden Ausführungen in den Mittelpunkt gerückt. Es ist jedoch zu beobachten, dass die interaktive Kommunikation und vor allem die interne Mitarbeiterkommunikation im Sinne eines ganzheitlichen Ansatzes für den Unternehmenserfolg immer wichtiger werden.

Nicht nur das Marketing im Allgemeinen, sondern vor allem die Kommunikation im Speziellen ist einem permanenten Wandel unterworfen. Dies wird besonders deutlich, wenn die **Entwicklungsphasen der Kommunikationspolitik** betrachtet werden:

(1) **Phase der unsystematischen Kommunikation** (1950er Jahre): Die Kommunikationspolitik spielte für Unternehmen keine große Rolle; dominant war in dieser Phase die Konzentration auf das Produktangebot, das sich aufgrund der vorhandenen Nachfrage einfach verkaufte.

(2) **Phase der Produktkommunikation** (1960er Jahre): Unternehmen bauten Verkaufsorganisationen auf, denen die Kommunikation Unterstützung zu liefern hatte. Kom-

munikationsinstrumente wie die Mediawerbung oder die Verkaufsförderung standen im Vordergrund.

(3) **Phase der Zielgruppenkommunikation** (1970er Jahre): Mit dem Prinzip der differenzierten Marktbearbeitung orientierte sich die Kommunikation stärker an unterschiedlichen Zielgruppen. Die Kommunikation diente der differenzierten Ansprache von Kunden mit dem Ziel, einen spezifischen Kundennutzen zu vermitteln.

(4) **Phase der Wettbewerbskommunikation** (1980er Jahre): Innerhalb des Marketingmix kam der Kommunikation eine wettbewerbsstrategische Bedeutung zu. Mit dem Ziel der Abgrenzung von der Konkurrenz wurde die Kommunikation genutzt, strategische Vorteile durch eine einzigartige Positionierung beim Kunden zu erreichen. Ein Kommunikationsauftritt, der in der Lage war, bei homogenen Produktleistungen eine kommunikative Differenzierung zu realisieren, stand im Mittelpunkt.

(5) **Phase des Kommunikationswettbewerbs** (1990er Jahre): Kommunikation wurde zum Erfolgsfaktor im Wettbewerb, wobei sich die Kommunikationsbedingungen aufgrund eines steigenden Kommunikationsdrucks zunehmend verschlechtern. Unternehmen waren und sind aufgefordert, ihre Vielzahl an Kommunikationsinstrumenten so aufeinander abzustimmen, dass ein geschlossenes Erscheinungsbild des Unternehmens im Sinne einer Integrierten Kommunikation entsteht.

(6) **Phase der Dialogkommunikation** (2000er Jahre): Die Entwicklung neuer Kommunikationstechnologien wie Internet, E-Mail, Social Media und Call Center ermöglichen neue Formen der Kommunikation von Unternehmen mit vielfältigen Anspruchsgruppen und von Anspruchsgruppen untereinander. Statt die Rezipienten einseitig durch externe Kommunikation in ihren Meinungen und Verhaltensweisen zu beeinflussen, stehen Unternehmen in dieser Dekade vor der Herausforderung, im Rahmen des Relationship Marketing zweiseitige Kommunikationsprozesse zu initiieren und langfristige Kommunikationsbeziehungen aufzubauen.

(7) **Phase der Netzwerkkommunikation** (2010er Jahre): Neue Kommunikationsformen wie vor allem Social Media-Kommunikation werden die Interaktivität der Kommunikation in den 2010er Jahren wesentlich vorantreiben. Für die Kommunikationspolitik der Unternehmen ist es daher erfolgsrelevant, sich auf diese nutzergetriebenen Medien aktiv einzustellen.

Das Bestehen eines Unternehmens im Kommunikationswettbewerb ist durch die quantitativen und qualitativen Veränderungen auf den **Kommunikationsmärkten** zu einer besonderen Herausforderung geworden. Die Dynamik in der Entwicklung der Medienmärkte seit Mitte der 1980er Jahre, die zu einer Atomisierung der Medienlandschaft führte, ist die zentrale quantitative Veränderung. Gleichartige Werbung, zunehmende Werbeflut, Informationsüberlastung und zunehmender „Werbefrust" auf Seiten der Kommunikationsempfänger verringern zusätzlich die Chancen eines Unternehmens, sich durch Kommunikation beim Kunden und gegenüber dem Wettbewerb zu profilieren. Zentrale Aufgabe ist daher eine systematische Planung und Umsetzung der Kommunikationsarbeit.

7.2 Prozess der Kommunikationsplanung

Ähnlich anderer Marketinginstrumente wird der Einsatz der Kommunikationspolitik einem Planungsprozess unterworfen, der die relevanten Teilentscheidungen wiedergibt (vgl. *Hofbauer/Hohenleitner* 2005; *Bruhn* 2009; 2011). Schaubild 7-2 zeigt einen idealtypischen **Planungsprozess der Kommunikationspolitik** mit verschiedenen Phasen:

(1) **Analyse der Kommunikationssituation**

Zunächst werden im Rahmen einer Situationsanalyse die kommunikationsrelevanten externen Chancen und Risiken sowie internen Stärken und Schwächen ermittelt (**kommunikationsbezogene SWOT-Analyse**). Das Ergebnis der SWOT-Analyse sind kommunikative Problemstellungen, die notwendige Ansatzpunkte für kommunikationspolitische Strategien und Maßnahmen aufzeigen.

(2) **Festlegung der Kommunikationsziele**

In Abhängigkeit von der Problemstellung und den Marketingzielen werden Kommunikationsziele festgelegt und dem weiteren Vorgehen vorangestellt. Prinzipiell werden ökonomische und psychologische Zielgrößen definiert, wobei ökonomische Ziele wie z.B. der Absatz aufgrund der Zurechnungsproblematik von geringerer Bedeutung sind. Mit Blick auf die Profilierung im Kommunikationswettbewerb ist das Ziel der **Positionierung** zentral, d.h., das Angebot bzw. die Leistung des Unternehmens ist so in den subjektiven Wahrnehmungsraum des Konsumenten zu positionieren, dass sich eine Einzigartigkeit ergibt (*Kroeber-Riel/Esch* 2009; *Bruhn* 2013, S. 170).

(3) **Zielgruppenplanung**

Um eine differenzierte Kommunikationsarbeit zu realisieren, sind die relevanten Zielgruppen zu identifizieren, zu beschreiben und ihre Erreichbarkeit ist zu ermitteln.

(4) **Ableitung der Kommunikationsstrategie**

Im Mittelpunkt der Kommunikationspolitik steht die Festlegung der Kommunikationsstrategie, die die **Schwerpunkte** der kommunikativen Unternehmensaktivitäten definiert und eine Auswahl der zentralen Kommunikationsinstrumente vornimmt.

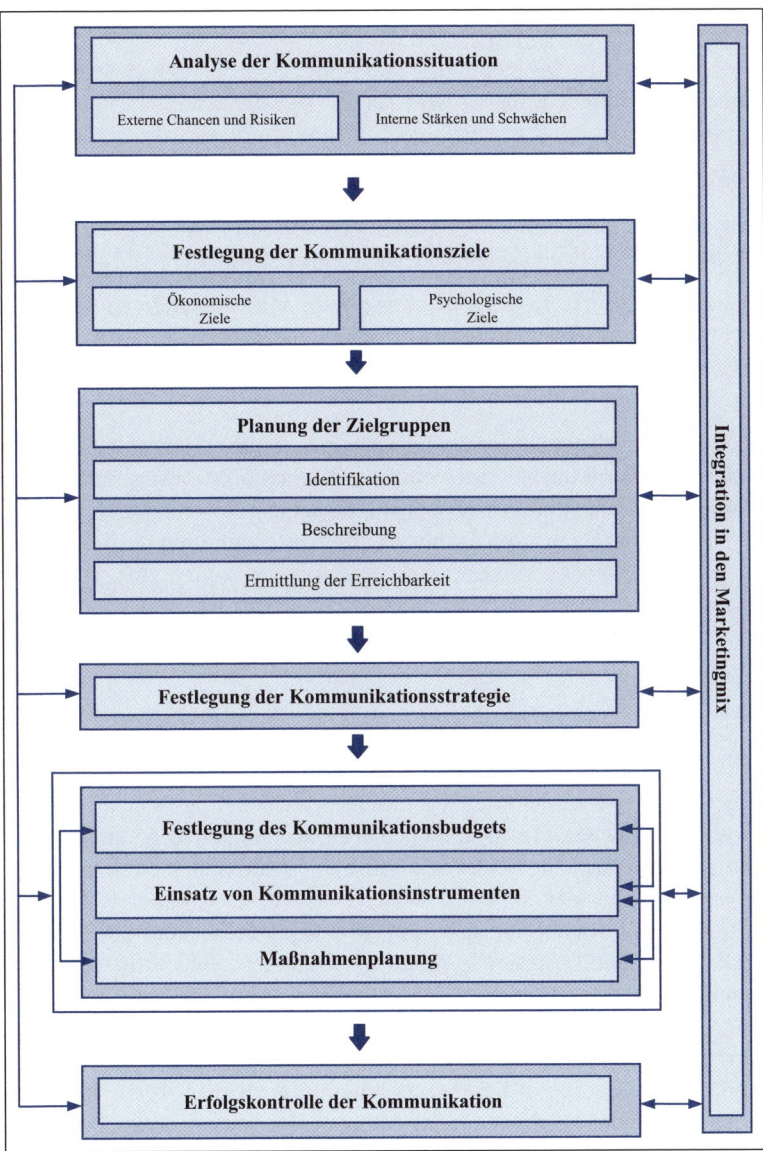

Schaubild 7-2: Planungsprozess der Kommunikationspolitik

(5) Festlegung des Kommunikationsbudgets, der Instrumente und Maßnahmen

Auf Basis der Strategie ist das Kommunikationsbudget zu bestimmen und auf die einzelnen Instrumente zu verteilen. Dabei wird der Einsatz der verschiedenen **Kommunikationsinstrumente** detailliert festgelegt und die **Kommunikationsbotschaft** gestaltet.

(6) Durchführung von Erfolgskontrollen der Kommunikation

Durch Analysen von Kommunikationswirkungen sind im Rahmen der Erfolgskontrolle Schlussfolgerungen für etwaige Ziel- und Maßnahmenkorrekturen zu ziehen.

Sämtliche Instrumente der Kommunikationspolitik sind mit anderen Maßnahmen des Marketing abzustimmen. Die **Integration** findet dabei sowohl zwischen den einzelnen Kommunikationsinstrumenten (Kommunikationsmix) als auch zwischen den anderen Marketinginstrumenten (Marketingmix) statt.

Dieser idealtypische Planungsprozess für den Einsatz der Marktkommunikation lässt sich in seiner Grundstruktur auf jedes einzelne Kommunikationsinstrument übertragen. Die vielfältigen Kommunikationsaktivitäten, die einem Unternehmen zur Verfügung stehen, werden zu den folgenden **Kommunikationsinstrumenten** gebündelt:

- Mediawerbung,
- Verkaufsförderung,
- Direct Marketing,
- Public Relations,
- Sponsoring,
- Persönliche Kommunikation,
- Messen und Ausstellungen,
- Event Marketing,
- Social Media-Kommunikation,
- Mitarbeiterkommunikation.

Instrumente wie die Verkaufsförderung, das Direct Marketing oder die Social Media-Kommunikation erfüllen nicht ausschließlich nur kommunikative, sondern auch vertriebliche Funktionen. Für spezielle Sektoren sind weitere Instrumente zu nennen wie z.B. die Schaufensterwerbung im Handel. Der Einsatz verschiedener Kommunikationsinstrumente stellt Unternehmen vor die Aufgabe der **interinstrumentellen Allokation**, d.h. der Aufteilung des Kommunikationsbudgets auf die verschiedenen Instrumente unter Effektivitäts- und Effizienzgesichtspunkten. Die interinstrumentelle Allokation steht dabei vor dem Problem, dass es noch keine anerkannten Bewertungsmaßstäbe für einen effektivitätsorientierten Vergleich der Instrumente gibt, da die Funktionen bzw. Ziele der verschiedenen Instrumente stark differieren. Folglich ist auch ein Kosten-Nutzen-Vergleich zwischen den Instrumenten schwierig. Die Messung der Wirkungsbeziehungen zwischen den verschiedenen Instrumenten stellt ein weiteres Problem dar.

Der skizzierte idealtypische Planungsprozess wird aufgrund der hohen Werbeetats besonders professionell in der **Werbeplanung** eingesetzt. Daher wird dieser anhand der Mediawerbung im Folgenden detailliert dargelegt. Bei anderen Kommunikationsinstrumenten ist das Vorgehen in der Grundstruktur ähnlich (vgl. *Bruhn* 2009).

7.3 Einsatz der Mediawerbung

7.3.1 Erscheinungsformen der Mediawerbung

Die Mediawerbung (klassische Werbung) beschäftigt sich mit der **Werbung in Massenkommunikationsmitteln**. Im Vordergrund steht die indirekte Form der Kommunikation mit Hilfe von Medien, wie folgende Definition veranschaulicht (*Bruhn* 2013, S. 375):

> **Mediawerbung bedeutet den Transport und die Verbreitung werblicher Informationen über die Belegung von Werbeträgern mit Werbemitteln im Umfeld öffentlicher Kommunikation gegen ein leistungsbezogenes Entgelt, um eine Realisierung unternehmensspezifischer Kommunikationsziele zu erreichen.**

Üblicherweise wird die Mediawerbung auf Werbung in Zeitungen, Zeitschriften, Rundfunk, Fernsehen und Plakaten eingegrenzt. Dabei ist zwischen Werbemitteln und Werbeträgern zu unterscheiden. In **Werbemitteln** findet z.B. im Rahmen von Fernseh- oder Hörfunkspots eine Verschlüsselung von Werbebotschaften statt. Zum Adressaten werden diese Werbemittel mit Hilfe von **Werbeträgern**, d.h., z.B. durch Zeitung, Fernsehen und Hörfunk transportiert (vgl. *Kloss* 2012). In den meisten Unternehmen bestreitet die Werbung den größten Anteil am Kommunikationsetat. Die Netto-Werbeeinnahmen erfassbarer Werbeträger betrugen 2012 ca. 18,42 Mrd. EUR (*ZAW* 2013). Für die **Realisierung der Mediawerbung** kommen zwei Möglichkeiten in Betracht: Bei einer „internen Lösung" übernimmt eine Werbeabteilung die Aufgabe, sämtliche Werbemaßnahmen bis zur Werbekontrolle selbständig durchzuführen. Vielfach übernimmt diese Abteilung gleichzeitig weitere Kommunikationsaktivitäten, z.B. Direktkommunikation. Demgegenüber sieht die „externe Lösung" vor, dass Unternehmen mit einer **Werbeagentur** zusammenarbeiten. Dabei übernimmt die Agentur neben werbebezogenen Aufgaben möglicherweise auch weitere kommunikations- und marketingbezogene Aktivitäten. Je nach Umfang der übernommenen Leistungen handelt es sich um **Full-Service-Agenturen** (Abdeckung des gesamten Kommunikationsspektrums) oder **Spezial-Agenturen**, die nur Teilaufgaben (z.B. Mediaeinkauf) bzw. instrumentespezifische Aufgaben (z.B. Sponsoring) übernehmen.

Im Rahmen der **Werbeplanung** sind von den internen bzw. externen Entscheidern verschiedene Teilentscheidungen in Anlehnung an den in Schaubild 7-2 dargestellten Planungsprozess vorzunehmen, die im Folgenden genauer dargelegt werden.

7.3.2 Festlegung der Werbeziele

Je nach kommunikativer Ausgangslage werden die Werbeziele formuliert. Sie dienen nicht nur als Maßgröße für die spätere Erfolgskontrolle (Kontrollfunktion), sondern ihnen kommt auch eine Steuerungsfunktion zu, d.h., sämtliche werblichen Aktivitäten sind so auszurichten, dass die formulierten Werbeziele erreicht werden. Da ökonomische Wirkungen wie z.B. der Absatz i.d.R. nicht eindeutig auf werbliche Aktivitäten zurückzuführen sind, werden für die Mediawerbung in erster Linie psychologische Zielgrößen formuliert, deren Erreichen in hohem Maße vom werblichen Aktivitätsniveau abhängig ist. Die Werbeziele lassen sich in **kognitive** (die Erkenntnisse betreffende), in **affektive** (die Gefühle betreffende) und in **konative** (die Aktivitäten betreffende) Ziele unterscheiden. Folgende Beispiele für Werbeziele verdeutlichen diese Kategorisierung:

Kognitive Werbeziele:

- Aufmerksamkeit und Wahrnehmung von Werbespots,
- Kenntnis von Marken (Bekanntheitsgrad, Namenskenntnisse),
- Wissen über Produktvorteile (Informationsstand).

Affektive Werbeziele:

- Interesse an Produktangeboten,
- Einstellungen und Image,
- Produkt- und Markenpositionierung,
- Emotionales Erleben von Marken.

Konative Werbeziele:

- Informationsverhalten,
- Kaufabsichten,
- Probierkäufe,
- Wiederholungskäufe.

Um die Erreichung von Werbezielen im Rahmen der Erfolgskontrolle exakt zu messen, bietet sich neben der Kategorisierung in kognitive, affektive und konative Zielgrößen eine Differenzierung nach angestrebten Wirkungsstufen der Werbung an. Folgende Wirkungsstufen stehen bei der Formulierung von Werbezielen im Vordergrund (*Steffenhagen* 2000, S. 9):

Momentane Wirkungen als Reaktionen der Adressaten, die in unmittelbarem zeitlichen Zusammenhang zum Werbekontakt stehen. Sie beziehen sich sowohl auf inneres, nicht beobachtbares Verhalten (z.B. Aufmerksamkeit, Denkprozesse, emotionale Vorgänge) als auch auf äußeres beobachtbares Verhalten (z.B. Impulskäufe, Spontanreaktionen wie Lachen).

Dauerhafte Gedächtniswirkungen tangieren ausschließlich das innere, nicht beobachtbare Verhalten des Rezipienten und sind das Ergebnis der kommunikativen Beeinflussung (z.B. Kenntnisse, Einstellungen, Absichten). Sie sind lange Zeit nach dem Werbekontakt im Langzeitgedächtnis abrufbar.

Finale Verhaltenswirkungen manifestieren sich als Langzeitwirkungen mit dem Werbekontakt im beobachtbaren, äußeren Verhalten des Rezipienten (z.B. Informationssuche, Kauf, Wiederkauf).

Bei der konkreten Formulierung der Werbeziele ist es für den Werbeplaner zweckmäßig, zu evaluieren, welche Gedächtnisreaktionen die Werbung beim Rezipienten auslöst und welche Stufen der Werbewirkung zu Grunde gelegt werden. In den letzten Jahren wurden verschiedene **Modelle der Werbewirkung** entwickelt, um den Verarbeitungsprozess von Werbeinformationen zu strukturieren. Das bekannteste und älteste unter ihnen ist das so genannte **AIDA-Schema**:

1. Stufe: **Aufmerksamkeit** (Attention),
2. Stufe: **Interesse** (Interest),
3. Stufe: **Kaufwunsch** (Desire),
4. Stufe: **Kauf** (Action).

Die AIDA-Formel unterstellt, dass die Abfolge der einzelnen Stufen hierarchisch erfolgt: Erst wenn die niedrigere Stufe der Werbewirkung erreicht wurde (z.B. Aufmerksamkeit), lässt sich die nächsthöhere Stufe (Interesse) erreichen. Auch wenn es sich beim AIDA-Schema um ein grobes Raster der Werbewirkung handelt und auch andere Stufenabfolgen zu beobachten sind, wird deutlich, dass es sich bei der Verarbeitung von Werbeinformationen durch Konsumenten um einen mehrstufigen Prozess handelt. Mit Blick auf die Festlegung und Erreichung von Werbezielen zeigt sich, dass die Erfüllung einzelner Subziele wie z.B. Bekanntheit oder Interesse eine notwendige, aber keine hinreichende Voraussetzung dafür ist, dass Produkte oder Dienstleistungen schlussendlich nachgefragt werden.

Für die Nutzung als Gegenstand einer Wirkungsanalyse ist die operationale Formulierung der Werbeziele notwendig. Für eine **operationale Werbezielformulierung** (nach Inhalt, Ausmaß, Zeit-, Objekt- und Segmentbezug) seien zwei Beispiele genannt:

„Steigerung der gestützten Markenbekanntheit des Produktes „ZOOM" in der Zielgruppe 18- bis 25-jähriger Käufer (Gedächtniswirkung) auf 60 Prozent innerhalb von sechs Monaten."

„Verbesserung der Wahrnehmung der Imagedimension „Sportlichkeit" bei den männlichen Autofahrern zwischen 19 und 27 Jahren um einen Punkt auf der Messskala bis Ende des nächsten Jahres."

7.3.3 Beschreibung der Zielgruppen der Werbung

Zielgruppen sind nicht mit Marktsegmenten gleichzusetzen. Während bei der Marktsegmentierung aktuelle und potenzielle Käufer identifiziert werden, die durch den Einsatz der Marketinginstrumente differenziert zu bearbeiten sind, werden im Rahmen der werblichen Zielgruppenplanung jene Gruppen bestimmt, die durch die Werbung angesprochen werden.

> **Zielgruppen sind die mit einer Kommunikationsbotschaft anzusprechenden Empfänger (Rezipienten) der Kommunikation.**

Hierbei sind nicht nur aktuelle und potenzielle Käufer von Interesse, sondern auch Gruppen, die einen Einfluss auf die Entscheidungen der Käufer ausüben wie z.B. Meinungsführer oder Referenzpersonen. Im Rahmen einer Zielgruppenplanung sind vom Entscheider drei Teilaufgaben zu lösen:

(1) Zunächst ist eine **Zielgruppenidentifikation** vorzunehmen. Es sind jene Personen oder Organisationen zu identifizieren, die zur Realisierung der Unternehmens- und Marketingziele werblich anzusprechen sind.

(2) Durch die **Zielgruppenbeschreibung** wird in einem nächsten Schritt versucht, möglichst genaue Informationen über die Zielgruppe zu generieren (z.B. Alter, Präferenzen, Lifestyle usw.).

(3) Dies ist Voraussetzung für eine Analyse der **Zielgruppenerreichbarkeit**, denn am Ende der Zielgruppenplanung ist in Erfahrung zu bringen, über welche Medien die Zielgruppen am besten angesprochen werden.

Im Rahmen der Zielgruppenbeschreibung werden relevante Merkmale des Verhaltens der identifizierten Zielgruppe gesucht. Folgende **Anforderungen** an die Merkmale zur **Zielgruppenbeschreibung** sind zu berücksichtigen (in Anlehnung an *Rogge* 2004, S. 105ff.):

- **Segmentbildungseigenschaft**: Die Merkmale haben eine möglichst homogene Gruppe zu identifizieren, die sich von anderen Gruppen weitgehend unterscheidet.
- **Wiedererkennbarkeit**: Es sind überprüfbare Merkmale zu finden und anzuwenden, die unabhängig von der Person zur selben Zielgruppenerkennung führen und eine möglichst große Verhaltensrelevanz aufweisen.
- **Auffindbarkeit**: Mittels der Merkmale ist sicherzustellen, dass die beschriebenen Zielgruppen über verschiedene Medien auffindbar und erreichbar sind.
- **Zielkonkretisierungsmöglichkeit**: Die definierten Zielgruppen sind als Bestandteil der Zielformulierung zu berücksichtigen und die Merkmale der Zielgruppenbeschreibung sind so zu wählen, dass sie in konkrete Werbemaßnahmen umsetzbar sind (z.B. im Rahmen der Botschaftsgestaltung).

Es werden **Zielgruppenmerkmale** gesucht, die auf den einzelnen Ebenen der Werbeplanung (Werbestrategie, Mediaplanung, Botschaftsgestaltung) eine Entscheidungshilfe darstellen. Diese Zielgruppenmerkmale und ihre Strukturierungsansätze weisen enge Bezüge zu jenen der Marktsegmentierung auf (vgl. Abschnitt 3.2.2). Im Rahmen der Zielgruppenplanung werden demografische, sozioökonomische, psychografische und Verhaltensmerkmale für konsumentenbezogene Zielgruppen sowie branchenbezogene und unternehmensbezogene Kriterien, Merkmale des Buying Center und Personenmerkmale für organisatorische Abnehmer differenziert. Sowohl konsumenten- als auch organisationsbezogen gilt, dass Zielgruppen nicht isoliert nach einem Kriterium, sondern gleichzeitig nach mehreren Kriterien zu beschreiben sind. So lassen sich verschiedene sozioökonomische und demografische Kriterien miteinander verknüpfen (so genannte „Demo-Typen"). Diese werden i.d.R. mit psychologischen Merkmalen und Merkmalen des beobachtbaren Kaufverhaltens verbunden, um ein möglichst genaues und vielseitiges „Bild" der Zielgruppe zu erhalten.

Besonders im Konsumgüterbereich wurden von Agenturen und Verlagen zahlreiche Studien durchgeführt, um **Zielgruppentypologien** zu bilden (einen Überblick dazu gibt *Rogge* 2004, S. 116ff.). Ein Beispiel für eine **Konsumententypologie** stellt die Typenbildung im Rahmen der sogenannten Sinus-Milieus-Studie dar. Hierbei wird nach der sozialen Lage und der Grundorientierung der Personen unterschieden (siehe Schaubild 7-3). Bei näherer Betrachtung der einzelnen Milieus lässt sich beispielsweise für das Liberal-intellektuelle Milieu feststellen, dass es sich um eine Zielgruppe mit überdurchschnittlich hohem Bildungs- und Einkommensniveau handelt, die ausgeprägte Exklusivitätsansprüche aufweist. Durch die Integration der Sinus-Milieus in die wichtigsten Markt-Media-Studien sowie in das AGF/GfK-Fernsehpanel sind interessante Möglichkeiten für die Mediaplanung und -auswertung gegeben.

Die **Vorteile** der Verwendung von Konsumententypologien liegen in der Steigerung der Vorstellungskraft durch die umfassende Beschreibung, der Nähe zum Kaufverhalten und dem unmittelbaren Bezug zum Mediennutzungsverhalten. Verlagstypologien sind für verschiedene Produktmärkte relativ leicht verfügbar und ersparen den Unternehmen aufwändige eigene Kundenuntersuchungen. Jedoch ist als **Nachteil** festzuhalten, dass trotz produkt- und markenspezifischer Auswertung Verlagstypologien häufig allgemein gehalten und bei einzelnen Merkmalen teilweise ungenau sind. Zudem besteht die Möglichkeit, dass sich Typologien sehr schnell verändern und anbieterspezifisch beeinflusst werden.

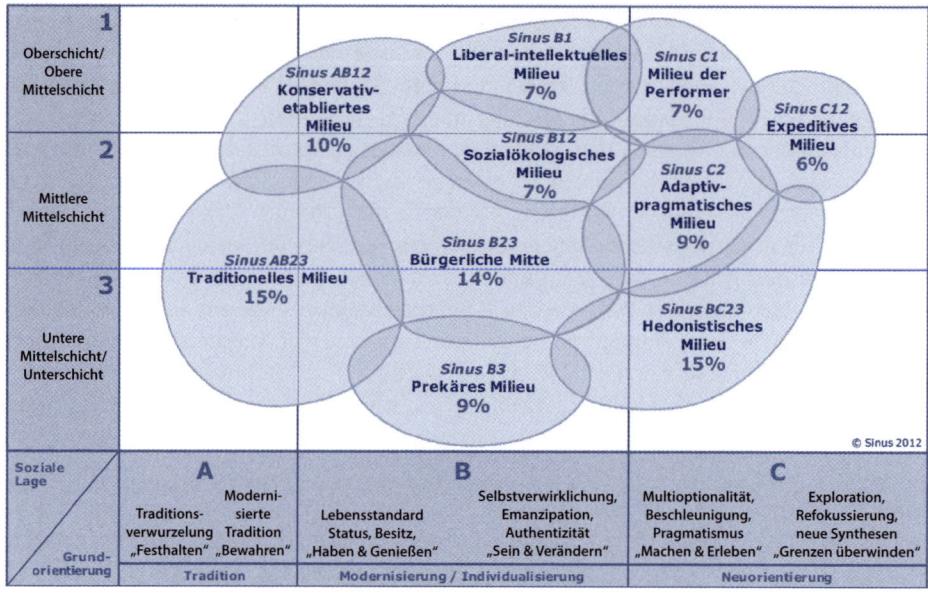

Schaubild 7-3: Modell der Sinus-Milieus® in Deutschland 2012
(Sinus Sociovision 2012)

7.3.4 Entwicklung der Werbestrategie

Nach Festlegung zielgruppenbezogener Werbeziele wird die Werbestrategie im Sinne unterschiedlicher Prioritätsentscheidungen determiniert.

> **Eine Werbestrategie beinhaltet globale, mittel- bis langfristige Verhaltenspläne, die verbindlich angeben, mit welchen Schwerpunkten im Einsatz von Werbeträgern und -mitteln sich die Werbeziele eines Unternehmens erreichen lassen.**

In Anlehnung an das Paradigma eines Kommunikationssystems sind vier **Dimensionen einer Werbestrategie** zu unterscheiden:

Wer sagt   (Werbeobjekt)
Was   (Werbebotschaft)
Wie zu   (Werbeträger und -mittel)
Wem?   (Werbezielgruppe)

Basis für die Werbestrategie ist das **Werbeobjekt**, z.B. die Marke, Produktlinie oder das Gesamtunternehmen. Bei der Werbebotschaft wird im Rahmen der Werbestrategie in erster Linie die **Kernbotschaft** festgelegt. Diese Kernbotschaft ergibt sich unmittelbar aus der Positionierung des Produktes und der Marke, indem der USP der Marke, z.B.

Merkmale wie Gesundheit, Natürlichkeit, Preiswürdigkeit, Sportlichkeit oder Leistungsfähigkeit, herausgestellt wird. Für die Kommunikation gilt die Umsetzung des USP in eine „**Unique Communication Proposition**" (UCP) bzw. für die Werbung in eine „**Unique Advertising Proposition**" (UAP).

Im Rahmen der Werbeträgerauswahl ist das **Leitmedium** festzulegen. Dies beinhaltet die Festlegung des dominanten Mediums, in dem hauptsächlich Werbung betrieben wird (z.B. Fernsehwerbung in der Einführungsphase einer neuen Automarke zur Steigerung des Bekanntheitsgrades). Die Bestimmung des Leitmediums im Rahmen der Werbestrategie ist ein **Entscheidungsproblem der Intermediaselektion**, d.h. der Auswahl zwischen verschiedenen Werbeträgern. Auf der Grundlage **quantitativer** (z.B. Reichweiten und Belegungskosten) und **qualitativer Kriterien** (z.B. Funktion und Image des Werbeträgers, Darstellungsmöglichkeiten, Eignung zur Vermittlung von Botschaftsinhalten, Verfügbarkeit) werden Mediastrategien festgelegt. Den einzelnen Werbeträgern kommen unterschiedliche Funktionen und Eigenschaften zu.

Vielfach nimmt die **Printwerbung** eine wichtige Funktion als Basismedium ein. Dabei bieten Publikumszeitschriften ein positives redaktionelles Umfeld für Werbeanzeigen, gute Druckqualität, flexible Verfügbarkeit sowie günstige Nutzungspreise und eignen sich als Zielgruppenmedien, da bestimmte Gruppen durch Frauen-, Wohn-, Hobby-, Automobil-, Eltern- und Familienzeitschriften sowie Wirtschaftsmagazine gezielt angesprochen werden. Des Weiteren stellen Tageszeitungen ein aktuelles Medium dar, das vielfältig und kostengünstig verfügbar ist, jedoch nur eine geringe Druckqualität aufweist. Die Tageszeitung eignet sich als Basismedium zur Einführung neuer Produkte und zur Durchführung spezieller Aktionen (z.B. Sonderangebote oder Preisausschreiben), etwa für Handelsunternehmen.

Auch der **Fernsehwerbung** kommt häufig die Funktion eines Basismediums zu. Sie ermöglicht eine gute multisensorische Darstellung und Demonstration des Produktes, die Wahrnehmung erfolgt in häuslicher Atmosphäre, die Nutzungspreise sind aufgrund der hohen Anzahl an Privatsendern sowie dem daraus resultierenden Angebot an Werbezeiten gesunken, und das Medium ist bedingt regional einsetzbar. Jedoch besteht bei der Fernsehwerbung aufgrund der Werbeflut die Gefahr des „Zapping" (Zuschauer schalten mit ihrer Fernbedienung auf andere Programme um, wenn Werbeblöcke gesendet werden). Fernsehwerbung eignet sich als Basismedium für Unternehmen, die eine breite Zielgruppe ansprechen (z.B. zur Werbung für Markenartikel im Lebensmittelbereich) und Ziele wie die Steigerung des Bekanntheitsgrades oder eine Imageprofilierung verfolgen.

Die **Rundfunkwerbung** ist häufig und wiederholt nutzbar, im Laufe des Tages werden verschiedene Zielgruppen angesprochen. Sie ist kostengünstig und lokal bzw. regional einsetzbar. Allerdings handelt es sich um ein „flüchtiges" Medium, da die Wahrnehmung von Funkspots beim Zuhörer im Allgemeinen bei der Ausübung anderer Tätigkeiten erfolgt. Sie ist daher geeignet für den schnellen Aufbau von Markenbekanntheit, die

Einsatz der Mediawerbung

Aufforderung zur Teilnahme an Unternehmensaktionen und die schnelle Verbreitung aktueller Informationen.

Die **Internet-Werbung** hat in den letzten Jahren stark an Bedeutung gewonnen und verfügt über vielfältige Einsatzmöglichkeiten. Sie ist häufig sehr zielgruppengenau, kostengünstig und der Erfolg kann leicht kontrolliert werden. Allerdings bestehen auch vielfach Reaktanzeffekte (z.B. Wegklicken von Bannern). Ihr Einsatz setzt eine Bekanntheit voraus und sie ist weniger zur emotionalen Imageprofilierung geeignet.

Den übrigen Medien kommt oftmals eine ergänzende Funktion zu. Dies gilt für meist aufwändig produzierte Werbefilme innerhalb der **Kinowerbung** sowie die Plakat-, Verkehrsmittel- und Lichtwerbung als Medien der **Außenwerbung** im öffentlichen Raum.

Die inhaltliche Ausgestaltung von Werbestrategien orientiert sich an den Werbezielen bzw. den kommunikativen Aufgaben, die von der Werbung zu erfüllen sind. Mögliche **Werbestrategien** sind:

- **Bekanntmachungsstrategie** (z.B. Einführungswerbung oder Erinnerungswerbung),
- **Informationsstrategie** (z.B. Aufklärung über neue Produktvorteile, neue Serviceleistungen, Durchführung von Aktionen),
- **Imageprofilierungsstrategie** (z.B. Aktualisierung bestimmter Dimensionen wie Natürlichkeit oder Exklusivität im Rahmen einer Imagewerbung),
- **Konkurrenzabgrenzungsstrategie** (z.B. Hervorheben konkurrenzunterscheidender Merkmale wie Produktleistung, Garantiezeit oder Preisvorteil),
- **Zielgruppenerschließungsstrategie** (z.B. Zielgruppenwerbung durch eine gezielte Ansprache und Erschließung von z.B. Studenten oder Senioren),
- **Kontaktanbahnungsstrategie** (z.B. Gewinnung der Unterstützung für Herstelleraktivitäten durch den Handel),
- **Beziehungspflegestrategie** (z.B. spezielle Werbekampagne für Stammkunden).

Veränderungen der inhaltlichen Schwerpunkte einer Werbestrategie hängen vom Verlauf des Markenlebenszyklus und von Werbestrategien der Konkurrenten ab.

7.3.5 Festlegung des Werbebudgets

Idealtypisch werden – basierend auf der Werbestrategie – die finanziellen Mittel zu ihrer Realisierung (z.B. Produktionskosten der Anzeigengestaltung, Schaltkosten, Beratungskosten für die Werbeagentur) geplant.

Die **Werbebudgetierung** beinhaltet eine Festlegung von Etats zur Deckung der Analyse-, Planungs-, Durchführungs- und Kontrollkosten sämtlicher Werbemaßnahmen einer Planungsperiode, um vorgegebene Werbeziele zu erreichen.

Grundlage der Werbebudgetierung ist – idealtypisch – die Ermittlung von **Werbereaktionsfunktionen**, die Wirkungen von Werbebudgetänderungen auf den Erreichungsgrad psychologischer und ökonomischer Kommunikationsziele wiedergeben. Schaubild 7-4 zeigt die Struktur des Entscheidungsproblems in einem Vierquadrantenschema auf. Mit Hilfe ökonomischer Werbereaktionsfunktionen (Quadrant III) werden Aussagen getroffen, inwieweit die Erhöhung des Werbebudgets die Realisierung ökonomischer Ziele wie z.B. Umsatzerhöhungen bedingt. Zur **Ableitung von ökonomischen Werbereaktionsfunktionen** sind die folgenden funktionalen Zusammenhänge offen zu legen. Zunächst wird gemessen, in welchem Ausmaß das werbliche Aktivitätenniveau psychologische Wirkungen erzielt wie z.B. Kenntnisse oder Kaufabsichten (Quadrant I). Im Anschluss daran wird bestimmt, wie die Realisierung ökonomischer Ziele durch werbeinduzierte psychologische Wirkungen beeinflusst wird (Quadrant II). Durch die Simulation

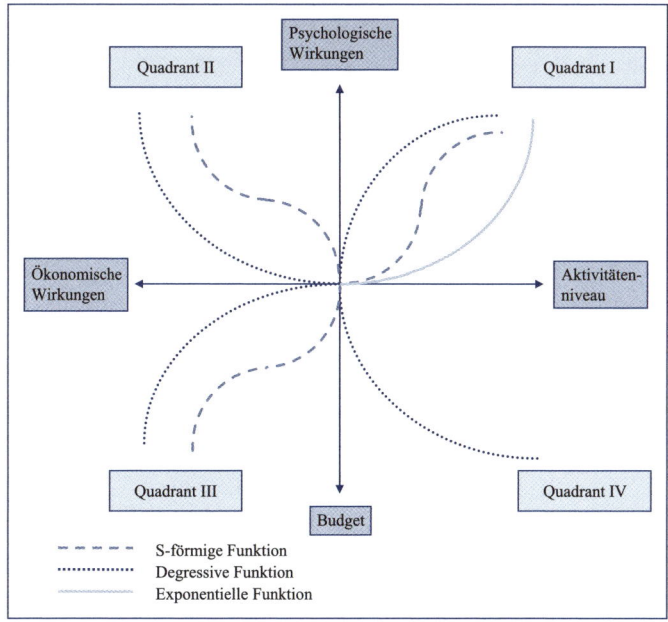

Schaubild 7-4: Ermittlung von Werbereaktionsfunktionen (in Anlehnung an Schmalen 1992, S. 49; Bruhn 2013, S. 59)

Einsatz der Mediawerbung

alternativer Werbebudgets wird – bei Kenntnis der genannten Zusammenhänge – ein „optimales Werbebudget" ermittelt (Quadrant III). Die Höhe des Budgets ist vom Aktivitätenniveau abhängig (Quadrant IV).

Für die Werbebudgetierung wird eine Vielzahl von Verfahren vorgeschlagen. Schaubild 7-5 zeigt einen Überblick über die wichtigsten **Methoden der Werbebudgetierung**, die generell in zwei Gruppen unterteilt werden (vgl. detailliert *Bruhn* 2013):

- Bei **analytischen Ansätzen** wird i.d.R. auf Funktionen zurückgegriffen, die das oben skizzierte Entscheidungsproblem wiedergeben. Diese Funktionen werden z.B. herangezogen, um durch Anwendung von Methoden der Marginalanalyse auf analytischem Wege eine Budgetoptimierung vorzunehmen.

- Bei **heuristischen Ansätzen** der Werbebudgetbestimmung wird von vereinfachten Budgetregeln ausgegangen. Diese Verfahren suchen nicht nach „optimalen", sondern nach „befriedigenden" Lösungen.

In den letzten Jahren wurden die **analytischen Ansätze** in vielerlei Hinsicht – z.B. Berücksichtigung von Konkurrenzaktivitäten – erweitert und verfeinert (vgl. zu den verschiedenen

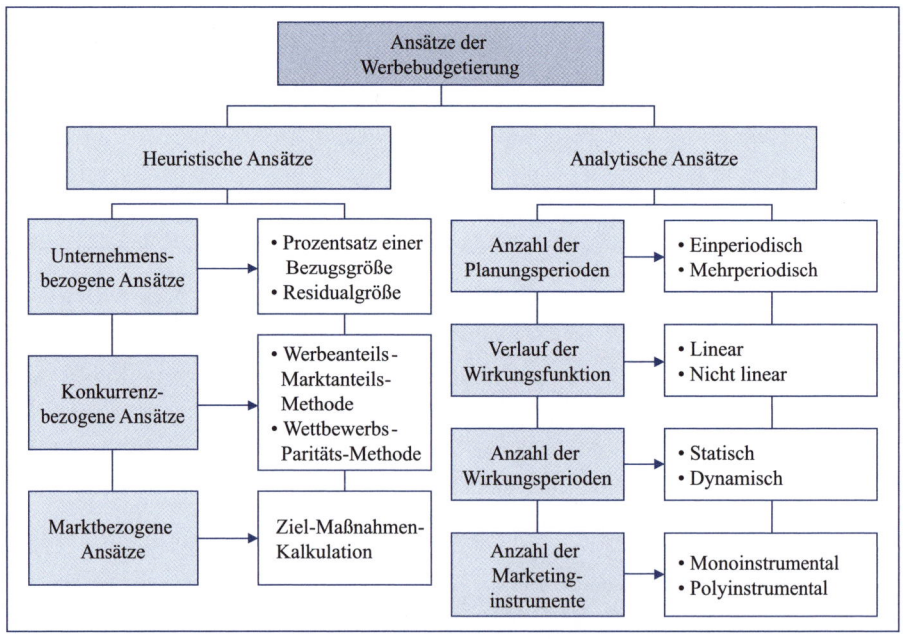

Schaubild 7-5: Ausgewählte Ansätze der Werbebudgetierung
(in Anlehnung an Bruhn 2013, S. 273)

Modellentwicklungen den Überblick bei *Rogge* 2004, S. 149ff.; *Schweiger/Schrattenecker* 2012, S. 182ff.; *Bruhn* 2013). Bei einer **kritischen Würdigung der analytischen Ansätze** wird auf die Schwierigkeit hingewiesen, die jeweils unterstellten Funktionen (z.B. Werbereaktionsfunktionen) empirisch zu ermitteln. Dies gelingt i.d.R. nicht, da Zurechnungsprobleme in besonderem Maße in der Werbewirkungsanalyse wirksam werden. Weiterhin ist die ceteris-paribus-Bedingung, die zur Ableitung eines optimalen Budgets zu Grunde gelegt wird, in der Realität nicht sicherzustellen. Dennoch ist hervorzuheben, dass marginalanalytische Optimierungsansätze wertvolle Hinweise auf die Struktur des Entscheidungsproblems geben. Bei einer verbesserten Datenbasis werden sich zukünftig Modelle entwickeln lassen, die in ausgewählten Teilmärkten sinnvoll einsetzbar sind.

Die **heuristischen Ansätze der Werbebudgetierung** benötigen die zur Bestimmung von Optima skizzierten Funktionen nicht. Sie geben sich mit „suboptimalen" (Näherungs-) Lösungen zufrieden. Gemäß Schaubild 7-5 wird auf folgende Verfahren hingewiesen (vgl. zur Methodik auch Abschnitt 2.2.5 sowie vertiefend *Rogge* 2004, S. 164ff.; *Schweiger/Schrattenecker* 2012, S. 182ff.; *Bruhn* 2013):

Ausrichtung am Prozentsatz einer Bezugsgröße

Das einfachste Verfahren der Werbebudgetierung besteht darin, einen bestimmten Prozentsatz vom Absatz, Umsatz oder Gewinn als Werbebudget festzulegen. Als Bezugsgröße kommen der Wert der vergangenen Planperiode, Durchschnittswerte verschiedener Planperioden der Vergangenheit und für die nächste Periode geplante Werte in Frage. Die Ausrichtung am Umsatz ist in der Praxis am häufigsten zu beobachten. Die durchschnittlichen Prozentsätze für verschiedene Branchen liegen in etwa zwischen 0,5 und 5 Prozent vom Umsatz, in Ausnahmefällen höher (z.B. im Kosmetikmarkt). Die Prozentsätze variieren zwischen den Unternehmen innerhalb einer Branche in Abhängigkeit des Wettbewerbsgrades, des Werbedrucks im Markt, der Marktstellung des Unternehmens sowie dessen Marketing- und Werbestrategie.

Vorteile dieses Verfahrens bestehen in seiner leichten Handhabung. Nachteilig ist, dass der Ursache-Wirkungs-Zusammenhang zwischen Werbebudget (Ursache) und Umsatz bzw. Gewinn (Wirkung) nicht berücksichtigt wird. Bei sinkenden Umsätzen bzw. Gewinnen wird das Werbebudget reduziert; dies führt wiederum zu sinkenden Umsätzen/ Gewinnen usw. Außerdem ist die Wahl des Prozentsatzes logisch nicht begründbar und daher willkürlich.

Ausrichtung an einer Residualgröße

Bei einer Ausrichtung an einer Residualgröße ergibt sich das Werbebudget als Restgröße aus den zur Verfügung stehenden Finanzmitteln nach der Deckung der sonstigen Kosten und der Kalkulation eines Gewinnbeitrags. Das Vorgehen ist dem Verfahren zur Bestimmung des Marketingbudgets als Residualgröße (vgl. Abschnitt 2.2.5) ähnlich.

Die Vorteile dieses Verfahrens sind ebenfalls in seiner leichten Handhabung und in der Berücksichtigung von Erfolgsgrößen zu sehen. Nachteilig ist das Fehlen eines inhaltlichen Zusammenhangs zwischen der kommunikativen Aufgabe und der Werbestrategie. Bei einer schlechten Absatzlage stehen geringe Werbebudgets zur Verfügung; das Gegenteil aber ist erforderlich.

Werbeanteils-Marktanteils-Methode

Bei diesem Verfahren werden die Werbeaufwendungen des Unternehmens in Beziehung gesetzt zum vergangenen oder geplanten Marktanteil. Voraussetzung des Verfahrens ist die Kenntnis der gesamten Werbeaufwendungen einer Branche und deren Verteilung auf die einzelnen Anbieter. Diese Informationen werden im Konsumgüterbereich durch Marktforschungsinstitute ermittelt.

Als Vorteil des Verfahrens gilt, dass eine zentrale marktbezogene Erfolgsgröße als Grundlage der Werbebudgetierung gewählt wird. Der Marktanteil ist für viele Märkte eine Schlüsselgröße, die durch die Höhe des Werbebudgets veränderbar ist. Nachteilig sind die Willkür des Marktanteils als Bezugsgröße, der eingeschränkte Ursache-Wirkungs-Zusammenhang sowie die Unsicherheit der Konkurrenzdaten. Außerdem bleiben Besonderheiten in den kommunikativen Situationen der Unternehmen unberücksichtigt.

Wettbewerbs-Paritäts-Methode

Die Wettbewerbs-Paritäts-Methode orientiert sich bei der Festlegung der Höhe des Werbebudgets direkt an ausgewählten Kennzahlen der Konkurrenz. Als Bezugsgrößen dienen der Werbeanteil der Konkurrenz in Relation zum Umsatz oder zum Gewinn, die Werbeaufwendungen einzelner Konkurrenten oder der Durchschnittswert der Werbeaufwendungen der Branche.

Der Vorteil dieser Methode liegt in der expliziten Berücksichtigung von Konkurrenzinformationen. Im Einzelfall wirft dies das Problem der Beschaffung der relevanten Daten auf. Darüber hinaus ist zu berücksichtigen, dass sich Konkurrenten häufig in einer anderen Kommunikationssituation befinden. Eine Vorgehensweise nach der Wettbewerbs-Paritäts-Methode ist daher relativ grob und willkürlich.

Ziel-Maßnahmen-Kalkulation

Die Besonderheiten der spezifischen Kommunikationssituation versucht die Ziel-Maßnahmen-Methode zu berücksichtigen. Es handelt sich um ein sukzessives Verfahren. Zunächst werden die Werbeziele betrachtet, um zu kalkulieren, welche der zu einer bestimmten Zielerreichung erforderlichen Werbemaßnahmen welche Kosten verursachen.

Aus Erfahrungswerten schätzt der Kommunikationsplaner z.B. ab, wie viele Anzeigen in national verbreiteten Publikumszeitschriften oder Fernsehspots notwendig sind, um den Bekanntheitsgrad eines Produktes in einem vorgegebenen Zeitraum um einen bestimmten Prozentwert zu steigern.

Der zentrale Vorteil dieses Verfahrens liegt in der logischen Begründung der Budgetbestimmung. Richtigerweise sind die Werbeziele Ausgangspunkt der Budgetplanung. Schwierigkeiten treten jedoch auf, wenn in weiteren Schritten die zur Erreichung der Werbeziele notwendigen Werbekosten kalkuliert werden. Dies setzt ausreichende Informationen über die Werbewirkung einzelner Werbemittel voraus.

Bei einer **kritischen Würdigung der heuristischen Ansätze** der Werbebudgetierung sind ihr insgesamt geringer Informationsbedarf sowie ihre leichte Durchführbarkeit hervorzuheben. Isoliert betrachtet sind die meisten Verfahren nicht spezifisch und liefern kaum logische Begründungen für die Etathöhe. Ursache-Wirkungs-Zusammenhänge zwischen der Werbebudgethöhe und Werbezielgrößen werden nicht konsequent berücksichtigt. Deshalb empfiehlt es sich, neben heuristischen Ansätzen Überlegungen über den Verlauf von Werbereaktionsfunktionen anzustellen, um die Entscheidung durch Berücksichtigung analytischer Kriterien zu fundieren.

7.3.6 Verteilung des Werbebudgets (Streuplanung)

Die Intermediaselektion trifft im Rahmen der Werbestrategie die Entscheidung über die Werbeträgergruppen. Als Ergebnis wird z.B. festgelegt, dass als Kernmedium Publikumszeitschriften und als ergänzende Medien Hörfunk und Fachzeitschriften eingesetzt werden. Innerhalb dieser ausgewählten Werbeträgergruppen ist eine Entscheidung über die Eignung einzelner Medien zu fällen. Dieses Entscheidungsproblem wird als **Intramediaselektion** oder **Werbestreuplanung** bezeichnet.

> Die Werbestreuplanung beinhaltet eine zielgruppengerechte, planungsperiodenbezogene Aufteilung des Werbeetats auf einzelne Werbeträger bzw. Medien.

Die Aufteilung des Werbebudgets erfolgt in zweierlei Hinsicht:
- **Sachliche Verteilung** (auf Produkte, Marken, Werbeträger und -mittel, Regionen),
- **Zeitliche Verteilung** (Wahl des Belegungszeitpunktes: „Timing").

Das Ergebnis der Werbestreuplanung ist ein **Mediaplan**, in dem die Belegung einzelner Werbeträger nach bestimmten Zeitintervallen, z.B. Wochen, festgehalten ist.

Das Entscheidungsproblem der Werbestreuplanung liegt in der Frage der **Zielgruppenerreichbarkeit**. Wie Schaubild 7-6 verdeutlicht, ist die Maximierung der Schnittmenge zweier Personenkreise entscheidend.

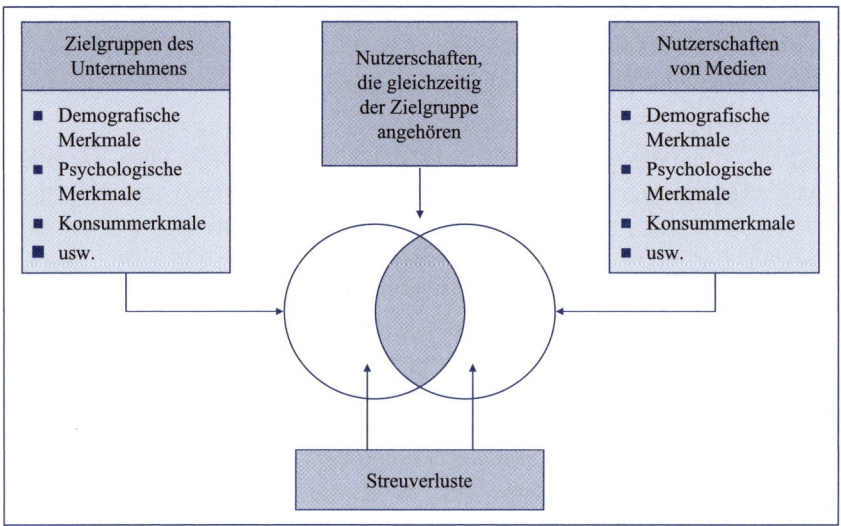

Schaubild 7-6: Zielgruppenerreichbarkeit durch die Mediaplanung

Die **Marketingzielgruppen** wurden bereits nach verschiedenen Merkmalen beschrieben (vgl. Abschnitt 7.3.3). Ihnen stehen **Medianutzerschaften** gegenüber, also jene Personen, die tatsächlich über das betreffende Medium erreicht werden. Die Medianutzerschaften (z.B. Leserschaft, Seherschaft, Hörerschaft) sind ebenso hinsichtlich verschiedener Merkmale charakterisiert. Aufgabe der Werbestreuplanung ist es, eine möglichst hohe **Affinität** zwischen den Zielgruppen des Unternehmens und den Mediennutzern zu erreichen. Nur bei einer hohen Übereinstimmung zwischen beiden Personengruppen wird die von Mediaplanern angestrebte **Minimierung von Streuverlusten** gewährleistet.

Im Rahmen der Mediaplanung werden vielfältige Kriterien herangezogen, nach denen sich die angebotenen Medien und einzelnen Titel beurteilen lassen (vgl. z.B. *Schmalen* 1992; *Hofsäss/Engel* 2003; *Unger* et al. 2007; *Rogge* 2004). Zur **Beurteilung** von Medien kommen zwei Arten von **Kriterien** in Frage:

(1) **Kontaktmaßzahlen**, d.h. Informationen über die Anzahl von Kontakten bzw. Kontaktwahrscheinlichkeiten eines Mediums mit seiner Nutzerschaft,

(2) **Kontaktgewichtungen**, d.h. die Bewertung von Medien hinsichtlich ihrer Eignung für die spezifische Zielsetzung des Unternehmens.

Kontaktmaßzahlen

Eine erste Kontaktmaßzahl besteht in der **Auflage der Medien**. Das ist im Einzelfall die Auflage von Printmedien (Druck-, Vertriebs- oder Verkaufsauflage), die Anzahl von Fernseh- oder Hörfunkteilnehmern oder die Anzahl der Anschlagflächen zur Außenwerbung usw. Diese Daten lassen sich relativ leicht von den betreffenden Medienanbietern beschaffen. Zusätzlich werden die Auflagen von Tageszeitungen, Publikums- und Fachzeitschriften, Kalendern, Adressbüchern, Branchenfernsprechbüchern sowie Zahlen der Anschlagstellen und Besucher von Filmtheatern durch die „Informationsgesellschaft zur Feststellung und Verbreitung von Werbeträgern e.V." (IVW) geprüft. Damit stehen der Mediaplanung objektiv ermittelte und vergleichbare Daten zur Verfügung.

Eine zentrale Kontaktmaßzahl für den Mediaplaner ist die **Reichweite der Medien**. Sie gibt die Anzahl der Kontakte der Medien mit ihrer Nutzerschaft an. Die Reichweite ist i.d.R. größer als die Auflage der Medien, da Zeitschriften von mehreren Personen gelesen, Radiowerbungen von mehreren Personen gehört werden usw. Typische Kennziffern für die Reichweite von Medien sind (vgl. *Hofsäss/Engel* 2003, S. 96ff.):

- **Leser pro Ausgabe (LpA)**: Diese Kennziffer gibt die rechnerisch ermittelte durchschnittliche Anzahl Leser eines Titels in dessen Erscheinungsintervall (z.B. täglich, wöchentlich oder monatlich) an.

- **Leser pro Nummer (LpN)**: Diese Kennziffer gibt die Zahl der Personen an, die von einer durchschnittlichen Ausgabe eines Titels erreicht wird. Im Vergleich zum LpA wird der LpN durch Befragungen erhoben.

Die Kennziffern LpN und LpA werden nicht nur von den Verlagen, sondern auch von der „Arbeitsgemeinschaft Mediaanalysen" (AG.MA) für unterschiedliche Werbeträger und -mittel ermittelt. Die Daten der AG.MA stellen eine zentrale Planungsgrundlage der Mediaplanung dar. Weiterhin werden Reichweitendaten verschiedener Werbeträger und Werbemittel von der „Allensbacher-Werbeträgeranalyse" (AWA) erhoben und der Mediaplanung zu Grunde gelegt (vgl. zu weiteren Studien *Hofsäss/Engel* 2003, S. 89ff.).

Gewöhnlich stehen der Streuplanung mehrere Medien zur Verfügung, so dass der Mediaplaner die einzelnen Reichweiten aggregiert und eine **Mediakombination** bestimmt und bewertet. Hierbei treten Probleme der Überschneidung der Nutzerschaften verschiedener Medien auf, die mit Blick auf zwei **Formen der Reichweite** deutlich werden:

- Als **Bruttoreichweite** wird die Summe der Einzelreichweiten mehrerer Ausgaben eines Mediums oder mehrerer Medien bezeichnet.

- Die **Nettoreichweite** gibt die Anzahl der Personen wieder, die von einer Mediakombination mindestens einmal erreicht werden.

Die Bruttoreichweite enthält Überschneidungen in den Nutzerschaften und wird in Prozent ausgedrückt als **Gross Rating Points** bezeichnet. Zur Ermittlung der Nettoreichweite als kleinster gemeinsamer Vergleichsmaßstab zwischen Medien werden aus der Bruttoreichweite die Überschneidungen herausgerechnet. Dabei sind zwei **Formen von Überschneidungen** zu berücksichtigen:

- **Interne Überschneidungen** werden im Falle mehrfacher Schaltungen der Werbung in einem Medium durch die Nutzung mehrerer Ausgaben dieses Mediums durch dieselbe Person hervorgerufen (**Mehrfach- bzw. Dauernutzer eines Mediums**). Beispiel: Ein Mediennutzer liest als Abonnent der Zeitschrift „Geo" üblicherweise mehrere Geo-Ausgaben im Jahr bzw. einzelne Geo-Hefte mehrfach und kommt dadurch mehrfach mit einer Anzeige in Geo in Kontakt.

- **Externe Überschneidungen** werden durch die Nutzung verschiedener Medien von derselben Person hervorgerufen (**Nutzer mehrerer Medien**). Beispiel: Ein Mediennutzer liest gleichzeitig die Zeitschriften „Geo", „Focus", und „manager magazin" und kommt mit der gleichen Anzeige in mehreren Medien in Kontakt.

Bei einer Auswahlentscheidung zwischen Mediakombinationen ist die **Nettoreichweite** am besten in der Lage, die Erreichbarkeit von Zielgruppen durch unterschiedliche Medien vergleichbar zu machen. Auf weitere Kontaktmaßzahlen, auf die in diesem Zusammenhang nicht eingegangen wird, sei hingewiesen (vgl. hierzu einen Überblick bei *Schmalen* 1992; *Hofsäss/Engel* 2003; *Rogge* 2004; *Bruhn* 2013).

Kontaktgewichtungen

Die Verwendung von Kontaktmaßzahlen verfolgt die Absicht, eine möglichst objektive Bezugsbasis (Kontaktwahrscheinlichkeit) für die Mediaselektion zu schaffen. Aufgabe der **Kontaktgewichtungen** bzw. -bewertungen ist die qualitative Beurteilung der Eignung von Medien hinsichtlich der Erreichung spezifischer Ziele und Zielgruppen des Unternehmens. Der Planungspraxis bieten sich mehrere **Ansatzpunkte zur Kontaktbewertung** an (vgl. *Schmalen* 1992, S. 146ff.; *Bruhn* 2013, S. 328ff.):

- **Personengewichte** versuchen die unternehmens- mit der medienspezifischen Zielgruppenstruktur in Einklang zu bringen, indem sozioökonomische, demografische, psychologische sowie Konsummerkmale der Zielgruppen abgeglichen werden.

- **Mediagewichte** bewerten ein Einzelmedium hinsichtlich verschiedener Kriterien, die Auskunft über die Qualität des Mediums geben. Als Kriterien gelten beispielsweise Druckqualität, redaktionelles Umfeld, Leser-Blatt-Bindung, Platzierung der Werbung im Medium oder dessen Image.

- **Kontaktmengengewichte** berücksichtigen die relative Bedeutung des Zusammenhanges zwischen erreichten Personen und notwendigen Kontakten bzw. Schaltungen in einem Medium. Dabei trifft der Mediaplaner eine Entscheidung über die relevante Kontaktmengenbewertungskurve. Den einfachsten, aber kaum realistischen Fall stellt der lineare Verlauf dar. Schaubild 7-7 zeigt auch andere Funktionsverläufe.

Informationen über Personen- und Mediagewichte sind den Untersuchungen von Verlagen, der AG.MA, der AWA sowie Sondererhebungen von Verlagen zu entnehmen. Hinweise auf Kontaktmengengewichte werden hingegen anhand spezieller Werbewirkungsanalysen gewonnen. Dies erklärt, dass in der Praxis Personen- und Mediagewichte häufiger in Mediaüberlegungen einbezogen werden als Kontaktmengengewichte.

Kontaktmaßzahlen und -bewertungen erlauben einen Vergleich verschiedener Medien und stellen die Informationsgrundlage der Mediaplanung dar. Sie gehen in verschiedene Methoden und Modelle der Mediaselektion ein, die eine Entscheidungshilfe für die Erstellung von Streuplänen, d.h. die Festlegung der optimalen Mediastrategie, geben.

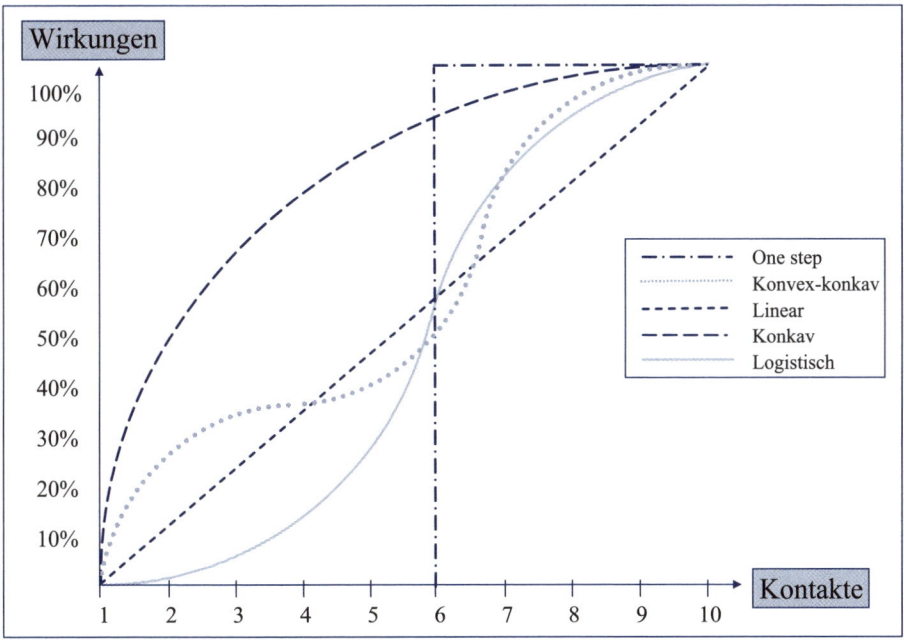

Schaubild 7-7: Funktionsverläufe von Kontaktmengenbewertungskurven (Hörzu-Service 1974)

In diesem Zusammenhang sind drei Gruppen von **Verfahren der Werbestreuplanung** zu nennen (vgl. *Hofsäss/Engel* 2003, S. 221ff.):

(1) Rangreihenverfahren

Ziel dieser Verfahren ist die Bildung von Rangreihen für bestimmte Einzelmedien oder Kombinationen von Titeln nach verschiedenen Kriterien. Am häufigsten werden folgende Kriterien genutzt:

- Nettoreichweiten (ungewichtet),
- Gewichtete Nettoreichweiten (mit Kontaktgewichtungen),
- Gross Rating Points (GRP; Reichweite x Frequenz bzw. Bruttoreichweite in %),
- Tausenderkontaktpreise.

Der **Tausenderkontaktpreis (TKP)** gibt die Kosten an, die notwendig sind, um 1.000 Personen der Mediennutzer zu erreichen. Der (ungewichtete) Tausenderpreis berechnet sich z.B. für Zeitschriften nach der Formel:

$$TKP = \frac{\text{Preis pro Anzeigenschaltung}}{\text{Auflage bzw. Reichweite}} \cdot 1.000$$

Für die Mediaplanung ist es sinnvoll, bei der Erstellung von Rangreihen den mit der Zielgruppe des Unternehmens **gewichteten Tausenderkontaktpreis** heranzuziehen. Dabei steht im Nenner der obigen Formel die Anzahl der durch die Medien erreichten Angehörigen der Zielgruppen, d.h. eine gewichtete Reichweite.

Beim Rangreihenverfahren wird der Streuplan **sukzessive** erstellt. Dazu wird der Titel mit der höchsten Rangziffer gewählt und die entsprechenden Kosten für die Einschaltungen berechnet. Für die verbleibenden Werbeetatmittel wird der nächste Titel der Rangreihe einbezogen, die Einschaltkosten berechnet usw. Die Einbeziehung von Titeln erfolgt so lange, bis das Werbebudget erschöpft ist.

Rangreihenverfahren sind in der Praxis weit verbreitet. Sie sind relativ leicht durchzuführen und ihr Datenaufwand ist gering. Vor allem für kleinere Werbeetats ist dieses Vorgehen eine adäquate Methode. Jedoch sind die Rangreihenverfahren nicht in der Lage, einen optimalen Streuplan zu erstellen, da sie Werbereaktionsfunktionen nicht berücksichtigen. Die Mediaselektion ausschließlich auf der Basis von Kontakten zu entscheiden, ist zu ungenau, da i.d.R. nur **Kontaktwahrscheinlichkeiten** und keine tatsächlichen Kontakte berücksichtigt werden.

(2) Evaluierungsverfahren

Evaluierungsverfahren dienen nicht der Erstellung, sondern der Bewertung **vorgegebener Streupläne** nach unterschiedlichen Kriterien wie z.B. der Reichweite. Meistens werden zur Leistungsbewertung mehrere Beurteilungskriterien gleichzeitig herangezogen. Im Mittelpunkt stehen die verschiedenen Formen der Kontaktgewichtung. Diesen Gewichten werden die den alternativen Streuplänen entsprechenden Kosten gegenübergestellt, um die Vorteilhaftigkeit der Alternativen zu relativieren und besser beurteilbar zu machen.

(3) Optimierungsverfahren

Optimierungsverfahren erstellen im Hinblick auf eine vorgegebene Zielfunktion „optimale" Streupläne unter der Berücksichtigung von Nebenbedingungen. Dies erfolgt entweder durch eine schrittweise Verbesserung vorgegebener Streupläne gerichtet auf ein Optimum im Sinne der Zielfunktion oder durch klassische Optimierung, d.h. durch Anwendung eines Lösungsalgorithmus. Exemplarisch dafür ist die **Werbestreuplanung mit Hilfe der Linearen Programmierung**. Zielsetzung dieses Optimierungsverfahrens ist die Verteilung eines vorgegebenen Werbebudgets auf Einzelmedien, so dass die Werbewirkung insgesamt optimiert wird. Die Zielfunktion lautet:

$$\sum_{i=1}^{n} x_i \cdot w_i \to \max.!$$

wobei:
x = Anzahl der Schaltungen im Medium
w = Wirkung einer Schaltung im Medium
i = Medium

Dabei gilt:

$$w_i = KZ_i \cdot SG_i \cdot MG_i \cdot KM_i$$

mit:
KZ = Kontaktmaßzahl (z.B. Brutto- oder Nettoreichweite)
SG = Segmentgewicht (Gewichtung der Nutzerschaften nach Zielgruppenkriterien)
MG = Mediagewicht (Kriterien für die Qualität der Medien)
KM = Kontaktmengengewicht (Kriterien für die Qualität des realisierten Werbedrucks)

Als Nebenbedingungen sind Budgetrestriktionen und Belegungsbedingungen zu definieren:

Budgetrestriktion:

$$\sum_{i=1}^{n} x_i \cdot p_i \leq B_i$$

Belegungsgrenzen:

$$x_i^{min} \leq x_i \leq x_i^{max}$$

wobei:
B_i = (Gegebenes) Werbebudget für Medium i
p_i = Preis für eine Schaltung im Medium i
x_i^{min} = Mindestbelegung im Medium i für die Planungsperiode
x_i^{max} = Maximale Schaltung im Medium i für die Planungsperiode

Auf der Grundlage von Zielfunktion und Nebenbedingungen wird anschließend auf grafischem oder analytischem Wege der optimale Streuplan erstellt.

Die Vorteile der Werbestreuplanung mit Hilfe der Linearen Programmierung (LP) liegen darin, dass die Struktur des Entscheidungsproblems in geeigneter Weise wiedergegeben wird, wobei sich weitere Modellparameter einbeziehen lassen. Jedoch sind derartige Verfahren nicht in der Lage, die – in der Praxis häufig zu beobachtende – Inanspruchnahme von Rabatten in das Kalkül aufzunehmen. Außerdem werden keine ganzzahligen Lösungen ermittelt.

Eine Weiterentwicklung der auf LP-Ansätzen basierenden Optimierungsverfahren stellen **Mediaselektionsmodelle** dar. Diesen ist es unter Zuhilfenahme entsprechender mathematischer Modellierungen möglich, Annahmen zur Werbewirkung in einzelnen Medien zu quantifizieren. Mediaselektionsmodelle bzw. computergestützte Mediaselektionsprogramme werden von Verlagsunternehmen angeboten; auch größere Werbe- bzw. Mediaagenturen haben eigene Modelle entwickelt, die sie an die spezifische Situation ihrer Kunden anpassen (vgl. *Rogge* 2004, S. 291ff.; *Bruhn* 2013).

7.3.7 Gestaltung der Werbebotschaft

Im Rahmen der Werbeplanung werden parallel zur Werbestreuplanung Überlegungen zur Gestaltung der Werbebotschaft angestellt. Im Normalfall erhält eine Werbeagentur ein **Briefing**, in dem vom Auftraggeber in kurzer Form Positionierung, kommunikative

Ziele, Zielgruppen usw. vermittelt werden. Zunächst ist es Aufgabe der Werbeagentur, dieses Briefing in Entwürfe des Werbemittels (z.B. Anzeige, Fernsehspot, Hörfunkspot) umzusetzen. Diese Aufgabe wird als die kreative Leistung von Werbeagenturen angesehen. Dabei bezieht sich die Botschaftsgestaltung sowohl auf den Inhalt als auch auf die Form (vgl. *Kroeber-Riel/Esch* 2009; *Bruhn* 2013).

Bei der **Gestaltung** des Botschaftsinhaltes sind zwei grundsätzlich verschiedene Möglichkeiten, sog. Gestaltungsstrategien, zu unterscheiden. Die rein **informative** und **argumentative Gestaltung** ist rational angelegt und zielt auf eine sachliche Überzeugung der Zielgruppe ab. Hier werden kreative Methoden der Visualisierung, z.B. Ähnlichkeiten, Beweise, Gedankenverbindungen, Steigerungen, Hinzufügungen usw. genutzt. Diese Gestaltungsstrategie ist zur Beeinflussung und Unterstützung von extensiven Kaufentscheidungsprozessen geeignet, da der Konsument ein höheres Kaufrisiko wahrnimmt und bereit ist, sachliche Informationen zu sammeln und zu verarbeiten.

Dagegen versuchen die verschiedenen Formen der **psychologischen Gestaltung**, über einen Transfer in psychologische Kategorien (z.B. Ängste, Emotionen, Erotik, Humor) Aufmerksamkeit bei den Zielgruppen zu wecken (vgl. *Kroeber-Riel/Esch* 2009; *Bruhn* 2013, S. 492ff.). Diese Gestaltungsformen bieten sich für Produkte und Dienstleistungen an, die ein geringeres Involvement (Grad der Ich-Beteiligung) des Konsumenten mit sich bringen. Für die Botschaftsgestaltung ist es sinnvoll, die Erkenntnisse der Werbe- und Konsumentenpsychologie zu berücksichtigen (vgl. z.B. *Kroeber-Riel* et al. 2013; *Felser* 2011).

Der Botschaftsinhalt wird im Rahmen der **Gestaltung der Botschaftsform** in optische Zeichen wie etwa Sprachzeichen (Worte, Texte) und Bildzeichen (Bilder, Symbole) umgesetzt. Damit werden zahlreiche gestalterische Fragen der Typografie, des Layouts, der Farbgestaltung usw. aufgeworfen. In audio-visuellen Medien sind akustische Zeichen (Kombinationen von Tönen in Form von Stimmen oder Musik) einzusetzen. Aufgrund der begrenzten Informationsaufnahme- und -verarbeitungskapazität des Kommunikationsempfängers, der steigenden Informationsüberlastung des Konsumenten und der daraus folgenden Schwierigkeit, seine Aufmerksamkeit zu wecken, kommt der **Bildkommunikation** eine zentrale Rolle zu.

Haben die Werbeagenturen ihre Entwürfe zur kreativen Umsetzung des Briefings vorgelegt, wird deren **Eignung** für die Werbepolitik des Unternehmens beurteilt. Copy Tests, Gruppendiskussionen und methodische Hilfsmittel (z.B. Punktbewertungsverfahren) erleichtern diesen Prozess. Als **Beurteilungskriterien** werden die Eignung der Entwürfe für die angestrebte Markenpositionierung, Originalität, Verständlichkeit, Glaubwürdigkeit, Differenzierungspotenzial gegenüber der Konkurrenz, Aufmerksamkeitswirkung, Produkt- oder Markenbezug, Prägnanz, Stimmigkeit mit anderen werblichen Auftritten des Unternehmens u.a.m. herangezogen.

7.3.8 Kontrolle der Werbewirkungen

Der werbliche Planungsprozess schließt mit der Kontrolle der Werbewirkung ab. Diese beinhaltet nicht nur die Beantwortung der Frage, in welchem Ausmaß die zuvor definierten Werbeziele (z.B. Bekanntheitsgrad) erreicht wurden, sondern auch die Offenlegung weiterer Wirkungen der Werbung, z.B. Imagewirkungen bei den Zielgruppen, die nicht explizites Ziel einer Werbekampagne waren (vgl. *Steffenhagen* 2000; *Bruhn* 2013, S. 545ff.). Im Rahmen der Wirkungskontrolle ist der Erfolg der Werbung auf den einzelnen Wirkungsstufen zu prüfen. Zur Erhebung der Werbewirkungen werden unterschiedliche **Methoden der Werbewirkungsanalyse** herangezogen. Dazu zählen verschiedene Befragungs- und Beobachtungsverfahren wie der Einsatz apparativer Verfahren, Ratingskalen, Rangordnungsverfahren usw. (vgl. auch Abschnitt 4.2.4).

Die Bestimmung der Wahrnehmungswirkungen erfolgt beispielsweise durch das **Tachistoskop**. Hierbei wird der Proband nur Sekundenbruchteile mit dem Werbemittel konfrontiert. Dadurch werden Rückschlüsse auf die Prägnanz der Botschaftsgestaltung gezogen. Zur Messung des Bekanntheitsgrades werden Recall- und Recognitiontests eingesetzt. Beim **Recalltest** (Erinnerungstest) werden die Probanden z.B. einen Tag nach ihrem Kontakt mit einem Werbeträger gefragt, an welche Marken sie sich noch erinnern können. Im Rahmen des **Recognitiontests** (Wiedererkennungstest) werden die Probanden z.B. unter Vorlage einer Zeitschrift gefragt, welche Anzeigen sie gesehen haben und welche Anzeigenelemente sie wiedererkennen. Problematisch beim Recognitiontest ist allerdings, dass bei Vorlage des Titelblattes einer Zeitschrift viele der Befragten behaupten, sie gelesen zu haben, obwohl dies nicht der Fall ist.

Die **Erhebung von Einstellungen** erfolgt beispielsweise durch den Einsatz von Merkmalskatalogen, bei denen eine strukturelle Messung der kognitiven und emotionalen Disposition von Einstellungen unter Verwendung eines Verrechnungsmodells erfolgt (vgl. *Kroeber-Riel* et al. 2013). Des Weiteren wurden in den letzten Jahren zahlreiche **Testverfahren** entwickelt, die sich speziell auf die Wirkung der Gestaltung bestimmter Werbemittel konzentrieren wie etwa Anzeigen-, Fernseh-, Funkspot- und Plakattests.

Zukünftig sind verstärkte Bemühungen erforderlich, neben der Effektivität auch die Effizienz werblicher Maßnahmen eindeutig zu beurteilen. Die Werbewirkungsanalyse steht jedoch vor **inhaltlichen und methodischen Problemen**, die noch ungelöst sind. Dies gilt insbesondere für Probleme der Isolierung der Wirkung werblicher Aktivitäten von der Wirkung anderer Kommunikationsmaßnahmen, der Zuordnung der Wirkung zu einzelnen Werbemaßnahmen des Kommunikationsmix, fehlende Längsschnittanalysen zur Ermittlung empirisch abgesicherter Lern- und Vergessenskurven sowie Schwierigkeiten im Nachweis von Ausstrahlungs- und Carry-Over-Effekten.

7.4 Einsatz der Verkaufsförderung

7.4.1 Begriff und Ziele der Verkaufsförderung

Neben der Mediawerbung zählt die Verkaufsförderung in vielen Konsumgüterbranchen zu den zentralen Instrumenten des Kommunikationsmix (vgl. *Bruhn* 2013). Die Verkaufsförderung ist primär der Kommunikationspolitik zuzuordnen, eine eindeutige und ausschließliche Einordnung ist jedoch nicht möglich, da sie auch Aufgaben aus anderen Bereichen des absatzpolitischen Instrumentariums (z.B. Aufgaben der Preis- und Vertriebspolitik) übernimmt (*Pflaum* et al. 2000, S. 13). Hier werden primär jene Aufgaben und Maßnahmen betrachtet, die sich auf kommunikative Zielsetzungen konzentrieren. Folgende **Definition der Verkaufsförderung** wird zu Grunde gelegt (*Bruhn* 2013, S. 386):

> **Verkaufsförderung – auch „Sales Promotion" genannt – bedeutet die Analyse, Planung, Durchführung und Kontrolle meist zeitlich befristeter Maßnahmen mit Aktionscharakter, die das Ziel verfolgen, auf nachgelagerten Vertriebsstufen durch zusätzliche Anreize Kommunikations- und Vertriebsziele eines Unternehmens zu erreichen.**

Der Verkaufsförderung werden kurzfristig wirkende Aktionen zugerechnet. Daher wird häufig der Begriff der **Sales Promotion** verwendet. Hier stehen unmittelbare Effekte auf das Verhalten von Abnehmern oder Absatzmittlern im Vordergrund. Zu diesen **operativen Zielen der Verkaufsförderung** zählen die Förderung des Abverkaufs am Point of Sale, die Bekanntmachung neuer Produkte, die Steigerung von Probierkäufen und die Informationsverbesserung über Produktveränderungen.

Die Bedeutung der Verkaufsförderung hat insbesondere im Konsumgütermarketing zugenommen, da sich die Relation Mediawerbung zu Verkaufsförderung verschoben hat. Heute machen bei vielen Konsumgüterherstellern die Verkaufsförderungsbudgets einen zentralen Anteil des Kommunikationsetats aus. Diese Tendenz ist weiterhin steigend, da bei zunehmender Hersteller- und Handelskonkurrenz eine engere Zusammenarbeit zwischen Industrie und Handel (**vertikales Marketing**) notwendig wird. In der Praxis bestimmen die Forderungen des Handels nach Verkaufsunterstützung die Höhe des Verkaufsförderungsbudgets stark. Zudem entwickeln auch Industriegüter- und Dienstleistungsunternehmen spezielle Verkaufsförderungsprogramme.

Im Zuge dieses Bedeutungszuwachses bestimmen verstärkt strategische Überlegungen den Einsatz der Verkaufsförderung. **Strategische Ziele der Verkaufsförderung** bestehen insbesondere in der langfristigen Gewinnung der Unterstützung und Akzeptanz des Handels, der Unternehmens- bzw. Markenprofilierung beim Konsumenten und dem Aufbau von Wettbewerbsvorteilen gegenüber der Konkurrenz.

7.4.2 Erscheinungsformen der Verkaufsförderung

Die Marketingpraxis hat in den letzten Jahren zahlreiche neue Formen der Verkaufsförderung entwickelt. Zur Abgrenzung verschiedener **Erscheinungsformen der Verkaufsförderung** ist es zweckmäßig, Absender und Zielgruppe der Maßnahmen zu kennzeichnen. Schaubild 7-8 zeigt verschiedene Formen im Überblick.

(1) Verkaufsförderung des Herstellers

Handelsgerichtete Verkaufsförderung (Trade Promotions): Die Aktivitäten richten sich ausschließlich auf die Gewinnung der Unterstützung von Handelsbetrieben, z.B. mittels Händlertreffen oder Händlerschulungen.

Konsumentengerichtete Verkaufsförderung (Consumer Promotions): Die Aktionen zielen darauf ab, Endabnehmer zu erreichen. Dabei wird unterschieden, ob die Verkaufsförderungsaktionen direkt vom Hersteller oder in Zusammenarbeit mit dem Handel durchgeführt werden (vgl. *Gedenk* 2002, S. 13ff.):

- Von einer **direkten konsumentengerichteten Verkaufsförderung** wird u.a. gesprochen, wenn der Hersteller seine Aktionen außerhalb des Point of Sale durchführt, z.B. durch Gewinnspiele auf der Straße, Prospektversand mit Coupons.

- Bei einer **indirekten konsumentengerichteten Verkaufsförderung (Merchandising)** werden die Aktionen in Zusammenarbeit mit dem Handel am Point of Sale durchgeführt, z.B. in Form von Displaymaterial, Kostproben oder Gewinnspielen.

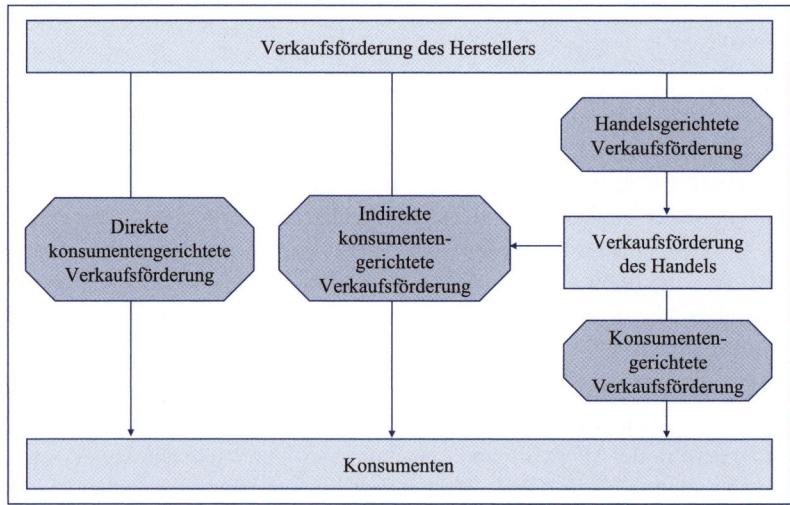

Schaubild 7-8: Erscheinungsformen der Verkaufsförderung

Neben der indirekten konsumentengerichteten Verkaufsförderung, die eine vertikale Kooperation darstellt, sind **Verbund-Promotions** im Sinn einer horizontalen Kooperation möglich, d.h., Verkaufsförderungsmaßnahmen werden durch mehrere Hersteller gemeinsam durchgeführt (*Bruhn* 2013).

(2) Verkaufsförderung des Händlers

Auch Händler unternehmen **Aktivitäten eigener konsumentengerichteter Verkaufsförderung**: eigene Verkostungen und Vorführungen, Laden- und Schaufenstergestaltung, Dekorationen, spezielle Serviceaktionen usw. Eine Kooperation von Händlern ist analog zu den Verbund-Promotions der Hersteller ebenfalls möglich.

In Anlehnung an die Erscheinungsformen werden verschiedene **Aufgaben der Verkaufsförderung** unterschieden. Aus **Herstellersicht** geht es im Rahmen der absatzmittlergerichteten Verkaufsförderung (Trade Promotions) vorrangig um die kommunikative Unterstützung des **Hineinverkaufs** in den Handel. Vielfach sind die verkaufsfördernden Aktivitäten Teil einer **Push-Strategie**, bei der durch intensive handelsgerichtete Marktbearbeitung die Listung der Herstellermarke erreicht bzw. eine Auslistung verhindert wird. Bei der (indirekten) konsumentengerichteten Verkaufsförderung (Consumer Promotions) geht es hingegen um den **Hinausverkauf** aus dem Handel. Hier ist die Verkaufsförderung Bestandteil einer **Pull-Strategie**, deren vorrangige Zielsetzung ist, über die Auslösung eines Nachfragesogs die Absatzmittler zu veranlassen, sich mit der Herstellermarke zu bevorraten (*Nieschlag* et al. 2002, S. 992). Aus **Sicht der Absatzmittler** erfüllt die Verkaufsförderung primär Aufgaben der kommunikativen Unterstützung des eigenen Abverkaufs sowie der Realisierung genereller und vertriebsschienenspezifischer Profilierungsziele.

In der Regel erfolgt der Einsatz von Verkaufsförderungsaktionen nicht isoliert, sondern aufgrund der komplementären Wirkungen gemeinsam mit anderen Kommunikationsinstrumenten. Ziel ist sowohl eine Abstimmung der einzelnen Verkaufsförderungsmaßnahmen untereinander („Verkaufsförderungsmix") als auch die Vernetzung mit den anderen Kommunikations- und Marketinginstrumenten (vgl. *Bruhn* 2013).

Bei einer **kritischen Würdigung** der Verkaufsförderung ist die Eignung zu einer kurzfristigen Zielerreichung zu nennen. Sie stellt ein Instrument dar, das insbesondere zur Unterstützung anderer Marketing- bzw. Kommunikationsinstrumente (z.B. der Mediawerbung) und in speziellen Situationen (z.B. Produktneueinführung) sinnvoll eingesetzt wird. Zu viele und häufig wechselnde Verkaufsförderungsaktionen laufen aber dem langfristigen Aufbau eines Markenimages zuwider und erzeugen eine ausgeprägte Erwartungshaltung nach weiteren Aktivitäten beim Handel und bei den Konsumenten.

7.5 Einsatz des Direct Marketing

7.5.1 Begriff und Ziele des Direct Marketing

Ausgehend von seiner ursprünglichen Form als Instrument des Direktvertriebs im Versandhandel hat sich das Direct Marketing insbesondere im beziehungsorientierten Kontext des Relationship Marketing zu einem bedeutenden Instrument der Kommunikation entwickelt (vgl. *Holland* 2009, S. 1ff.). Der **Begriff des Direct Marketing** lässt sich bei einer Fokussierung auf den Kommunikationsbereich wie folgt definieren (*Bruhn* 2013, S. 405):

> **Direct Marketing umfasst sämtliche Kommunikationsmaßnahmen, die darauf ausgerichtet sind, durch eine gezielte Einzelansprache einen direkten Kontakt zum Adressaten herzustellen und einen unmittelbaren Dialog zu initiieren oder durch eine indirekte Ansprache die Grundlage eines Dialoges in einer zweiten Stufe zu legen, um Kommunikations- und Vertriebsziele eines Unternehmens zu erreichen.**

Die Kernaufgaben des Direct Marketing bestehen im Aufbau eines **individuellen Dialoges** mit einzelnen Zielpersonen im Rahmen einer direkten Kommunikation sowie der Ansprache ausgewählter Zielgruppen, die durch Maßnahmen wie Direct-Response-Anzeigen und den Einsatz interaktiver Medien dazu veranlasst werden, ihrerseits in Kontakt mit dem Unternehmen zu treten. Primäre **Ziele** sind die zielgruppenspezifische Informationsübermittlung mit möglichst geringen Streuverlusten, das Bewirken einer hohen Aufmerksamkeit, das Wecken von Interesse bei den Rezipienten sowie die Gewinnung neuer Kunden in einem spezifischen Segment mit dem Ziel einer langfristigen Bindung an das eigene Unternehmen.

Das charakteristische Merkmal des Direct Marketing besteht in der direkten und individuellen Ansprache eines Kunden, während die Mediawerbung oder die Verkaufsförderung beispielsweise auf eine kollektive Ansprache der Verbraucher ausgerichtet sind. Die Merkmale des Direct Marketing lassen sich auch auf andere Bereiche des Marketingmix übertragen. Bei Übernahme dieser umfassenden Sichtweise beinhaltet das Direct Marketing folglich alle Formen eines individualisierten Instrumenteeinsatzes.

7.5.2 Erscheinungsformen des Direct Marketing

Vor dem Hintergrund der Einordnung und Abgrenzung des Direct Marketing lassen sich nach der Art der Interaktion zwischen Anbieter und Nachfrager ein passives, ein reaktionsorientiertes und ein interaktionsorientiertes Direct Marketing unterscheiden (vgl. *Bruhn* 2013).

Die einfachste Form ist das **passive Direct Marketing**, das als Grenzfall einzuordnen ist. Diese Form der Ansprache liegt vor, wenn Verbraucher beispielsweise durch Kataloge sowie unadressierte Mailings, die in Form von Flugblättern oder anderen Hauswurfsendungen verteilt werden, angesprochen werden. Das wesensbestimmende Merkmal dieser Form des Direct Marketing liegt darin, dass Verbraucher auf das Leistungsangebot von Unternehmen allgemein aufmerksam gemacht werden, ohne dass im ersten Schritt ein direkter Kundendialog entsteht.

Das **reaktionsorientierte Direct Marketing** zeichnet sich dadurch aus, dass dem Konsumenten mit der Ansprache eine Möglichkeit der Reaktion gegeben wird und damit der Dialog zwischen Anbieter und Nachfrager initiiert wird. Eine direkte und individuelle Einzelansprache, die den Zielpersonen eine Reaktionsmöglichkeit eröffnet, liegt z.B. beim Versand von Mail Order Packages vor, die als adressierte Werbesendungen aus einem Werbebrief, einem Prospekt, einer Rückantwortkarte und einem Versandkuvert bestehen. Hier hat die Zielperson die Möglichkeit, das Angebot eines Unternehmens zu prüfen und gegebenenfalls durch eine Rückantwort mit dem Unternehmen in Kontakt zu treten.

Demgegenüber ist das **interaktionsorientierte Direct Marketing** dadurch gekennzeichnet, dass Anbieter und Nachfrager in einen unmittelbaren Dialog eintreten, der einen direkten gegenseitigen Informationsfluss ermöglicht. Das Telefonmarketing als eine Form des interaktionsorientierten Direct Marketing erlaubt einen solchen direkten und persönlichen Dialog mit selektierten Personen. Dies schafft die Möglichkeit, individuell auf die Wünsche und Anregungen der Zielpersonen zu reagieren und eine direkte Erfolgsmessung durchzuführen.

Direct Marketing stellt ein Instrument dar, das über ein hohes Integrationspotenzial verfügt. Deshalb wird eine intensive Abstimmung mit den anderen Kommunikations- und Marketinginstrumenten vorgenommen.

7.5.3 Zielgruppenauswahl im Direct Marketing

Ausgangspunkt einer Zielgruppenformulierung im Rahmen des Direct Marketing ist eine Aufgliederung in die zentralen **Hauptzielgruppen** eines Unternehmens. Hierbei ist zwischen dem Einsatz des Direct Marketing im Business-to-Business-Bereich und im Consumer-Bereich zu unterscheiden (vgl. *Dallmer* 2002).

Im **Business-to-Business-Bereich** erfolgt die Zielgruppenauswahl mit Hilfe von Merkmalen, die sich auf vier Ebenen beziehen: Branchenmerkmale, unternehmensspezifische Merkmale, Merkmale des Buying Center sowie Personenmerkmale. Im **Consumer-Bereich** bestehen mehrere Möglichkeiten der Zielgruppenbildung, die unterschiedlich geeignet sind, trennscharfe Zielgruppen zu generieren. Die Anwendung eines **mikrogeografischen Zielgruppenansatzes**, der eine Vielzahl von Kriterien aggregiert betrachtet, stellt eine mögliche Vorgehensweise dar. Dabei wird ein Land durch eine regionale Feingliederung in homogene Wohngebietstypen unterhalb des Stadtviertelniveaus aufgeteilt, wodurch eine zielgruppengenaue direkte Ansprache der Verbraucher ohne Streuverluste erreicht wird (vgl. *Holland* 2009, S. 80ff.). Grundlage der mikrogeografischen Zielgruppendefinition ist die Erkenntnis, dass sich bei einer Aufteilung eines Landes in kleine regionale Gebiete Verbraucher mit einer ähnlichen demografischen Struktur und Lebensphase sowie nahezu identischen Lebensstilen und Einstellungen isolieren lassen.

Eine Voraussetzung für ein erfolgreiches Direct Marketing und ein wichtiges Hilfsmittel bei der Selektion der einzelnen Zielgruppen ist das **Database Management**. Die systematische Erfassung, Aufbereitung und Analyse der verschiedenen Zielgruppenmerkmale in einer Database ermöglicht eine Einzel- oder häufig kombinierte Auswahl von Zielgruppenmerkmalen für die einzelnen Streumaßnahmen. Durch ein konsequent datenbankgestütztes Marketing im Sinne eines Database Marketing wird eine größere Zielgenauigkeit bei der Segmentierung der Märkte erreicht, die Kundenbeziehungen lassen sich besser bewerten, steuern und im Rahmen des Customer Relationship Managements ausnutzen (vgl. *Holland* 2009, S. 97ff.).

Generelle Zielsetzung des Database Managements ist eine möglichst vollständige Datenerfassung hinsichtlich verschiedener Merkmale aktueller bzw. potenzieller Kunden und die Nutzung für das Direct Marketing. Um von den vielfältigen Einsatzmöglichkeiten des Database Marketing zu profitieren, werden in Unternehmen verstärkt **Data-Warehouse-Systeme** und **Data-Mining-Verfahren** als Management-Informationssysteme implementiert (vgl. *Holland* 2009, S. 118ff.).

Bei einer **kritischen Würdigung** des Direct Marketing ist die Möglichkeit der zielgruppenspezifischen Ansprache zu nennen. Die heutigen Online-Techniken (E-Mail, SMS, MMS, Microblogs) schaffen gerade im interaktionsorientierten Direct Marketing neue, effiziente Einsatzmöglichkeiten. In Verbindung mit Tendenzen zum Beziehungsmarketing ist davon auszugehen, dass der Stellenwert dieses Kommunikationsinstrumentes in Zukunft weiter steigen wird. So nimmt das Direct Marketing bereits eine wichtige Rolle im Rahmen des Customer Relationship Management (CRM) ein, d.h. der gezielten Steuerung von Kundenbeziehungen, da es eine individuelle und interaktionsorientierte Kommunikation mit dem einzelnen Kunden ermöglicht. Hier ist die automatische Anfertigung von Kundenprofilen zu nennen, die genaue Informationen über das Kundenverhalten im Internet beinhalten und den Kunden gezielt Kaufangebote macht (z.B. Amazon). Als kritisches Argument gegen das Direct Marketing ist anzuführen, dass ein übertriebener Einsatz von Direct-Marketing-Maßnahmen, z.B. die übermäßige Versendung von Direct Mails, zu einem Gefühl der Belästigung auf Seiten der Zielgruppe führt.

7.6 Einsatz der Public Relations

7.6.1 Ziele und Erscheinungsformen der Public Relations

Public Relations (PR bzw. Öffentlichkeitsarbeit) stellen eine klassische Aufgabe der Unternehmenskommunikation dar. Im Mittelpunkt steht die Bereitschaft des Unternehmens, umfassend über seine vielfältigen Aktivitäten zu informieren und mit der Öffentlichkeit in einen Dialog einzutreten (vgl. *Avenarius* 2008). Dies veranschaulicht folgende Definition (*Bruhn* 2013, S. 418):

> **Public Relations (Öffentlichkeitsarbeit) als Kommunikationsinstrument bedeutet die Analyse, Planung, Durchführung und Kontrolle aller Aktivitäten eines Unternehmens, um bei ausgewählten Zielgruppen (extern und intern) um Verständnis und Vertrauen zu werben und damit gleichzeitig kommunikative Ziele des Unternehmens zu erreichen.**

Die **Aufgabe** der Public Relations besteht darin, Verständnis und Vertrauen aufzubauen, zu erhalten bzw. zu verbessern. Während in der Mediawerbung das Bewerben der Unternehmensleistung im Vordergrund steht, handelt es sich bei PR um ein Werben für das Unternehmen und dessen Belange. Sie dient als Grundlage dafür, dass das Unternehmen als Bestandteil seines gesellschaftlichen Umfeldes in diesem erfolgreich tätig wird (vgl. *Kunczik* 2010). Aus diesen zentralen Aufgaben leiten sich die spezifischen **Ziele** der PR-Arbeit ab. Hierzu zählt beispielsweise die Erhöhung des Kenntnisstandes von Fachjournalisten über die Qualitäts- oder Umweltpolitik eines Unternehmens, Einstellungsänderungen bei Teilöffentlichkeiten oder die Wahrnehmung der sozialen Kompetenz des Unternehmens bei örtlichen Bürgerinitiativen.

Grundsätzlich werden drei **Erscheinungsformen der PR** unterschieden. Bei der **leistungsorientierten PR** steht die Herausstellung bestimmter Merkmale von Produkten und Leistungen im Vordergrund (Beispiel: Relaunch der Luxuslimousine Maybach im Jahr 2002, der durch vielfältige PR-Aktivitäten begleitet wurde). Ferner werden in Publikumszeitschriften neue Wirkstoffe wie z.B. Aloe Vera in der Kosmetikherstellung im Rahmen redaktioneller PR-Arbeit erläutert. Der **unternehmensbezogenen PR** werden jene Aktivitäten zugeordnet, die nicht nur einzelne Leistungen des Unternehmens kommunizieren, sondern zur Darstellung des Unternehmensbildes bzw. Selbstverständnisses das gesamte Unternehmen in den Vordergrund stellen (Beispiel: Werbung des Firmenchefs von Trigema für die eigenen Produkte in Verbindung mit der Betonung des Produktionsstandortes Deutschland). Schließlich treten bei der **gesellschaftsbezogenen PR** die Unternehmensleistungen in den Hintergrund. Vielmehr dokumentiert das Unternehmen sein verantwortliches Handeln als Teil der Gesellschaft. Dies geschieht z.B. durch die Stellungnahme zu öffentlichen Streitpunkten, die losgelöst von konkreten Fragestellungen des Unternehmens sind (Beispiel: Lufthansa nahm in einseitigen Anzeigen in der FAZ Stellung zur Ausländerfeindlichkeit nach Anschlag auf ein türkisches Wohnhaus).

Zur Schaffung von Verständnis und Vertrauen in der Öffentlichkeit ist es in der PR-Arbeit notwendig, zahlreiche unterschiedliche **Zielgruppen** differenziert zu betrachten. Infolge der Heterogenität der internen und externen Zielgruppen empfiehlt sich die Einteilung der Öffentlichkeit nach verschiedenen **Anspruchsgruppen** (so genannte Stakeholder). Hervorgehoben seien als PR-Zielgruppen aktuelle und potenzielle Mitarbeitende des Unternehmens, aktuelle und potenzielle Kunden, Aktionäre, Medienvertreter, Meinungsführer, Vertreter staatlicher Stellen, Lieferanten und Bankenvertreter, Bürgerinitiativen, Gewerkschaften sowie Wirtschafts- und Verbraucherverbände, Schüler und Lehrer, Studenten und Wissenschaftler. Grundsätzlich ist für die PR jede Zielgruppe von Interesse, mit deren Mitgliedern das Unternehmen direkte oder indirekte Beziehungen über die Finanz-, Beschaffungs-, Absatz- und Arbeitsmärkte oder die Umwelt aufrechterhält.

In Abhängigkeit von der eigenen Unternehmensstärke und dem jetzigen bzw. zukünftigen Einfluss gesellschaftlicher Zielgruppen verfolgen Unternehmen unterschiedliche **PR-Strategien**:

- **Innovationsstrategie** bzw. Antizipation (Proaktive Strategie, die die Problemfelder unabhängig von gesellschaftlichen oder marktbezogenen Einflüssen identifiziert).
- **Widerstandsstrategie** (Vertretung bzw. Verteidigung des eigenen Standpunktes auch gegen die öffentliche Meinung).
- **Ausweichstrategie** (Problemverlagerung bzw. Rückzug).

Entsprechend der gewählten Strategie sind die Einzelmaßnahmen der PR zu gestalten.

7.6.2 Maßnahmen der Public Relations

Die Maßnahmen der PR sind aufgrund der aufgezeigten Heterogenität ihrer Zielgruppen äußerst vielfältig. Darüber hinaus entstehen permanent neue Aktivitäten, um unterschiedliche Zielgruppen des Unternehmens anzusprechen. Die Einzelmaßnahmen lassen sich in fünf **Aktivitätsbereiche der PR** zusammenfassen (vgl. *Bruhn* 2013):

(1) **Pressearbeit**: z.B. Pressekonferenzen, Pressemitteilungen, Berichte über Produkte im redaktionellen Teil von Medien (Product Publicity), Erstellung von Unternehmensprospekten und Aufklärungsmaterial für die Medien, Online-PR.

(2) **Maßnahmen des persönlichen Dialogs**: z.B. Pflege persönlicher Beziehungen zu Meinungsführern und Pressevertretern, persönliche Engagements in Verbänden,

Parteien, Kirchen u.a., Vorträge an Hochschulen, Teilnahme an Podiumsveranstaltungen, Einladungen unternehmensrelevanter Personen zu Gesprächen, Diskussionen mit Bürgerinitiativen, Lobbying, Initiieren von Foren, Blogs, u.a.m. im Internet.

(3) **Aktivitäten für ausgewählte Zielgruppen**: z.B. Aufklärungsmaterialien für Schulen, Betriebsbesichtigungen für Besucher, Förderung sportlicher, kultureller und sozialer Institutionen der Region, Ausstellungen, Geschenke und Unterstützungen, Informationsbroschüren für bestimmte Zielgruppen (Sozial- und Öko-Bilanzen), Betriebsfilme, Ausschreibung von Preisen, Stiftungen.

(4) **Mediawerbung**: z.B. Anzeigen zur allgemeinen Imageprofilierung des Unternehmens oder einer Branche, Anzeigen für potenzielle Mitarbeiter in Zeitungen, Zeitschriften und Vorlesungsverzeichnissen von Hochschulen, Anzeigen zur Darlegung von Standpunkten des Unternehmens zu öffentlich diskutierten Streitpunkten („Advocacy Advertising").

(5) **Unternehmensinterne Maßnahmen**: z.B. Werkszeitschriften, Informationsveranstaltungen mit Mitarbeitenden, Intranet, Betriebsausflüge, Anschlagtafeln im Unternehmen, interne Sport-, Kultur- und Sozialeinrichtungen, Business TV.

Die **Anforderungen an die PR-Arbeit** haben durch Angriffe auf bestimmte Produkte von Unternehmen oder durch Konfliktsituationen für ganze Branchen erheblich zugenommen (z.B. Chemie-, Pharma-, oder Zigarettenindustrie). Es ist nicht nur für die betroffenen, sondern generell für Unternehmen notwendig, **Fähigkeiten zur Krisenkommunikation** zu entwickeln, um bei Angriffen kurzfristig richtig zu reagieren. Dies bedingt **vorsorgende PR-Maßnahmen**, die frühzeitig mit maßgeblichen Gruppen Kommunikationsbeziehungen aufbauen. Dabei geht es um die Fähigkeit des Unternehmens, in einen direkten, offenen **Dialog** mit relevanten Personen und Organisationen einzutreten und diesen zu pflegen. In diesem Sinne stellt die PR-Arbeit eine Art Präventivkommunikation dar.

In diesem Zusammenhang ist auf **Besonderheiten in der organisatorischen Stellung der Öffentlichkeitsarbeit** im Unternehmen hinzuweisen, die i.d.R. außerhalb der Marketingabteilung angesiedelt ist. Meist ist die PR-Abteilung als Stabstelle der Unternehmensleitung eingerichtet, damit Informationen kurzfristig und „aus erster Hand" zur Verfügung stehen. Durch diese organisatorische Trennung wird die Integration der PR-Abteilung mit anderen Kommunikationsinstrumenten erschwert.

Im Rahmen einer **kritischen Würdigung** ist die Bedeutung der PR als strategisches Kommunikationsinstrument hervorzuheben. Mit Hilfe von PR werden in erster Linie psychologische Kommunikationsziele wie z.B. Vertrauen oder positive Einstellungen erreicht. Für die Realisierung kurzfristiger Kommunikationsziele wie z.B. die Steigerung des Abverkaufs ist die PR-Arbeit kaum geeignet.

7.7 Einsatz des Sponsoring

7.7.1 Begriff und Ziele des Sponsoring

Sponsoring hat sich als Kommunikationsinstrument fest etabliert. Die begriffliche Abgrenzung des Sponsoring wird vielfach nicht klar im Sinne einer eindeutigen Abgrenzung gegenüber Altruismus und Mäzenatentum vorgenommen. Folgende Definition vermittelt die konstitutiven Merkmale des Sponsoring (*Bruhn* 2010, S. 6f.):

> **Sponsoring bedeutet die Analyse, Planung, Durchführung und Kontrolle sämtlicher Aktivitäten, die mit der Bereitstellung von Geld, Sachmitteln, Dienstleistungen oder Know-how durch Unternehmen und Institutionen zur Förderung von Personen und/oder Organisationen in den Bereichen Sport, Kultur, Soziales, Umwelt und/oder den Medien verbunden sind, um damit gleichzeitig Ziele der Unternehmens- und Marketingkommunikation zu erreichen.**

Im Gegensatz zum Spendenwesen bzw. klassischen Mäzenatentum ist es das Merkmal des Sponsoring, dass es auf dem Prinzip von Leistung (des Sponsors) und Gegenleistung (des Gesponserten) beruht.

Das Sponsoring stellt im Kommunikationsmix ein ergänzendes Kommunikationsinstrument dar, das besonders zur Erreichung der folgenden **Sponsoringziele** in der Lage ist:

- Aktualisierung und Stabilisierung der Markenbekanntheit,
- Aufbau bzw. Verbesserung bestimmter Imagedimensionen,
- Schaffung attraktiver Möglichkeiten der Kontaktpflege mit Kunden und anderen Anspruchsgruppen,
- Schaffung von Goodwill und Dokumentation gesellschaftlicher Verantwortung,
- Verbesserung der Mitarbeiteridentifikation und Mitarbeitermotivation.

7.7.2 Erscheinungsformen des Sponsoring

Der Schwerpunkt der Sponsoringaktivitäten lag bislang im Bereich des Sports. In den letzten Jahren sind Entwicklungen zu beobachten, die den kulturellen und sozialen Bereich als Aktivitätsfelder eines Sponsoringengagements einbeziehen. Heute werden die folgenden Erscheinungsformen des Sponsoring voneinander abgegrenzt: Sport-, Kultur-, Sozio-, Umwelt- sowie Mediensponsoring (vgl. *Bruhn* 2010).

Im Rahmen des **Sportsponsoring** wird zwischen dem Sponsoring von Einzelsportlern, Sportmannschaften oder Sportveranstaltungen unterschieden. Ziel des Sportsponsoring ist es, aufgrund der hohen Medienwirksamkeit bestimmter Sportarten wie etwa Fußball den Bekanntheitsgrad eines Unternehmens zu erhöhen und bestimmte Imagedimensionen des Sports wie „Dynamik" oder „Technikorientierung" auf das Unternehmensimage zu übertragen.

Engagiert sich ein Unternehmen im **Kultursponsoring**, steht häufig die Kontaktpflege zu unternehmensrelevanten Gruppen, die Schaffung von lokalem oder regionalem Goodwill sowie die Erzielung einer Publicity-Wirkung im Vordergrund. Durch die Unterstützung von Künstlern, kulturellen Gruppen, Institutionen oder Projekten erzielen Unternehmen Wirkungen bei internen und externen Anspruchsgruppen.

Beim **Sozio- und Umweltsponsoring** ist vielfach der Fördergedanke für Unternehmen dominant. Hier werden ausschließlich nicht kommerzielle Gruppen oder Institutionen gefördert. Die werbliche Wirkung ist nicht das entscheidende Motiv für Unternehmen, jedoch spielt auch sie in diesen Sponsoringbereichen eine Rolle. Zentrale Voraussetzung eines Engagements im Sozio- oder Umweltbereich ist eine inhaltliche Identifikation des Unternehmens mit dem Engagement, das sich im konkreten unternehmerischen Verhalten dokumentiert. Ist dies nicht der Fall, ergeben sich Legitimations- und Glaubwürdigkeitsprobleme und damit negative Kommunikationswirkungen für das Unternehmen.

Das **Mediensponsoring** stellt die jüngste Form des Sponsoring dar, die erst seit 1991 in Deutschland möglich ist. Zum Mediensponsoring zählen das Rundfunk- bzw. Programmsponsoring, aber auch das Internetsponsoring. Meist treten Unternehmen als Sponsoren von Fernsehsendungen bzw. bestimmten Übertragungen wie etwa der Fußballweltmeisterschaft in Erscheinung. Schwierig gestaltet sich bei der Auswahl eines Programmsponsorship die Frage, welche Sendung oder Übertragung zum Unternehmensimage passt.

Bei einer **kritischen Würdigung** wird Sponsoring als ein vergleichsweise kostengünstiges Kommunikationsinstrument angesehen, bei dem vielfältige Möglichkeiten der kreativen Nutzung bestehen. Durch die Präsenz im Freizeitbereich der Bevölkerung ist das Sponsoring geeignet, die Informationsüberlastung durch die Werbung und die ablehnende Haltung von Konsumenten gegenüber der Werbung zu umgehen. Sponsoring hat weiterhin den Vorteil, dass die gesellschaftspolitische Verantwortung des Unternehmens dokumentiert wird. In diesem Zusammenhang ist auf die Gefahr eines Glaubwürdigkeitsverlustes hinzuweisen, der eintritt, wenn das unternehmensinterne Verhalten nicht den durch das Sponsoring nach außen dokumentierten Ansprüchen gerecht wird. Darüber hinaus sind Barrieren bei den Gesponserten und eine wachsende Kritik in der Öffentlichkeit an bestimmten Sponsoringformen festzustellen.

7.8 Einsatz der Social Media-Kommunikation

7.8.1 Begriff und Merkmale der Social Media-Kommunikation

Der Ausgangspunkt für die Entstehung von Social Media-Kommunikation ist in der Weiterentwicklung des Internet, vom so genannten Web 1.0 zum Web 2.0, zu sehen. Dabei stellt das Web 2.0 den Übergang von Anwendungen des World Wide Web als reine Informationsquelle zum World Wide Web als Ausführungsplattform dar, indem Netzeffekte mit anderen Nutzern einen steigenden Mehrwert bieten. So zählen mittlerweile die meisten Angebote im Web 2.0 zur Social Software, die es Menschen ermöglicht, miteinander zu kommunizieren und zu interagieren. Durch diese Entwicklung treten die Nutzer sowohl als Informationskonsumenten als auch als Informationsproduzenten auf (vgl. *Alby* 2008). **Social Media-Kommunikation** nutzt die Social Software und wird wie folgt definiert (vgl. *Bruhn* 2013, S. 473):

> **Social Media-Kommunikation vollzieht sich auf online-basierten Plattformen und kennzeichnet sowohl die Kommunikation als auch die Zusammenarbeit zwischen Unternehmen und Social Media-Nutzern sowie deren Vernetzung untereinander. Die Social Media-Kommunikation erfolgt sowohl aktiv als auch passiv, mit dem Ziel des gegenseitigen Austausches von Informationen, Meinungen, Eindrücken und Erfahrungen sowie des Mitwirkens an der Erstellung von unternehmensrelevanten Inhalten, Produkten und Dienstleistungen.**

Eine Analyse hinsichtlich der Merkmale der Social Media-Kommunikation zeigt, dass mit den unterschiedlichen Einsatzmöglichkeiten sehr heterogene Merkmalsausprägungen einhergehen. Dabei lassen sich zehn **Merkmale der Social Media-Kommunikation** identifizieren, die sämtlichen Kommunikationsaktivitäten gemeinsam sind (vgl. *Bruhn* 2011, S. 1083):

(1) Eingeschränkte Kontrollierbarkeit,

(2) Interaktives Kommunikationsinstrument,

(3) Flexibilität der Darstellung,

(4) Möglichkeit der persönlichen als auch der unpersönlichen Kommunikation,

(5) Disperses Publikum als adressatbezogenes Merkmal,

(6) Zugang in Form der öffentlichen Kommunikation und geschlossener Netzwerke,

(7) Direkte und indirekte Kommunikation,

(8) Schnelle, einfache und kostengünstige Informationsdiffusion,

(9) Unternehmensgesteuerte oder nutzergenerierte Inhalte,

(10) Nutzung interner als auch externer Kommunikationsträger.

Gegenstand der Social Media-Kommunikation sind somit zum einen Entscheidungen über die Gestaltung und die Art der Übermittlung unternehmensbezogener Botschaften auf online-basierten Plattformen. Hiermit wird das Ziel verfolgt, die vorgegebenen kommunikationspolitischen Zielsetzungen zu erreichen. In diesem Zusammenhang wird von einer **aktiven Social Media-Kommunikation** gesprochen. Zum anderen ist die Widmung der Aufmerksamkeit auf konsumentengenerierte Inhalte – ohne zunächst aktiv an der Kommunikation teilzunehmen – und im Weiteren Entscheidungen über den Umgang mit diesen Inhalten Gegenstand der **passiven Social Media-Kommunikation** (Monitoring) (vgl. *Bruhn* 2011, S. 1082).

7.8.2 Unternehmensgesteuerte Social Media-Kommunikation

Eine unternehmensgesteuerte aktive Social Media-Strategie wird insbesondere zur aktiven Einflussnahme der Kommunikationspolitik des Unternehmens eingesetzt. Dabei stellt das Unternehmen relevante und unternehmensbezogene Botschaften auf online-basierten Plattformen den Nutzern zur Verfügung, um vorgegebene kommunikationspolitische Zielsetzungen zu erreichen. Diese Botschaften sind sowohl auf den Absatz- als auch den Meinungsmarkt gerichtet (vgl. *Bruhn* 2013, S. 490).

Zur Umsetzung der generellen kommunikativen Aufgabenstellung lassen sich die folgenden **Strategieansätze für die Social Media-Kommunikation** unterscheiden (vgl. *Bruhn* 2013, S. 490ff.):

- **Strategie der Beeinflussung**: Hierbei sucht das Unternehmen den aktiven Dialog mit den Kunden und strebt danach, den Informationsaustausch mit z.B. Konsumenten und Meinungsführern aktiv anzutreiben und gewissermaßen zu „steuern".

- **Strategie des Mitredens**: Das Unternehmen verfolgt das Ziel, für sämtliche Nutzer der Social Media-Plattformen präsent zu sein und Interesse am gegenseitigen Informationsaustausch zu bekunden, um Konsumenten und Meinungsführern das Gefühl zu vermitteln, dass ihre Meinungen und Bedürfnisse ernst genommen werden.

- **Strategie der Aktivierung**: Hier wird die Stimulierung eines positiven Electronic Word-of-Mouth der Konsumenten und Meinungsführer untereinander angestrebt. Diese Anregung der Weiterempfehlung von Unternehmensseite zielt weiterhin auf den Aufbau von Markenvertrauen und Markenbindung ab.

Aufgrund der Realisierung eines hohen Maßes an Interaktivität, der Darstellung detaillierter Informationen unter Zuhilfenahme verschiedener Mediengattungen wie z.B. Film,

Bild und Ton sowie der weltweiten Reichweite weist die unternehmensgesteuerte Social Media-Kommunikation erhebliche Effektivitäts- und Effizienzvorteile gegenüber traditionellen Kommunikationsinstrumenten auf.

7.8.3 Nutzergenerierte Social Media-Kommunikation

Es existieren bereits zahlreiche **Erscheinungsformen der Social Media-Kommunikation**, die jedoch einer schnelllebigen und dynamischen Entwicklung unterworfen sind (vgl. *Bruhn* 2011, S. 1088ff.). Hierzu zählen Weblogs als Online-Publikationen mit personalisiertem Inhalt des Autors, Social Networks zum Aufbau und zur Pflege von Kontakten, Webforen zum Informations- und Meinungsaustausch, Microblogs zur Veröffentlichung von Kurznachrichten, Bookmarks zur individuellen Kennzeichnung präferierter Online-Dienste, Wikis zur Schaffung eines kollektiven Online-Nachschlagewerks, Podcasts, Videos und Pictures zur Veröffentlichung entsprechender digitaler Beiträge sowie schließlich Bewertungsportale zum Erfahrungs- und Informationsaustausch über Dienstleistungen und Produkte.

Für sämtliche nutzergenerierten Medien ist es Aufgabe des Unternehmens, die konsumentengenerierten Inhalte der genannten Erscheinungsformen der Social Media-Kommunikation sowie den stattfindenden Informationsaustausch im Sinne eines Monitoring zu überwachen.

Die Ausbreitung der Social Media-Kommunikation eröffnet Unternehmen die **Chancen**, dort präsent zu sein, wo Konsumenten ihre Meinung äußern und ihre Kaufentscheidungen treffen. Dabei bieten die von den Social Media-Nutzern abgegebenen Meinungen und Erfahrungen über angebotene Produkte für das Unternehmen wertvolle Hinweise für die Produktgestaltung. In diesem Zusammenhang ist auch die rasche Informationsverbreitung von zentraler Bedeutung, die eine schnelle Steigerung des Bekanntheitsgrades ermöglicht, bzw. zur schnellen Verbreitung positiver Stellungnahmen beiträgt.

Darüber hinaus treten mit der Verbreitung der Social Media-Kommunikation auch **Risiken** für die Unternehmen auf. Als primäres Risiko ist die eingeschränkte Kontrollierbarkeit der nutzergenerierten Inhalte durch das Unternehmen zu nennen. Negative Stellungnahmen über Produkte bzw. Leistungen unterliegen dabei einem schnellen Verbreitungsrisiko, so dass eine kontinuierliche Kontrolle der Kommunikation der Social Media-Kommunikation notwendig ist. Im Zusammenhang mit der schnellen Verbreitung besteht zudem die Gefahr der Informations- und Botschaftsverwässerung durch falsch weitergegebene Inhalte. Zudem ist zu berücksichtigen, dass möglicherweise nicht alle relevanten Zielgruppen erreicht werden. Schließlich lassen sich die Effizienz- und Effektivitätsvorteile lediglich nutzen, wenn der Social Media-Kommunikation ein systematischer und professioneller Planungsprozess zugrunde liegt.

7.9 Einsatz weiterer Kommunikationsinstrumente

Im Rahmen der Kommunikationspolitik von Unternehmen kommen mit Messen und Ausstellungen, Event Marketing, Persönlicher Kommunikation und der Mitarbeiterkommunikation weitere Instrumente zum Einsatz, die im Folgenden kurz beschrieben werden (vgl. für einen detaillierten Einblick *Bruhn* 2013).

Messen und Ausstellungen sind zeitlich begrenzte und räumlich festgelegte Veranstaltungen, denen in der Industriegüterbranche eine hohe Bedeutung als Kommunikationsinstrument zukommt. Unternehmen nehmen an organisierten Messen teil, um ihr Leistungsprogramm den Messebesuchern zu präsentieren. Vorrangiges Ziel des Messeengagements ist die Information der Zielgruppen über die Unternehmensaktivitäten und der Dialog mit ihnen.

In den letzten Jahren hat das **Event Marketing** an Bedeutung gewonnen. Hierbei handelt es sich um individuelle Veranstaltungen oder Ereignisse, bei denen Unternehmen eine erlebnis- und dialogorientierte Präsentation von Produkten und Dienstleistungen mit dem Ziel der Vermittlung von Kommunikationsbotschaften vornehmen (Infotainment). Dementsprechend werden durch den Einsatz des Event Marketing vorwiegend affektivorientierte Kommunikationsziele bei den Zielgruppen verfolgt.

Infolge der zentralen Bedeutung der Kommunikation im Kundenkontakt kommt der **Persönlichen Kommunikation** in der Praxis ein hoher Stellenwert zu. Da diese Form der Kommunikation in sämtlichen Face-to-Face-Situationen stattfindet und eine Vielzahl von Funktionen erfüllt, wird sie in vielen Bereichen des Marketing wie z.B. im Industriegütermarketing, im Dienstleistungsmarketing oder im vertikalen Marketing zunehmend in den Mittelpunkt gerückt.

Schließlich beinhaltet im Rahmen der internen Kommunikation die **Mitarbeiterkommunikation** alle Top down gerichteten Aktivitäten der Botschaftsübermittlung innerhalb einer Organisation. Die Notwendigkeit einer professionellen Mitarbeiterkommunikation hat im Zuge des Beziehungsmarketing an Bedeutung gewonnen. Beispielsweise sind es in Dienstleistungsunternehmen die Mitarbeitenden, die die unternehmerischen Leistungen und damit den Beziehungsaufbau zum Kunden erbringen und das Unternehmen repräsentieren. Sie verfügen insbesondere bei Vertrauensgütern über eine hohe Glaubwürdigkeit. Bei einer dynamischen Umfeldentwicklung (z.B. Fusionen) und häufigen Restrukturierungen von Unternehmen kommt einer intensiven und frühzeitigen Mitarbeiterkommunikation eine hohe Bedeutung zu. In der Realität wird diesem Kommunikationsinstrument dennoch zu wenig Aufmerksamkeit geschenkt.

7.10 Integrierte Kommunikation

7.10.1 Begriff und Aufgaben der Integrierten Kommunikation

Die Vielzahl der zur Verfügung stehenden Kommunikationsinstrumente mit ihren unterschiedlichen Zielgruppen führt zu einem **Integrationsbedarf der Kommunikationsaktivitäten** im Unternehmen, um kein diffuses und widersprüchliches Erscheinungsbild des Unternehmens entstehen zu lassen (vgl. *Bruhn* 2014; *Fill* 2011). Diese Abstimmung der einzelnen Kommunikationsinstrumente im Sinne einer einheitlichen Ausrichtung auf das Ziel der strategischen Positionierung des Unternehmens ist Aufgabe der Integrierten Kommunikation (*Bruhn* 2014, S. 17):

> **Integrierte Kommunikation ist ein Prozess der Analyse, Planung, Durchführung und Kontrolle, der darauf ausgerichtet ist, aus den differenzierten Quellen der internen und externen Kommunikation von Unternehmen eine Einheit herzustellen, um ein für die Zielgruppen der Kommunikation konsistentes Erscheinungsbild des Unternehmens bzw. eines Bezugsobjektes des Unternehmens zu vermitteln.**

Die **Notwendigkeit der Integration** aller Kommunikationsaktivitäten ergibt sich aufgrund vielfältiger Entwicklungstendenzen in der Kommunikation. Neben der stetig steigenden Anzahl eingesetzter Kommunikationsinstrumente und der organisatorischen Differenzierung, die dazu führt, dass eine Vielzahl von Abteilungen in einem Unternehmen mit der Kommunikation betraut ist und sich ein erheblicher Koordinationsbedarf ergibt, sind es vor allem Gründe, die auf Seiten des Kommunikationsempfängers liegen. Bei steigender Informationsüberlastung und zunehmendem Werbedruck ist es eine zentrale Aufgabe, durch aufeinander abgestimmte Kommunikationsmaßnahmen ein prägnantes Unternehmensbild für die Zielgruppen zu vermitteln. Die Integration der Kommunikationsaktivitäten zielt darauf ab, **Synergiewirkungen** zu schaffen, so dass sich die Gesamtwirkung der Kommunikation erhöht. Grundlage dieser Überlegung ist die zentrale Erkenntnis der Gestaltpsychologie: **„Das Ganze ist mehr als die Summe seiner Teile"**. Aus der begrifflichen Fassung der Integrierten Kommunikation leiten sich die Aufgaben ab, die im Integrationsprozess zu erfüllen sind. Bei einer groben Dreiteilung werden folgende **Aufgaben der Integrierten Kommunikation** hervorgehoben:

- **Planerische Integrationsaufgaben**: Der Prozess der Integrierten Kommunikation wird in ein Planungs- und Kontrollsystem eingebettet. Er beinhaltet u.a. die Formulierung von Zielen, die Aufgabenanalyse für die Kommunikationsinstrumente, die inhaltliche Zusammenführung sowie die Kontrolle der Kommunikationsmaßnahmen.

- **Organisatorische Integrationsaufgaben**: Sie umfassen die Schaffung einer Organisationsstruktur für die Kommunikation und begleitende ablauforganisatorische

Maßnahmen (wie Einrichtung von Abstimmungsgremien, Prozessmanagement), die die Integration der Kommunikationsinstrumente fördern.

- **Personenbezogene Integrationsaufgaben**: Die personelle Umsetzung einer Integrierten Kommunikation bedingt Überlegungen hinsichtlich der Schaffung von Bewusstsein für die Notwendigkeit der Integration sowie der Verbesserung des „Integrationsklimas" in der Unternehmung mit dem Ziel, die Kooperations- und Koordinationsbereitschaft der Kommunikationsmitarbeiter zu verbessern. Auch hier steht eine Reihe von Instrumenten zur Verfügung, um die Integration zu erleichtern.

7.10.2 Formen der Integration in der Kommunikation

Die Abstimmung der unterschiedlichen Instrumente und Maßnahmen der Kommunikation betrifft nicht nur die formale Integration, sondern auch Fragen der inhaltlichen und der zeitlichen Integration. Schaubild 7-9 gibt einen Überblick über die Formen der Integrierten Kommunikation und zeigt auf, wie diese konkret umsetzbar sind.

Integrationsformen	Gegenstand	Ziele	Hilfsmittel	Zeithorizont
Inhaltliche Integration	Thematische Abstimmung durch Verbindungslinien	Konsistenz, Eigenständigkeit, Kongruenz	Einheitliche Slogans, Botschaften, Argumente, Bilder	langfristig
Formale Integration	Einhaltung formaler Gestaltungsprinzipien	Präsenz, Prägnanz, Klarheit	Einheitliche Markennamen, Schrifttyp, Logo, Slogan, Typografie, Layout, Farben, Bilder	mittel- bis langfristig
Zeitliche Integration	Abstimmung innerhalb und zwischen Planungsperioden	Konsistenz, Kontinuität	Ereignisplanung („Timing")	kurz- bis mittelfristig

Schaubild 7-9: Formen der Integrierten Kommunikation (Bruhn 2014, S. 96)

Die zentrale Herausforderung der Integrierten Kommunikation liegt darin, die **inhaltliche Integration** vorzunehmen. Damit ist die Aufgabe verbunden, Kommunikationsmaßnahmen thematisch miteinander zu verbinden. Die Maßnahmen der inhaltlichen Integration zielen darauf ab, dass alle Kommunikationsaktivitäten einen Beitrag zur

Erreichung der strategischen Positionierung in der Kommunikation leisten. Als inhaltliche Verbindungslinien zwischen Kommunikationsmaßnahmen werden die Verwendung von Schlüsselbildern, einheitlichen Slogans oder Kernbotschaften genutzt, z.B. der Slogan „Raiffeisen- und Volksbanken: Wir machen den Weg frei." oder die „Lila Kuh" bzw. die Farbe Lila für sämtliche Milkaprodukte (vgl. *Kroeber-Riel/Esch* 2009).

Im Ergebnis geht es bei der inhaltlichen Integration um die **Vernetzung von Kommunikationsinstrumenten**. Durch einen abgestimmten Einsatz der verschiedenen Instrumente lassen sich Synergiewirkungen bei den Rezipienten (z.B. schnelleres Lernen von Botschaften) erreichen.

Im Rahmen der **formalen Integration** werden für die unterschiedlichen Kommunikationsmittel formale Vereinheitlichungen vorgenommen. Die formale Integration erhöht den Wiedererkennungswert des Unternehmens bzw. seiner Marke und ermöglicht bessere Lernerfolge. Die formale Abstimmung der Kommunikationsmittel wird mit Hilfe von Gestaltungsprinzipien wie z.B. der Verwendung einheitlicher Markenzeichen bzw. Logos in definierter Schrifttyp, -größe und -farbe realisiert. Im Unternehmen liegen **Corporate-Design-Handbücher** vor, die den formalen Auftritt festlegen.

Die **zeitliche Integration** bezieht sich auf die kurz- und mittelfristige zeitliche Abstimmung unterschiedlicher Kommunikationsmaßnahmen. Sie umfasst sämtliche Maßnahmen, die den Einsatz der Kommunikationsmittel innerhalb und zwischen Planungsperioden aufeinander abstimmen. Ziel ist dabei, eine Verstärkung der Wirkung einzelner Kommunikationsinstrumente zu erreichen sowie zeitliche Kontinuität im kommunikativen Auftritt eines Unternehmens sicherzustellen.

Die Umsetzung einer Integrierten Kommunikation ist eine umfassende und langfristige Aufgabe, die sich mit zahlreichen Widerständen konfrontiert sieht und umfangreiche organisatorische und personelle Veränderungen notwendig macht (vgl. *Bruhn* 2014). Die Kommunikationspraxis hat die Notwendigkeit einer Integrierten Kommunikation erkannt, jedoch stößt der Versuch der Implementierung auf vielfältige **Barrieren**, die mit bestehenden Unternehmensstrukturen, konzeptionellen Defiziten oder persönlichen Widerständen zusammenhängen.

8. Entscheidungen der Vertriebspolitik

> **Lernziele**
>
> Das vorliegende Kapitel vermittelt einen Einblick in die verschiedenen Entscheidungstatbestände der Vertriebspolitik. Sie
>
> ➢ lernen die Aufgabenbereiche und Ziele der Vertriebspolitik kennen,
>
> ➢ setzen sich mit strategischen und operativen Fragestellungen der Vertriebsplanung auseinander,
>
> ➢ vollziehen exemplarisch grundlegende Entscheidungen über die Gestaltung der Vertriebssysteme, Verkaufsaktivitäten und Logistiksysteme nach und
>
> ➢ machen sich mit den Möglichkeiten einer Zusammenarbeit zwischen Industrie und Handel vertraut.
>
> Besonderes Anliegen dieses Kapitels ist es, die vielfältigen Möglichkeiten sowie die aktuellen Herausforderungen der Gestaltung der Vertriebswege aufzuzeigen.

8.1 Begriff und Aufgaben der Vertriebspolitik

Die **Vertriebspolitik** stellt einen weiteren Instrumentebereich des Marketingmix dar, der sich in den letzten Jahren aufgrund der neuen Informations- und Kommunikationstechnologien und damit einhergehender veränderter Wertschöpfungsprozesse vom Hersteller zum Kunden (z.B. mittels des Online-Vertriebs) in seiner Bedeutung und dem methodischen Know-how stark verändert hat.

In der deutschsprachigen Literatur wird die Vertriebspolitik oft als **Distributionspolitik** bezeichnet (zur begrifflichen Abgrenzung und Einordnung der Vertriebspolitik in den Marketingmix vgl. z.B. *Specht/Fritz* 2005, S. 35ff., S. 304ff.; *Winkelmann* 2012, S. 5ff.; *Zentes* et al. 2012). Der **Begriff der Vertriebspolitik** lässt sich wie folgt definieren:

> **Die Vertriebspolitik beschäftigt sich mit sämtlichen Entscheidungen, die sich auf die direkte und/oder indirekte Versorgung der Kunden mit materiellen und/oder immateriellen Unternehmensleistungen beziehen.**

Im Rahmen der Vertriebspolitik lassen sich zwei **funktionelle Subsysteme** differenzieren (vgl. *Specht/Fritz* 2005, S. 14f.; *Meffert* et al. 2012, S. 542ff.), innerhalb derer verschiedene Aufgaben zu bewältigen sind:

(1) Im Rahmen des **akquisitorischen Vertriebs** sind die Distributionswege vom Hersteller zum Endabnehmer in rechtlicher, wirtschaftlicher, informatorischer und beziehungsorientierter Sicht zu managen. Dabei ist u.a. eine Entscheidung hinsichtlich der Auswahl und Struktur der Absatzkanäle (direkte oder indirekte, Einkanal oder Mehrkanal) zu treffen, die vertragliche Bindung der Vertriebssysteme sowie die Beziehung zu Partnern und Key Accounts zu gestalten und eine Auswahl und Steuerung der Verkaufsorgane vorzunehmen.

(2) Im Rahmen des **physischen bzw. logistischen Vertriebs** geht es in erster Linie um die Überwindung von Raum und Zeit. Hier werden sämtliche Entscheidungen, die mit dem physischen Transport und der Lagerung der Unternehmensleistungen vom Hersteller zum Kunden sowie den damit verbundenen Informationsflüssen im Zusammenhang stehen, getroffen. Auch die Auftragsabwicklung und die Auslieferung werden diesem Subsystem zugerechnet.

Während die akquisitorische Funktion auf die Erhöhung des Nutzens für das Unternehmen und den Kunden abstellt, stehen im Rahmen des physischen Vertriebs primär Kostenaspekte im Vordergrund.

Neben dieser eher funktionalen Trennung in zwei Vertriebssubsysteme sind aus Herstellersicht drei **Basisentscheidungen der Vertriebspolitik** zu differenzieren (in Anlehnung an *Becker* 2009, S. 525f.; *Esch* et al. 2011, S. 336ff.):

(1) **Aufbau und Management von Vertriebssystemen** zur Gestaltung der Absatzwege bzw. der Absatzkanalstruktur.

(2) **Einsatz von Verkaufsorganen** zur Auswahl, Steuerung und Motivation der mit dem persönlichen Verkauf zu betrauenden Personen sowie zur Gestaltung der Verkaufsaktivitäten.

(3) **Gestaltung von Logistiksystemen** zur Überbrückung von Raum und Zeit durch Transport, Lagerung und Auftragsabwicklung.

Insbesondere die Frage nach dem Aufbau und dem Management von Vertriebssystemen steht in engem Zusammenhang mit marktstrategischen Entscheidungen und insbesondere mit der Produktpolitik. Die Frage der Produktstrategie und der Positionierung von Marken oder Leistungen am Markt determiniert die Gestaltungsoptionen der Vertriebspolitik, da diese z.B. im Falle des Exklusivvertriebes oder der Selektion bestimmter Vertriebskanäle nachhaltig zum Erscheinungsbild der Marke beiträgt (*Zentes* et al. 2012). Zum strategischen Charakter der Vertriebspolitik trägt weiterhin bei, dass Vertriebsentscheidungen i.d.R. kurzfristig nicht reversibel sind, da der Aufbau von Vertriebssystemen meist mit hohen Investitionen verbunden ist. Die Entscheidungen über Absatzwege und Absatzkanalstrukturen sind aufgrund ihres strategischen Charakters auf Basis eines Planungsprozesses systematisch zu treffen.

8.2 Prozess der Vertriebsplanung

Aufgrund des strategischen und langfristigen Charakters vertriebspolitischer Entscheidungen empfiehlt es sich, der Vertriebspolitik einen systematischen Planungsprozess, wie in Schaubild 8-1 dargestellt, zu Grunde zu legen. Idealtypisch sind folgende Planungsphasen zu durchlaufen (vgl. zu anderen Planungsprozessen und Planungsschritten z.B. *Specht/Fritz* 2005, S. 274ff.; *Meffert* et al. 2012, S. 543; *Schögel* 2012, S. 116ff.):

(1) Analyse der Vertriebssituation

Zunächst ist eine **Situationsanalyse** der bisherigen Vertriebspolitik sowie eine Abschätzung zukünftiger Entwicklungstendenzen vorzunehmen, die sich für das eigene Unternehmen als Chance oder Risiko auswirken (z.B. die Eigenmarkenpolitik des Handels als Risiko oder Online-Vertriebssysteme als Chance). Die Situationsanalyse beinhaltet eine interne und externe Analyse und Prognose der Vertriebssituation. Methodisch wird sie mit einer SWOT-Analyse durchgeführt, die die vertriebliche Stellung der Hauptkonkurrenten einbezieht.

(2) Festlegung der Vertriebsziele

Auf Grundlage der Vertriebssituation sowie der übergeordneten Unternehmens- und Marketingziele erfolgt in einem zweiten Schritt die Formulierung der vertriebspolitischen Ziele. Dabei richten sich die **Ziele der Vertriebspolitik** nicht nur auf das Unternehmen und seine Endabnehmer, sondern auf alle weiteren Beteiligten eines Vertriebssystems wie z.B. die Absatzmittler (z.B. Groß- und Einzelhändler) und Absatzhelfer (z.B. Spediteure, Lagerhausbetriebe usw.). Folgende **Kategorien von Zielen** werden in der Vertriebspolitik unterschieden:

Als **ökonomisch-orientierte Vertriebsziele** gelten z.B. Erhöhung der Absatzmengen, die Sicherstellung von Deckungsbeiträgen und Preisniveaus sowie die Senkung der Vertriebs- und Logistikkosten u.a.

Die **versorgungs-orientierten Vertriebsziele** streben z.B. den Erhalt bzw. die Steigerung des numerischen oder gewichteten Distributionsgrades als Kennzahl für die Erhältlichkeit der Unternehmensleistungen an. Des Weiteren verfolgen sie die Beeinflussung des Bevorratungsverhaltens des Handels (Lagerbestände), die Senkung der Lieferzeiten und die Erhöhung der Lieferbereitschaft und -zuverlässigkeit.

Prozess der Vertriebsplanung

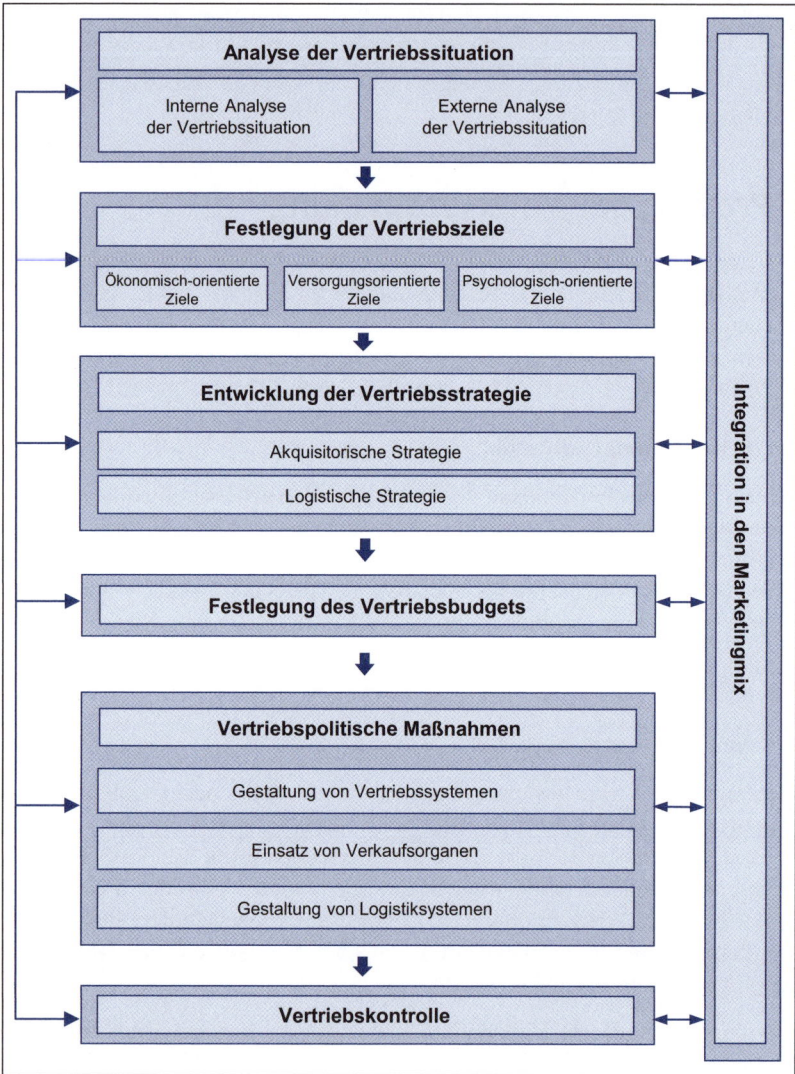

Schaubild 8-1: Planungsprozess der Vertriebspolitik

Die **psychologisch-orientierten Vertriebsziele** beinhalten z.B. die Sicherstellung eines guten Vertriebsimages in Abstimmung mit der Markenstrategie, die Realisierung des erwarteten Niveaus der Beratungsqualität am Point of Sale (POS) und den Erhalt bzw. die Erhöhung der Kooperationsbereitschaft des Handels.

(3) Entwicklung der Vertriebsstrategie

Die Vertriebsstrategie bildet den Orientierungsrahmen aller Vertriebsmaßnahmen. Die Segmentierung der Endabnehmer und der Vertriebsorgane ist eine Voraussetzung für strategische Vertriebsentscheidungen (*Specht/Fritz* 2005, S. 248f.). Erst auf ihrer Grundlage lassen sich **akquisitorische** und **logistische Strategien** sinnvoll entwickeln. Die akquisitorischen Strategien umfassen die Gestaltung der Vertriebssysteme und den Einsatz der Verkaufsorgane. Bei der Entwicklung der logistischen Strategien sind weitere Entscheidungen, z.B. in Bezug auf die Gestaltung der Logistiksysteme, zu treffen (*Specht/Fritz* 2005, S. 252ff.).

(4) Festlegung des Vertriebsbudgets

Auf Basis der festgelegten Vertriebsstrategie ist die Höhe des Vertriebsbudgets zu bestimmen. Es steckt den finanziellen Spielraum für die Gestaltung der Vertriebsaktivitäten ab wie z.B. den Einsatz von Provisionssystemen im Außendienst und verkaufsfördernden Maßnahmen in Zusammenarbeit mit dem Handel. Die Methoden der Vertriebsbudgetierung sind mit denen der Werbebudgetierung vergleichbar (vgl. Abschnitt 7.3.5).

(5) Vertriebspolitische Maßnahmen

Nach der Entwicklung der Vertriebsstrategie und der Ermittlung des Vertriebsbudgets ist das festgelegte Distributionsdesign durch vielfältige Maßnahmen zu realisieren. In diesem Rahmen sind insbesondere Entscheidungen über die Gestaltung der Vertriebssysteme und der Verkaufsorgane zu treffen sowie der Einsatz des Logistiksystems zu planen. Beispielsweise ist zu entscheiden, an welchen Standorten welche Art von Lagerhäusern zu errichten sind und welche Anreiz- und Vergütungssysteme zum Einsatz kommen usw.

(6) Vertriebskontrolle

Am Ende des Planungsprozesses ist zu prüfen, ob die strategischen und operativen Vertriebsziele erreicht wurden, welche Ursachen für etwaige Abweichungen bestehen und inwieweit Anpassungen notwendig sind. Ziel ist der Aufbau eines systematischen Vertriebscontrolling sowie die Implementierung vertriebsspezifischer Informationssysteme wie z.B. CRM-Systeme für das Absatzkanalmanagement.

Für den Planungsprozess der Vertriebspolitik ist eine enge Verzahnung und **Integration** aller Planungsschritte in den Marketingmix sicherzustellen, um vorhandene Schnittstellen zwischen Vertrieb und Produkt bzw. Serviceleistungen sowie Vertrieb und Kommunikation optimal zu managen.

8.3 Gestaltung von Vertriebssystemen

Von strategischer Bedeutung ist die Planung der Vertriebssysteme als zentrale Vertriebsaufgabe. Teilaufgaben umfassen die Festlegung der vertikalen und horizontalen Absatzkanalstruktur (**Selektion**), die Gewinnung und Führung der Absatzmittler (**Akquisition und Stimulierung**) sowie die Vereinbarung vertraglicher Beziehungen mit den Absatzmittlern (**Kontraktkonzept**) (vgl. *Ahlert* 1996, S. 151ff.; *Meffert* et al. 2012, S. 545ff.).

8.3.1 Auswahl der Vertriebssysteme

Im Rahmen der Selektion der Vertriebssysteme wird festgelegt, welche Vertriebswege bzw. Absatzkanäle ein Hersteller nutzt, um die Endabnehmer mit seinem Leistungsprogramm zu versorgen. Diese Entscheidungen sind von strategischer Bedeutung und umfassen die Bestimmung der vertikalen und horizontalen Absatzkanalstruktur.

Bei der **vertikalen Absatzkanalstruktur** wird die Zahl der Absatzstufen festgelegt. Hier ist zwischen dem direkten und indirekten Vertrieb als strategische Grundoptionen zu unterscheiden. Auch Fragestellungen des Multi-Channel-Management, das verschiedene Vertriebskanäle parallel nutzt sowie der Einsatz des Online-Vertriebs als moderne Form des direkten Vertriebs werden diesem Bereich zugeordnet. Letzterer eröffnet rentable Einsatzmöglichkeiten, da eine Erweiterung durch komplementäre Absatzkanäle oder eine Erschließung innovativer Geschäftsmodelle denkbar ist. Die **horizontale Selektion** entscheidet über die Zahl und Art der Absatzmittler auf den einzelnen Absatzstufen.

Schaubild 8-2 zeigt die Entscheidungstatbestände bei der Festlegung der Absatzkanalstruktur im Überblick.

8.3.1.1 Direkter versus indirekter Vertrieb

Bezüglich der vertikalen Struktur lassen sich grundsätzlich der direkte und der indirekte Vertrieb unterscheiden. Beim **direkten Vertrieb** verkauft der Hersteller unmittelbar an den Endabnehmer, ohne unternehmensfremde Absatzorgane einzusetzen, d.h., er übernimmt alle Aufgaben und Funktionen, die bei der Versorgung der Endkunden anfallen, vollständig oder mehrheitlich selbst. Charakteristisches Merkmal ist der direkte Kontakt zwischen Hersteller und Endabnehmer. Dieses Vertriebssystem wurde früher vor allem im Industriegüterbereich (z.B. Maschinen- und Anlagenbau) sowie von kleineren Herstellern eingesetzt, ist aber aufgrund der Entwicklung innovativer Kommunikationstechnologien heute auch im Konsum- und Gebrauchsgüterbereich von Bedeutung. Generell werden verschiedene Ausgestaltungsmöglichkeiten des direkten Vertriebs unterschieden.

Eine klassische Form des direkten Vertriebs stellt der **Einsatz von Vertriebsmitarbeitern** dar. Sie sind als Außendienstmitarbeiter (so genannte Vertreter) direkt steuerbar.

Entscheidungen der Vertriebspolitik

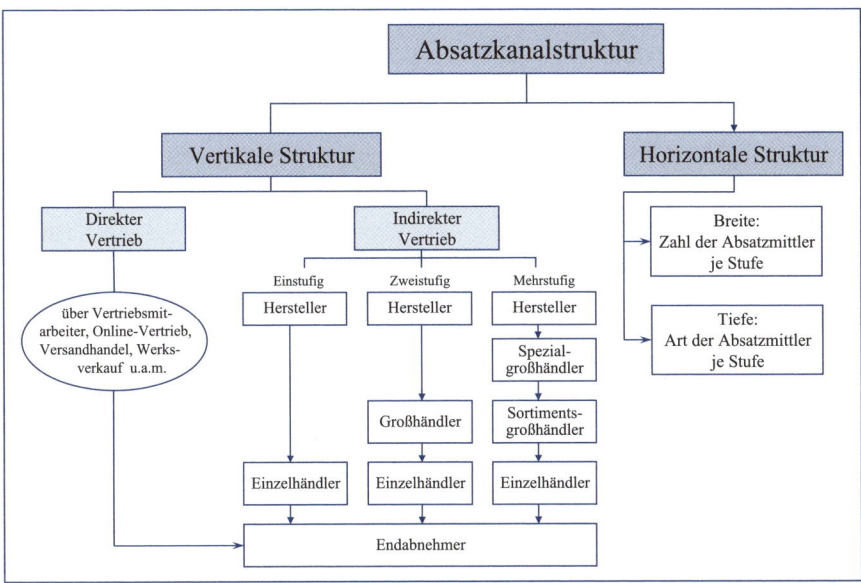

Schaubild 8-2: Entscheidungstatbestände bei der Festlegung der Absatzkanalstruktur (in Anlehnung an Meffert et al. 2012, S. 550)

Dabei übernehmen sowohl Vertreter als auch Handelsreisende die Funktion des persönlichen Verkaufs. Typische Beispiele sind Versicherungs- oder Pharmavertreter.

Bei **unternehmens- bzw. werkseigenen Verkaufsstellen** handelt es sich um Verkaufsniederlassungen oder Verkaufsfilialen des Herstellers, die rechtlich und wirtschaftlich unselbständig auftreten, da sie vollständig der Kontrolle des Herstellers unterstehen. Typische Beispiele dieses Vertriebstyps sind Werks- bzw. Fabrikverkaufsstellen und Factory Outlets oder Flag Ship Stores (z.B. Nike Store in Berlin oder Smart in der Schweiz). In jüngster Zeit haben sich eigene Verkaufsstellen in Form von Shop-in-Shop-Strukturen entwickelt, die insbesondere in der Textilindustrie (z.B. Esprit oder Street One) anzutreffen sind.

Kennzeichnendes Merkmal **unternehmensgebundener Verkaufsstellen** ist, dass deren Inhaber in eigenem Namen und auf eigene Rechnung agieren. Beispiele sind die Reisebüros des Reiseveranstalters TUI sowie die Filialen des Fast-Food-Unternehmens McDonald's oder der Bekleidungshersteller GAP und Benetton, bei denen die Form der Zusammenarbeit zwischen Unternehmen und Verkaufsstelle durch Franchiseverträge geregelt ist (vgl. auch Abschnitt 8.3.3 zum Kontraktkonzept).

Maßnahmen des direkten Vertriebs werden auch im Rahmen des **Direct Marketing** ergriffen. Neben adressierten Direct Mails, Katalogen im Versandhandel oder Mail Order

Packages kommt zunehmend das Telefonmarketing für den Vertrieb zum Einsatz. Eine weitere Form des Direktvertriebs ist das **Teleshopping**. Dabei handelt es sich um Verkaufssendungen im Fernsehen, bei denen Produkte vom Zuschauer am Bildschirm ausgewählt und bestellt werden. Teleshopping ist bei privaten Sendern auf eine Stunde pro Tag begrenzt und im öffentlich-rechtlichen Rundfunk verboten, wodurch es sich im Gegensatz zu den USA in Deutschland bisher kaum durchgesetzt hat.

Die **Vorteile des direkten Vertriebs** über unternehmenseigene bzw. -gebundene Verkaufsstellen bzw. -personen liegen in der Sicherstellung einer vorgegebenen Beratungsqualität, der Möglichkeit einer direkten und umfassenden Steuerung der vertrieblichen Aktivitäten und der direkten Einflussnahme auf die Endabnehmer. Weiterhin verbleibt die ansonsten fällige Handelsspanne beim Hersteller. Der direkte Vertrieb bietet sich für Unternehmen an, deren Produkte erklärungsbedürftig sind und die über einen überschaubaren Kundenstamm verfügen, d.h., nicht auf eine hohe Distributionsdichte angewiesen sind. Ein **Nachteil des direkten Vertriebs** über unternehmenseigene bzw. -gebundene Verkaufsstellen ist im hohen Kapitalbedarf zum Aufbau eines flächendeckenden Vertriebssystems und eines hohen Distributionsgrads zu sehen.

Ein **indirekter Vertrieb** liegt vor, wenn in die Vermarktungskette zwischen Hersteller und Endabnehmer bewusst unternehmensfremde, rechtlich und wirtschaftlich selbständige Absatzmittler eingeschaltet werden, die i.d.R. die marketingpolitischen Aufgaben gegenüber dem Endkunden übernehmen. Im **einstufigen, indirekten Vertrieb** besteht zwischen Hersteller und Abnehmer lediglich eine Zwischenstufe. Diese Vertriebsform wird häufig von kleineren Unternehmen angewandt, die mit ausgewählten Absatzmittlern zusammenarbeiten. Beim **mehrstufigen, indirekten Vertrieb** sind demgegenüber verschiedene Formen von Absatzmittlern bzw. stationären Vertriebstypen (z.B. Großhandel, Einzelhandel) in den Absatzweg eingegliedert.

Großhändler sind Unternehmen, die Produkte in eigenem Namen an andere Handelsunternehmen, Weiterverarbeiter, gewerbliche Verbraucher oder behördliche Großverbraucher verkaufen und (Großhandels-) Dienstleistungen anbieten. Folgende **Betriebstypen des Großhandels** werden unterschieden (vgl. *Specht/Fritz* 2005, S. 74ff.):

- **Zustell-Großhandel**: Die Produkte werden auf Bestellung an Einzelhändler geliefert wie es z.B. im Buchhandel der Fall ist.

- **Cash-und-Carry-Großhandel**: Der Einzelhändler holt die Produkte beim Großhändler ab und bezahlt sie sofort bei Erhalt. Ein Beispiel ist der Lebensmitteleinkauf der Gastronomie bei Metro.

- **Rack-Jobber-Großhandel**: Der Großhändler übernimmt für einen bestimmten Bereich die Pflege des Regals im Einzelhandel auf eigenes Risiko wie es bei Zeitschriften oder Hartwaren in Supermärkten üblich ist.

- **Strecken-Großhandel**: Der Einzelhändler tätigt den Kaufabschluss beim Großhändler und bezieht die Ware direkt vom Hersteller.
- **Sortiments-Großhandel**: Der Großhändler bietet den Einzelhändlern ein breites, aber flaches Sortiment an.
- **Spezial-Großhandel**: Der Großhändler bietet den Einzelhändlern ein enges, aber tiefes Sortiment an.

Eine nähere Betrachtung der Entwicklungen des Großhandels im Konsumgüterbereich zeigt einen fortwährenden Prozess der **Umsatzkonzentration**, einhergehend mit einem starken Rückgang des ungebundenen, selbständigen Großhandels. Experten rechnen damit, dass diese Umsatzkonzentration durch einen weiteren Rückgang der Zahl der Betriebe weiter zunehmen wird.

Einzelhändler lassen sich als Unternehmer charakterisieren, die auf eigene Rechnung oder im Namen eines Einzelhandelskonzerns Produkte überwiegend an private Konsumenten verkaufen und entsprechende (Einzelhandels-) Dienstleistungen anbieten. Die nachfolgend aufgeführten **Betriebstypen im Einzelhandel** unterscheiden sich in ihrer Dienstleistungs- und Sortimentsstruktur sowie ihrem Ausstattungs- und Preisniveau (*Specht/Fritz* 2005, S. 83ff.):

- **Fachgeschäfte** verfügen über ein meist enges, aber tiefes Sortiment, hohen Qualitätsanspruch, eine qualifizierte Beratung und zusätzliche Serviceleistungen. Mit 200 bis 600 m^2 haben sie meist eine kleine bis mittlere Betriebsgröße und sind häufig in Innenstadtlage oder innerhalb von Einkaufszentren anzutreffen (z.B. Sport-Scheck oder Douglas).
- **Spezialgeschäfte** weisen ähnliche Merkmale wie Fachgeschäfte auf, bieten jedoch nur einen Sortimentsbereich, d.h. eine ausgeprägte Sortimentstiefe im Sinne eines „Sortimentsausschnitts" an (z.B. ein Delikatessenladen, Boutiquen als Sonderform des Spezialgeschäftes oder ein Knopfladen).
- **Warenhäuser** zeichnen sich durch eine große Sortimentsbreite und ein überwiegend tiefes Sortiment aus. Mit durchschnittlich 100.000 Artikeln verfolgen sie auf einer Verkaufsfläche von ca. 3.000 m^2 häufig die Philosophie „Alles unter einem Dach" (z.B. Kaufhof).
- **Kaufhäuser** haben gegenüber Warenhäusern ein schmaleres, branchenorientiertes Sortimentsangebot und eine Verkaufsfläche zwischen 1.500 und 3.000 m^2 (z.B. C&A).
- **Versandhäuser** als nicht stationärer Vertriebstyp stellen ihre Angebote in Katalogen dar, wobei Großversandhäuser und Spezialversender unterschieden werden (z.B. Otto-Versand, Land's End, Baby-Walz).

- **Supermärkte** verfügen über Verkaufsflächen zwischen 400 und 800 m^2 und bieten Food- und Non-Food-Artikel in Selbstbedienung an (z.B. Minimal, Edeka Neukauf, Toom, Tengelmann).

- **Verbrauchermärkte** und **Selbstbedienungs-(SB)-Warenhäuser** zählen zu den Großbetriebsformen des Einzelhandels und verfolgen das Prinzip des so genannten „One-Stop-Shopping". Es wird ein breites, preisgünstiges Sortiment im Food- und Non-Food-Bereich mittels Selbstbedienung, im Frischwarenbereich z.T. auch mit Bedienung angeboten. Kleinere Verbrauchermärkte haben eine Verkaufsfläche zwischen 800 und 1.500 m^2, große Verbrauchermärkte zwischen 1.500 und 5.000 m^2 und SB-Warenhäuser mehr als 5.000 m^2 Verkaufsfläche (z.B. WAL MART, Marktkauf, Kaufland, REAL, Globus).

- **Discounter** sind preisaggressive Einzelhandelsunternehmen, die Produkte via Selbstbedienung unter Beschränkung auf die notwendigsten Dienstleistungen im Rahmen eines simplen Gestaltungskonzeptes anbieten (z.B. Aldi, Lidl, Netto, Denner).

- **Off-Price-Stores (Niedrigpreis-Geschäfte)** bieten ein Sortiment – meist aus Markenartikeln – an, das sich aus nicht regulärer Ware wie Auslaufmodellen, Reklamationsware oder Insolvenzbeständen zusammensetzt. Das Sortiment unterliegt einem ständigen und schnellen Wechsel und das Preisniveau liegt unterhalb des normalerweise üblichen Niveaus (z.B. Sonderposten- oder Schnäppchenmarkt).

- **Fachmärkte** haben sich auf bestimmte Warengruppen spezialisiert (z.B. Heimwerkerbedarf, Unterhaltungselektronik) und bieten ein tiefes Sortiment zu günstigen Preisen, meist außerhalb der Citylagen von Großstädten an (z.B. Media Markt, OBI, Reno, BAUHAUS).

- **Verkaufsautomaten** ermöglichen einen flächendeckenden Vertrieb und sind unabhängig von Ladenöffnungszeiten verfügbar. Ihr Einsatzbereich ist aufgrund der Diebstahlgefahr beschränkt und konzentriert sich auf Zigaretten, Getränke, Snacks, Kondome und andere geringfügige Wirtschaftsgüter.

- **Convenience Stores** bieten in Form von Tankstellen oder Shops an Verkehrsknotenpunkten ein wachsendes Sortiment von Food- und Non-Food-Artikeln an, wobei sich dieses im Vergleich zu früher nicht mehr auf Autozubehör oder Güter des täglichen Bedarfs konzentriert, sondern beispielsweise Mobiltelefone und andere Elektronikartikel umfasst (z.B. Shellshop).

- **Internet Shops** bieten über das Internet Geschäftsabschlüsse an und nehmen eine wachsende Bedeutung neben dem traditionellen Einzelhandel ein. Sie konzentrieren sich meist auf wenig erklärungsbedürftige Produkte und bauen ihr angebotenes Sortiment stetig aus (z.B. Amazon).

- **Teleshops** bieten i.d.R. in Form von Dauerwerbesendungen in Spezialkanälen Produkte an, die der Kunde per Telefon bestellt. Aufgrund der Bequemlichkeit des Einkaufs, der Auslieferung per Paketdienst sowie der Vorführung der Produkte in einem multisensorischen Medium wie dem Fernsehen verfügt das Teleshopping über zahlreiche Vorteile. Diesen stehen die erwähnten rechtlichen Restriktionen bezüglich der Sendedauer gegenüber.

Mit Blick auf die **Entwicklungen im Einzelhandel** hat die Zahl der Betriebe bei einer gleichzeitig wachsenden Umsatzkonzentration erheblich abgenommen. Konzentrations- und Kooperationstendenzen im Einzelhandel tragen zu einer steigenden **Nachfragemacht des Handels** bei. Insbesondere die preisaggressiven Betriebsformen haben den beratungsintensiven Betriebsformen erhebliche Marktanteile genommen.

Neben integrierten Handelssystemen wie z.B. Tengelmann, Aldi oder Denner, bei denen die einzelnen Filialen an die Weisungen der regionalen bzw. nationalen Zentralen gebunden sind, lassen sich verschiedene **Kooperationsformen im Einzelhandel** unterscheiden, wobei zwischen Kooperationsformen ohne und mit räumlicher Konzentration der Einkaufsstätten differenziert wird (vgl. *Specht/Fritz* 2005, S. 89ff.):

Kooperationsformen ohne räumliche Konzentration von Einkaufsstätten

- Einkaufsvereinigungen (z.B. Edeka, Rewe),
- Freiwillige Ketten (z.B. Spar, Markant),
- Konsumgenossenschaften (z.B. Migros sowie ehemals die deutsche Coop-Gruppe, die seit 1991 zur ASKO-Gruppe und damit zum METRO-Konzern gehört).

Kooperationsformen mit räumlicher Konzentration von Einkaufsstätten

- Shopping Center und Einkaufszentren als Kooperationen rechtlich selbständiger Einzelhandelsbetriebe an einem Standort in exponierter Verkehrslage (z.B. Centro in Essen),
- Gemeinschaftswarenhäuser als räumlicher und organisatorischer Verbund zumeist selbständiger Fachgeschäfte und Dienstleistungsbetriebe unter einem Dach,
- Ladengemeinschaften wie z.B. Passagen- und Straßengemeinschaften,
- Verbrauchermärkte mit Konzessionären zumeist aus dem Dienstleistungsbereich, um das eigene Leistungsangebot abzurunden.
- Bahnhofseinkaufszentren, die von der Deutschen Bahn in Kooperation mit Projektentwicklungsgesellschaften als Einkaufs- und Erlebniszentren ausgebaut werden.

- Electronic Malls, die einen Zusammenschluss von Einzelhandelsunternehmen im Internet darstellen und als virtuelles Einkaufszentrum gemeinsam E-Business betreiben. Der Zusammenschluss erfolgt nach inhaltlichen, branchenspezifischen oder regionalen Kriterien (z.B. Electronic Mall Bodensee oder Auto Scout24).

Im Rahmen einer **kritischen Würdigung** des indirekten Vertriebs sind die Möglichkeiten der Erzielung hoher Distributionsgrade sowie einer schnellen Expansion, höhere Flexibilität und die geringere Vertriebskapitalbindung beim Hersteller als Vorteile zu nennen. Die Abhängigkeit von Absatzmittlern und die geringe Distributionskontrolle stellen die zentralen Nachteile des indirekten Vertriebs dar. Häufig sind besondere Kooperationsstrategien und Anreizsysteme für den Absatzmittler notwendig, um den Vertriebserfolg sicherzustellen und die anfallenden Handelsspannen zu decken. Für einen erfolgreichen indirekten Vertrieb ist bei der Auswahl der Absatzmittlerstufe darauf zu achten, dass diese in der Lage ist, den gewünschten Distributionsgrad des Herstellers sowie den Einsatz der Marketinginstrumente sicherzustellen.

8.3.1.2 Einsatz des Online-Vertriebs

Mit dem Online-Vertrieb hat sich eine neue Vertriebsform etabliert, die zunehmend genutzt wird. Durch diese Entwicklung wird der traditionelle physische Vertrieb mittels Internet um neue elektronische Absatzkanäle erweitert, da diese komplementär zu den bereits existierenden Kanälen anwendbar sind (vgl. *Specht/Fritz* 2005, S. 193). Der Online-Vertrieb verlagert die Schnittstelle zwischen Unternehmen und Endabnehmern in die privaten Haushalte. Als Baustein des **Electronic Commerce** (vgl. z.B. *Weiber* 2002), der die verschiedenen Formen des Verkaufs über das Internet zusammenfasst, weist der Online-Vertrieb hohe Wachstumsraten auf.

Beim Einsatz von Online-Vertriebssystemen lassen sich im Vergleich zum orts-, und zeitgebundenen Vertrieb erhebliche **Kosten- und Nutzenvorteile** realisieren. Der Trend zum elektronischen Verkauf ist in den jeweiligen Branchen unterschiedlich ausgeprägt. Bisher werden z.B. Software, Bücher, Reisen und Musik über das Internet verkauft.

Bei einer näheren Betrachtung des Online-Vertriebs über das Internet lassen sich grundsätzlich die folgenden **Optionen** unterscheiden (*Sander* 2011, S. 683ff.):

- Leistungsangebot einzelner Unternehmen über eigene Websites,
- Leistungsangebote über den Online-Einzelhandel,
- Leistungsangebote über den Online-Versandhandel.

Die meisten Unternehmen nutzen das Internet als zusätzlichen Vertriebskanal mit dem Ziel der Optimierung der vorhandenen Potenziale, um durch innovative Zusatzleistungen neue Kunden zu gewinnen, bzw. die Zufriedenheit der bestehenden Kunden zu steigern.

Jedoch gibt es auch reine Online-Anbieter, die ihre Produkte ausschließlich über das Internet anbieten (z.B. Amazon oder Cortal Consors). Neben diesen beiden Einsatzmöglichkeiten lässt sich der Online-Vertrieb im Rahmen des E-Commerce auch dazu nutzen, neue Geschäftsfelder zu erschließen (vgl. detailliert *Specht/Fritz* 2005, S. 198ff.).

Im Rahmen des E-Commerce als neuem Geschäftsfeld werden Kunden neue Leistungen auf elektronischen Märkten angeboten, indem **innovative Geschäftsmodelle** im Internet realisiert werden. Zum einen erweitert das Internet die bestehende Geschäftstätigkeit eines Unternehmens lediglich um neue Geschäftsfelder durch die Ausdehnung des geografischen Einzugsgebiets eines Unternehmens oder durch die Ansprache neuer Zielgruppen. Zum anderen ist es möglich, mit dem Internet die Basis für Unternehmensneugründungen, so genannte „Internet-Startups", zu bilden (z.B. Suchmaschinen wie Google und Yahoo oder Online-Dienste wie GMX).

Die fortschreitende Durchsetzung elektronischer Vertriebskanäle ist für Hersteller, Händler und für den Endkunden z.T. mit erheblichen Konsequenzen verbunden (vgl. *Sander* 2011, S. 683ff.). Neben der Möglichkeit der besseren Marktausschöpfung sind es aus **Herstellersicht** insbesondere Kostenvorteile, die den Online-Vertrieb gegenüber dem Offline-Vertrieb attraktiv machen. Mit der Realisierung dieser Vorteile sind Unternehmen aber gleichzeitig vor die Aufgabe gestellt, die Vielzahl der Vertriebswege im Sinne des Multi-Channel-Managements zu planen, zu steuern, zu koordinieren und zu kontrollieren. Ferner stellt die Integration des Online-Vertriebs neue Herausforderungen an das Kundenbeziehungsmanagement. Weitere Chancen bietet das Internet den Unternehmen nicht nur als Vertriebs-, sondern auch als Beschaffungsinstrument (E-Procurement).

Aus **Handelssicht** führt die Nutzung des Internets als Vertriebsweg zur Verkürzung der Absatzwege, indem einzelne Handelsstufen ausgeschaltet werden. Gleichzeitig ist der Handel aufgefordert, sich mit neuen Intermediären im Internet auseinanderzusetzen. Durch die Übernahme von Wertschöpfungsstufen durch Hersteller oder Dritte im Internet werden bisher klassische Funktionen des Handels, wie z.B. die Sortiments- oder Beratungsfunktion, reduziert. Damit steht der Handel zusätzlich vor der Aufgabe, seine eigene Wertschöpfungskette neu zu strukturieren und zu definieren.

Die Möglichkeiten, durch das Internet das steigende Bedürfnis nach Smart Shopping, Convenience, Individualisierung und Schnelligkeit zu befriedigen, stellen zentrale Vorteile des Online-Vertriebs aus **Kundensicht** dar. Aus Kundenperspektive sind aber auch Probleme und Defizite im Aufbau und der Pflege persönlicher Beziehungen zum Anbieter zu nennen.

8.3.1.3 Gestaltung des Multi-Channel-Vertriebs

Obwohl traditionell zwischen den beiden grundsätzlichen strategischen Formen des direkten und indirekten Vertriebs unterschieden wird, bilden sich in der Praxis häufig so genannte **Mehrkanalsysteme im Vertrieb** aus (vgl. *Heinemann* 2011). Eine Vielzahl der Hersteller betreibt heute parallel eine wachsende Anzahl indirekter und direkter Vertriebskanäle, um eine möglichst erfolgreiche Vertriebspolitik sowie eine bessere Marktausschöpfung zu realisieren. Dies wird vielfach als Mehrkanalvertrieb bzw. **Multi-Channel-Vertrieb** bezeichnet.

Die Entwicklung hin zum Mehrkanalvertrieb mit dem Ziel der Umsatz- und Ertragssteigerung durch eine breite Nutzung herkömmlicher und alternativer, neuer Vertriebswege hat verschiedene Ursachen (vgl. z.B. *Schröder* 2005; *Zentes* et al. 2012). Neben wettbewerbsbezogenen Gründen sind in erster Linie Veränderungen auf Konsumentenseite zu nennen, die insbesondere Preissensibilität, höhere Ansprüche hinsichtlich Verfügbarkeit und Bequemlichkeit umfassen und sich im Smart- oder Convenience Shopping dokumentieren. Neben diesem neuen Typus Kunden, der als „**Multi-Channel-Kunde**" bezeichnet wird (*Specht/Fritz* 2005, S. 167), sind es die technologischen Entwicklungen, die die Implementierung medialer Vertriebssysteme sowie die Integration und Vernetzung verschiedener Vertriebswege ermöglichen. Dieser Prozess führt in ausgewählten Branchen wie z.B. dem Buchhandel oder der Touristikindustrie bereits zu erheblichen Verschiebungen innerhalb der vertikalen Vertriebsstrukturen. In anderen Branchen hat die Besetzung neuer Vertriebskanäle primär imagebezogene Gründe. Bedingt durch die steigende Handelsmacht und die Dynamik der Betriebsformen ergibt sich weiterhin ein Trend zu neuen direkten Vertriebsformen auf Herstellerseite wie Flagship Stores, Shop-in-Shop-Konzepte oder eigene Verkaufsshops wie z.B. Nutelleria oder Nescafé-Kaffeeshops, um der steigenden Emanzipation und Vertikalisierung des Handels zu begegnen (vgl. *Zentes* et al. 2012, S. 333ff.).

Mit dem Multi-Channel-Vertrieb werden die Grenzen zwischen dem indirekten und direkten Vertrieb aufgelöst, und es entwickeln sich neue **kooperative** und **integrierte Formen des Vertriebs**. Im Gegensatz zu rein indirekten Vertriebsstrukturen, innerhalb derer der Hersteller die Macht und Kontrollmöglichkeiten weitgehend an die Absatzmittler abtritt und diese nur über Rahmenvereinbarungen oder marktliche Anreizsysteme beeinflusst, versuchen Hersteller über Kooperationsformen, die von Vertriebsbindungssystemen bis zu Minderheitsbeteiligungen an den Handelspartnern (Co-owned bzw. Equity Stores) reicht, einen Teil der an den Handel verlorenen Macht und Kontrollspanne zurückzugewinnen. Die Kontrolle wird durch eine vertikale Vorwärtsintegration der Marktkette (z.B. durch Aufbau eines Versandhandels oder eigener Verkaufsniederlassungen) vollständig wiederhergestellt. Schaubild 8-3 zeigt die vielfältigen Ansätze im Überblick.

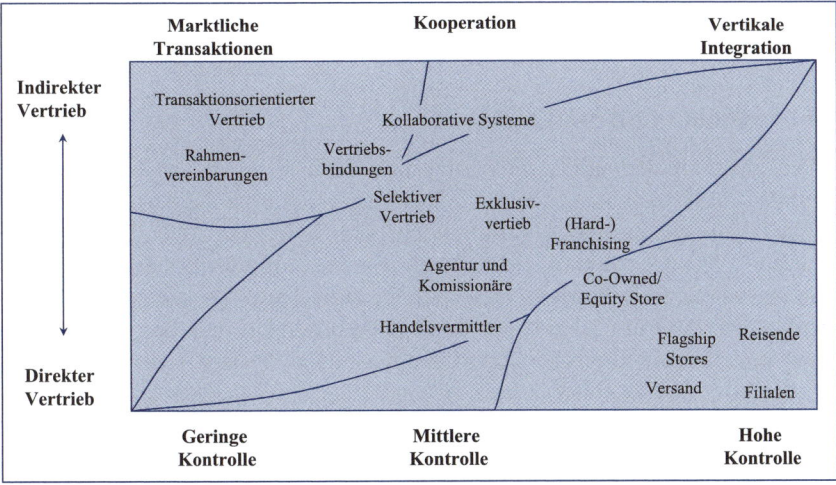

*Schaubild 8-3: Abgrenzungsalternativen von Vertriebswegen
(Swoboda/Giersch 2004, S. 1719)*

Ebenso vielfältig wie die Motive für Mehrkanalstrategien sind die komplexen Herausforderungen, die sich für ein **Management von Multi-Channel-Systemen** ergeben. Das Agieren in Mehrkanalstrukturen stellt insbesondere Anforderungen an eine identitätsorientierte Markenpolitik sowie die kontinuierliche und vertriebskanalumspannende Pflege von Kundenbeziehungen. Neben der Festlegung der Multikanalstruktur auf Basis einer umfassenden Bewertung der einzelnen Vertriebskanäle sind insbesondere Integrations- und Koordinationsprozesse zwischen den Vertriebskanälen zentrale Aufgabenstellungen des Multi-Channel-Managements (vgl. *Specht/Fritz* 2005, S. 170ff.; *Wirtz/Lütje* 2007, S. 175ff.; *Winkelmann* 2012, S. 550ff.).

Der Multi-Channel-Vertrieb birgt neben Chancen auch vielfältige **Risiken** (*Ahlert* et al. 2007, S. 286ff.). Die gleichzeitige Nutzung mehrerer Vertriebswege weist ein hohes Konfliktpotenzial auf, da die einzelnen Vertriebspartner hinsichtlich Anreizsystemen, Steuerung, Freiheitsgraden und Kontrollspannen unterschiedlich geführt werden, und eine eindeutige Erfolgszuordnung auf einzelne Vertriebskanäle nicht immer realisierbar ist. Weiterhin ergeben sich auf Kundenseite im Falle eines mehrgleisigen Vertriebs möglicherweise Irritationen, wenn er es mit unterschiedlichen Ansprechpartnern in verschiedenen Kanälen zu tun hat.

Als **Chancen** von Multi-Channel-Systemen sind die verbesserte Ausschöpfung des Marktpotenzials, geringere Abhängigkeiten von einzelnen Vertriebspartnern, die Erfüllung der wachsenden Kundenansprüche an Erhältlichkeit und Erreichbarkeit sowie eine

Senkung der Vertriebskosten zu nennen. Insbesondere im Kontext des Customer Relationship Management stellen Multi-Channel-Ansätze eine wichtige Erfolgsgröße dar.

8.3.1.4 Auswahl der Absatzmittler

In Abhängigkeit von der vertikalen Absatzkanalstruktur ist in einem weiteren Schritt die **horizontale Absatzkanalstruktur** festzulegen. Diese umfasst die Auswahl der Absatzmittler innerhalb der einzelnen Absatzstufen, wobei Art und Zahl der Absatzmittler je Absatzstufe festzulegen sind. Im Rahmen der Auswahl der **Art der Absatzmittler** sind die zu beliefernden Betriebstypen (z.B. Fachgeschäfte, Discounter) auszuwählen. Hinsichtlich der **Zahl der Absatzmittler** ist in Abhängigkeit von der Art der Produkte sowie der bestehenden Vertriebs- und Marketingstrategie zwischen den Strategien Universal-, Selektiv- und Exklusivvertrieb zu unterscheiden (vgl. *Olbrich* 2004, S. 864ff.; *Meffert* et al. 2012, S. 552f.).

Beim **Universalvertrieb** akzeptiert der Hersteller jeden Absatzmittler, der bereit ist, das Leistungsprogramm anzubieten. Im Sinne der Erzielung eines hohen numerischen Distributionsgrades steht das Ziel im Mittelpunkt, dass die angebotenen Produkte überall erhältlich sind (Ubiquität). Beispiele für diese Form des intensiven Vertriebs sind der Verkauf von Zigaretten, Schokosnacks, Softdrinks, Zeitungen usw.

Demgegenüber werden beim **Selektivvertrieb** diejenigen Absatzmittler akzeptiert, die vorher festgelegten Selektionskriterien des Vertriebs entsprechen. Auswahlkriterien sind u.a. die Bedeutung des Umsatzes, die Qualität der Beratung und des Services, die Preispolitik, die Bereitschaft zum Angebot einer bestimmten Sortimentsbreite und -tiefe, die Geschäftsgröße und -lage sowie die Kooperationsbereitschaft. Eingesetzt wird der Selektivvertrieb z.B. in den Bereichen Haushaltsgeräte, Uhren, Musikinstrumente u.a.

Werden nicht nur wie beim Selektivvertrieb qualitative, sondern auch quantitative Beschränkungen bei der Auswahl der Absatzmittler vorgenommen, wird die Bezeichnung **Exklusivvertrieb** verwendet. Den Extremfall dieser Vertriebsform stellt der so genannte **Alleinvertrieb** dar, bei dem einem einzigen Absatzmittler i.d.R. für ein bestimmtes Absatzgebiet eine Alleinvertriebsberechtigung gewährt wird. Anwendung findet diese Absatzkanalstruktur z.B. für Produkte wie Schmuck, Möbel oder Textilien.

Die Selektion von Vertriebssystemen stellt ein komplexes Entscheidungsproblem dar und bindet einen Hersteller nachhaltig. In der Literatur finden sich vielfältige Kriterien, die dieser Entscheidungsfindung zu Grunde gelegt werden (vgl. z.B. *Ahlert* 1996, S. 173f.; *Specht/Fritz* 2005, S. 219ff.). Schaubild 8-4 zeigt die wichtigsten unternehmensexternen und -internen **Determinanten der Wahl eines Vertriebssystems** im Überblick.

Produktbezogene Einflussfaktoren	■ Erklärungsbedürftigkeit der Produkte, ■ Bedarfshäufigkeit der Produkte, ■ Sicherstellung von Kundendienstleistungen, ■ Transport- und Lagerfähigkeit der Produkte u.a.
Unternehmensbezogene Einflussfaktoren	■ Größe und Finanzkraft des Unternehmens, ■ Vertriebskomponenten/Erfahrungen mit Vertriebswegen, ■ Marktstellung des Unternehmens, ■ Marketingkonzeption und Anspruchsniveau der Vertriebsziele, ■ Festgelegte Produktstrategien u.a.
Marktbezogene Einflussfaktoren	■ Marktposition der Vertriebskanäle, ■ Wachstumsraten der Vertriebskanäle, ■ Marketingpotenzial der Betriebstypen u.a.
Kundenbezogene Einflussfaktoren	■ Image der Betriebstypen beim Konsumenten, ■ Einkaufsverhalten, ■ Aufgeschlossenheit gegenüber Betriebstypen u.a.
Absatzmittlerbezogene Einflussfaktoren	■ Vertragliche Bindung zu Absatzmittlern, ■ Flexibilität der Absatzmittler, ■ Standort, Größe und Verfügbarkeit der Handelsbetriebe, ■ Beeinflussbarkeit und Kontrolle der Absatzmittler, ■ Vertriebskosten, ■ Qualifikation des Verkaufspersonals u.a.
Konkurrenzbezogene Einflussfaktoren	■ Vertriebskanäle der Hauptkonkurrenten, ■ Marktstellung der Konkurrenten in den Vertriebskanälen, ■ Möglichkeiten der Wettbewerbsprofilierung durch neue Vertriebskanäle u.a.
Umfeldbezogene Einflussfaktoren	■ Einfluss neuer Technologien auf die Vertriebskanäle, ■ Wirkung der Gesetzgebung auf die Tätigkeit von Vertriebssystemen (z.B. Vertragsgestaltung, Wettbewerbsrecht), ■ Einfluss sozio-kultureller Veränderungen auf das Einkaufsverhalten u.a.

Schaubild 8-4: Kriterien der Selektion von Vertriebssystemen

Die relevanten Auswahlkriterien sind in Abhängigkeit von der spezifischen Entscheidungssituation heranzuziehen. Die folgenden **Entscheidungssituationen** bzw. Fragestellungen sind im Rahmen der Festlegung der Absatzkanalstruktur denkbar:

■ Einsatz zusätzlicher Absatzmittler bei einer Erweiterung des Leistungsprogramms (z.B. der Einführung einer neuen Produktlinie).

■ Integration neuer Betriebstypen des Handels in das bestehende Vertriebssystem.

■ Ausweitung des Vertriebs durch zusätzliche Formen des direkten Vertriebs wie z.B. Online Shopping.

■ Veränderung der horizontalen Absatzmittlerselektion aufgrund veränderter Marktbedingungen (z.B. vom Exklusiv- zum Selektivvertrieb).

■ Aufbau eines Vertriebssystems in ausländischen Märkten.

Zur Beurteilung der Eignung eines Vertriebssystems werden die folgenden **Beurteilungsmethoden** herangezogen, die auf die selektierten Auswahlkriterien zurückgreifen (vgl. *Specht/Fritz* 2005, S. 236ff.; *Kotler/Bliemel* 2006, S. 1093ff.):

- **Punktbewertungsverfahren** zur Bewertung alternativer Betriebstypen nach verschiedenen quantitativen und qualitativen Beurteilungskriterien,

- **Stärken-Schwächen-Analysen**, z.B. zur Erstellung von Betriebstypenprofilen,

- **Gain-and-Loss-Analysen**, die die Sensibilität für Parallelbelieferungen anderer Kanäle überprüfen,

- **Portfolioanalysen** zur Positionsbestimmung verschiedener Betriebstypen nach den Dimensionen Attraktivität und Wettbewerbsposition im relevanten Markt,

- **Investitionsrechnungsverfahren** zur Berechnung der Vorteilhaftigkeit von Investitionen beim Aufbau vertraglicher Vertriebssysteme.

8.3.2 Akquisition und Stimulierung der Vertriebssysteme

Während die Selektion und Fragestellungen der vertraglichen Bindung der Vertriebssysteme strukturelle bzw. selten vorgenommene Entscheidungen darstellen, sind Akquisitions- und Stimulierungsmaßnahmen – bezogen auf die Vertriebspartner – eine kontinuierliche Aufgabe im Vertrieb. Ausgangspunkt der Bestimmung von Akquisitions- und Stimulierungsaktivitäten ist die Entscheidung, inwieweit eine endabnehmer- oder absatzmittlergerichtete Fokussierung der Aktivitäten zu erfolgen hat. Diese Frage stellt sich beispielsweise bei einer Produkteinführung, wenn zu entscheiden ist, wie das Markteinführungsbudget auf endabnehmer- und absatzmittlergerichtete Maßnahmen aufzuteilen ist. Als strategische Basisoptionen lassen sich eine endabnehmergerichtete gegenüber einer absatzmittlergerichteten Vorgehensweise unterscheiden.

Bei der **endabnehmergerichteten Strategie (Pull-Strategie)** werden in erster Linie die Konsumenten über den Einsatz von Vertriebs- und Kommunikationsinstrumenten angesprochen. Zielsetzung ist die Erzeugung einer aktiven Nachfrage bzw. eines Nachfragesogs für die beworbenen Produkte bei den Absatzmittlern, so dass sich diese veranlasst sehen, die Produkte zur Befriedigung der geschaffenen Nachfrage zu listen.

Die **absatzmittlergerichtete Strategie (Push-Strategie)** beabsichtigt, durch den Einsatz von Anreizen die Bereitschaft der Absatzmittler zur Aufnahme und Unterstützung der eigenen Produkte zu fördern. Unterschieden werden Akquisitionsmaßnahmen, die auf die Initiierung einer Kooperation zwischen Hersteller und Absatzmittler ausgerichtet sind sowie Stimulierungsmaßnahmen, die darauf abzielen, die Absatzmittler zu einem aus Herstellersicht dauerhaft zielkonformen Verhalten zu veranlassen.

Ausgangspunkt der Ableitung absatzmittlergerichteter Maßnahmen ist die Analyse der spezifischen Anforderungen der Absatzmittler. Die folgenden absatzmittlergerichteten Maßnahmen werden in der Praxis eingesetzt, wobei zwischen der Gestaltung **monetärer** und **nicht monetärer Anreize** zu unterscheiden ist:

- Eine hohe Bedeutung kommt bei der Akquisition und Stimulierung der Absatzmittler der Festlegung von **Handelsspannen** zu. Als Differenz zwischen den Händlerabgabe- und Endverbraucherpreisen wirken Handelsspannen stimulierend, wenn sie den branchenüblichen Wert übersteigen und bei den Absatzmittlern zu überdurchschnittlichen Deckungsbeiträgen führen. Aufgrund der zunehmenden Handelsmacht und den steigenden Vertikalisierungstendenzen des Handels, die sich insbesondere in der intensiven Eigenmarkenpolitik dokumentieren, gestalten sich die Verhandlungen über Listung und Spannen für Hersteller immer schwieriger.

- Ferner besteht die Möglichkeit, den Absatzmittlern beispielsweise **Rabatte** für den Abverkauf bestimmter Absatzmengen bzw. **Boni** für das Erzielen von Umsatzgrößen einzuräumen oder Werbekostenzuschüsse für die Durchführung spezifischer Maßnahmen zu gewähren. Auch hier wird bei einer steigenden Machtstellung des Handels von steigenden Forderungen ausgegangen.

- Eine weitere Form monetärer Anreize sind die **Finanzhilfen**, die im Gegensatz zu den Rabatten nicht direkt mit dem Verkauf der Produkte in Verbindung stehen. Ein Beispiel ist die finanzielle Unterstützung beim Neu- oder Umbau eines Ladenlokals.

- Akquisitorische bzw. stimulierende Wirkungen lassen sich durch die Übernahme von **Serviceleistungen** erzielen. Durch die Übernahme der Regalplatzpflege oder der Preisauszeichnung der Produkte besteht die Möglichkeit einer Kostenentlastung der Absatzmittler.

- Ein nicht monetärer Anreiz ist die Vergabe von **Exklusivrechten** hinsichtlich des Angebotes der Produkte in einem bestimmten Absatzraum, wodurch die Absatzmittler zur Listung der Herstellerprodukte bewogen werden.

- Darüber hinaus ist das Angebot eines **Know-how-Transfers**, beispielsweise in Form von Beratungsleistungen oder der Produktion von Handelsmarken, geeignet, ausgewählte Absatzmittler dazu zu veranlassen, die Produkte eines Herstellerunternehmens zu führen und zu unterstützen.

8.3.3 Vertragliche Bindung der Vertriebssysteme

Zielsetzung der vertraglichen Bindung der Absatzmittler ist es, die Durchsetzung der eigenen Marketing- und Vertriebsstrategie im Absatzkanal mittel- bis langfristig sicherzustellen. Um dieses Ziel zu realisieren, werden neben verschiedenen Ansätzen der Kooperation oder der Beteiligung an Vertriebskanälen verschiedene Ausgestaltungsformen

vertraglicher Vertriebssysteme gewählt, die sich als Form der Zusammenarbeit bzw. Verhaltensabstimmung zwischen rechtlich selbständigen Hersteller- und Handelsunternehmen charakterisieren lassen (vgl. für einen Überblick über das Kontraktkonzept auch *Meffert* et al. 2012, S. 564ff.). Insbesondere die nachfolgend näher erläuterten vertraglichen Vertriebssysteme sind in der Praxis von Bedeutung (*Specht/Fritz* 2005, S. 291ff.; *Becker* 2006, S. 533f.; *Zentes* et al. 2012):

Vertriebsbindungssysteme dienen der Absicherung eines Selektivvertriebs. Zielsetzung ist es, nur jene Absatzmittler in den Vertriebsweg aufzunehmen, die bestimmte Anforderungen und Auflagen entsprechend den bereits angesprochenen Selektionskriterien (vgl. Abschnitt 8.3.1.4) erfüllen. Üblich sind Vereinbarungen hinsichtlich der räumlichen Begrenzung des Absatzgebietes, der Beschränkung des Vertriebs auf bestimmte Gruppen von Abnehmern oder der Sicherstellung von Leistungsmerkmalen wie Beratung und Service.

Alleinvertriebssysteme beabsichtigen die Durchsetzung des Exklusivvertriebs. Es wird ein regionales Ausschließlichkeitsrecht hinsichtlich des Verkaufs der Produkte eines Herstellers durch einen Absatzmittler vereinbart. Für den gewährten Gebietsschutz verpflichtet sich der Absatzmittler im Gegenzug zu einer umfassenden Sortimentslistung und Lagerhaltung der Herstellerprodukte sowie zu einer Abstimmung von Maßnahmen zur Förderung des Abverkaufs mit dem Hersteller (z.B. Porsche).

Vertragshändlersysteme beinhalten eine noch engere vertragliche Bindung zwischen Herstellern und Absatzmittlern. Kennzeichnendes Merkmal ist, dass sich die Absatzmittler verpflichten, ausschließlich die Produkte eines Herstellers anzubieten und auf den Vertrieb von Konkurrenzprodukten zu verzichten. Diese Form vertraglicher Bindung ist im Automobilbereich (z.B. bei VW/Audi, Opel, Ford), im Mineralölhandel oder im Biermarkt (Gastronomiebindung via Bierlieferungsvertrag) üblich.

Franchisesysteme stellen die engste vertragliche Bindung zwischen Hersteller und Handel dar. Der Franchisegeber (Hersteller) stellt dem Franchisenehmer (Händler) gegen Entgelt ein Produktkonzept sowie ein Vermarktungssystem zur Verfügung. Im Mittelpunkt steht die konsequente Einhaltung einer einheitlichen Produktqualität, des Erscheinungsbildes der Marke und der Vertriebsmethode. Der Franchisenehmer ist selbständig unternehmerisch tätig, jedoch an den Franchisevertrag gebunden. Franchisesysteme sind in der Form des **Produktfranchising** (z.B. Vergabe von Produktlizenzen an ausländische Hersteller) und des **Betriebsfranchising** (z.B. OBI, Photo Porst, McDonald's, Mister Minit, Benetton, Marc O'Polo) zu beobachten.

Agentursysteme ähneln stark dem Direktvertrieb, da sie eine derart enge Bindung zwischen Hersteller und Handel darstellen, dass der Hersteller neben dem Sortiment und der Warenpräsentation auch die Preispolitik des Händlers kontrolliert (z.B. Postagenturen, Quelle-Shops).

Mit Hilfe der vertraglichen Bindung von Vertriebssystemen im Rahmen eines Kontraktkonzeptes versuchen Hersteller, die Kontroll- und Steuerungsdefizite, die sich beim indirekten Vertrieb ergeben, zu kompensieren. Da im Falle des indirekten Vertriebs die Absatzmittler in die kommunikativen und distributiven Prozesse zwischen Hersteller und Endkunden eingebunden sind, versuchen vertragliche Bindungen die Durchsetzung der marketingpolitischen Ziele des Herstellers sicherzustellen und der zunehmenden Macht der Handelspartner zu begegnen. Vertragliche Bindungssysteme bewegen sich in einem Spannungsfeld zwischen Kooperation und Kontrolle.

8.4 Einsatz von Verkaufsorganen

Ein weiterer Entscheidungsbereich der Vertriebspolitik umfasst die **Planung und Steuerung der Verkaufsorgane**. Im Rahmen der Gestaltung der Verkaufsorganisation ist eine Auswahl der für den persönlichen Verkauf zuständigen Organe vorzunehmen. Außerdem sind Entscheidungen hinsichtlich der Anleitung, Steuerung und der Motivation der Verkaufsorgane zu treffen.

8.4.1 Auswahl der Verkaufsorgane

Im Rahmen der Vertriebspolitik haben Unternehmen darüber zu entscheiden, welche Arten von Verkaufsorganen die Verkaufsaufgaben erfüllen. Grundsätzlich sind unternehmenseigene oder unternehmensfremde Verkaufsorgane einsetzbar.

Kennzeichnende Merkmale **unternehmenseigener Verkaufsorgane** sind deren festes Angestelltenverhältnis und die daraus abgeleitete arbeitsvertragliche Weisungsgebundenheit, die zu einer einfachen Steuerung beitragen. Die bekannteste Form unternehmenseigener Verkaufsorgane stellt der Vertriebsmitarbeiter dar, der als Angestellter permanent mit der Vermittlung und dem Abschluss von Geschäften für das Unternehmen beschäftigt ist. Die unterschiedlichen Verkaufsaufgaben werden bei einer Entscheidung für unternehmenseigene Verkaufsorgane in Abhängigkeit von deren Bedeutung durch die Vertriebs- bzw. Marketingleitung selbst (z.B. Jahresgespräche bei Key Accounts, d.h. Schlüsselkunden) oder die Vertriebsmitarbeiter (so genannte Reisende) im Sinne einer laufenden Kundenbetreuung wahrgenommen.

Die **unternehmensfremden Verkaufsorgane** wie beispielsweise Handelsvertreter, Kommissionäre und Makler sind gemäß § 84 Abs. 1 Handelsgesetzbuch (HGB) rechtlich selbständige Gewerbetreibende, die auf der Grundlage vertraglicher Vereinbarungen an das Unternehmen gebunden sind. **Handelsvertreter** schließen im Namen der von ihnen vertretenen Unternehmen Geschäfte ab, während der **Kommissionär** im eigenen

Namen auf Rechnung des auftraggebenden Unternehmens handelt. Kennzeichnendes Merkmal der **Makler** ist deren fallweise Beauftragung durch Unternehmen mit Kauf- bzw. Verkaufsaufgaben.

Die Entscheidung hinsichtlich des Einsatzes von Verkaufsorganen reduziert sich in den meisten Fällen auf die Alternativen **Reisender oder Handelsvertreter**. Kommissionäre und Makler haben insgesamt an Bedeutung verloren. Während Kommissionäre lediglich noch im Agrar- und Außenhandel eine Rolle spielen, hat der Makler nur bei der Vermarktung spezifischer Rohstoffe wie z.B. Tabak oder Holz sowie in bestimmten Branchen wie z.B. der Immobilienbranche eine stärkere Stellung bewahrt (vgl. *Bänsch* 2013).

Trotz der Unterschiede zwischen Reisenden und Handelsvertretern im Hinblick auf ihre rechtliche Stellung haben beide Verkaufsorgane in ihrer Grundstruktur ähnliche Aufgabenbereiche. Das **Auswahlproblem** zwischen der Beschäftigung angestellter Reisender oder der Einschaltung selbständiger Handelsvertreter konzentriert sich auf die Frage, wer die Vertriebsaufgaben effektiver und effizienter löst. Für die Entscheidungsfindung empfiehlt sich ein zweistufiges Vorgehen. In einem ersten Schritt sind mit Hilfe quantitativer Verfahren für beide Alternativen ökonomische Größen wie entstehende Kosten oder Umsätze zu ermitteln. Diese sind in einem zweiten Schritt durch qualitative Kriterien zu ergänzen.

Innerhalb der **quantitativen Analyse** werden insbesondere Verfahren der Kosten- sowie Gewinnvergleichsrechnung eingesetzt. Bei einer **Kostenvergleichsrechnung** werden die Kosten der jeweiligen Verkaufsorgane einander gegenübergestellt und ein kritisches Umsatzniveau ermittelt, bei dem Indifferenz zwischen den Alternativen besteht. Der Einsatz von Kostenvergleichsrechnungen ist ausreichend, wenn die Auswahlentscheidung keinen Einfluss auf das erreichbare Umsatzniveau des Unternehmens hat. Formal ergibt sich folgende Vorgehensweise:

$$K_R = f_R + q_R \cdot U$$

$$K_V = f_V + q_V \cdot U$$

durch $K_R = K_V$ ergibt sich $U_k = f_V - f_R / q_R - q_V$

wobei:
K = Kosten
R = Reisender
V = Vertreter
f = Fixum
q = Provision (in Prozent des Umsatzes)
U_k = Kritischer Umsatz

Grafisch ergeben sich die in Schaubild 8-5 dargestellten Zusammenhänge. Liegt der erwartete Umsatz unter dem kritischen Niveau U_k, arbeitet der Vertreter günstiger; liegt dieser über dem kritischen Umsatz, sind Reisende vorzuziehen.

Eine ausschließliche Kostenvergleichsrechnung führt zu falschen Ergebnissen, wenn das Umsatzniveau des Unternehmens durch die Auswahlentscheidung beeinflusst wird. In diesem Fall ist eine **Gewinnvergleichsrechnung** erforderlich. Diese berücksichtigt bei der Auswahl zwischen Reisenden und Vertretern zusätzlich den zu erwartenden Gewinn, beispielsweise anhand des Deckungsbeitrags. Für einen Gewinnvergleich gilt:

$$f_R + q_R \cdot U_R - \Delta x \cdot DB \leq \text{oder} \geq f_V + q_V \cdot U_V$$

wobei:
x_R = Absatzmenge der Reisenden
x_V = Absatzmenge der Vertreter
Δx = Differenz der Absatzmengen zwischen Reisenden und Vertretern
DB = Deckungsbeitrag des Produktes

Die linke Seite der Formel stellt die Kosten der Reisenden abzüglich des unterstellten Gewinnvorteils der Absatzform dar; die rechte Seite zeigt die Kosten beim Einsatz von Vertretern. Grafisch ergeben sich die in Schaubild 8-6 dargestellten Zusammenhänge.

Neben dieser quantitativen Analyse sind **qualitative Beurteilungskriterien** für die Entscheidung zwischen Reisenden und Vertretern heranzuziehen. Dazu zählen beispielsweise

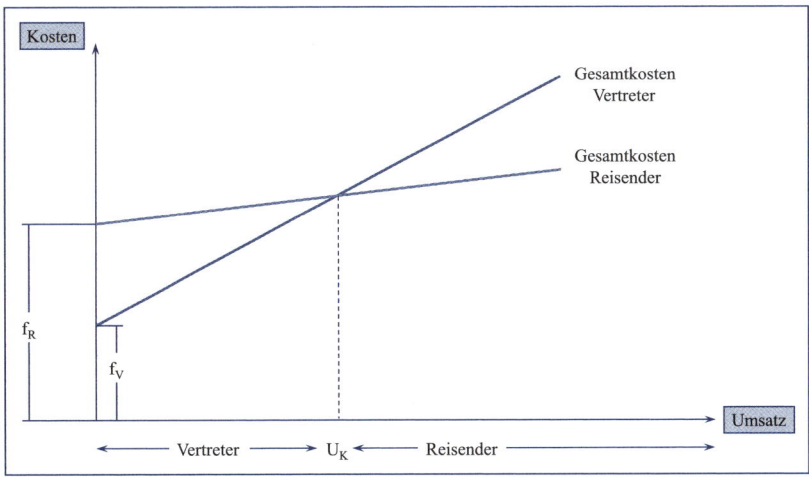

Schaubild 8-5: Kostenvergleich Vertreter und Reisender

Einsatz von Verkaufsorganen

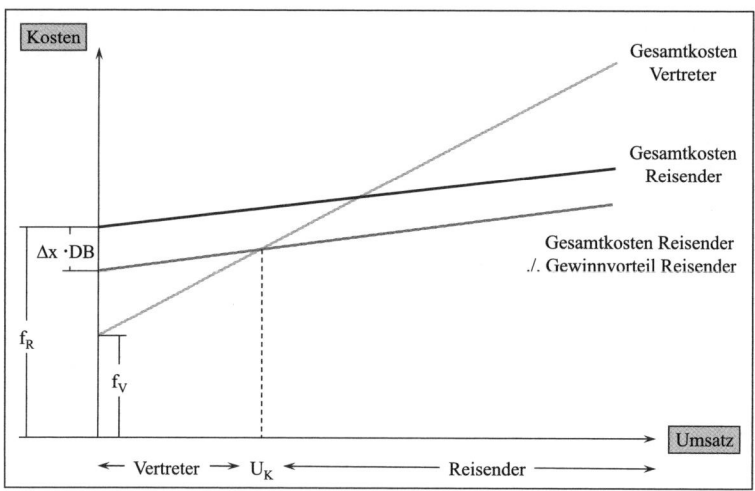

Schaubild 8-6: Gewinnvergleich Vertreter und Reisender

Kriterien wie die Steuerbarkeit und Flexibilität des Einsatzes, die Möglichkeiten der Gewinnung von Marktinformationen oder die Risiken durch rechtliche Bindungen.

Zusammenfassend lässt sich festhalten, dass der Handelsvertreter im Vergleich zum Reisenden die Kundenbearbeitung nach eigener Disposition vornimmt, die Änderung der Absatzbezirke des Unternehmens bei ihm größere Schwierigkeiten mit sich bringt, er aber durch das breite Sortiment verschiedener Firmen, die er vertritt, vielseitigere Kontakte zu Abnehmern aufbaut. Generell ist zu berücksichtigen, dass die Entscheidung über den Einsatz von unternehmenseigenen und -fremden Verkaufsorganen nicht dem Ausschließlichkeitsprinzip unterliegt. Viele Unternehmen arbeiten sowohl mit Reisenden als auch Vertretern zusammen.

8.4.2 Steuerung von Verkaufsorganen

Durch das Vertriebsmanagement sind die Verkaufsorgane so einzusetzen, dass die festgelegten Vertriebsziele erreicht werden. Diese Aufgabe erfordert spezielle Steuerungsmaßnahmen, für die verschiedene **Entscheidungstatbestände** zur Diskussion stehen:

Aufteilung der Verkaufsbezirke

Bei der Aufteilung des Gesamtmarkts in Verkaufsbezirke wird jedem Verkaufsorgan ein Bezirk zugewiesen, der ergebnisverantwortlich zu bearbeiten ist. Als Kriterien für die Aufteilung von Bezirken sind u.a. deren Nachfragepotenziale, die Entfernungen zwischen den Kunden sowie die zeitliche Belastung durch die Bearbeitung der Kunden heranzuziehen. Es empfiehlt sich, die Bezirksaufteilung in Zusammenarbeit mit den betroffenen Mitarbeitenden vorzunehmen, um Konfliktpotenzialen und ablehnenden Haltungen bereits im Vorfeld zu begegnen.

Planung der Verkaufsquoten

Häufig werden in der Praxis aufgrund ihrer leichten Handhabbarkeit **Umsatzzahlen** als die zu realisierende Verkaufsquote vorgegeben. Zweckmäßig erscheint jedoch die Vorgabe von **Deckungsbeitragszahlen**, da diese die Verkaufsorgane zu einem gewinnorientierten Denken veranlassen. Voraussetzung hierfür ist das Vorhandensein einer **vertriebsorientierten Deckungsbeitragsrechnung**, die Deckungsbeiträge nach Produkten, Gebieten und Kunden genauer differenziert. Weitere denkbare Vorgaben für die Verkaufsorgane sind die Anzahl der Kundenbesuche, die Zahl der Kontakte mit Neukunden und Interessenten oder die Steigerung des Wertes pro Kunde.

Planung der Verkaufsrouten

Die Festlegung der Besuchsreihenfolge der verschiedenen Kunden innerhalb eines Verkaufsbezirks erfolgt zentral durch das Vertriebsmanagement oder durch die Verkaufsorgane selbst. Als Kriterien für die Planung der Reiserouten dienen z.B. die Entfernungen zwischen den Kunden sowie geplante Reise- und Kontaktzeiten.

Planung der Besuchshäufigkeiten

Des Weiteren sind die Besuchshäufigkeiten der Kunden zu planen. Aufgrund beschränkter Kapazitäten der Verkaufsorgane und einer unterstellten progressiven Beziehung zwischen Besuchshäufigkeit und Höhe des Auftragsvolumens ist es zweckmäßig, die Kontaktrhythmen nach verschiedenen Gruppen (Stammkunden oder Neukunden) zu differenzieren. Weitere Entscheidungskriterien sind z.B. Auftragsvolumina, Entfernungen zwischen Kunden oder Kaufwahrscheinlichkeiten.

Bereitstellung und Verarbeitung vertriebsrelevanter Informationen

Zur Optimierung der Verkaufsprozesse sind den Verkaufspersonen die relevanten internen und externen Daten zur Verfügung zu stellen. Dazu zählen z.B. Umsatzstatistiken, Kundenanfragen und -beschwerden, Lagerbestände, Daten über Alt- und Neukunden, potenzielle Interessenten, Wettbewerbsinformationen u.a. Als Grundlage der laufenden Informationsbereitstellung sind die Verkaufsorgane ihrerseits zur regelmäßigen Sammlung, systematischen Aufbereitung, Auswertung und Weitergabe relevanter Daten über ihren Verkaufsbezirk an die Unternehmensleitung verpflichtet. Dabei ist die Unternehmenspraxis bestrebt, sämtliche kundenbezogene Abläufe des Vertriebs computergestützt zu integrieren, z.B. über Systeme des Computer Aided Selling (CAS) oder Customer

Relationship Management (CRM), um Ziele der Kundenorientierung bei gleichzeitiger Kostenorientierung zu erreichen (vgl. zu den Begriffen und Ansätzen *Winkelmann* 2012, S. 201 ff.).

Schulung und Training des Außendienstes

Damit die Verkaufsorgane den sich laufend verändernden Anforderungen gerecht werden, sind regelmäßige Schulungen unerlässlich. Gegenstand von Schulungs- und Trainingsmaßnahmen sind u.a. die Vermittlung produktspezifischen Wissens (insbesondere bei Innovationen) sowie der Abwicklungs- und Verfahrenstechniken im Unternehmen. Zusätzlich empfiehlt es sich, dass die Verkaufsorgane Kenntnisse hinsichtlich des Beschwerdemanagements im Unternehmen erwerben. Zweckmäßig erscheinen ferner Trainings in Argumentations- und Verkaufsabschlusstechniken bezüglich der verschiedenen Phasen des persönlichen Verkaufs, Schulungen mit dem Ziel der Motivationssteigerung der Verkaufsorgane zur Erreichung der Vertriebsziele des Unternehmens sowie die Vermittlung spezifischer Kunden- und Wettbewerbsinformationen (vgl. dazu z.B. *Kotler/Bliemel* 2006, S. 1096; *Homburg* 2012, S. 850ff.). Hinsichtlich des Einsatzes von Reisenden wird die Teilnahme an Schulungen und Verkaufstrainings vom Unternehmen angewiesen, während Handelsvertreter an herstellerseitigen Schulungen i.d.R. nur auf freiwilliger Basis teilnehmen.

Einsatz von Anreizsystemen für Verkaufsorgane

Anreizsysteme für Verkaufsorgane dienen sowohl als Motivationsfunktion für das Vertriebspersonal als auch zur Steuerung der Vertriebsorganisation im Hinblick auf die Zielerreichung. Generell wird zwischen **Entlohnungssystemen** und **Incentive-Systemen** unterschieden. Entlohnungssysteme umfassen materielle Anreize. Neben dem Festgehalt (bzw. Fixum) werden die Verkaufsorgane häufig nach einem Provisionssystem entlohnt. Ihre Provisionen werden zumeist als Prozentwert vom Umsatz oder Deckungsbeitrag berechnet, wobei die Prozentwerte mit steigender Berechnungsgrundlage je nach Zielsetzung linear, progressiv oder degressiv verlaufen. Darüber hinaus kommen Prämiensysteme zum Einsatz, innerhalb derer Geld- oder Sachprämien für besondere Verkaufsleistungen vergeben werden. Ferner zählen geldwerte Leistungen wie z.B. Dienstwagen, Lebensversicherungen und andere Sozialleistungen zu den materiellen Anreizen für die Verkaufsorgane. Zu den Incentive-Systemen zählen vor allem Anreize immaterieller Art wie z.B. Beförderungen, Belobigungen, Auszeichnungen sowie erweiterte Verantwortungs- und Arbeitsbereiche. Meist empfiehlt sich eine Kombination verschiedener Anreizsysteme, um unterschiedlichen Wertestrukturen der Mitarbeitenden Rechnung zu tragen (vgl. *Becker 2009*).

8.5 Gestaltung von Logistiksystemen

Neben der Planung der Vertriebssysteme und Verkaufsorgane besteht ein weiterer Entscheidungsbereich der Vertriebspolitik in der **Gestaltung der Logistiksysteme**. Auf der Grundlage der festgelegten Logistikziele sind Entscheidungen in Bezug auf die Auftragsabwicklung sowie die Lagerhaltung und den physischen Transport der Güter zu treffen.

8.5.1 Aufgaben und Ziele von Logistiksystemen

Die Logistik deckt sämtliche Transport-, Lager- und Umschlagsvorgänge im Realgüterbereich in und zwischen Betrieben ab, umfasst sowohl die Eingangs- als auch die Ausgangslogistik und beinhaltet somit alle logistischen Prozesse der Raum- und Zeitüberbrückung von Sachgütern. Innerhalb der Logistiksysteme erfolgt die Koordination der Warenströme des Unternehmens sowie der damit zusammenhängenden Informationen:

Logistiksysteme dienen der Überbrückung räumlicher und zeitlicher Distanzen zwischen der Erstellung und Inanspruchnahme von Unternehmensleistungen sowie der Bereitstellung der damit zusammenhängenden Informationen.

Die mit der physischen Warenverteilung verbundenen Ziele und Aufgaben lassen sich vereinfachend durch folgendes **Paradigma** kennzeichnen. Ein Logistiksystem hat

- das richtige **Produkt**,
- in der richtigen **Menge**,
- am richtigen **Ort**,
- zur richtigen **Zeit**,
- im richtigen **Zustand**,
- zu den dafür **minimalen Logistikkosten** zur Verfügung zu stellen.

Im Rahmen der Logistik sind beispielsweise Entscheidungen hinsichtlich der (internationalen) logistischen Zusammenarbeit mit Partnerunternehmen sowie des Einsatzes von Logistikdienstleistern (z.B. Speditionen, Warenverteilzentren) zu treffen, wobei die wechselseitigen Abhängigkeiten der Entscheidungen zu beachten sind. Die Einrichtung eines Warenverteilzentrums führt z.B. zu niedrigeren Lager-, aber gleichzeitig höheren Transportkosten.

Anzumerken ist, dass Logistiksysteme nicht nur für die Schnittstelle Vertrieb/Abnehmer, sondern auch für Schnittstellen auf anderen Stufen in der Wertschöpfungskette relevant sind, z.B. die Schnittstellen Lieferant/Hersteller oder Produktion/Vertrieb. Im Sinne einer Gesamtabstimmung dieser Schnittstellen und der dahinterstehenden Gruppierungen wird dies als „**Kontraktlogistik**" bezeichnet.

Mit dem Ziel der Prozessoptimierung und der Lagerbestandsreduktion im gesamten Vertriebskanal hat sich das **Supply Chain Management** entwickelt, das durch eine Verknüpfung und Koordination der Wertschöpfungsketten von Zulieferern, Herstellern und verschiedenen Händlern einen unternehmensübergreifenden Ansatz der Planung und Durchführung des Informations- und Materialflusses beabsichtigt (vgl. *Arndt* 2013; 2010; *Hertel* et al. 2011). Dabei tritt an die Stelle einer isolierten Optimierung der Versorgung zweier Stufen (z.B. Lieferant und Abnehmer) die simultane Optimierung sämtlicher Stufen eines ganzheitlichen Wertschöpfungsprozesses (Einkauf, Materialwirtschaft, Beschaffung, Versorgung usw.). Das Supply Chain Management ist auf eine Verbesserung der Kostenstruktur der Waren- und Informationsflüsse entlang der Wertschöpfungskette zwischen Handel und Industrie sowie deren Zulieferern ausgerichtet (vgl. *Zentes* et al. 2012, S. 580ff.). Der nachfragegesteuerte Warennachschub auf Just-in-time-Basis und eine entsprechend der Nachfrage synchronisierte Produktion zählen zu den zentralen Aufgaben des Supply Chain Managements. Voraussetzungen für ein funktionierendes Supply Chain Management sind ein geschlossenes Warenwirtschaftssystem, eine automatische Disposition und ein Informationsaustausch im Rahmen des **Electronic Data Interchange (EDI)**, das die Prozesse auf elektronischem Weg begleitet.

8.5.2 Gestaltung der Auftragsabwicklung

Ausgangspunkt der Steuerung und Kontrolle des Güterstroms im Absatzkanal ist eine systematische Erfassung der relevanten Informationen im Rahmen der Auftragsabwicklung. Hierzu zählen im Einzelnen die **Auftragsdaten** wie Mengen, Preise, Rabatte, Liefertermine, Kunden- und Auftragsnummern usw. sowie die **Auftragsunterlagen** wie Auftragsbestätigungen, Lieferscheine, Rechnungen, Statistiken usw.

Grundlage dafür sind **Datenbanken**, die alle relevanten Informationen über die Kunden beinhalten. Werden in der Datenbank neben den Kundenstammdaten auch Stammdaten über die angebotenen Artikel sowie die aktuellen Lagerbestände geführt, besteht für die Verkaufsorgane beispielsweise über Online-Abfragen die Möglichkeit, jederzeit zuverlässige Informationen über Verfügbarkeit und Lieferzeiten der Produkte an die Kundschaft weiterzugeben (*Specht/Fritz* 2005, S. 159f.).

Der Informationsfluss zwischen Unternehmen und Kunden im Rahmen der Auftragsabwicklung erfolgt in einigen Branchen aufgrund der Entwicklungen in den Bereichen Datenverarbeitung und Kommunikationstechnologie über vernetzte Systeme. Auf Unternehmensseite werden neben den Informationssystemen für das Absatzkanalmanagement **Logistikinformationssysteme** zur Steuerung der Warenbewegungen und Lieferungen sowie des Datenaustauschs mit den Beschaffungs- und Absatzmärkten entwickelt (vgl. *Swoboda/Morschett* 2002, S. 791ff.; *Specht/Fritz* 2005, S. 410ff.).

Gleichzeitig etabliert der Handel rechnergestützte **Warenwirtschaftssysteme (WWS)**, deren Aufgabe darin besteht, den Warenfluss mengen- und wertmäßig artikelgenau und lückenlos zu erfassen. Zielsetzung der Warenwirtschaftssysteme, die alle Warenvorgänge sowie die induzierten monetären, personellen und güterbezogenen Prozesse betrachten, ist der Aufbau eines Informationsmanagements, auf Basis dessen die Prozesse im Handel gesteuert und Rationalisierungspotenziale erschlossen werden. Durch den Einsatz der **Scanning-Technologie** als Baustein der Warenwirtschaftssysteme werden alle mit dem Verkauf eines Artikels in Zusammenhang stehenden Daten wie Preis, Verkaufsort und -zeitpunkt am Kassenterminal elektronisch erfasst, wodurch Erfassungsarbeiten entfallen (vgl. *Specht/Fritz* 2005, S. 411ff.; *Zentes* et al. 2012, S. 615ff.).

Um einen reibungslosen **Informationsfluss zwischen Hersteller und Handel** sicherzustellen, ist eine Überwindung der Schnittstellen zwischen den Logistik-Informationssystemen sowie den Warenwirtschaftssystemen entscheidend. Mittlerweile haben sich Übertragungsstandards etabliert, die den elektronischen Datenaustausch (Electronic Data Interchange, EDI) vereinheitlichen. Zur Übertragung von Bewegungsdaten (z.B. Bestellungen und Zahlungen) zwischen Konsumgüterherstellern und Handel wurde in Deutschland von der GS1 Germany (Global Standards 1 Germany), die paritätisch von dem EHI Retail Institute und dem Deutschen Markenverband getragen wird, das EANCOM-System (European Article Number Communication) als Nachfolger des Sedas-Daten-Services (SDS) entwickelt. Es ist das weltweit am häufigsten verwendete Subset und stellt damit einen branchenübergreifenden, internationalen Standard dar. In EANCOM-Nachrichten wird jedem Produkt eine Artikelidentnummer (GTIN), jedem Partner eine globale Lokationsnummer (GLN) und jedem Packstück eine Nummer der Versandeinheit (NVE/SSCC) zugeordnet. Somit ist eine multilaterale Kommunikation zwischen mehreren Absendern und Empfängern möglich. Beispielsweise können folglich die Bestelldaten des Handels nach dem Empfänger sortiert und gebündelt werden, so dass Hersteller wöchentlich eine große Bestellung statt vieler kleiner Nachbestellungen erhalten (vgl. *Zentes* et al. 2012). Ein weiterer Dienst der GS1 Germany ist der zentrale Stammdatenpool SIN-FOS (Sedas-Informationssatz), auf den die Teilnehmer laufend Zugriff haben. Erfasst und laufend aktualisiert werden z.B. der EAN-Code, Haltbarkeitsdaten und empfohlene Verkaufspreise, wodurch Abstimmungs- und Erfassungsarbeiten im Rahmen der vertikalen Zusammenarbeit reduziert werden. Auf internationaler Ebene wurde ferner EDI-FACT (Electronic Data Interchange For Administration, Commerce and Transport) entwickelt, um den funktionsüberschreitenden Datenaustausch zwischen verschiedenen Branchen sowie Wirtschaft und Verwaltung zu ermöglichen (vgl. *Zentes* et al. 2012, S. 615ff.).

8.5.3 Entscheidungen der Lagerhaltung

Die Lagerhaltung wird maßgeblich durch die Art der angebotenen Produkte sowie die hinsichtlich des Lieferservices gesetzten Ziele determiniert. Verfolgt ein Unternehmen als Ziel beispielsweise eine hohe Lieferbereitschaft, ist es auf hohe Lagerbestände angewiesen. Mit hohen Beständen sind andererseits hohe Lagerhaltungs- und Kapitalbindungskosten verbunden.

Im Rahmen der Planung und Gestaltung der Lagerhaltung sind folgende **Entscheidungstatbestände** zu unterscheiden (vgl. *Specht/Fritz* 2005, S. 128ff.):

- Festlegung der Stufen des Warenverteilungssystems,
- Festlegung der Standorte, Anzahl und Größe der Läger,
- Festlegung der Betriebsform der Läger,
- Festlegung der Höhe der Lagerbestände.

Bei der Festlegung der **Stufen des Warenverteilungssystems** ist in Abhängigkeit von der Art der Produkte, der Anzahl, Größe und geografischen Verteilung der Kunden und unter Berücksichtigung von Kosten- und Erlösaspekten die Zahl der Zwischenlagerstufen im Absatzkanal festzulegen, mit der das angestrebte Lieferserviceniveau sichergestellt wird. Ausgehend vom Fertigwarenlager in der Produktionsstätte werden in nachgelagerten Stufen u.a. Zentral- und Auslieferungsläger der Hersteller sowie Umschlagsläger der Transportträger und Läger in Groß- und Einzelhandelsbetrieben einbezogen.

In Abhängigkeit von den Absatzzahlen einzelner Produkte ist eine **selektive Steuerung des Vertriebs** zweckmäßig. Um Bestandsreduzierungen und damit Kosteneinsparungen zu realisieren, besteht beispielsweise die Möglichkeit, seltener verlangte Produkte nicht im Auslieferungslager, sondern nur im Zentrallager zu bevorraten.

Bei der **Wahl der Standorte** der Läger wird generell zwischen produktions- und marktorientierten Standortentscheidungen differenziert. Entscheidungskriterien sind u.a. die Auslieferungskosten, das angestrebte Lieferserviceniveau, die Produktcharakteristika sowie die Verkehrsinfrastruktur und die Verteilung der Nachfrage über das Absatzgebiet. Die eng mit der Wahl der Standorte verzahnte Festlegung der **Anzahl und Größe der Läger** wird durch die Kosten der Lagerhaltung und des Transports determiniert.

Die Entscheidung, ob betriebseigene Läger errichtet oder fremde Einrichtungen genutzt werden, hängt von den verfügbaren finanziellen Mitteln sowie Flexibilitätsüberlegungen ab. **Eigenbetrieb** bietet sich an, wenn die Nachfrage stabil ist, die Märkte konzentriert sind, eine direkte Kontrolle notwendig ist und die Produkte vor der Auslieferung eine spezielle Behandlung erfordern. **Fremdbetrieb** ist demgegenüber zweckmäßig, wenn die Nachfrage saisonal schwankt, die Märkte und Transportmittel häufiger wechseln und ein Produkt neu in den Markt eingeführt wird.

Ein weiteres Entscheidungsproblem besteht hinsichtlich der Bestimmung der **Höhe der Lagerbestände** (vgl. *Homburg* 2012, S. 896ff.). Bei der Festlegung der Lagerbestände ist zu entscheiden, ob alle Produkte in allen Lägern zu bevorraten sind (vollständige Lagerhaltung) oder bestimmte Produkte in ausgewählten Lägern bereitgehalten werden. Entscheidungskriterien hinsichtlich der Festlegung der Höhe der Lagerbestände sind das Bestellverhalten der Kunden (Bestellzyklen, Bestellmengen, Bestellpunkte), die Wiederbeschaffungszeiten der Produkte am Lager sowie die Sicherheitsbestände für die einzelnen Läger, um kurzfristig auftretende Nachfrageüberhänge zu befriedigen. Die **Höhe der Sicherheitsbestände** hängt von folgenden Faktoren ab (vgl. *Specht/Fritz* 2005):

- Geplantes Niveau des Lieferservices (z.B. Lieferzeit und -bereitschaft),
- Anzahl dezentraler Zwischenlager,
- Bestellrhythmen der Kunden,
- Bevorratungsverhalten der Absatzmittler,
- Verkaufsförderungs- und sonstige Sonderaktionen des Vertriebs,
- Nachteile durch Nichtbelieferung bzw. Lieferverzögerung,
- Produktverderblichkeit u.a.

Die Bestrebungen der Unternehmen, ihre Lagerbestände zu minimieren, um die Kapitalbindung zu senken und positive Wirkungen auf die Rentabilität zu erzielen, haben zu **Just-in-time-Logistikkonzepten** geführt, bei denen die Produkte genau zum benötigten Zeitpunkt angeliefert werden. Es sind jedoch nicht alle Produkte gleichermaßen für Just-in-time-Logistikkonzepte geeignet. Just-in-time-Belieferungen werden in erster Linie bei Produkten mit einem hohen Verbrauchswert sowie einer guten Vorhersagbarkeit der Verbrauchsmengen eingesetzt.

8.5.4 Entscheidungen des Transports

Transportentscheidungen werden wie Lagerhaltungsentscheidungen in einem hohen Maße durch die Eigenschaften der Produkte determiniert und in erster Linie unter Kostenaspekten betrachtet. Im Einzelnen ist zu entscheiden, mit Hilfe welcher Transportmittel die Versorgung der Läger, Absatzmittler und Endabnehmer sicherzustellen ist, welche Träger der Transportleistung eingebunden und wie die Transportleistungen geplant und gesteuert werden.

Die Entscheidung über die **Auswahl der geeigneten Transportmittel** erfolgt durch die Gegenüberstellung von Kosten- und Leistungskriterien im Hinblick auf die zu transportierende Menge. Zur Auswahl der geeigneten Transportmittel werden die folgenden

Kriterien herangezogen, wobei sich zur Bewertung der Alternativen der Einsatz von Punktbewertungsverfahren empfiehlt (*Specht/Fritz* 2005, S. 149ff.):

- Transportkosten und Kostenauswirkungen auf andere Bereiche,
- Transportzeit und -frequenz,
- Zuverlässigkeit des Transports,
- Flexibilität und Verfügbarkeit des Einsatzes,
- Vernetzungsfähigkeit der Transportmittel,
- Anfangs- und Endpunkte der Transportmittel (z.B. Bahnhof oder Kundengelände),
- Eignung der Transportmittel in technischer Hinsicht,
- Nebenleistungen der Transportmittel (z.B. Leergutrücknahme).

Im Rahmen der Auswahl der **Träger der Transportleistung** ist zu entscheiden, ob die ausgewählten Transportmittel selbst bereitgestellt werden oder ob der Einsatz betriebsfremder Dienstleister zweckmäßig ist. Die Entscheidung über **Eigen- oder Fremderstellung** der Transportleistung wird in Abhängigkeit von notwendigen Investitionen und laufenden Kosten, der Marktabdeckung des Unternehmens sowie der Zuverlässigkeit, den Kontrollmöglichkeiten und der kurzfristigen Verfügbarkeit gefällt.

8.6 Zusammenarbeit zwischen Industrie und Handel

Das Verhältnis zwischen Industrie und Handel ist ungeachtet der sich durch Kooperationen erschließenden Möglichkeiten durch **Konflikte** geprägt. Streitpunkte bestehen in allen Bereichen des Marketingmix, hinsichtlich der Markenpolitik und insbesondere bezüglich der Verteilung des Gewinns im Absatzkanal (vgl. *Zentes/Swoboda* 2005). Ein Beispiel der inkompatiblen Verhaltensweisen ist die mangelhafte Preisdisziplin des Handels bei volumenstarken Markenartikeln, der auf Industrieseite über Abgabepreise bzw. Preispflegemaßnahmen entgegenzuwirken versucht wird.

Die **Ursachen** der bestehenden Konflikte zwischen Industrie und Handel sind vielfältig. Erhebliches Konfliktpotenzial liegt in den **abweichenden Zielsetzungen im Absatzkanal**, die in allen Bereichen des Marketingmix zu beobachten sind. Während die Industrie bestrebt ist, ihre Marken zu fördern, steht im Handel die Profilierung der Einkaufsstätten im Vordergrund und forciert ein immer professionelleres Handelsmarketing (vgl. z.B. *Zentes* et al. 2012; *Barth* et al. 2014; *Müller-Hagedorn/Natter* 2011). Die Folge ist, dass die Industrie im Rahmen der Vertriebspolitik einen hohen Distributionsgrad sowie günstige

Regalplatzierungen anstrebt, während der Handel eine auf die Kundenwünsche ausgerichtete Sortimentsstruktur umzusetzen versucht.

Die zwischen Industrie und Handel bestehenden Konflikte sind ferner auf die erheblichen Vertikalisierungstendenzen im Handel und die damit einhergehenden **Veränderungen der Machtverhältnisse** im Absatzkanal zurückzuführen. Diese dokumentieren sich in einer zunehmenden Rückwärtsintegration der Handelskonzerne, die nicht nur die Sortimentspolitik und das POS-Marketing dominieren, sondern verstärkt die gesamte Wertschöpfungskette des Vertriebs und der Logistik übernehmen. Das Angebot von Handelsmarken sowie der Aufbau und die konsequente Führung von Retail Brands bzw. Betriebstypenmarken durch den Handel dokumentiert ebenfalls die Verschiebung des Machtgefüges am Markt. Ausdruck asymmetrischer Machtverhältnisse ist die Möglichkeit, gegenüber dem Marktpartner der vor- oder nachgelagerten Marktstufe Sanktionen zu verhängen (*Ahlert* 1996, S. 99). Über Sanktionsmaßnahmen verfügt derjenige, der in der Lage ist, den Marktpartner zu umgehen.

Die Betrachtung der aktuellen Marktsituation verdeutlicht eine eindeutige **Verschiebung der Sanktionsgrundlagen** zugunsten des Handels. Während die Attraktivität des Absatzprogramms der Hersteller aufgrund einer übersetzten Konsumgüterindustrie an Bedeutung verliert, nimmt die subjektive Knappheit des Regalplatzes durch die fortschreitende Konzentration auf der Handelsstufe zu. Die Folge ist eine steigende Abhängigkeit derjenigen Hersteller vom Handel, die auf die Ubiquität ihrer Produkte angewiesen sind. Der Handel übernimmt aufgrund seiner steigenden Nachfragemacht die Position eines „Gatekeepers" im Marktsystem.

Ein weiterer Ansatzpunkt zur Erklärung der bestehenden Konflikte ist das **veränderte Rollenverständnis des Handels** hinsichtlich seiner Aufgaben im Absatzkanal. Während die Hersteller die Hauptaufgaben des Handels in einer Lagerhaltungs-, Verteilungs- und Beratungsfunktion sehen, hat im Handel eine grundlegende Neuorientierung des eigenen Rollenverständnisses stattgefunden. Ausgelöst durch die erhöhten Leistungspotenziale beansprucht der Handel vermehrt **markengestalterische Funktionen**. Er greift mit dieser Funktionsabsorption – gemäß der traditionellen Rollenauffassung – in einen der Industrie vorbehaltenen Tätigkeitsbereich ein und verursacht dadurch Konflikte (vgl. *Bruhn* 2001). Da die bestehenden Konflikte zu einer Verschlechterung der Wertschöpfung führen, bestehen Bestrebungen hinsichtlich der **Entwicklung von Kooperationsformen**, durch die der Erfolg der wirtschaftlichen Aktivitäten für beide Seiten verbessert wird. Die Idee einer über alle Distributionsstufen koordinierten Planung wird als **Vertikales Marketing** bezeichnet.

Ein Beispiel für eine dauerhafte absatzstufenübergreifende Zusammenarbeit zwischen Industrie und Handel ist das Konzept der **Efficient Consumer Response (ECR)**. Übergeordnete Zielsetzungen dieses Konzeptes sind eine Erhöhung der Kundenzufriedenheit sowie Effizienzsteigerungen entlang der gesamten Wertschöpfungskette. Erreicht werden diese Ziele über den Einsatz eines Category Managements sowie eines Supply Chain Managements als die zentralen Bausteine des Konzeptes ECR.

Kennzeichnendes Merkmal des **Category Managements** ist ein Zusammenwirken von Industrie und Handel sowohl bei der Produktentwicklung und Sortimentsgestaltung als auch bei der Verkaufsförderung. Zentrale Aufgaben sind die Erhöhung von Umsatz und Ertrag innerhalb der verschiedenen Warengruppen und die Realisierung neuer Wachstumspotenziale durch Effizienzerhöhungen der Marketingaktivitäten.

Das **Supply Chain Management** (vgl. Abschnitt 8.5.1) zielt primär auf die Verbesserung der Kostenstruktur der Waren- und Informationsflüsse entlang der Wertschöpfungskette zwischen Handel, Industrie und Zulieferern und fokussiert eine Effizienzsteigerung in der Ladennachschubversorgung, operativen Logistik sowie Administration.

Die Vertriebspolitik nimmt insbesondere für die Konsumgüterindustrie eine strategische Rolle innerhalb des Marketingmix ein, die durch radikale technologische und strukturelle Veränderungen ständig mit neuen Aufgaben konfrontiert wird. Neben einer weiteren methodischen und technischen Fundierung des Vertriebs stellt insbesondere seine Aufgabe innerhalb systemgestützter, integrierter Customer Relationship Managementsysteme eine zentrale Herausforderung an Vertriebsmanager dar (vgl. *Winkelmann* 2012). Mit Blick auf die zukünftigen Entwicklungstendenzen auf Hersteller,- Nachfrager- und Handelsseite ist von einer wachsenden Bedeutung der Vertriebspolitik im Rahmen des Marketingmix auszugehen. Zu dieser Entwicklung werden zukünftig die steigenden Anforderungen der Nachfrager an eine raum-, und zeitunabhängige sowie problemlose Versorgung mit Dienstleistungen und Gütern beitragen. **Smart-, Electronic- und Convenience Shopping** stellen die wichtigsten Trends dar. Mit der zunehmenden Bedeutung der Handelsmarken wird das Bemühen um partnerschaftliche Konzepte mit dem Handel zunehmen. Entwicklungen wie die Internationalisierung und die Konzentration von Markenportfolios auf Herstellerseite sowie die Tendenz zum Multi-Channel-Vertrieb bei gleichzeitig steigendem Kostendruck im Bereich der Logistik erhöhen den Komplexitätsgrad des Managements von Vertriebssystemen weiter (*Swoboda/Giersch* 2004, S. 1713f.).

9. Gestaltung der Marketingorganisation

> **Lernziele**
>
> In diesem Kapitel betrachten Sie die organisatorischen Aspekte des Marketing. Sie
> - erkennen die Anforderungen, die eine Marketingorganisation zu berücksichtigen hat,
> - machen sich mit den Grundformen der Marketingorganisation vertraut,
> - lernen die Vor- und Nachteile unterschiedlicher Organisationsprinzipien kennen und
> - setzen sich mit den Aufgaben und der organisatorischen Verankerung des Produkt- und Kundengruppenmanagements auseinander.
>
> Besonderes Anliegen dieses Kapitels ist es, die Eignung verschiedener Formen der Aufbau- und Ablauforganisation im Marketing zu beurteilen.

9.1 Begriff und Anforderungen an die Marketingorganisation

Marketing als Managementaufgabe bedeutet, die Organisation sämtlicher Aktivitäten auf die Erreichung der Marketingziele und die Realisierung der angestrebten Marketingstrategien auszurichten. Somit sind im Kontext der Marketingorganisation zwei Aufgabenbereiche angesprochen: die **interne Organisation** des Marketing, die sich mit der Integration des Marketing in die Unternehmensorganisation und der Organisation des Marketing selbst auseinandersetzt sowie die **externe Organisation,** die auf die Zusammenarbeit mit externen Stellen wie z.B. Werbeagenturen oder Marktforschungsinstituten ausgerichtet ist. Das Marketingmanagement ist verantwortlich für sämtliche Prozesse der Gestaltung der Marketingorganisation. In Anlehnung an das funktionale Verständnis von Organisationen (vgl. *Kieser/Walgenbach* 2010; *Frese* 2012) wird der **Begriff der Marketingorganisation** wie folgt definiert:

> **Die Marketingorganisation umfasst alle struktur- und prozessbezogenen Regelungen (Aufbau- und Ablauforganisation), die zur Erfüllung der Aufgaben des Marketingmanagements erforderlich sind.**

Begriff und Anforderungen an die Marketingorganisation

Die Entwicklung einer Marketingorganisation bezieht sich sowohl auf die Aufbau- als auch auf die Ablauforganisation eines Unternehmens. Die **Aufbauorganisation** beinhaltet Fragestellungen der Aufgabenverteilung und der Regelung von Zuständigkeiten und Verantwortungsbereichen zwischen den einzelnen Abteilungen. Die **Ablauforganisation** (auch als Prozessorganisation bezeichnet) beschäftigt sich mit Regelungen für die Abfolge und Koordination der Teilaktivitäten zwischen den vielfältigen internen und externen Marketingaktivitäten.

Die Schaffung und Veränderung einer marketingorientierten Organisation gestaltet sich in der Praxis schwierig, weil diverse Teilaktivitäten in Organisationsprozesse einzubinden sind. Während sich das **Marketing** typischerweise mit Aufgaben wie Marktforschung, Marktsegmentierung, Produktentwicklung und -positionierung, Werbung, Preisgestaltung sowie Wettbewerbsanalysen auseinandersetzt, ist der **Vertrieb** für den Persönlichen Verkauf, Vertriebsmanagement, Kundenbetreuung, Reklamationen, Kundendienst sowie Montage verantwortlich. Mit dieser organisatorischen Differenzierung und der Verteilung von Aufgaben auf unterschiedliche Organisationseinheiten werden Spezialisierungsvorteile realisiert, gleichzeitig treten aber Probleme des Informationsaustausches sowie der Abstimmung auf, die zu lösen sind. So ist eine Koordination insbesondere bei Aufgaben wie Zielmarketing, Verkaufsförderung und -prognose sowie die Bewertung von Kundensegmenten notwendig, die von Marketing und Vertrieb gemeinschaftlich zu erfüllen sind. Wenn Unternehmen beabsichtigen, ihre Unternehmensführung konsequenter markt- und kundenorientiert auszurichten, ist es unabdingbar, die innerbetrieblichen Voraussetzungen zu schaffen, die einzelnen Abteilungen zu strukturieren und über Koordinationsmechanismen aufeinander abzustimmen, so dass das gesamte Unternehmen marketingorientiert organisiert wird.

Ein zentrales Konfliktfeld stellt die Frage nach der Form der Eingliederung des Marketing in die Unternehmensorganisation dar. In vielen Unternehmen spielt die **organisatorische Verbindung zwischen Marketing und Vertrieb** und die daraus resultierende Form der Zusammenarbeit zwischen diesen beiden Abteilungen eine kritische Rolle (vgl. *Winkelmann* 2005, S. 21ff.). Der Grund ist in erster Linie darin zu suchen, dass in der Phase der Verkaufsorientierung schnell eigenständige Vertriebsabteilungen entwickelt wurden, während sich selbständige Marketingabteilungen erst in der Phase der Marktorientierung etablierten (vgl. Abschnitt 1.1).

In der Praxis sind drei **Formen der Zusammenarbeit** zwischen Marketing und Vertrieb zu beobachten:

(1) Marketing ist dem Vertrieb untergeordnet

Bei dieser vielfach historisch gewachsenen Form der Organisation dominiert eindeutig der Vertrieb. Dem Marketing kommen ergänzende Aufgaben zu (z.B. Gestaltung von

Werbemitteln, Durchführung von Kundenveranstaltungen). In vielen Industriegüterbranchen ist diese Form der Zusammenarbeit anzutreffen.

(2) Marketing und Vertrieb sind gleichberechtigt

In diesem Fall stehen beide Abteilungen gleichberechtigt nebeneinander. Diese Ausgestaltung ist in der Praxis häufig anzutreffen (z.B. in vielen Konsumgüter- und Dienstleistungsbranchen), doch ist die Zusammenarbeit vielfach durch Koordinationsprobleme und Machtkämpfe gekennzeichnet, die ein integriertes Marketing behindern.

(3) Marketing ist dem Vertrieb übergeordnet

Ist der Vertrieb straff organisiert und sind kurzfristige Produktentscheidungen notwendig (z.B. Zeitschriftenmarkt) sowie bei zahlreichen Internet-Unternehmen ist diese Organisationsform vorzufinden. Bei ihr steht die Marketing- bzw. die Markenorientierung des Unternehmens eindeutig im Vordergrund.

Jedes Unternehmen wird aufgrund der Besonderheiten seiner Märkte, seiner Leistungs- und insbesondere der Markenpolitik sowie seiner Mitarbeitenden seine Marketingorganisation spezifisch und die organisatorischen Verbindungen zwischen Marketing und Vertrieb individuell gestalten. Dabei ist es zweckmäßig, folgende **Anforderungen an die Marketingorganisation**, die sich aus einer marktorientierten Unternehmensführung ergeben, zu berücksichtigen:

- Marketingorganisationen haben eine sinnvolle **Integration** sämtlicher interner und externer Marketingaktivitäten sicherzustellen. Nur ein integriertes Marketing bietet die Voraussetzung zur Nutzung von **Synergieeffekten** im Einsatz des Marketinginstrumentariums und Möglichkeiten eines abgestimmten Auftrittes am Markt (vgl. *Busch* et al. 2009; *Bleicher* 2011).

- Marketingorganisationen sind so zu schaffen, dass sie einen hohen Grad an **Anpassungsfähigkeit** an Marktveränderungen aufweisen. Nur so wird das schnelle und flexible Treffen und Durchsetzen von Entscheidungen durch das Marketingmanagement gewährleistet.

- Marketingorganisationen haben Mitarbeitenden genügend Freiräume zu bieten, um deren **Kreativität und Innovationsbereitschaft** zu fördern. In einem innovationsfreundlichen Unternehmensklima gedeihen kreative Problemlösungen für das Unternehmen und seine Kunden.

- Marketingorganisationen sind so zu strukturieren, dass eine effiziente **Spezialisierung** der Abteilungen und Mitarbeitenden ermöglicht wird. Auf diese Weise werden die technischen und personellen Ressourcen optimal genutzt.

- Im Rahmen der Aufbau- und Ablauforganisation ist ein effizientes **Informationsmanagement** zwischen den Abteilungen sicherzustellen, um die Nachteile der Spezialisierung zu kompensieren.

- Marketingorganisationen tragen eine besondere Verantwortung hinsichtlich der **Motivation und Teamorientierung** von Mitarbeitenden. Der Marketingbereich ist mit Blick auf die notwendige Orientierung am Kunden und am Markt als ein „großes Team" zu verstehen, das kooperativ Problemlösungen erarbeitet. Die Identifikation wird erhöht, wenn das Marketingmanagement das „Wir-Gefühl" der Gruppe und die **Marketingkultur** der Abteilung nachdrücklich fördert.

Ein Blick auf die Ausprägungen der Marketingorganisation in der Praxis zeigt, dass sich in den verschiedenen Sektoren unterschiedliche Organisationsformen entwickelt haben. Die wesentlichen Grundformen der Aufbauorganisation im Marketing werden im Folgenden dargestellt und zwei Besonderheiten der Marketingorganisation aufgrund ihrer Praxisrelevanz vertieft: das System des Produkt- und des Kundengruppenmanagements. Neben der Aufbauorganisation stellt die koordinationsfördernde Gestaltung von Unternehmensprozessen die zentrale Aufgabenstellung der Ablauforganisation dar.

9.2 Grundformen der Marketingorganisation

Im Folgenden werden nur jene Formen der Aufbauorganisation betrachtet, die ein integriertes Marketing ermöglichen. Die Darstellung beschränkt sich auf drei **Grundformen der Marketingorganisation** (vgl. *Becker* 2009, S. 837ff.; *Bea/Göbel* 2010, S. 359ff.; *Frese* 2012; *Meffert* et al. 2012, S. 812ff.).

(1) Funktionsorientierte Marketingorganisation

Bei der funktionsorientierten Marketingorganisation wird die Marketingabteilung nach marketingspezifischen Funktionen untergliedert wie z.B. Marketingplanung, Marktforschung, Vertrieb, Kundendienst, Werbung usw. Schaubild 9-1 zeigt beispielhaft eine funktionsorientierte Marketingorganisation. Es werden die Marketingfunktionen organisatorisch abgebildet, die relativ eigenständige Marketingaufgaben erfüllen. Die einzelnen Abteilungen werden als Bestandteile der Linienorganisation oder als Stäbe konstituiert.

Als **Vorteile** der funktionsorientierten Marketingorganisation sind die Möglichkeiten zur Spezialisierung innerhalb der Abteilungen und damit der effizienten Arbeitsteilung sowie das Vorhandensein klar abgegrenzter Zuständigkeiten hervorzuheben. Jedoch ist es von **Nachteil**, dass diese Organisationsform nur begrenzt in der Lage ist, den Besonderheiten einzelner Produkte und Märkte Rechnung zu tragen. Zweckmäßig erscheint eine rein funktionale Marketingorganisation nur bei Unternehmen mit einem relativ homogenen Leistungsprogramm.

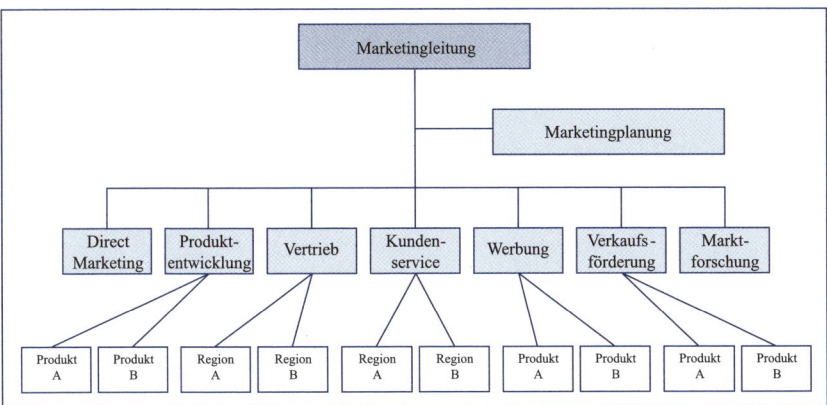

Schaubild 9-1: Beispiel einer funktionsorientierten Marketingorganisation

(2) Objektorientierte Marketingorganisation

Im Rahmen dieses Organisationstyps wird die Aufbauorganisation nicht nach Funktionen, sondern nach Objekten ausgerichtet. Als Objekte werden sowohl Produkte bzw. Marken, Kunden oder Regionen als auch Märkte der Organisationsstruktur zu Grunde gelegt.

(a) Produktorientierte Marketingorganisation

Im Rahmen einer produktorientierten Marketingorganisation wird die Marketingabteilung je nach Größe des Leistungsprogramms einer Unternehmung nach Produktsparten, Produktgruppen, Produkten bzw. Marken untergliedert (vgl. auch Abschnitt 9.3). Innerhalb der Produktsparten wird weiter nach zentralen Funktionen (z.B. Produktentwicklung, Vertrieb, Werbung, Kundendienst) differenziert. Einige Abteilungen wie die Marktforschungsabteilung haben für alle Produktsparten Servicecharakter. Schaubild 9-2 zeigt den Aufbau einer produktorientierten Marketingorganisation.

Als **Vorteil** der produktorientierten Marketingorganisation ist neben einem geringen Konfliktpotenzial hervorzuheben, dass auf Produktbesonderheiten Bezug genommen wird und schnelle sowie flexible produktspezifische Reaktionen auf Marktveränderungen möglich sind. Dies ist wichtig, wenn die Sparte als Profit Center geführt wird und die Spartenleitung Erfolgsverantwortung trägt. Es ist jedoch als **Nachteil** anzusehen, wenn viele unterschiedliche Abteilungen mit ähnlichen Aktivitäten befasst sind, da zwar Produktspezialisierungen, nicht jedoch Aufgabenspezialisierungen gefördert werden und Doppelarbeiten und Synergieverluste entstehen („organizational slack").

Grundformen der Marketingorganisation

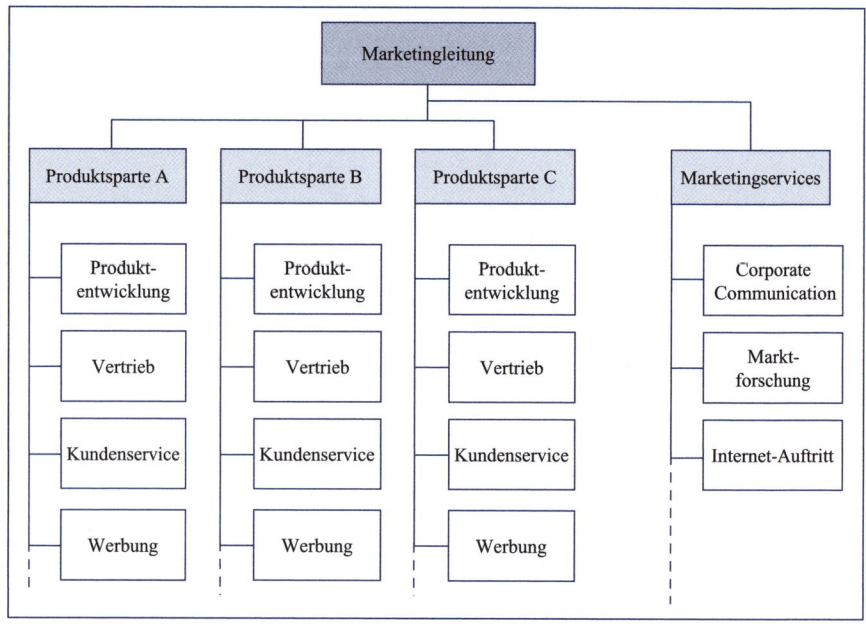

Schaubild 9-2: Beispiel einer produktorientierten Marketingorganisation

(b) Kundenorientierte Marketingorganisation

Mit zunehmender Bedeutung des Handels im Konsumgütermarketing haben sich eigene organisatorische Lösungen etabliert, um den veränderten Anforderungen an die Zusammenarbeit mit Handelskonzernen gerecht zu werden. Dies führte zur Entwicklung des **Kundengruppenmanagements** (Key Account Management), das die Aufgabe hat, sich speziell um die Geschäfte mit ausgewählten Kundengruppen (bzw. Großkunden oder Handelsgruppen) zu kümmern (vgl. auch Abschnitt 9.4). Der Kundengruppenmanager ist verantwortlich für die Planung und Durchführung der **handelsgerichteten Marketingkonzeption** des Unternehmens.

(c) Regionenorientierte Marketingorganisation

Bei international agierenden Unternehmen auf geografisch unterschiedlichen Märkten sind den Besonderheiten der einzelnen Marktsituationen in der Marketingorganisation Rechnung zu tragen. Mit der Durchsetzung eines **Internationalen Marketing** (vgl. *Backhaus/Voeth* 2010; *Berndt* et al. 2010; *Zentes* et al. 2012) sind z.B. Fragestellungen der Standardisierung versus Differenzierung der Marktbearbeitung und der Autonomie der lokalen bzw. regionalen Einheiten verbunden, die sich auf Wirtschaftsräume, einzelne Länder oder bestimmte Regionen in diesen Ländern beziehen. Daher wird die

Organisation häufig nach Ländern oder Ländergruppen (z.B. Europa, Nordamerika, Südamerika, Asien) ausgerichtet.

(3) Matrixorientierte Marketingorganisation

Die Bildung entsprechender Projektteams wird durch eine matrixorientierte Marketingorganisation begünstigt. Hier erfolgt die **Strukturierung nach zwei Gliederungsprinzipien**, die gleichberechtigt nebeneinander stehen und gewissermaßen miteinander konkurrieren. Am häufigsten sind dies die Gliederungskriterien „Funktion" und „Produkte". Schaubild 9-3 zeigt ein Beispiel für eine matrixorientierte Marketingorganisation.

Neben diesen beiden Gliederungsprinzipien sind weitere Strukturierungskriterien einer Matrixorganisation denkbar wie z.B. Kundengruppen, Märkte oder Regionen.

Als **Vorteil** der Matrixorganisation gilt, dass sie am besten in der Lage ist, objektbezogenes Wissen und Spezialwissen unterschiedlicher Abteilungen miteinander zu verflechten und dazu zwingt, verschiedene Denkweisen in einer Gesamtentscheidung zu berücksichtigen. So lassen sich die spezifischen Erfahrungen von Funktionsgeneralisten und Produktspezialisten nutzen. Als **Nachteil** ist zu erwähnen, dass sie einen extrem hohen Personal- und Koordinationsaufwand erfordert. Auch wird die Entscheidungsfindung durch die vielen Abstimmungsprozesse verzögert. Während in einer Abstimmung

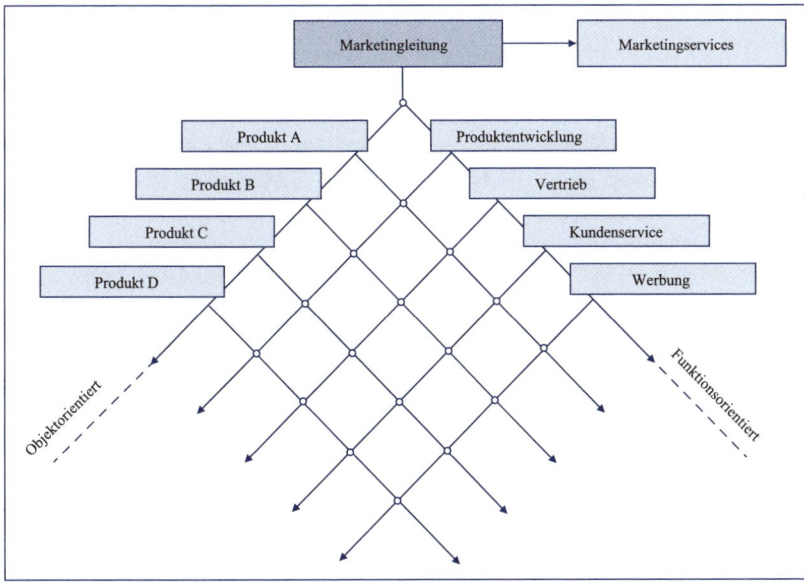

Schaubild 9-3: Beispiel einer matrixorientierten Marketingorganisation

zwischen den beteiligten Abteilungen eine höherwertige Synthese erreichbar ist, birgt die Abstimmungsnotwendigkeit auch ein erhebliches Konfliktpotenzial.

Die dargestellten Grundformen der Marketingorganisation sind als **idealtypische Organisationsformen** anzusehen. In der Praxis finden sich häufig Kombinationen verschiedener Organisationsprinzipien, um den Besonderheiten einzelner Unternehmen, Märkte oder einzelner Projekte bestmöglichst gerecht zu werden (vgl. z.B. *Homburg* 2012, S. 1110ff.).

Unabhängig von einer konkreten organisatorischen Ausgestaltung entsprechend der vorgestellten Alternativen kommen in einem Unternehmen, das Ziele der Kundenorientierung, Kundenzufriedenheit und Kundenbindung verfolgt, letztlich jedem Mitarbeitenden Marketingaufgaben zu. Dies betrifft im Sinne des **Internen Marketing** sowohl die Gestaltung der unternehmensinternen Austauschbeziehungen als interne Kunden-Lieferanten-Beziehungen als auch die Marketingaufgaben, die jeder Mitarbeitende mit direktem (externem) Kundenkontakt wahrzunehmen hat. In diesem Sinne ist Marketing als unternehmensweite Philosophie zu verstehen, die nicht an einzelne Verantwortliche delegierbar ist.

9.3 System des Produktmanagements

9.3.1 Aufgaben des Produktmanagers

Das System des Produktmanagements sieht vor, dass bestimmte Personen ausschließlich ein spezielles Produkt bzw. eine Produktgruppe oder Marke betreuen (vgl. auch die Abschnitte 5.1.2 und 5.2). Bei der Vielzahl marketingrelevanter Abteilungen wird sichergestellt, dass sich eine Person um die gesamte Koordination und Integration des Marketing eines Produktes kümmert (strategische Konzeption des Marketing und operative Umsetzung). In größeren Konsumgüterunternehmen findet sich häufig eine **Hierarchie des Produktmanagements**, d.h., die Nachwuchsführungskräfte starten ihre Laufbahn im Produktmanagement als Assistent des Produktmanagers (Junior Produktmanager), werden dann verantwortlicher Produktmanager für eine Marke und erhalten später die Verantwortung für mehrere Marken einer Produktlinie als Produktgruppenmanager. Danach besteht die Chance, als Marketingleiter in der Hierarchie weiter aufzusteigen.

Die **Aufgaben eines Produktmanagers** sind hauptsächlich in folgenden Bereichen zu sehen (vgl. auch *Bruhn/Hadwich* 2006, S. 333f.; *Homburg* 2012, S. 1128):

- Gewinnorientierte Markenführung,
- Marktanalyse und -beobachtung,
- Planung von Marketingmaßnahmen,

- Planung und Management des gesamten Marketingmix (4Ps),
- Entwicklung von Produktverbesserungen und Neuprodukten,
- Zusammenarbeit mit externen Stellen,
- Durchführung von Prozess- und Ergebniskontrollen.

Der Produktmanager erfüllt also gleichermaßen Informations-, Planungs-, Durchführungs- und Kontrollfunktionen im Rahmen seines Produkt- bzw. Markenmanagements. Er verkörpert einen **Koordinator der konsumentengerichteten Marketingkonzeption** einer Marke und ist Ansprechpartner für sämtliche Abteilungen im Unternehmen, die den Markterfolg „seines" Produktes beeinflussen, z.B. F&E, Produktion, Verkauf, Verkaufsförderung, Rechtsabteilung oder Marktforschung. In diesem Zusammenhang wird auch vom „Miniunternehmer" im Unternehmen gesprochen (*Köhler* 2007, S. 743).

Als **Steuerungssysteme und Arbeitsmethoden** im Produktmanagement hat jedes Unternehmen eigene, für die unterschiedlichen Marken einheitliche Prozeduren entwickelt. Ein Produktmanager sammelt im Rahmen eines Analysesystems kontinuierlich konsumenten-, markt- sowie handelsbezogene Informationen und wertet sie aus. Insbesondere die kontinuierliche Ermittlung der Marktanteilsdaten durch die einschlägigen Marktforschungsinstitute (z.B. Nielsen) sind hier zu erwähnen. Im Rahmen seiner Planungsaufgabe trägt der Produktmanager die Verantwortung für den Entwurf und die Durchsetzung der produktbezogenen Marketingstrategie sowie für die Budget- und Erfolgsplanung. Im Rahmen der Kontrolle obliegen dem Produktmanager sowohl Ablaufkontrollen, z.B. die Einhaltung der Marktforschungsschritte seitens des Marktforschungsinstitutes, der diversen Arbeitsschritte einer Werbeagentur oder die Fortschritte im Rahmen einer Produktentwicklung wie auch Ergebniskontrollen und Abweichungsanalysen (vgl. *Köhler* 2007, S. 744ff.). Zusätzlich kommt dem Produktmanagement eine umfangreiche Koordinationsfunktion mit den internen und externen Schnittstellen zu (vgl. *Benkenstein* 2007).

Die Aufgaben des Produktmanagers haben sich in den letzten Jahren stark gewandelt. Bei einer zunehmenden Nachfragemacht des Handels in den Konsumgütermärkten werden die handelsgerichteten Maßnahmen von anderen Stellen betreut, so dass der Produktmanager primär für die **konsumentengerichtete Marketingkonzeption** des Herstellers Verantwortung trägt.

9.3.2 Organisatorische Verankerung des Produktmanagers

Der Produktmanager trägt die volle Verantwortung für den Erfolg seines Produktes. Dies steht nicht immer im Einklang mit dem formalen Status, der ihm im Rahmen der Marketingorganisation eingeräumt wird. Insgesamt sind drei **Ausprägungsformen der**

organisatorischen Eingliederung und Kompetenzausstattung des Produktmanagers zu beobachten (vgl. *Bruhn/Hadwich* 2006, S. 336ff.; *Köhler* 2007, S. 747ff.):

(1) Traditionell ist der Produktmanager als **Stab der Marketingleitung** im Rahmen eines Stab-Linien-Systems angesiedelt, wobei Marketingfunktionen wie Marktforschung oder Kundendienst der Marketingleitung als Linieninstanzen untergeordnet sind. Ihm kommt keinerlei Weisungsbefugnis gegenüber anderen Abteilungen, sondern allenfalls eine informelle Macht durch die Nähe zur Marketingleitung zu.

(2) Ist der Produktmanager als **Linienabteilung** in einer produktorientierten Marketingorganisation eingerichtet, verfügt er über den entsprechenden formalen Status, seine Entscheidungen durchzusetzen.

(3) Darüber hinaus ist eine Verankerung als Element in einer **Matrixorganisation** möglich. Hier wird er in Abstimmung mit seinen Kollegen versuchen, für seine Wünsche eine gemeinsame Basis zu finden.

Die **Probleme des Produktmanagements** liegen vor allem in der Arbeitsüberlastung der Position und – je nach organisatorischer Einbindung – in der mangelnden Durchsetzungskraft und den Grenzen der Koordinationsfähigkeit. Der Produktmanager wird mit einer solchen Vielzahl von Informations-, Planungs-, Durchführungs- und Kontrollaufgaben betraut, dass ihm Freiräume für die Entfaltung neuer Ideen zur Führung seiner Marke fehlen.

9.4 System des Kundengruppenmanagements

9.4.1 Aufgaben des Kundengruppenmanagers

Für viele Branchen stellen die strategische und operative Ausgestaltung des Key Account Managements sowie dessen organisatorische Verankerung heute einen strategischen Erfolgsfaktor dar. Die **Aufgaben des Kundengruppenmanagers** sind ähnlich vielfältig wie die des Produktmanagers. Um die Qualität der Bearbeitung der Key Accounts, der so genannten Schlüsselkunden (z.B. Großabnehmer oder Handel), und damit die langfristige Bindung dieser für den Unternehmenserfolg wichtigen Kunden zu garantieren, werden im Rahmen des Kundengruppenmanagements eigene Analyse-, Planungs-, Steuerungs- und Kontrollsysteme entwickelt. Bei der Erfüllung dieser Aufgaben ist die Zusammenarbeit des Kundengruppenmanagers mit den Key Accounts und der eigenen Vertriebsorganisation Voraussetzung. Folgende Aufgaben nehmen eine zentrale Rolle ein:

- Festlegung der Kriterien für die Auswahl der Key Accounts, wie z.B. Deckungsbeitragspotenzial, Wachstumspotenzial u.a. (vgl. *Sidow* 2007),

- Analyse der Situation des Schlüsselkunden und seiner Strategien,
- Gewinnorientierte schlüsselkundenbezogene Marktbearbeitung,
- Planung, Implementierung und Kontrolle handelsgerichteter Marketingmaßnahmen (z.B. Sonderaktionen),
- Preis- und Konditionenverhandlungen mit Großkunden,
- Kundenorientierte Produktanpassung (z.B. Zweitmarken für den Handel) u.a.

Das Key Account Management verfolgt mit der Erfüllung dieser Aufgaben das Ziel der Verbesserung der Geschäftsbeziehungen mit den Schlüsselkunden. Als Folgeziele sind die Minimierung des Koordinationsaufwandes und die Verbesserung der Marktstellung im Vergleich zu den Wettbewerbern zu nennen (vgl. *Kotler/Bliemel* 2006, S. 1025).

Von besonderer Bedeutung für die Arbeit des Kundengruppenmanagers ist, dass er die Verhandlungen direkt mit dem Schlüsselkunden führt und im Unternehmen intensiv mit dem Vertrieb zusammenarbeitet. Vielfach erhält der Kundengruppenmanager aufgrund seiner strategischen Rolle für den Geschäftserfolg einen höheren formalen Status als der Produktmanager. Zusätzlich wird für seine feste Anbindung an die Vertriebsorganisation gesorgt. Zukünftig ist im Rahmen der Marketingorganisation davon auszugehen, dass vermehrt Kundenbetreuungsteams zum Einsatz kommen werden, um den gestiegenen Anforderungen der Schlüsselkunden gerecht zu werden.

9.4.2 Organisatorische Verankerung des Kundengruppenmanagers

Zum Zwecke der organisatorischen Eingliederung des Kundengruppenmanagers in die Marketing- und Vertriebsorganisation sind zwei **Grundformen** denkbar:

(1) Organisatorische Einbindung in die Vertriebsorganisation

Bei dieser organisatorischen Lösung ist der Kundengruppenmanager gleichberechtigt neben dem Verkaufsleiter oder ihm – neben den Gebietsverkaufsleitern – untergeordnet. Der Vorteil dieser Lösung ist darin zu sehen, dass der Kundengruppenmanager in der Lage ist, die mit dem Schlüsselkunden bzw. Handel verabredeten Vertriebsaktivitäten unmittelbar in seiner Organisation umzusetzen. Nachteilig wirkt sich jedoch aus, dass er bei einer organisatorischen Trennung vom Marketing in seiner Entscheidungsfindung und in der Durchsetzung seiner Interessen so unabhängig wird, dass die Gefahr besteht, langfristige Aspekte der Markenführung zu vernachlässigen.

(2) Integration des Kundengruppenmanagements in die Marketingorganisation

Das Kundengruppenmanagement lässt sich in die Marketingabteilung z.B. in der Form integrieren, dass sich in einer marketingorientierten **Matrixorganisation**

- Kundengruppenmanager und Produktmanager oder
- Kundengruppenmanager und Funktionsmanager

gegenüberstehen. Beide Fälle ermöglichen, dass neben dem „Denken in Kundengruppen" andere Sichtweisen (Produkte, Funktionen) berücksichtigt werden. Ein hoher organisatorischer Aufwand ist allerdings in Kauf zu nehmen. An die Ablauforganisation sowie die Abstimmungsprozesse werden in diesem Fall erhöhte Anforderungen gestellt (vgl. *Sidow* 2007).

Die Matrixorganisation scheint grundsätzlich geeignet, langfristige Aspekte in der Durchsetzung konsumenten-, marken- und handelsgerichteter Marketingkonzeptionen sicherzustellen. Der Kundengruppenmanager wird im Zweifelsfall aber zugunsten seiner Großkunden arbeiten, um seiner Ergebnisverantwortung gerecht zu werden. Damit steht er im Interessenkonflikt mit Produktmanagern, insbesondere bei Fragen einer konsequenten Markenführung oder effizienten Verkaufsförderungsmaßnahmen. Die strukturellen Vorteile einer Matrixorganisation sind nicht tragfähig, wenn – wie in vielen Unternehmen der Fall – einem Kundengruppenmanager aufgrund seiner unmittelbaren Nähe zu wichtigen Großkunden ein höherer formaler Status zukommt als einem Produktmanager. Es ist also bereits in der Organisationsstruktur einer hierarchischen Ausgewogenheit der Weisungsbefugnisse Rechnung zu tragen.

Im Falle international tätiger Unternehmen werden an das Kundengruppenmanagement besondere Herausforderungen gestellt. Gerade in solchen Unternehmen werden verschiedene Ebenen des Kundengruppenmanagements unterschieden. Schaubild 9-4 zeigt beispielhaft eine entsprechende Struktur.

Als Weiterentwicklung des Produktgruppen- sowie Kundengruppenmanagements und als Ergebnis der zunehmenden Wettbewerbsintensität zwischen Industrie und Handel ist das **Category Management** zu verstehen, das bedürfnisorientiert nicht nur einzelne Produkte, sondern eine ganze Bedürfniskategorie zusammenfasst (vgl. auch Abschnitt 8.6). Darunter ist auf Hersteller- und Handelsseite die Ausrichtung der planerischen Überlegungen auf Warengruppen zu verstehen, die im Sinne eines Prozessmanagements durchgängig als eine Art Geschäftseinheit oder Profit Center geführt werden (vgl. *Meffert* et al. 2012, S. 587ff.). Diese Art des **Warengruppenmanagements** dient dazu, die Nutzung positiver Verbundwirkungen im Sortiment beim Abverkauf im Handel zu fördern. In der Zukunft ist für Hersteller und Händler davon auszugehen, dass Verbundlösungen im Sinne von Warengruppen bzw. Sortimenten gesucht und angeboten werden.

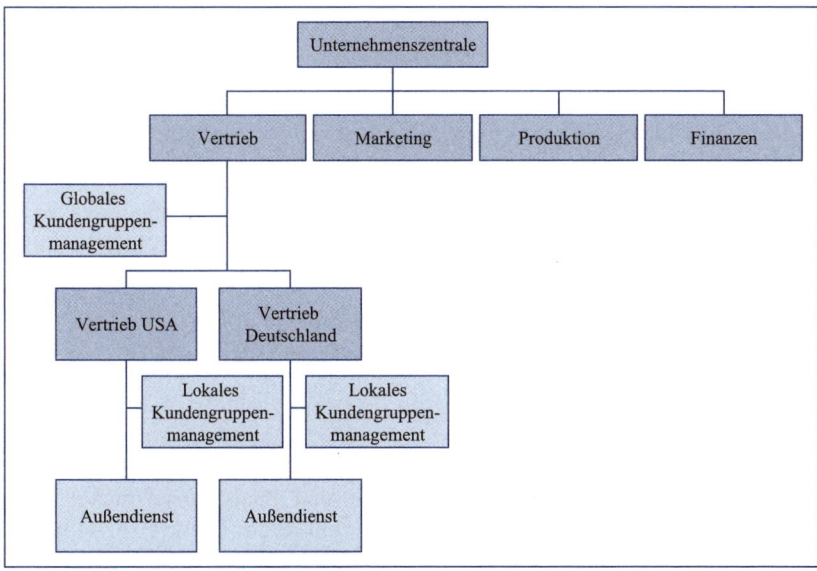

Schaubild 9-4: Beispielhafte Struktur des internationalen Kundengruppenmanagements (in Anlehnung an Homburg 2012, S. 1115)

9.5 Gestaltung der Ablauforganisation

Durch die Gestaltung und Implementierung der Aufbauorganisation in Unternehmen entstehen Schnittstellen, die zu überwinden sind. Hier setzt die Ablauforganisation bzw. das Prozessmanagement von Unternehmen an. Der Ursprung des Prozessmanagements liegt in der Interdependenz zahlreicher innerbetrieblicher Prozesse, die durch den strukturellen Aufbau der Marketingorganisation und die herkömmliche Arbeitsteilung „zerschnitten" wurden (vgl. *Bea/Göbel* 2010). Durch die Aufbauorganisation geschaffene Abteilungsgrenzen führen aufgrund von Abteilungsegoismen zu **Schnittstellenproblemen**, so dass mit Effizienzverlusten und Defiziten in der Kundenorientierung zu rechnen ist (*Busch* et al. 2009). Diese Schnittstellenprobleme gilt es mit Hilfe der Ablauforganisation zu überwinden.

Ziel der Ablauforganisation ist die koordinationsfördernde Gestaltung und Optimierung von **Unternehmensprozessen** (*Homburg* 2012, S. 1138ff.), um die Effektivität und Effizienz zu erhöhen. Die Realisierung dieses Ziels setzt die Auseinandersetzung mit verschiedenen Typen von Prozessen voraus, die innerhalb einer Marketingorganisation anzutreffen sind. Generell wird unter einem Prozess eine Folge von Tätigkeiten verstanden, die in einem inneren Zusammenhang stehen und eine ganzheitliche integrierte Operationsfolge darstellen, die zu einem gewünschten Output führt (*Bea/Göbel* 2010, S. 395ff.). Ein Prozess ist demnach funktionsübergreifend angelegt und lässt sich zeitlich und räumlich strukturieren.

Mit Blick auf die Marketingorganisation wird zwischen zwei grundlegenden **Typen von Unternehmensprozessen** unterschieden (*Homburg* 2012, S. 1138ff.):

- **Konzeptionsprozesse**, die durch die Entwicklung von Konzepten oder die Festlegung von Plänen eine Koordination diverser Leistungsbereiche herbeiführen (z.B. Marketingstrategie, Produktkonzept, Vertriebsplan, Qualitätskonzepte u.a.).
- **Leistungserbringungsprozesse**, die auf die Erbringung eines für den internen oder externen Kunden greifbaren Nutzen ausgerichtet sind und zur Lösung von Kundenproblemen beitragen (z.B. Beschwerdemanagementprozess, Abwicklung eines Kundenauftrages u.a.).

Für beide Prozesstypen gilt es, die Ablauforganisation so zu gestalten, dass die Prozesse hinsichtlich Effektivität, Effizienz, Schnelligkeit und Anpassungsfähigkeit optimiert werden. Dabei bieten sich einem Unternehmen sowohl **Ansatzpunkte zur Optimierung einzelner Prozesse** (z.B. durch die Bereitstellung der richtigen Informationen, der Entwicklung eines spezifischen Prozessdesigns oder der Benennung eines „Process Owners") als auch Maßnahmen zur **prozessübergreifenden Optimierung** von Rahmenbedingungen im Sinne eines Schnittstellenmanagements (z.B. durch die Einrichtung von Koordinationsgremien oder Lenkungsausschüssen, Teambildung oder Job Rotation) (vgl. *Homburg* 2012, S. 1141ff.).

Die Optimierung der Ablauforganisation erfolgt aufbauend auf einer **Geschäftsprozessanalyse**. Dabei wird anhand von Wertketten der unternehmerische Leistungsprozess abgebildet und die gesamte Prozess- und Ablaufplanung von Unternehmen strukturiert. Ein idealtypischer **Ablauf von Geschäftsprozessen** lässt sich in vier Prozessblöcke mit spezifischen Aufgaben einteilen (*Kotler* et al. 2007, S. 6ff.):

- **Wertbestimmung** (Bedürfnisforschung, Segmentierung, Auswahl der Zielsegmente und Positionierung),
- **Werterstellung** (Produktentwicklung und -herstellung, Entwicklung des gesamten Leistungsangebots, Preisfestlegung),
- **Wertvermittlung** (Werbung, Verkaufsförderung, Verkauf),
- **Wertübertragung** (Warenverteilung, Kundendienst).

Sämtliche Tätigkeiten werden auf die Zielmärkte ausgerichtet und organisatorisch auf Abteilungen, Teams und externe Partner aufgeteilt sowie zwischen diesen koordiniert.

10. Aufbau eines Marketingcontrolling

> **Lernziele**
>
> In diesem Kapitel gewinnen Sie Einblicke in die Bedeutung und das Aufgabenspektrum des Controlling für verschiedene Ebenen des Marketing. Sie
>
> ➢ machen sich mit den wichtigsten Funktionen und Aufgaben des Marketingcontrolling vertraut,
>
> ➢ lernen die zentralen Instrumente des strategischen und operativen Marketingcontrolling sowie wichtige Erfolgskennzahlen des Marketing kennen und
>
> ➢ werden in die Lage versetzt, die drei Typen des operativen Marketingcontrolling zu unterscheiden: Prozess-, Effektivitäts- und Effizienzkontrollen.
>
> Besonderes Anliegen dieses Kapitels ist es, die Schnittstellenfunktion des Marketingcontrolling aufzuzeigen, die Verbindungen des Marketing zu anderen Unternehmensbereichen im Rahmen der ganzheitlichen Unternehmensführung sicherstellt.

10.1 Begriff und Aufgaben des Marketingcontrolling

Am Ende des Planungsprozesses im Marketingmanagement steht die **Kontrolle der Marketingaktivitäten**. Nach heutigem Verständnis werden nicht mehr nur Soll-Ist-Vergleiche (klassische Marketingkontrolle), sondern umfassendere Controllingaktivitäten durchgeführt und Verfahrensweisen und Entscheidungsprozesse im Marketing kritisch geprüft (Marketing-Auditing). Das Marketingcontrolling hat sich von einer reinen Kontrollfunktion zu einem **Performance-Measuring-System** entwickelt, das die Wirkungen von strategischen und taktischen Marketingentscheidungen auf Unternehmens-, Kunden- und Marktebene untersucht (vgl. *Bauer* et al. 2006). Die Gründe sind in der Durchsetzung einer wertorientierten Unternehmensführung im Sinne der Ausrichtung aller Aktivitäten auf die Steigerung des Unternehmenswertes zu sehen. Dabei bestehen zwischen Planung und Kontrolle des Unternehmens enge Interdependenzen. Das zentrale Problem liegt in der koordinierten Bereitstellung planungs- und kontrollrelevanter Informationen. Daher wird unter dem „**Marketingcontrolling**" heute mehrheitlich eine Steuerungsfunktion für das Marketingmanagement durch eine koordinierte Informationsversorgung verstanden (vgl. z.B. *Zerres* 2006; *Reinecke/Janz* 2007; *Link/Weiser* 2011). Diese Sichtweise wird im Folgenden zu Grunde gelegt und dokumentiert sich in der **Definition des Marketingcontrolling** (in Anlehnung an *Köhler* 2006, S. 42):

> **Das Marketingcontrolling beinhaltet die koordinierte und aufgabenadäquate Informationsversorgung unterschiedlicher Funktionen und Ebenen des Marketingmanagements.**

Zentrales Ziel des Marketingcontrolling ist die Sicherstellung der Effizienz und der Effektivität einer marktorientierten Unternehmensführung. Dies geschieht durch die Koordination der marktbezogenen Informationsversorgung mit der Marketingplanung und Marketingkontrolle. Entsprechend werden dem Marketingcontrolling die folgenden vier zentralen **Funktionen** zugeordnet (vgl. *Homburg* 2012, S. 1169):

(1) Informationsfunktion,

(2) Planungsfunktion,

(3) Kontrollfunktion,

(4) Koordinationsfunktion.

Bei der **Informationsfunktion** geht es darum, alle im Rahmen der Planung und Kontrolle notwendigen internen und externen Informationen in der erforderlichen Genauigkeit und Verdichtung am richtigen Ort und zum richtigen Zeitpunkt bereitzustellen (vgl. *Horváth* 2011). Dies läuft nach den folgenden Phasen des Informationsprozesses ab: Bei der Informationsbedarfsanalyse ist durch das Marketingcontrolling festzustellen, welche Informationen für Marketingentscheidungen benötigt werden. Ein besonderes Problemfeld ist die Bestimmung des Bedarfs an strategischen Informationen, da vielfach die Relevanz von Informationen für die strategische Planung schwer absehbar ist. Im Rahmen der Informationsbeschaffung werden notwendige Informationen erhoben. Hierbei stammt nur ein Teil der Informationen aus internen Quellen; für einen Großteil der Informationen werden unternehmensexterne Quellen der Sekundärforschung genutzt oder eigene Primärforschungen eingeleitet. Im Rahmen der Informationsaufbereitung und -speicherung sind die Informationen zu selektieren, zu gewichten und zu aggregieren bzw. zu disaggregieren. Die Informationsübermittlung erfolgt so, dass die benötigten Informationen rechtzeitig in der geeigneten Form dem Entscheidungsträger bereitgestellt werden.

Durch die Gewährleistung der **Planungsfunktion** trägt das Marketingcontrolling zur Sicherstellung eines kontinuierlichen und in sich konsistenten Planungsprozesses im Marketing bei. Diese Aufgabe bezieht sich auf unterschiedliche Phasen des Marketingplanungsprozesses. Sie setzt im Rahmen der Situationsanalyse eine systematische und permanente Beobachtung der Umwelt- und Unternehmensentwicklung im Sinne eines

Frühwarnsystems um, das Bedrohungen rechtzeitig aufdeckt. Auf gleiche Weise sind Chancen identifizierbar. Bezogen auf konkrete Problemstellungen, z.B. Qualitätsprobleme, werden bei der Situationsanalyse unternehmensinterne Quellen (z.B. Auswertungen aus der Beschwerdeabteilung) sowie unternehmensexterne Quellen (z.B. Kundenzufriedenheitsstudien) zusammengetragen, um das Marketingproblem möglichst gut und umfassend darzulegen. Im Rahmen der Festlegung des Marketingplans kommt dem Marketingcontrolling die Aufgabe zu, die einzelnen Marketingteilpläne zum einen untereinander und zum anderen mit dem Unternehmensplan abzustimmen. Des Weiteren ist Marketingcontrolling für die Marketingplanung notwendig, um die Entscheidungsfindung hinsichtlich relevanter und nicht relevanter Handlungsalternativen zu erleichtern, d.h., das Marketingcontrolling unterstützt die Bewertung von Strategien und Maßnahmen. Aufgabenschwerpunkte sind diesbezüglich z.B. die Bereitstellung geeigneter Bewertungsmethoden, die Erarbeitung von Bewertungskriterien zur Beurteilung von Handlungsalternativen sowie die Ermittlung und Beurteilung der mit den jeweiligen Handlungsalternativen verbundenen Konsequenzen für die Erreichung der Marketingziele (*Palloks* 1991, S. 144). Auch die Festlegung des Marketingbudgets wird durch das Marketingcontrolling im Rahmen der Planung unterstützt. Hierbei wirkt es koordinierend, indem z.B. die Schnittstellen zwischen dem Marketing und dem Rechnungswesen berücksichtigt und gemanagt werden oder die Abstimmung einzelner Marketingteilbudgets unterstützt wird.

Im Rahmen der **Kontrollfunktion** liefert die Marketingkontrolle Informationen, inwieweit mit den verfolgten Strategien und Maßnahmen die Marketingziele erreicht wurden bzw. werden. Damit ist die Marketingkontrolle zugleich der Ausgangspunkt für notwendige Veränderungen (z.B. Ziel-, Strategie- oder Maßnahmenanpassungen). Zur Erstellung von Planungs- und Kontrollkonzepten sowie zur Kontrolle der Marketingaktivitäten lassen sich drei **Typen der Marketingkontrolle** unterscheiden:

(1) **Prozesskontrollen** beschäftigen sich mit der Kontrolle der Durchführung von Marketingaktivitäten (z.B. in den Bereichen Marktforschung, Neuproduktplanung, Werbung, Vertriebe, Logistik). Dabei ist sicherzustellen, ob und in welcher Form die Aktivitäten im zeitlichen Verlauf durchgeführt werden. Dadurch wird der Fortschritt kontrolliert und gesteuert sowie der momentane Stand gemessen.

(2) **Effektivitätskontrollen** beziehen sich auf die Kontrolle der Marketingwirkungen ben den Rezipienten nach verschiedenen Wirkungskategorien. Es handelt sich dabei um die Messung des aufgrund bestimmter Marketingmaßnahmen (Stimuli) verursachten Wirkungen im mentalen System des Individuums (Organismus) und den erzielten Verhaltensreaktionen (Response).

(3) **Effizienzkontrollen** stellen zur Beurteilung der Marketingmaßnahmen Kosten-Nutzen-Vergleiche auf, d.h., die aufgewendeten Kosten sämtlicher Aktivitäten werden dem realisierten Nutzen gegenübergestellt.

Auf die unterschiedlichen Instrumente, die zur Durchführung der Prozess-, Effektivitäts- und Effizienzkontrollen zur Verfügung stehen, wird in den folgenden Abschnitten detailliert eingegangen.

Vor dem Hintergrund der Entscheidungsinterdependenzen kommt dem Marketingcontrolling schließlich im Rahmen der **Koordinationsfunktion** die Aufgabe der Koordination sämtlicher Funktionen im Marketingmanagement zu. Ein unkoordiniertes Vorgehen führt dazu, dass Partikularinteressen durchgesetzt werden, die nur suboptimale Lösungen ermöglichen. Im Interesse der Gesamtunternehmenszielsetzung ist demnach aufgrund der Entscheidungsautonomie einzelner Bereiche eine Koordination unumgänglich, um zu optimalen Entscheidungen zu kommen. Ein Koordinationsbedarf besteht für das Marketing sowohl innerhalb des Marketingmanagements als auch innerhalb anderer Funktionsbereiche wie F&E, Beschaffung oder Produktion. Die Koordinationsfunktion des Marketingcontrolling bezieht sich explizit auf die Informationsversorgung sowie den Planungs- und Kontrollprozess.

10.2 Prozesskontrollen im Marketing

Bei **Prozesskontrollen** handelt es sich um die Kontrolle der zeitlichen Abläufe, Verfahren und eingesetzten Maßnahmen in den einzelnen Planungsschritten von Marketingprojekten. Dabei werden die jeweiligen Phasen während der Durchführung einer kontinuierlichen Überprüfung und Beurteilung unterzogen. So wird sichergestellt, dass die Einzelmaßnahmen korrekt und zeitgerecht durchgeführt werden.

Auf diese Weise lassen sich Fehlentwicklungen frühzeitig erkennen und rechtzeitig abwenden. Grundsätzlich werden Prozesskontrollen in verschiedenen **Teilbereichen des Marketing** eingesetzt. So sind sie häufig bei der Neuproduktplanung, der Planung und Durchführung von Werbe- und Promotionaktionen sowie der Durchführung von Marktforschungsstudien zu beobachten. Beispiele für die Anwendung der Prozesskontrolle sind die Überprüfung der Einhaltung von Besuchsnormen des Außendienstes oder die Kontrolle der Terminpläne bei Neuprodukteinführungen.

Als **Methoden** werden vor allem Verfahren der Netzplantechnik und EDV-gestützten Terminüberwachung eingesetzt. Diese Verfahren sind am ehesten in der Lage, Zeitpläne und kritische Aktivitäten in den Planungsprozessen kurzfristig zu kontrollieren. Zur Kontrolle von Marketingprozessen sind auch **Zeitkontrollen** (Terminüberwachung) und **Methodenkontrollen** (Verfahrensüberwachung) geeignet.

Als Methode der Prozesskontrolle kommen Techniken zum Einsatz, die sich bereits im Rahmen der Projektorganisation bewährt haben. So wird der Marketingmanager zur Kontrolle des inhaltlichen Fortschritts der Projekte z.B. einen **Prüfkatalog (Checkliste)** erstellen, um seine Anforderungen an das Projekt fachlich zu präzisieren. Mit Hilfe von **Balkendiagrammen** wird der Marketingmanager des Weiteren die Projektorganisation kontrollieren, bei denen auf der Zeitachse die Teilaktivitäten aufgelistet sind. Noch genauer erfolgt eine Kontrolle mit Hilfe der **Netzplantechnik**, bei der die Aktivitäten in ihrer zeitlichen und funktionalen Abhängigkeit untersucht und überwacht werden. Eine weitere wesentliche Zielsetzung der Prozesskontrollen ist die Erreichung der mit den Marketingmaßnahmen verbundenen Zielsetzungen und Aufgaben. Im Rahmen von **Punktbewertungsverfahren (Scoringmodelle)** sind Indikatoren zu identifizieren, die sich auf die unterschiedlichen Teilbereiche der Umsetzung beziehen und Hinweise auf die Zielerreichungsbeiträge geben. Die methodische Vorgehensweise vollzieht sich nach dem klassischen Vorgehen (vgl. Abschnitt 5.3.2). Mit einem **Mini-Audit** wird schließlich das Ziel verfolgt, eine Evaluierung im Rahmen von Seminaren und Workshops durchzuführen. Durch Beantwortung von Fragen und ihrer Addition ergibt sich die Gesamtpunktzahl des Zielerreichungsgrads der Marketingaktivitäten.

Im Rahmen einer zusammenfassenden **kritischen Würdigung** der Prozesskontrollen ist als wesentlicher Kritikpunkt die mangelnde Validität und Reliabilität bei der Durchführung der Kontrolle zu nennen. So liegen oftmals keine eindeutigen und quantifizierbaren Messgrößen vor, sondern es fließen vielmehr willkürlich gewählte Indikatoren, subjektive Schätzungen und Selbstauskünfte in die Untersuchungsergebnisse ein. Der Vorteil der Prozesskontrolle liegt hingegen in der leichten Anwendbarkeit der Ansätze. Positiv hervorzuheben ist auch die Möglichkei der Einbindung in übergeordnete Unternehmensziele.

10.3 Effektivitätskontrollen im Marketing

Kern der **Effektivitätskontrollen** stellt die Überprüfung der Zielerreichung bzw. des Zielerreichungsgrads in Form eines Soll-Ist-Vergleichs dar. Als Kontrollgrößen dienen dabei die im Rahmen der Marketingplanung festgelegten monetären und nichtmonetären Marketingziele. Dementsprechend sind auf Basis unterschiedlicher Marketingziele Effektivitätskontrollen zu den folgenden **Kontrollgegenständen** denkbar:

- **Kognitive Wirkungen**: Markenbekanntheit, Informationsstand, Produkt- sowie Preiskenntnisse u.a.

- **Affektive Wirkungen**: Einstellungen, Image, Kundenzufriedenheit, Kaufpräferenzen u.a.

Effektivitätskontrollen im Marketing

- **Konative Wirkungen**: Absatz, Umsatz, Marktanteil, Gewinn, Informationsabsicht, Kaufabsicht, Nutzungsintensivierung, Kundenbindung, Preistoleranz u.a.

In Form von **Soll-Ist-Vergleichen** werden den geplanten die tatsächlich erreichten Zielgrößen gegenübergestellt. Dies erfolgt z.B. in Form von Wochen- und Monatsberichten (Umsätze, Absatzmengen, Marktanteile), Quartalsberichten (Deckungsbeiträge, Gewinne, Distributionsgrade) und Jahresberichten (psychologische Zielgrößen, Rentabilität). Die jeweiligen Ergebnisse sind dann einer Abweichungsanalyse zu unterziehen. Schaubild 10-1 liefert einen Überblick über die für die drei Kontrollgegenstände relevanten Kenngrößen und die zur Verfügung stehenden Kontrollinstrumente.

Effektivitätskontrollen im Marketing		
Kontrollgegenstand	Kontrollkenngrößen	Kontrollinstrumente
Kognitive Wirkungen	■ Markenbekanntheit ■ Informationsstand ■ Produktkenntnisse ■ Preiskenntnisse ■ u.a.	■ Recognitiontest ■ Recalltest ■ Evoked-Set-Analyse ■ Projektive Techniken ■ u.a.
Affektive Wirkungen	■ Einstellungen ■ Image ■ Kundenzufriedenheit ■ Kaufpräferenzen ■ u.a.	■ Einstellungsmessung ■ Imageprofile ■ Zufriedenheitsmessung ■ Präferenzstudien ■ u.a.
Konative Wirkungen	■ Absatz/Umsatz ■ Marktanteil ■ Gewinn ■ Informationsabsicht ■ Kaufabsicht ■ Nutzungsintensivierung ■ Kundenbindung ■ Preistoleranz ■ u.a.	■ Daten des Rechnungswesens ■ Umsatz-/Absatzstatistiken ■ Paneldaten ■ Branchendaten ■ Daten der Beschwerdeabteilung ■ Daten der Vertriebsabteilung ■ Kundenbefragungen ■ Online-Recherchen ■ u.a.

Schaubild 10-1: Erscheinungsformen der Effektivitätskontrollen im Marketing

Zur Untersuchung der Kontrollgrößen der **kognitiven Wirkungen** bei den Konsumenten wie z.B. Markenbekanntheit, Informationsstand oder Kenntnisse über die Produkte und Leistungen eines Unternehmens steht eine Vielzahl von Kontrollinstrumenten zur Verfügung.

Grundvoraussetzung für die Kaufabsicht bzw. das Kaufverhalten eines Konsumenten ist zunächst die Kenntnis über die Existenz eines betreffenden Produkts bzw. Leistung eines Unternehmens. Der **Recognitiontest** stellt dabei zunächst ein direktes Messverfahren der Gedächtnisinhalte des Konsumenten in Form des Wiedererkennens dar. Dabei wird der

Testperson gelerntes Material (z.B. genutztes Produkt eines Unternehmens) zusammen mit anderen Materialien (z.B. Produkte anderer Unternehmen) vorgelegt und sie wird gefragt, an welches Material sie sich erinnert. Dagegen ist der **Recalltest** als Gedächtnis- bzw. Erinnerungstest konzipiert, bei dem die Testperson z.B. aufgefordert wird, Produkte einer Produktkategorie frei zu reproduzieren. Im Vergleich der beiden Tests ist zu berücksichtigen, dass die Wiedererkennungswerte beim Recalltest geringer ausfallen als beim Recognitiontest. Bei der **Evoked-Set-Analyse** wird der Konsument nach sämtlichen Produktalternativen gefragt, die er im Rahmen einer Kaufentscheidungssituation bzw. beim Vorbereiten einer Einkaufsliste als kaufrelevant in Betracht ziehen würde. Auch hier liegt die Überlegung zugrunde, dass aktiv bekannte Produkte mit höherer Wahrscheinlichkeit vom Konsumenten gewählt werden, als lediglich passiv bekannte Produkte. Schließlich dienen **projektive Techniken** dazu, wahre Meinungen und Gefühle aufzudecken, auch wenn die Testpersonen dazu nicht bereit oder fähig sind. Durch diese Verfahren lässt sich der Kenntnisstand bzw. das Wissen der Konsumenten über ein Produkt ermitteln.

Für die Überprüfung der **affektiven Wirkungen** wie z.B. Einstellungen, Image, Kundenzufriedenheit oder Kaufpräferenzen sind die folgenden Kontrollinstrumente geeignet.

Bei Produkten oder Leistungen, die für den Konsumenten einen hohen Wert aufweisen bzw. von großem Interesse sind, ist die Einstellung zum Produkt ausschlaggebend für die Kaufentscheidung. Dabei existiert neben der affektiven Einstellung auch eine rationale sowie intentionale Komponente. Für die Durchführung der **Einstellungsmessung** stehen verschiedene Verfahren zur Verfügung, die alle auf einer Befragung des Konsumenten beruhen. Im einfachsten Fall wird eine Messung der konträren Einstellungsfacetten mittels einer einfachen Ratingskala vorgenommen (z.B. „Das Produkt gefällt mir sehr/ überhaupt nicht."). Darüber hinaus lässt sich aber durch so genannte Multi-Item-Messungen eine differenzierte Messung der Eigenschaftszuordnungen vornehmen, die für das Gesamturteil des Produkts relevant sind. Die Zusammenfassung der maßgeblichen Eigenschaftszuordnungen liefert dann ein **Imageprofil** des beurteilten Produkts. Eng mit der Einstellung verknüpft ist die Zufriedenheit des Konsumenten. Dabei stellt die Zufriedenheit das Ergebnis des Vergleichs zwischen den produktbezogenen Anforderungen und der wahrgenommenen Produktleistung dar. Im Rahmen von **Zufriedenheitsmessungen** wird sie ebenfalls entweder als Globalurteil oder als multiattributives Gebilde von Teilzufriedenheiten erhoben. Im Gegensatz zur Einstellung ist für die Beurteilung der Zufriedenheit eigene Produkterfahrung notwendig. Des Weiteren ist sie situationsgebunden und im Zeitablauf instabiler. Schließlich wird in **Präferenzstudien** überprüft, ob und warum das interessierende Produkt des Unternehmens vergleichbaren Produkten vorgezogen wird.

Schließlich kommen zur Kontrolle der **konativen Wirkungen** wie z.B. Absatz, Umsatz, Marktanteil oder Kundenbindung unterschiedliche Messinstrumente zum Einsatz.

Für die ökonomischen Kontrollkenngrößen wie z.B. Absatz, Umsatz oder Gewinn lassen sich neben **Umsatz- und Absatzstatistiken** interne **Daten des Rechnungswesens** heranziehen, die in vorhandenen Effektivitätsanalysen bereits ermittelt wurden. Des Weiteren liefert die Auswertung von **Paneldaten** kontinuierliche Informationen über den Käuferanteil eines Produkts, über die Kaufhäufigkeit und das Kaufvolumen. Im Rahmen von **Branchendaten** ist darüber hinaus die Berücksichtigung der Konkurrenz möglich. Weitere interne Informationen über das Kaufverhalten sowie die Zufriedenheit der Konsumenten mit den Unternehmensprodukten liefern **Daten der Beschwerdeabteilung** bzw. **Daten der Vertriebsabteilung**. Schließlich werden kaufverhaltensbezogene Kontrollkenngrößen auch durch **Kundenbefragungen** ermittelt. Hierbei werden die Konsumenten zu ihren Verhaltensabsichten wie z.B. Kauf- oder Informationsabsicht oder ihrem Weiterempfehlungsverhalten, Wiederkauf, Nutzungsintensivierung oder Preistoleranz als Konsequenz ihrer Kundenbindung befragt. Allgemeine Aussagen zu den Präferenzen, Verhaltensabsichten, Kaufverhalten sowie den Bedürfnissen der Konsumenten liefern auch produktbezogene **Online-Recherchen**.

Insgesamt lässt sich im Rahmen einer **kritischen Würdigung** der Effektivitätskontrollen anführen, dass die mittels der vorgestellten Kontrollinstrumente untersuchten Kontrollkenngrößen Aufschluss über die Wirkung von Marketingaktivitäten geben. Dabei konzentriert sich die Kontrolle nicht nur auf das intentionale bzw. tatsächliche Verhalten der Konsumenten, das sich unmittelbar auf den ökonomischen Erfolg des Unternehmens auswirkt, sondern auch auf die rationalen sowie emotionalen Wirkungen der Marketingaktivitäten. Allerdings ist in diesem Zusammenhang zu berücksichtigen, dass die unterstellten Ursache-Wirkungs-Zusammenhänge durch nicht berücksichtigte Einflussgrößen wie z.B. Marketingaktivitäten oder die Preispolitik der Konkurrenz beeinflusst werden können.

10.4 Effizienzkontrollen im Marketing

Bei **Effizienzkontrollen** wird die Wirtschaftlichkeit der durchgeführten Marketingaktivitäten in den Betrachtungsmittelpunkt gerückt. Diese Wirtschaftlichkeitskontrolle erfolgt mittels Kosten-Nutzen-Analyse, die die Kosten für die Durchführung der Marketingaktivitäten dem durch diese Maßnahmen generierten Nutzen gegenüberstellt. Während für die Ermittlung der Kosten im Unternehmen vorliegende Kenngrößen wie z.B. das Marketingbudget herangezogen werden, stellt sich die Erhebung des Nutzens als vielschichtiger dar. Hierfür eignen sich insbesondere die Ergebnisse im Rahmen der

Effektivitätskontrollen, die je nach Zielsetzung der Effizienzkontrolle Aussagen zum Nutzen auf kognitiver, affektiver oder konativer Ebene liefern.

Als Maßstäbe für Effizienzvergleiche dienen Indizes, die in Form von Kennzahlen oder Renditeziffern eine Gegenüberstellung zwischen Kosten und Nutzen ermöglichen und bestimmte Marketingzielgrößen wie z.B. Bekanntheit, Image, Kundenzufriedenheit, Umsatz, Gewinn oder Deckungsbeitrag in Relation zu anderen Bezugsgrößen setzen, die knappe Ressourcen in verschiedenen Bereichen darstellen. Dazu zählen z.B. Zeit, Personal oder Verkaufsfläche. Diese **Key Performance Indicator (KPI)** geben in Form von betrieblichen Kenngrößen Aufschluss über den Erfolg bzw. Misserfolg eines Unternehmens. In diesem Zusammenhang ist auch die Entwicklung spezifischer Kennzahlen für einzelne Bereiche denkbar, die sich auf spezifische Leistungskriterien der einzelnen Abteilungen in einem Unternehmen beziehen (z.B. Kundendienst) oder als Maßstab für die Kundenbindung herangezogen werden (z.B. Kundendeckungsbeitrag, Customer Lifetime Value) (vgl. *Reinecke/Janz* 2007, S. 162). Schaubild 10-2 liefert einen Überblick über den Aufbau von Effizienzkontrollen und führt zentrale Instrumente zur Durchführung des Kosten-Nutzen-Vergleichs auf (für die Messung des Nutzens vgl. ausführlich Abschnitt 10.3).

Effizienzkontrollen			
Messung der Kosten	Messung des Nutzens		

■ Marketingbudget
■ Werbebudget
■ Vertriebsbudget
■ Zeitbudget
■ Personalaufwand
■ Außendienstaufwand
■ Kundendienstaufwand
■ u.a.
	Kognitive Wirkungen:
	
	■ Markenbekanntheit
	■ Informationsstand
	■ Produktkenntnisse
	■ Preiskenntnisse
	■ Einkaufsstätten-
	   kenntnisse
	■ u.a.
		Affektive Wirkungen:
		
		■ Einstellungen
		■ Image
		■ Kunden-
		   zufriedenheit
		■ Kaufpräferenzen
		■ u.a.
			Konative Wirkungen:
			
			■ Absatz/Umsatz
			■ Marktanteil
			■ Gewinn
			■ Informationsabsicht
			■ Kaufabsicht
			■ Nutzungs-
			   intensivierung
			■ Kundenbindung
			■ Preistoleranz
			■ u.a.

Kosten-Nutzen-Vergleich			
■ Kennziffernanalysen ■ Balanced Scorecard ■ Renditeberechnungen (z.B. „Return on ...") ■ u.a.			

Schaubild 10-2: Erscheinungsformen der Effizienzkontrollen im Marketing

Zur Feststellung der Wirtschaftlichkeit lassen sich insbesondere folgende **Vergleiche** durchführen:

- Planvergleiche (Soll-Ist-Abweichungen von Kennzahlen),
- Betriebsvergleiche,
- Maßnahmenvergleiche oder
- Zeitvergleiche.

Eine zentrale Stellung im Rahmen der Effizienzkontrolle nehmen die in der Kostenrechnung bereits vorhandenen **Erfolgsanalysen** ein. Diese gilt es, nach marketingspezifischen Merkmalen aufzubereiten und im Hinblick auf marketingrelevante Fragestellungen auszuwerten. In diesem Zusammenhang lassen sich nach Marketinggesichtspunkten differenzierte **Deckungsbeitragsrechnungen** erstellen.

	Brutto-Umsatz
./.	Mehrwertsteuer
./.	Erlösschmälerungen (z.B. Rabatte, Skonti)
=	**Netto-Umsatz**
./.	variable Herstellkosten
=	**Deckungsbeitrag I**
./.	umsatzvariable Marketingkosten (z.B. Lieferkosten)
=	**Deckungsbeitrag II**
./.	nicht-umsatzvariable Marketingkosten (z.B. Marktforschung)
=	**Deckungsbeitrag III**
./.	fixe Marketing- und Vertriebskosten (z.B. Verwaltung)
=	**Netto-Erfolg**

Je nach Stellung in der Hierarchie werden den Verantwortlichen unterschiedliche Deckungsbeitragsgrößen vorgegeben. Während z.B. die Marketingleiter anhand des Deckungsbeitrages III gemessen werden, sind die Produktmanager für den Deckungsbeitrag II verantwortlich, da sie im Vergleich zur Marketingleitung i.d.R. keinen Einfluss auf die fixen Marketing- und Vertriebskosten ausüben. Die Angabe der einzelnen Deckungsbeiträge erfolgt in absoluten Werten, in Prozentwerten einer Maßgröße (z.B. in Prozent vom Brutto-Umsatz) oder auf der Grundlage einer Bezugsgröße. Interessant aus Marketingsicht ist insbesondere die Differenzierung der Umsatz- und Deckungsbeiträge nach folgenden **Bezugsgrößen**:

- Produkte und Produktgruppen,
- Kunden und Kundengruppen (konsumenten- und absatzmittlerbezogen),
- Verkaufsgebiete und Regionen,

- Aufträge und Auftragsvolumina.

Im Zusammenhang mit der Diskussion über das Relationship Marketing wird der **Kundenwert** zunehmend als Erfolgs- und Steuerungsgröße diskutiert. Er versucht, den jetzigen oder zukünftigen ökonomischen Wert von Kundenbeziehungen zu quantifizieren. Dabei werden verschiedene Verfahren zur Messung des Kundenwerts (z.B. ABC-Analyse, Kundenportfolios, Kundendeckungsbeitragsrechnung, Customer Lifetime Value) unterschieden (*Link/Weiser* 2011).

Weiterhin wird als aktueller und über die klassischen Kennzahlensysteme und die finanzwirtschaftliche Perspektive hinausgehender Ansatz die **Balanced Scorecard** herangezogen, die zunächst als Performance-Measurement-System etabliert wurde und sich mittlerweile zu einem strategischen Managementsystem weiterentwickelt hat. Dieses trägt dazu bei, die langfristige Entwicklung von Unternehmen zu planen, zu steuern und zu kontrollieren (*Kaplan/Norton* 2010). Die Mitwirkung des Marketingcontrolling an der Erstellung und dem Einsatz einer Balanced Scorecard verlangt die Abstimmung mit anderen betrieblichen Funktionsbereichen wie z.B. dem Personalmanagement oder dem zentralen Controlling.

Bei der **kritischen Würdigung der Effizienzkontrollen** ist auf ein Grundproblem bei der Verwendung von Wirtschaftlichkeitskennzahlen aufmerksam zu machen. Die unterstellten Ursache-Wirkungs-Zusammenhänge im Rahmen des Kosten-Nutzen-Vergleichs differieren möglicherweise bei unterschiedlichen Ausgangssituationen, die den Messungen zugrunde liegen. Dieser Sachverhalt ist jedoch nicht als Begründung für die Nicht-Durchführung von Wirtschaftlichkeitsanalysen heranzuziehen. Vielmehr sind die Bemühungen in diesem Bereich zu intensivieren, um die bestehenden Mängel zu beseitigen.

In der Praxis stellt insbesondere die Abstimmung der Aktivitäten und Informationen marktgerichteter Organisationseinheiten (z.B. Marketingabteilung) einerseits und unternehmensgerichteter Organisationseinheiten (z.B. Rechnungswesen) andererseits eine Hauptaufgabe des Marketingcontrolling dar (*Köhler* 2006, S. 47f.). Die Erfüllung dieser Koordinationsfunktion ist Basis für die Umsetzung einer ganzheitlichen Marketingorientierung. In diesem Zusammenhang ist die Frage der **institutionellen Verankerung des Marketingcontrolling** von Bedeutung. Wird diese Aufgabe im zentralen Controlling angesiedelt, fehlt meist die Nähe zum Marketingmanagement. Stellt das Marketingcontrolling hingegen eine eigenständige Abteilung in der Linie dar, ergeben sich Probleme an den Schnittstellen zu anderen Abteilungen des Bereichscontrolling oder zum zentralen Controlling. Eine inhaltliche Verzahnung von Bereichs- und Zentralcontrolling ist daher für die Integration der Teilperspektiven mit der markt- und kundenorientierten Ausrichtung des Gesamtunternehmens notwendig.

Effizienzkontrollen im Marketing

In Zeiten erhöhten Erfolgs-, Kosten- und Wettbewerbsdrucks wird es zukünftig eine dringliche Aufgabe des Marketingmanagements sein, die ökonomischen Erfolgswirkungen von Marketingmaßnahmen aufzuzeigen. Isolierte Messungen einzelner Erfolgsgrößen sind durch ein systematisches **Marketing Performance Measuring** abzulösen (vgl. *Reinecke/Janz* 2007, S. 36). Letzteres untersucht die Wirkungen des Marketing auf verschiedenen Betrachtungsebenen, indem z. B. Größen wie der Kunden- oder Markenwert auf Unternehmensebene, der wahrgenommene Kundennutzen oder der Markenwert auf Kundenebene, der Marktanteil des Unternehmens auf dem Absatzmarkt sowie der Marktwert des Unternehmens auf dem Finanzmarkt gemessen werden.

Sämtliche Instrumente des Marketingcontrolling sind darauf ausgelegt, Marketingprozesse in den Teilbereichen der Analyse, Planung und Umsetzung zu verbessern. Die **Ergebnisse des Marketingcontrolling** fließen deshalb als Feedback in den Planungsprozess des Marketing (vgl. Kapitel 2 und 3), den Einsatz der Marketinginstrumente (vgl. Kapitel 5 bis 8) sowie die Gestaltung der Marketingorganisation (vgl. Kapitel 9) ein.

Literaturverzeichnis

Grundlagenwerke zum Marketing

Becker, J. (2012): Marketing-Konzeption. Grundlagen des ziel-strategischen und operativen Marketing-Managements, 10. Aufl., München.
Blythe, J. (2009): Principles & Practice of Marketing, 2. Aufl., London.
Bruhn, M./Homburg, Ch. (Hrsg.) (2004): Gabler Lexikon Marketing, 2. Aufl., Wiesbaden.
Diller, H. (Hrsg.) (2003): Vahlens Großes Marketinglexikon, 2. Aufl., München.
Diller, H. (2011): Grundprinzipien des Marketing, 3. Aufl., Nürnberg.
Esch, F.-R./Herrmann, A./Sattler, H. (2013): Marketing. Eine managementorientierte Einführung, 4. Aufl., München.
Homburg, Ch. (2012): Marketingmanagement. Strategie – Instrumente – Umsetzung – Unternehmensführung, 4. Aufl., Wiesbaden.
Kotler, Ph./Bliemel, F. (2006): Marketing-Management. Analyse, Planung und Verwirklichung, 10. Aufl., Stuttgart.
Kotler, Ph./Keller, K.L. (2011): Marketing Management, 14. Aufl., Indianapolis.
Kotler, Ph./Keller, K.L./Bliemel, F. (2007): Marketing-Management. Strategien für wertschaffendes Handeln, 12. Aufl., München.
Kotler, Ph./Armstrong, G./Saunders, J./Wong, V. (2010): Grundlagen des Marketing, 5. Aufl., München.
Meffert, H./Burmann, Ch./Kirchgeorg, M. (2012): Marketing. Grundlagen marktorientierter Unternehmensführung. Konzepte – Instrumente – Praxisbeispiele, 11. Aufl., Wiesbaden.
Nieschlag, R./Dichtl, E./Hörschgen, H. (2002): Marketing, 19. Aufl., Berlin/München.
Sander, M. (2011): Marketing-Management. Märkte, Marktforschung und Marktbearbeitung, 2. Aufl., Stuttgart.
Solomon, M.R./Marshall G.W./Stuart, E.W. (2007): Marketing: Real People, Real Choices, 5. Aufl., Upper Saddle River.
Steffenhagen, H. (2008): Marketing. Eine Einführung, 6. Aufl., Stuttgart.

Als vertiefende Literatur werden zu den Kapiteln 1-10 die folgenden Quellen empfohlen:

Literatur zu den Marketinggrundlagen (Kapitel 1)

Ahlert, D./Kenning, P. (2007): Handelsmarketing. Grundlagen der marktorientierten Führung von Handelsbetrieben, Berlin.

Andreasen, A.R./Kotler, Ph. (2008): Strategic Marketing for Nonprofit Organizations, 7. Aufl., Upper Saddle River.
Ansoff, H.I. (1966): Management Strategie, München.
Backhaus, K./Voeth, M. (Hrsg.) (2004): Handbuch Industriegütermarketing. Strategien – Instrumente – Anwendungen, Wiesbaden.
Backhaus, K./Voeth, M. (2011): Industriegütermarketing, 9. Aufl., München.
Bruhn, M. (Hrsg.) (1999): Internes Marketing. Integration der Kunden- und Mitarbeiterorientierung, 2. Aufl., Wiesbaden.
Bruhn, M. (2002): Integrierte Kundenorientierung. Implementierung einer kundenorientierten Unternehmensführung, Wiesbaden.
Bruhn, M. (2011): Unternehmens- und Marketingkommunikation. Handbuch für ein integriertes Kommunikationsmanagement, 2. Aufl., München.
Bruhn, M. (2012): Marketing für Nonprofit-Organisationen. Grundlagen – Konzepte – Instrumente, 2. Aufl., Stuttgart.
Bruhn, M. (2013a): Kommunikationspolitik. Systematischer Einsatz der Kommunikation für Unternehmen, 7. Aufl., München.
Bruhn, M. (2013b): Relationship Marketing. Das Management von Kundenbeziehungen, 3. Aufl., München.
Bruhn, M./Georgi, D. (2006): Services Marketing. Managing the Service Value Chain, Harlow.
Bruhn, M./Homburg, Ch. (Hrsg.) (2013): Handbuch Kundenbindungsmanagement. Strategien und Instrumente für ein erfolgreiches CRM, 8. Aufl., Wiesbaden.
Cahill, D.J. (1996): Internal Marketing. Your Company's Next Stage of Growth, New York/London.
Fritz, W. (2004): Internet-Marketing und Electronic-Commerce. Grundlagen – Rahmenbedingungen – Instrumente, 3. Aufl., Wiesbaden.
Gordon, I. (1998): Relationship Marketing. New Strategies, Techniques and Technologies to Win the Customers You Want and Keep Them Forever, Toronto.
Gummesson, E. (2008): Total Relationship Marketing. Marketing Management, Relationship Strategy, CRM, and a New Dominant Logic for the Value-Creating Network Economy, 3. Aufl., Oxford.
McCarthy, E. J. (1960): Basic Marketing: A Managerial Approach. Homewood.
Meffert, H./Bruhn, M. (2012): Dienstleistungsmarketing. Grundlagen – Konzepte – Methoden, 7. Aufl., Wiesbaden.
Meier, A./Stormer, H. (2008): eBusiness & eCommerce. Management der digitalen Wertschöpfungskette, 2. Aufl., Berlin/Heidelberg.
Mattmüller, R./Tunder, R. (2004): Strategisches Handelsmarketing, München.
Müller-Hagedorn, L./Natter, M. (2011): Handelsmarketing, 5. Aufl., Stuttgart u.a.
Peck, H./Payne, A./Christopher, M./Clark, M. (1999): Relationship Marketing. Strategy and Implementation, Oxford.

Purtschert, R. (2005): Marketing für Verbände und weitere Nonprofit-Organisationen, 2. Aufl., Bern.

Literatur zur Marketingplanung (Kapitel 2)

Cohen, W.A. (2006): The Marketing Plan, 5. Aufl., New York u.a.
Luther, W.M. (2011): The Marketing Plan. How to Prepare and Implement It, New York.
Tomczak, T./Kuß, A./Reinecke, S. (2014): Marketingplanung. Einführung in die marktorientierte Unternehmens- und Geschäftsfeldplanung, 7. Aufl., Wiesbaden.
Wood, M.B. (2010): The Marketing Plan Handbook, 4. Aufl., Upper Saddle River.

Literatur zum Strategischen Marketing (Kapitel 3)

Abell, D.F. (1980): Defining the Business. The Starting Point of Strategic Planning, Englewood Cliffs.
Backhaus, K./Voeth, M. (2011): Industriegütermarketing, 9. Aufl., München.
Benkenstein, M./Uhrich, S. (2009): Strategisches Marketing. Ein wettbewerbsorientierter Ansatz, 3. Aufl., Stuttgart.
Bruhn, M. (Hrsg.) (1999): Internes Marketing. Integration der Kunden- und Mitarbeiterorientierung. Grundlagen, Implementierung, Praxisbeispiele, 2. Aufl., Wiesbaden.
Bruhn, M. (2002): Integrierte Kundenorientierung. Implementierung einer kundenorientierten Unternehmensführung, Wiesbaden.
Bruhn, M./Hadwich, K. (2006): Produkt- und Servicemanagement. Konzepte, Methoden, Prozesse, München.
Freter, H. (2008): Markt- und Kundensegmentierung. Kundenorientierte Markterfassung und -bearbeitung, 2. Aufl., Stuttgart.
Gilbert, X./Strebel, P.J. (1987): Strategies to Outpace Competition, in: Journal of Business Strategy, Vol. 8, No. 1, S. 28-36.
Henderson, B.D. (1984): Die Erfahrungskurve in der Unternehmensstrategie, 2. Aufl., Frankfurt a.M./New York.
Hinterhuber, H.H. (2004): Strategische Unternehmensführung, Band II: Strategisches Handeln, 7. Aufl., Berlin/New York.
Kaplan, R.S./Norton, D.P. (2001): Die strategiefokussierte Organisation. Führen mit der Balanced Scorecard, Stuttgart.
Kaplan, R.S./Norton, D.P. (2010): The Balanced Scorecard: Measures That Drive Performance, Boston.
Kolks, V. (1990): Strategieimplementierung: Ein anwendungsorientiertes Konzept, Wiesbaden.

Meffert, H. (1994): Marketing-Management. Analyse, Strategie, Implementierung, Wiesbaden.
Meffert, H./Bruhn, M. (2012): Dienstleistungsmarketing. Grundlagen, Konzepte, Methoden, 7. Aufl., Wiesbaden.
Michalski, S. (2002): Kundenabwanderungs- und Kundenrückgewinnungsprozesse, Wiesbaden.
Müller-Stewens, G./Lechner, Ch. (2011): Strategisches Management. Wie strategische Initiativen zum Wandel führen, 4. Aufl., Stuttgart.
Porter, M.E. (2013): Wettbewerbsstrategie. Methoden zur Analyse von Branchen und Konkurrenten, 12. Aufl., Frankfurt a.M.
Porter, M.E. (2014): Wettbewerbsvorteile. Spitzenleistungen erreichen und behaupten, 8. Aufl., Frankfurt a.M.
Reinecke, S./Janz, S. (2007): Marketingcontrolling. Sicherstellen von Marketingeffektivität und -effizienz, Stuttgart.
Welge, M.K./Al-Laham, A. (2011): Strategisches Management. Grundlagen – Prozess – Implementierung, 6. Aufl., Wiesbaden.
Werner, M./Wulff, T. (2003): TV-Handelsstudie Top Fashion Männermode – Der neue Markenmix, in: Textilwirtschaft, 02.01.2003, Nr. 1, S. 36-38.

Literatur zur Marktforschung (Kapitel 4)

ADM (Arbeitskreis Deutscher Markt- und Sozialforschungsinstitute) (2014): Quantitative Interviews der Mitgliedsinstitute des ADM nach Befragungsart, www.adm-ev.de/zahlen (Zugriff am 04.05.2014).
Backhaus, K./Erichson, B./Plinke, W./Weiber, R. (2011): Multivariate Analysemethoden. Eine anwendungsorientierte Einführung, 13. Aufl., Berlin u.a.
Berekoven, L./Eckert, W./Ellenrieder, P. (2009): Marktforschung. Methodische Grundlagen und praktische Anwendung, 12. Aufl., Wiesbaden.
Böhler, H. (2004): Marktforschung, 3. Aufl., Stuttgart u.a.
Fantapié Altobelli, C. (2011): Marktforschung. Methoden – Anwendungen – Praxisbeispiele, 2. Aufl., Konstanz/München.
Günther, M./Vossebein, U./Wildner, R. (2006): Marktforschung mit Panels. Arten – Erhebung – Analyse – Anwendung, 2. Aufl., Wiesbaden.
Hammann, P./Erichson, B. (2006): Marktforschung, 5. Aufl., Stuttgart/New York.
Herrmann, A./Homburg, Ch./Klarmann, M. (2008): Marktforschung. Ziele, Vorgehensweise und Nutzung, in: Herrmann, A./Homburg, Ch./Klarmann, M. (Hrsg.): Marktforschung. Methoden – Anwendungen – Praxisbeispiele, 3. Aufl., Wiesbaden, S. 3-19.
Holland, H./Scharnbacher, K. (2010): Grundlagen der Statistik. Datenerfassung und Maßzahlen, Indexzahlen, Zeitreihenanalysen, 8. Aufl., Wiesbaden.

Homburg, Ch./Herrmann, A./Pflesser, Ch./Klarmann, M. (2008): Methoden der Datenanalyse im Überblick, in: Herrmann, A./Homburg, Ch./Klarmann, M. (Hrsg.): Marktforschung. Methoden – Anwendungen – Praxisbeispiele, 3. Aufl., Wiesbaden, S. 151-173.

Homburg, Ch./Krohmer, H. (2008): Der Prozess der Marktforschung: Festlegung der Datenerhebungsmethode, Stichprobenbildung und Fragebogengestaltung, in: Herrmann, A./Homburg, Ch./Klarmann, M. (Hrsg.): Marktforschung. Methoden – Anwendungen – Praxisbeispiele, 3. Aufl., Wiesbaden, S. 21-51.

Homburg, Ch. (2012): Marketingmanagement. Strategie – Instrumente – Umsetzung – Unternehmensführung, 4. Aufl., Wiesbaden.

Koch, J. (2009): Marktforschung. Grundlagen und praktische Anwendung, 5. Aufl., München.

Kuß, A./Eisend, M. (2012): Marktforschung. Grundlagen der Datenerhebung und Datenanalyse, 4. Aufl., Wiesbaden.

Mayer, H.O. (2012): Interview und schriftliche Befragung. Entwicklung, Durchführung, Auswertung, 6. Aufl., München.

Scharnbacher, K. (2004): Statistik im Betrieb. Lehrbuch mit praktischen Beispielen, 14. Aufl., Wiesbaden.

Weiber, R./Mühlhaus D. (2013): Strukturgleichungsmodellierung. Eine anwendungsorientierte Einführung in die Kausalanalyse mit Hilfe von AMOS, SmartPLS und SPSS, 2. Aufl., Heidelberg u.a.

Weis, C./Steinmetz, P. (2012): Marktforschung, 8. Aufl., Herne.

Literatur zur Produktpolitik (Kapitel 5)

Albers, S./Herrmann, A. (Hrsg.) (2007): Handbuch Produktmanagement, 3. Aufl., Wiesbaden.

Aumayr, K.J. (2009): Erfolgreiches Produktmanagement. Tool-Box für das professionelle Produktmanagement und Produktmarketing, 2. Aufl., Wiesbaden.

Backhaus, K./Voeth, M. (2011): Industriegütermarketing, 9. Aufl., München.

Bliemel, F./Fassot, G. (2007): Sekundärleistungen, in: Albers, S./Herrmann, A. (Hrsg.): Handbuch Produktmanagement, 3. Aufl., Wiesbaden, S. 141-159.

Brockhoff, K. (1999): Produktpolitik, 4. Aufl., Stuttgart/New York.

Brockhoff, K. (2007): Produktinnovation, in: Albers, S./Herrmann, A. (Hrsg.): Handbuch Produktmanagement, 3. Aufl., Wiesbaden, S. 19-48.

Bruhn, M. (2004): Begriffsabgrenzungen und Erscheinungsformen von Marken, in: Bruhn, M. (Hrsg.): Handbuch Markenführung, Band 1, 2. Aufl., Wiesbaden, S. 3-49.

Bruhn, M./Hadwich, K. (2006): Produkt- und Servicemanagement, München.

Büschken, J./Thaden, v. Ch. (2007): Produktvariation, -differenzierung und -diversifikation, in: Albers, S./Herrmann, A. (Hrsg.): Handbuch Produktmanagement, 3. Aufl., Wiesbaden, S. 595-616.

Domizlaff, H. (2005): Die Gewinnung des öffentlichen Vertrauens. Ein Lehrbuch der Markentechnik, 7. Aufl., Hamburg.
Erichson, B. (2007): Prüfung von Produktideen und -konzepten, in: Albers, S./Herrmann, A. (Hrsg.): Handbuch Produktmanagement, 3. Aufl., Wiesbaden, S. 395-420.
Esch, F.-R. (Hrsg.) (2005): Moderne Markenführung. Grundlagen – Innovative Ansätze – Praktische Umsetzungen, 4. Aufl., Wiesbaden.
Esch, F.-R. (2012): Strategie und Technik der Markenführung, 7. Aufl., München.
Geschka, H. (1986): Kreativitätstechniken, in: Staudt, E. (Hrsg.): Das Management von Innovationen, Frankfurt a.M., S. 147-159.
Haedrich, G./Tomczak, T./Kaetzke, Ph. (2003): Strategische Markenführung, Planung und Realisierung von Marketingstrategien, 3. Aufl., Stuttgart.
Hammann, P. (1982): Das Optimierungsproblem im Kundendienst – Aussagewert und Stand der Diskussion, in: Meffert, H. (Hrsg.): Kundendienst-Management, Frankfurt a.M./Bern, S. 145-170.
Hansen, U./Hennig-Thurau, T./Schrader, U. (2001): Produktpolitik, 3. Aufl., Stuttgart.
Herrmann, A. (2004): Kreativitätstechniken, in: Bruhn, M./Homburg, Ch. (Hrsg.): Gabler Lexikon Marketing, 2. Aufl., Wiesbaden, S. 415.
Homburg, Ch. (2012): Marketingmanagement. Strategie – Instrumente – Umsetzung – Unternehmensführung, 4. Aufl., Wiesbaden.
Herrmann, A./Huber, F. (2013): Produktmanagement. Grundlagen – Methoden – Beispiele, 3. Aufl., Wiesbaden.
Hüttel, K. (1998): Produktpolitik, 3. Aufl., Ludwigshafen.
Laakmann, K. (1995): Value-Added-Services als Profilierungsinstrument im Wettbewerb, Frankfurt a.M.
Lehmann, D.R./Winer, R.S. (2005): Product Management, 4. Aufl., Boston.
Meffert, H./Burmann, Ch./Koers, M. (Hrsg.) (2005): Markenmanagement. Grundfragen der identitätsorientierten Markenführung, 2. Aufl., Wiesbaden.
Meffert, H./Bruhn, M. (2012): Dienstleistungsmarketing. Grundlagen, Konzepte, Methoden, 7. Aufl., Wiesbaden.
Meffert, H./Burmann, Ch./Kirchgeorg, M. (2012): Marketing. Grundlagen marktorientierter Unternehmensführung. Konzepte – Instrumente – Praxisbeispiele, 11. Aufl., Wiesbaden.
Rosenkranz. F./Missler-Behr, M. (2005): Unternehmensrisiken erkennen und managen. Einführung in die quantitative Planung, Berlin.
Saaksvuori, A./Immonen, A. (2008): Product Lifecycle Management, 3. Aufl., Berlin.
Sattler, H./Völckner, F. (2007): Markenpolitik, 2. Aufl., Stuttgart.

Literatur zur Preispolitik (Kapitel 6)

Diller, H. (2003): Aufgabenfelder, Ziele und Entwicklungstrends der Preispolitik, in: Diller, H./Herrmann, A. (Hrsg.): Handbuch Preispolitik. Strategien – Planung – Organisation – Umsetzung, Wiesbaden, S. 3-32.
Diller, H. (2008): Preispolitik, 4. Aufl., Stuttgart u.a.
Kilger, W./Vikas, K. (2012): Flexible Plankostenrechnung und Deckungsbeitragsrechnung, 13. Aufl., Wiesbaden.
Kreikebaum, H./Gilbert, D.U./Behnam, M. (2011): Strategisches Management, 7. Aufl., Stuttgart.
Olbrich, R./Battenfeld, D. (2007): Preispolitik, Berlin.
Siems, F. (2009): Preismanagement. Konzepte – Strategien – Instrumente, München.
Simon, H./Fassnacht, M. (2009): Preismanagement. Strategie – Analyse – Entscheidung – Umsetzung, 3. Aufl., Wiesbaden.

Literatur zur Kommunikationspolitik (Kapitel 7)

Alby, T. (2008): Web 2.0: Konzepte, Anwendungen, Technologien, 3. Aufl., München.
Avenarius, H. (2008): Public Relations. Die Grundform der gesellschaftlichen Kommunikation, 3. Aufl., Darmstadt.
Bruhn, M. (2010): Sponsoring. Systematische Planung und integrativer Einsatz, 5. Aufl., Frankfurt a.M./Wiesbaden.
Bruhn, M. (2011): Unternehmens- und Marketingkommunikation. Handbuch für ein integriertes Kommunikationsmanagement, 2. Aufl., München.
Bruhn, M. (2013): Kommunikationspolitik. Systematischer Einsatz der Kommunikation durch Unternehmen, 7. Aufl., München.
Bruhn, M. (2014): Integrierte Unternehmens- und Markenkommunikation. Strategische Planung und operative Umsetzung, 6. Aufl., Stuttgart.
Dallmer, H. (Hrsg.) (2002): Das Handbuch Direct Marketing & More, 8. Aufl., Wiesbaden.
Felser, G. (2011): Werbe- und Konsumentenpsychologie, 3. Aufl., Stuttgart.
Fill, Ch. (2011): Essentials of Marketing Communications, Harlow.
Gedenk, K. (2002): Verkaufsförderung, München.
Hofbauer, G./Hohenleitner, Ch. (2005): Erfolgreiche Marketing-Kommunikation. Wertsteigerung durch Prozessmanagement, München.
Holland, H. (2009): Direktmarketing, 3. Aufl., München.
Hofsäss, M./Engel, D. (2003): Praxishandbuch Mediaplanung, Berlin.
Kloss, I. (2012): Werbung. Handbuch für Studium und Praxis, 5. Aufl., München.
Kroeber-Riel, W./Esch, F.-R. (2009): Strategie und Technik der Werbung. Verhaltenswissenschaftliche Ansätze, 7. Aufl., Stuttgart u.a.

Kroeber-Riel, W./Gröppel-Klein, A. (2013): Konsumentenverhalten, 10. Aufl., Stuttgart.
Kunczik, M. (2010): Public Relations. Konzepte und Theorien, 5. Aufl., Köln u.a.
Oelert, J. (2003): Internes Kommunikationsmanagement. Rahmenfaktoren, Gestaltungsansätze und Aufgabenfelder, Wiesbaden.
Pflaum, D./Eisenmann, H./Linxweiler, R. (2000): Verkaufsförderung. Erfolgreiche Sales Promotion, Landsberg am Lech.
Rogge, H.-J. (2004): Werbung, 6. Aufl., Ludwigshafen.
Schmalen, H. (1992): Kommunikationspolitik. Werbeplanung, 2. Aufl., Stuttgart u.a.
Schweiger, G./Schrattenecker, G. (2012): Werbung. Eine Einführung, 8. Aufl., Stuttgart.
Sinus Sociovision (2012): Die Sinus-Milieus 2012®, Heidelberg, www.sinus-sociovision.de (Zugriff am 30.01.2014).
Steffenhagen, H. (2000): Wirkungen der Werbung. Konzepte – Erklärungen – Befunde, 2. Aufl., Aachen.
Unger, F./Durante, N.-V./Gabrys, E./Koch, R./Wallersbacher, R. (2007): Mediaplanung. Methodische Grundlagen und praktische Anwendungen, 5. Aufl., Heidelberg.
ZAW (Zentralverband der deutschen Werbewirtschaft e.V.) (2013): Werbeumsätze, Berlin, www.zaw.de (Zugriff am 30.01.2014)

Literatur zur Vertriebspolitik (Kapitel 8)

Ahlert, D. (1996): Distributionspolitik. Das Management des Absatzkanals, 3. Aufl., Stuttgart/New York.
Ahlert, D./Blut, M./Michaelis, M. (2007): Erfolgsfaktoren des Multi-Channel-Marketings, in: Wirtz, B.W. (Hrsg.): Handbuch Multi-Channel-Marketing, Wiesbaden, S. 273-296.
Albers, S./Krafft, M. (2013): Vertriebsmanagement. Organisation – Planung – Controlling – Support, Wiesbaden.
Arndt, H. (2013): Supply Chain Management: Optimierung logistischer Prozesse, 6. Aufl., Wiesbaden.
Bänsch, A. (2013): Verkaufspsychologie und Verkaufstechnik, 9. Aufl., München.
Barth, K./Hartmann, M./Schröder, H. (2014): Betriebswirtschaftslehre des Handels, 7. Aufl., Wiesbaden.
Bruhn, M. (Hrsg.) (2001): Handelsmarken. Entwicklungstendenzen und Perspektiven der Handelsmarkenpolitik, 3. Aufl., Wiesbaden.
Heinemann, G. (2011): Cross-Channel-Management: Integrationserfordernisse im Multi-Channel-Handel, 3. Aufl., Wiesbaden.
Hertel, J./Zentes, J./Schramm-Klein, H. (Hrsg.) (2011): Supply-Chain-Management und Warenwirtschaftssysteme im Handel, 2. Aufl., Berlin.
Müller-Hagedorn, L./Natter, M. (2011): Handelsmarketing, 5. Aufl., Stuttgart.
Olbrich, R. (2004): Vertrieb, in: Bruhn, M./Homburg, Ch. (Hrsg.): Gabler Lexikon Marketing, 2. Aufl., Wiesbaden, S. 864-865.

Schögel, M. (2012): Distributionsmanagement – Das Management der Absatzkanäle, München.
Specht, G./Fritz, U. (2005): Distributionsmanagement, 4. Aufl., Stuttgart u.a.
Swoboda, B./Giersch, J. (2004): Markenführung und Vertriebspolitik, in: Bruhn, M. (Hrsg.): Handbuch Markenführung, Band 2, 2. Aufl., Wiesbaden, S. 1707-1732.
Swoboda, B./Morschett, D. (2002): Electronic Business im Handel, in: Weiber, R. (Hrsg.): Handbuch Electronic Business, 2. Aufl., Wiesbaden, S. 775-807.
Weiber, R. (Hrsg.) (2002): Handbuch Electronic Business, 2. Aufl., Wiesbaden.
Werner, H. (2013): Supply Chain Management. Grundlagen, Strategien, Instrumente und Controlling, 5. Aufl., Wiesbaden.
Wirtz, B.W./Lütje, S. (2007): Design des Multi-Channel-Systems. Integrierter Designprozess, in: Wirtz, B.W. (Hrsg.): Handbuch Multi-Channel-Marketing, Wiesbaden, S. 173-194.
Winkelmann, P. (2012): Vertriebskonzeption und Vertriebssteuerung. Die Instrumente des integrierten Kundenmanagements (CRM), 5. Aufl., München.
Zentes, J./Swoboda, B. (2005): Hersteller-Handels-Beziehungen aus markenpolitischer Sicht, in: Esch, F.-R. (Hrsg.): Moderne Markenführung. Grundlagen – Innovative Ansätze – Praktische Umsetzungen, 4. Aufl., Wiesbaden, S. 889-911.
Zentes, J./Swoboda, B./Foscht, T. (2012): Handelsmanagement, 3. Aufl., München.

Literatur zur Marketingorganisation (Kapitel 9)

Backhaus, K./Voeth, M. (2010): Internationales Marketing, 6. Aufl., Stuttgart.
Bea, F.X./Göbel, E. (2010): Organisation. Theorie und Gestaltung, 4. Aufl., Stuttgart.
Benkenstein, M. (2007): Schnittstellen im Produktmanagement, in: Albers, S./Herrmann, A. (Hrsg.): Handbuch Produktmanagement, 3. Aufl., Wiesbaden, S. 763-788.
Berndt, R./Fantapié Altobelli, C./Sander, M. (2010): Internationales Marketing-Management, 4. Aufl., Berlin u.a.
Bleicher, K. (2011): Das Konzept Integriertes Management. Visionen, Missionen, Programme, 8. Aufl., Frankfurt a.M.
Busch, R./Fuchs, W./Unger, F. (2009): Integriertes Marketing. Strategie, Organisation, Instrumente, 4. Aufl., Wiesbaden.
Frese, E. (2012): Grundlagen der Organisation. Entscheidungsorientiertes Konzept der Organisationsgestaltung, 10. Aufl., Wiesbaden.
Kieser, A./Walgenbach, P. (2010): Organisation, 6. Aufl., Stuttgart.
Köhler, R. (2007): Organisation des Produktmanagement, in: Albers, S./Herrmann, A. (Hrsg.): Handbuch Produktmanagement, 3. Aufl., Wiesbaden, S. 741-762.
Sidow, H.D. (2007): Key Account Management. Geschäftsausweitung durch kundenbezogene Strategien, 8. Aufl., Landsberg am Lech.
Zentes, J./Swoboda, B./Foscht, T. (2012): Handelsmanagement, 3. Aufl., München.

Literatur zum Marketingcontrolling (Kapitel 10)

Bauer, H.H./Stokburger, G./Hammerschmidt, M. (2006): Marketing Performance. Messen – Analysieren – Optimieren, Wiesbaden.

Horváth, P. (2011): Controlling, 12. Aufl., München.

Köhler, R. (2006): Marketingcontrolling: Konzepte und Methoden, in: Reinecke, S./Tomczak, T. (Hrsg.): Handbuch Marketingcontrolling, 2. Aufl., Wiesbaden, S. 39-61.

Link, J./Weiser, Ch. (2011): Marketing-Controlling. Systeme und Methoden für mehr Markt- und Unternehmenserfolg, 3. Aufl., München.

Reinecke, S./Herzog, W. (2006): Stand des Marketingcontrollings in der Praxis, in: Reinecke, S./Tomczak, T. (Hrsg.): Handbuch Marketingcontrolling, 2. Aufl., Wiesbaden, S. 81-98.

Reinecke, S./Tomczak, T. (Hrsg.) (2006): Handbuch Marketingcontrolling: Effektivität und Effizienz einer marktorientierten Unternehmensführung, 2. Aufl., Wiesbaden.

Reinecke, S./Janz, S. (2007): Marketingcontrolling. Sicherstellen von Marketingeffektivität und -effizienz, Stuttgart.

Zerres, Ch. (Hrsg.) (2006): Handbuch Marketing-Controlling, 3. Aufl., Berlin u.a.

Stichwortverzeichnis

A

ABC-Analyse 129
Ablauforganisation 279ff., 291f.
Absatzkanal 250ff.
Absatzkanalstruktur 250
–, horizontale 260ff.
–, vertikale 250ff.
Absatzmarkt 18f.
Absatzmittler
 – -selektion 260ff.
 – -strategien 64, 66, 79ff.
Abschöpfungsstrategien 71, 74f.
Adopterkategorien 143
Adoptionsforschung 143
Adoptionsprozess 143
Advocacy Advertising 235
Agentursysteme 264
AIDA-Schema 207
Akquisitorisches Potenzial 168, 193
Aktivierung 104
Alleinvertriebssysteme 264
AMOS 115
Amoroso-Robinson-Relation
 184, 189, 198
Analyse
 – der Marketingsituation 25ff.
 – des Marktes 19
 – des Marketingsystems 18ff.
 – -instrumente 62ff.
Angebotsmonopol 187ff.
Angebotsoligopol 187, 191ff.
Anspruchsgruppen 13, 31, 36, 55
Anreizsysteme 270f.
Atomistische Konkurrenz 192f.
Aufbauorganisation 280ff.
Auflage 219
Auftragsabwicklung 272ff.
Außendienst 270

B

Balanced Scorecard 85, 303
Befragung 90, 98ff.
–, Experten- 122
–, Omnibus- 98
–, Online- 100
–, persönliche 99
–, schriftliche 98f.
–, telefonische 99f.
–, Typen 98ff.
Bekanntheitsgrad 26, 206
Benchmarking 79, 128
Beobachtung 90, 102ff.
–, apparative 102ff.
–, Feld- 102ff.
–, Laboratoriums- 102ff.
–, persönliche 102ff.
Bestimmtheitsmaß 112, 120
Beziehungsmarketing 31f., 77
Bildkommunikation 225
Bionik 135
Bivariate Verfahren 111f.
Blickaufzeichnung 104
Blindtest 140
Boni 28, 165f., 263
Boston-Portfolio 70ff.
Botschaftsgestaltung 208f., 225f.
Bottom-up-Planung 52
Brainstorming 133
Brainwriting 133
Brand Identity 147
Break-Even-Analyse 177f.
Briefing 224f.
Bruttoreichweite 219
Budgetaufteilung 48ff., 217ff.
Budgetierung
–, Analytische Ansätze 214f.
–, Heuristische Ansätze 214ff.
–, Methoden 48ff.

Stichwortverzeichnis

Business-to-Business 31, 62, 231
Buying Center 34

C

Carry-Over-Effekte 198, 226
Category Management 80, 278, 290
Chancen-Risiken-Analyse 42
Chi-Quadrat-Test 111
Ceteris paribus-Bedingung 186, 215
Clusteranalyse 113
Co-Branding-Strategie 147
Computer Aided Telefon Interviewing (CATI) 99
Consumer Promotions 228f.
Convenience Shopping 258, 278
Convenience Stores 254
Corporate Design 244
Cost Center 153
Cournot-Formeln 188ff.
Customer Lifetime Value 174, 301
Customer Relationship Management (CRM) 31, 232, 270

D

Dachmarken 144
Dachmarkenstrategie 146
Database Management 232
Data-Mining-Verfahren 232
Data-Warehouse-Systeme 232
Datenanalyse
–, Methoden 110ff.
–, multivariate 112ff.
–, uni- und bivariate 111f.
–, Verfahren 111ff.
Datengewinnung 97ff.
Datenmatrix 110
Deckungsbeitrag(s)
– -rate 178f.
– -rechnung 162f., 302f.
Deckungsspanne 162, 177
Deckungsspannenzuschlag 176

Degression
–, Größen- 197
–, Kosten- 70f., 197
–, Technologie- 197
Delphitechnik 122
Demoskopische Marktforschung 90
Dependenzanalyse 113ff.
Desinvestitionsstrategie 71, 73
Dienstleistungsqualität 35
Dienstleistungsmarken 144
Dienstleistungsmarketing 34f.
Differenzialrechnung 182
Diffusionsprozess 143
Direct Marketing 30, 230ff., 251f.
–, Begriff 230
–, Erscheinungsformen 230f.
–, Ziele 230
Direkte-Produkt-Rentabilität 162
Diskriminanzanalyse 114
Distributionsgrad 256
Distributionspolitik 245ff.
Diversifikation 21, 159
Down-up-Planung 52
Duopol 191

E

EA-CA-Typ 106
E_1A- E_2BA-CBA-Typ 106
EBA-CBA-Typ 105f.
EBA-Typ 105
Efficient Consumer Response (ECR) 277f.
Effizienzkontrollen 300ff.
Einstellungen 206
Einzelexploration 101
Einzelhandel
–, Betriebstypen 253ff.
–, Kooperationsformen 255f.
Einzelkosten 175
Einzelmarke 144
Einzelmarkenstrategie 145
Electronic Commerce 29f., 256f.

Electronic Data Interchange (EDI) 272
Electronic Data Interchange for Administration, Commerce and Transport (EDI-FACT) 273
Electronic Malls 256
Entscheidungsorientierter Ansatz 23
Entwicklungsprognosen 118ff.
Erfahrungskurve 70, 196f.
Erfolgsfaktor 17, 86
Erfolgskette 27
Erwartungswertmaximierung 180ff.
Europäische Artikel Nummer (EAN) 108, 149
Evaluierungsverfahren 223
Event Marketing 29, 241
Exklusivvertrieb 260
Experiment 104ff.
–, Fragestellungen 104f.
–, Grundtypen 105ff.
Experimentelles Design 105ff.
Expertenbefragung 122

F
Faktorenanalyse 113
Feldbeobachtung 102f.
Felduntersuchung 92
Fernsehwerbung 211
Franchisesysteme 264
Full-Service-Agenturen 205
Funktion(en)
–, Gewinn- 183, 197f.
–, Preis-Absatz-, Lineare 182
–, Rentabilitäts- 183
Funktionsanalyse 134

G
Garantie
– -dauer 151
– -leistungen 125
– -leistungspolitik 151
– -umfang 151
Gemeinkosten 175

Gesamtmarktabdeckung 62
Gestaltpsychologie 242
Gewinn 26
Gewinnfunktion 183, 197f.
Gewinnmaximierung
– im Monopol 187ff.
– im Polypol 194
Gewinnplanung 139
Gewinnvergleichsrechnung 267f.
Gleichgewichtspreis 192f.
Grenzgewinnfunktion 183
Grenzkostenfunktion 183
Grenzrentabilitätsfunktion 183
Grenzumsatzfunktion 183
Größendegression 197
Großhandel 252f.
Gross Rating Points 220
Gruppeninterview 101

H
Häufigkeitsauszählungen 111
Handel 276ff.
Handelsforschung 91, 104f.
Handelskonzentration 22
Handelskooperationen 255f.
Handelsmarken 144
Handelspanel 107
Handelsspanne 263
Handelsvertreter 265ff.
Herstellermarken 144
Hochpreisstrategie 171

I
Ideenproduktion 132f.
Ideensammlung 132
Image 26, 206
Implementierung(s)
– -kontrolle 85
– -organisation 86
– -prozess 82ff.
– -träger 86
– von Marketingstrategien 82ff.
Indikatorprognosen 120

Stichwortverzeichnis

Individualmarketing 34
Industriegütermarketing 34
Informationsbedarfsanalyse 294
Informationsquellen 110, 132
Informationsversorgung 294ff.
Instrumentalstrategien 55, 64, 66, 75, 81f.
Instrumente
–, Marketing- 27ff.
–, strategische 62ff.
Integration
– der Marketingaktivitäten 15
– der Kommunikation 203, 242ff.
–, Rückwärts- 159
–, Vorwärts- 159
Integrierte Kommunikation
–, Aufgaben 242f.
–, Begriff 242
–, Formen 243f.
Interdependenzanalyse 112f.
Intermediaselektion 211, 217
Internationales Marketing 284f.
Internes Marketing 18, 35, 86, 286
Internet 29, 100
Internet Shops 254
Internet-Unternehmen 281
Internet-Werbung 212
Intervallskalierte Daten 110
Interview 99
Interviewer-Bias 99
Intramediaselektion 217
Investitionsrechnung 139, 262
Investitionsstrategie 71ff.

J
Just-in-time 151, 275

K
Kannibalisierungseffekte 146
Kapitalbedarfsfunktion 190
Kaufpräferenzen 26
Key Account Management 22, 284, 288f.
Key Performance Indicator 301

Klumpenauswahl 97
Kommissionär 265f.
Kommunikation(s)
– -budget 204
–, Entwicklungsphasen 201
– -formen 200
– -instrumente 29, 204
–, Integrierte 242ff.
–, Mitarbeiter- 29, 200, 241
–, Persönliche 29, 34, 241
– -planung 202ff.
– -strategie 81, 202
– -wettbewerb 201f.
– -ziele 202
–, Zielgruppen 202
Kommunikationspolitik
–, Definition 199
–, Entwicklung 200f.
–, Instrumente 29, 204
Komparativer Konkurrenzvorteil (KKV) 16
Konkurrenz
–, atomistische 192f.
–, polypolistische 193ff.
Konkurrenzforschung 79, 88, 91
Konkurrenzstrategie 65, 67
–, Begriff 77
–, Typen 78
Konsumentenforschung 91
Konsumentenpanel 108f.
Konsumententypologien 209f.
Konsumgütermarketing 33f.
Kontaktbewertung 220f.
Kontaktgewichtungen 220ff.
Kontaktmaßzahl 219f.
Kontaktmengenbewertungskurven 221
Kontaktmengengewichte 221, 223
Kontaktwahrscheinlichkeiten 222
Kontingenzanalyse 114
Kontrahierungspolitik 165
Kontrolle
–, Effektivitäts- 297ff.

–, Effizienz- 300ff.
–, Preis- 171
–, Prozess- 296f.
Konzentrationskurve 128
Konzentrationsverfahren 95
Korrelationsanalyse 111f.
Korrelationskoeffizienten 111f., 120
Kostendegression 70, 197
Kostenführerschaft 76, 81
Kostenfunktion 188f.
Kostenträgerrechnung 175
Kostenwettbewerb 17
Kostenvergleichsrechnung 266ff.
Kreativitätstechniken 132ff.
Kreuzpreiselastizitäten 185f., 191
Kreuztabellierung 111
Kultursponsoring 237
Kundenakquisition 32
Kundenanforderungen 137
Kundenbindung 22, 27, 32
Kundendienst(politik) 152ff.
–, Formen 152
–, Instrumente 153f.
– -mix 154
–, Träger 154
–, Ziele 153
Kundengruppenmanagement (s. Key Account Management)
–, Aufgaben 288f.
–, organisatorische Verankerung 289f.
Kundenkontaktstudien 103
Kundenlaufstudien 103
Kundenmanagement 270
Kundennutzen 14, 21, 124, 138
Kundenorientierung 77, 86
Kundenreaktionsstudien 102
Kundenrückgewinnung 32
Kundenservice 150
Kundenstrukturanalyse 128
Kundenwert 174, 303
Kundenzufriedenheit 22, 27, 46

L
Laborbeobachtung 103f.
Laboruntersuchungen 92
Lageparameter 111
Lagerhaltung 274f.
Lagrange-Ansatz 163f.
Lambda 163
Lastenheft 137
Lebenszyklusanalyse 63ff., 70
Leistungsprogramm 124f.
–, Festlegung 124f.
–, Kontrolle 131
Leistungspolitik 123f.
Leitmedium 211
Leitpreis 192
Leser pro Ausgabe (LpA) 219
Leser pro Nummer (LpN) 219
Liefer
– -bedingungen 30
– -bereitschaft 151
– -leistungspolitik 151f.
– -zuverlässigkeit 151
Lineare Programmierung 164, 191, 223f.
Line Extensions 158
LISREL 115
Logistikinformationssysteme 272f.
Logistiksysteme 30
–, Definition 271
–, Gestaltung 271f.
–, Paradigma 271
Lokaler Testmarkt 141
Lückenanalyse 129f.

M
Makler 265
Makrosegmentierung 61
Marginalanalyse 182ff.
–, Annahmen 186
–, Voraussetzungen 182f.
– zur Budgetfestlegung 214f.
Marke 144ff.

Marken
- -artikel 144
- -dehnung 146
- -erfolg 147
- -familien 144
- -führung 147f.
- –, Handels- 144
- -politik 33, 144ff.
- -piraterie 33
- -positionierung 67f., 206
- -restrukturierung 146f.
- -strategien 130, 145ff.
- -technik 147f.
- -transfer 146
- -typen 145
- -wert 304

Markenfamilienstrategie 146
Markenpolitik 144ff.
Markenstrategien 145ff.
Marketing
- als Managementfunktion 37ff.
- als marktorientiertes Entscheidungsverhalten 23ff.
- –, analytisches 15
- -Auditing 293
- –, Aufgaben 21ff.
- –, Begriff 13ff.
- -budget 40, 48ff.
- –, Budgetierungsmethoden 48ff.
- –, Definition 14
- –, Dienstleistungs- 34f.
- –, Entwicklungsphasen 15ff.
- -erfolgsfaktoren 16f., 67
- -forschung 87ff.
- –, Handels- 79
- –, Individual- 34
- –, Industriegüter- 34
- –, Institutionelle Besonderheiten 33ff.
- -instrumente 27ff.
- –, Integriertes 15
- –, Internes 18, 35, 86
- -jahrespläne 51
- –, Konsumgüter 33f.

- -kontrolle 39f., 51, 293ff.
- –, kreatives 15
- -maßnahmen 40, 51
- –, Merkmale 14f.
- -mix 28, 30
- -organisation 279ff.
- –, Philosophie 15
- -plan 37ff., 295
- -planung 51f., 294ff.
- -problemstellungen 44f.
- -situation(s)analyse 41ff.
- -strategie 40, 47, 53ff.
- -variablen 23
- –, vertikales 227
- -ziele 26ff., 40, 45f.

Marketingbudget 48ff.
(s. auch Budget)
Marketingbudgetierung 48ff.
(s. auch Budgetierung)
Marketingcontrolling
- –, Aufbau 293ff.
- –, Aufgaben 293ff.
- –, Begriff 294

Marketingforschung
- –, Aufgaben 87ff.
- –, Begriff 87
- –, Funktionen 87f.
- –, Methoden 89ff.
- –, Untersuchungsbereiche 88f.

Marketinginstrumente
- –, Einsatz 55
- –, Überschneidungen 29

Marketingmanagement 21ff.
Marketingmaßnahmen 40, 51
Marketingmix 28, 30
Marketingorganisation
- –, Anforderungen 279ff.
- –, Begriff 279
- –, Gestaltung 279ff.
- –, Grundformen 282ff.

Marketing Performance Measuring 304
Marketingplan(s)
- –, Anforderungen 38f.

Stichwortverzeichnis

–, Funktionen 39
–, Inhalte 40
Marketingplanung 37ff.
–, Ebenen 51f.
–, Phasen 41ff.
–, Träger 52
–, Typen 51
Marketingsituation 25, 40
–, Analyse 25, 41ff.
–, Bestimmungsfaktoren 25
Marketingstrategie(n)
–, abnehmergerichtete 75ff.
–, Anforderungen 54
–, Ausprägungen 56ff.
–, Bedeutung 53f.
–, Begriff 53
–, Beispiele 47
–, Entwicklung 54
–, Formulierung 47
–, handelsgerichtete 79ff.
–, Implementierung 40, 47, 82ff.
–, konkurrenzgerichtete 77ff.
–, konkurrenzorientierte 77ff.
–, Merkmale 53f.
–, Planung 58
–, Typen 55
Marketingziel(e)
–, Anforderungen 45f.
–, Beispiele 27
– -beziehungen 46
–, Festlegung 45f.
–, ökonomische 26
–, Operationalisierung 27, 46
–, psychologische 26f.
–, strategische 54
Markierung 29, 144
Markt
– -abdeckung 62
– -abgrenzung 18ff.
– -anteil 26f., 49, 54, 70
–, Begriff 18
– -bearbeitungsstrategien 47, 55, 61f., 75ff.

– -chancen 42ff.
– -durchdringung 21
– -einführung 142ff.
– -entwicklung 88
– -erschließung 21, 72
– -folger 79
– -formen 186f.
– -forschung 88ff.
– -führer 79
–, heterogener 193
–, homogener 192f.
– -lebenszyklus 65ff.
– -nischenanbieter 79
– -nischenstrategie 79
– -prognose 88, 116ff.
– -prozesse 19f.
– -reaktionsfunktionen 24f., 50f.
– -reaktionsgebirge 24f.
–, relevanter 18ff., 41
– -risiken 42
– -segmente 40, 45, 58ff.
– -segmentierung 21, 45, 55, 58ff.
– -segmentstrategien 61f.
– -spezialisierung 62
– -strukturen 19
– -teilnehmer 88
– -test 140ff.
–, unvollkommener 193f.
–, vollkommener 192f.
– -wahl 56ff.
– -wahlstrategie 56f.
Marktabgrenzung 18ff., 58ff.
Marktanteil 26, 54, 70
Marktanteils-Marktwachstums-Portfolio 70ff.
Marktbearbeitungsstrategie 47, 61f., 75ff.
Marktforschung
–, Begriff 89
–, Formen 89ff.
–, Kosten 94
–, Methoden 90ff.
–, Nutzen 94

321

Stichwortverzeichnis

–, Prozess 92ff.
–, Träger 91f.
Marktlebenszyklusanalyse 65ff.
Marktorientierte Unternehmensführung 14
Marktprognose(n)
–, Entwicklungs- 118ff.
–, Formen 115f.
–, Gegenstand 115
–, Indikator- 120
–, Methoden 118ff.
–, Prozess 116ff.
–, qualitative 122
–, quantitative 118ff.
–, Trend- 118ff.
–, Typen 115f.
–, Wirkungs- 120ff.
Marktreaktionsfunktion 24, 121
Marktreaktionsgebirge 24f.
Marktsegmente
–, Abgrenzung 58ff.
–, Auswahl 58ff.
Marktsegmentierung
–, Anforderungen 59f.
–, Begriff 58
–, Kriterien 60ff.
–, mehrdimensionale 61
–, stufenweise 61
–, Vorgehen 45
Marktteilnehmerstrategien 55, 75
Markttest 140ff.
Marktwahlentscheidungen 56ff.
Massenkommunikationsmittel 205
McKinsey-Portfolio 72ff.
Mediagewichte 220
Mediakombination 219
Medianutzerschaften 218
Mediaplan 217
Mediaselektion
–, Inter- 211, 217
–, Intra- 217
Mediaselektionsmodelle 224
Mediastrategie 211

Mediawerbung 30, 204ff., 235
 (s. Werbung)
Mehrfachtest 141
Mehrkanalsysteme 258
Mehrmarkenstrategie 146
Mengenanpasser 192f.
Merchandising 228
Messen und Ausstellungen 30, 241
Messmodell 115
Methode der kleinsten Quadrate 112
Methode 6-3-5 133
Me-too-Produkte 33, 147
Metrisch skalierte Daten 112
Mikrogeografischer Zielgruppenansatz 232
Mikrosegmentierung 61
Mitarbeiterkommunikation 30, 241
Mitarbeiterorientierung 86
Mitarbeiterzufriedenheit 46
Mittelpreisstrategie 171
Modifizierung 133f.
Monopol
–, Gewinnmaximierung 187ff.
–, Rentabilitätsmaximierung 189ff.
–, Umsatzmaximierung 189
Morphologische Analyse 134
Multi-Channel
–, -Kunde 258
–, -Management 250, 258ff.
–, -Systeme 259
–, -Vertrieb 258ff.
Multivariate Verfahren 112ff.
Mund-zu-Mund-Kommunikation 35, 46

N
Nachfrageelastizität 184f.
Namensgebung 28, 131
Nettoreichweite 219ff.
Netzwerkorientierung 18
Neuprodukteinführung 142ff.
Neuproduktplanung 131ff.
Neuproduktplanungsprozess 131ff.
Niedrigpreisstrategie 172

Nischenstrategie 61, 79
Nonprofit-Marketing 36
Normstrategien 71f.

O

Öffentlichkeitsarbeit 233ff.
Ökoskopische Marktforschung 90
Oligopol 191f.
Omnibus-Befragung 98
Online
- -Abfragen 272
- -Anbieter 257
- -Banner 212
- -Befragung 98, 100
- -Marketing 29
- -Systeme 238
- -Vertrieb 36, 256f.

Optimierungsverfahren
- zur Budgetierung 50f., 214f.
- zur Werbestreuplanung 223f.

Organisation 279ff.
Outpacingstrategien 77

P

Packung 148f.
Panel
- -effekte 109
- -, Erscheinungsformen 107ff.
- -, Merkmale 107
- -repräsentativität 109

Paradigmenwechsel 30ff.
Partialtest 140
Penetrationsstrategie 172, 197
Persönliche Kommunikation
   29, 35, 241
Personalpolitik 35
Phase der Netzwerkorientierung 18
Planung
- -, Kommunikations- 202ff.
- -, Marketing- 37ff.
- -, Neuprodukt- 131ff.
- -, Preis- 168ff.

-, Produkt- 126ff.
-, Vertriebs- 247ff.
PLS 115
Point of Sale 227
Polypol
- auf unvollkommenen Märkten 193ff.
- auf vollkommenen Märkten 192f.
- -, Gewinnmaximierung 194
- -, Rentabilitätsmaximierung 195
- -, Umsatzmaximierung 195

Polypolistische Konkurrenz 193ff.
Portfolio
- -, Ablaufschritte 69f.
- -analyse 54, 69ff., 262
- -, Boston- 70ff.
- -, Ist- 69
- -, Kunden- 303
- -, Marktanteils-Marktwachstums- 70ff.
- -, McKinsey- 72ff.
- -, Soll- 70
- -, Wettbewerbsvorteils-
   Marktattraktivitäts- 72 ff.

Positionierung 67
Positionierungsanalyse 67ff.
Prämiensysteme 270
Preis 28, 166
Preisabfolge 172
Preis-Absatz-Funktion
- -, Definition 182
- -, einfach geknickte 192
- -, dynamische 198
- im Oligopol 191f.
- im Polypol 193ff.
- -, zweifach geknickte 193

Preisbarriere 195
Preisbestimmung
- -, kostenorientierte 175ff.
- -, marginalanalytische 182ff.
- -, marktorientierte 177ff.
- -, Verfahren 174

Preisbündelung 174
Preisdifferenzierung 173f.

Preiselastizität(s)
- der Nachfrage 184ff.
- -koeffizient 184
-, Kreuz- 185f.
Preisfestlegung
- im Monopol 187ff.
- im Oligopol 191f.
- im Polypol 192ff.
-, konkurrenzorientierte 192
-, kostenorientierte 175ff.
-, marginalanalytische 182ff.
-, marktorientierte 177ff.
-, Methoden 174
- nach der Break-Even-Analyse 177f.
- nach der Deckungsbeitragsrate 178f.
- nach der Teilkostenrechnung 176f.
- nach der Vollkostenrechnung 175f.
-, Prozess 168ff.
- unter Risiko 180ff.
Preisfolgerschaft 172
Preisführerschaft 172, 192
Preiskampf 172, 192
Preiskontrollen 171
Preismanagement
-, dynamisches 196ff.
-, statisches 174ff.
Preisnachlässe 166
Preisoptimum 182, 191
Preispolitik
-, Anlässe für Entscheidungen 167f.
-, Begriff 165
-, Instrumente 28, 166f.
-, Konkurrenzgebundenheit 186, 191
-, Ziele 166f., 187, 189, 195
Preispositionierung 171f.
Preisstrategie 81, 130, 171ff.
Preisuntergrenzen
-, Definition 195
-, kurzfristige 196
-, langfristige 196
Preiswettbewerb 172
Preiszuschläge 166

Pressearbeit 234
Primärforschung 90, 97
Produkt
- -begriff 28, 123
- -beschreibung 138
- -design 124
- -differenzierung 21, 28, 131, 158
- -diversifikation 158f.
- -einführung 142ff.
- -eliminierung 159f.
- -gestaltung 124
- -ideen 132ff.
- -innovationen 21, 28, 131, 142ff.
- -konzept 137ff.
- -lebenszyklusanalyse 63ff.
- -linien 157ff.
- -management 125ff.
- -mix 124
- -neueinführung 142ff.
- -spezialisierung 159f.
- -strategie 64, 66, 81
- -test 103, 140f.
- -verbesserungen 21, 131, 138, 159
- -ziele 129f.
Produktideen
-, Grobauswahl 135ff.
-, Suche 132ff.
Produktlebenszyklus 63ff.
Produktmanagement(s)
-, Aufgaben 125f., 286f.
-, organisatorische Verankerung 287f.
-, Prozess 126ff.
Produktplanungsprozess 126ff.
Produktpolitik
-, Aufgaben 123ff.
-, Budgetierung 130f.
-, Definition 123
-, Entscheidungen 123ff.
-, Instrumente 28, 131
-, Neu- 131ff.
-, Planungsprozess 126ff.
-, Ziele 129f.
Produkt-Markt-Matrix 21

Stichwortverzeichnis

Produktpositionierungsanalyse 67ff.
Produktstrategien 64, 66, 81
Produkttest 103, 140f.
Profit Center 153f.
Prognose (s. Marktprognose)
Programmanalysen 127ff.
Programmsponsoring 237
Prohibitivpreis 182
Provisionssysteme 249
Prozessorganisation 280
Public Relations 233ff.
–, Definition 233
–, Erscheinungsformen 233f.
–, Maßnahmen 234f.
Pull-Strategie 80, 229, 262
Punktbewertungsverfahren 135f., 262
Punktelastizitäten 184
Push-Strategie 80, 229, 262

Q

Qualität 18, 151
Qualitative
– Marktforschung 90f.
– Prognoseverfahren 122
– Studie 101f.
Qualitätsführerschaft 75f., 81f.
Qualitätsstrategie 130
Qualitätswettbewerb 17
Quality Function Deployment (QFD) 137
Quantitative
– Marktforschung 90f.
– Prognoseverfahren 118ff.
– Studie 101
Quotenauswahl 95
Quotientenregel 189f.

R

Rabatte 28, 166, 263
Rangreihenverfahren 222
Ratioskala 110

Reaktionselastizität 191f.
Recalltest 226
Recognitiontest 226
Recovery 32
Recruitment 32
Regressionsanalyse
–, einfache 112
–, multiple 113f., 121
Reichweite
–, Brutto- 219f.
–, Kennziffern 219
–, Netto- 219f., 222
Reisender 265ff.
Reizobjektermittlung 133ff.
Reizwortanalyse 133
Relationship Marketing 31ff., 77
Relevanter Markt(es)
–, Abgrenzung 18ff., 40
–, Begriff 18ff.
Reliabilität 94
Rendite 26
Rentabilitätsfunktion 189f.
Rentabilitätsmaximierung 189ff.
Repräsentativität 95
Retention 32
Rundfunkwerbung 211

S

Scoringmodell 136
Sedas-Daten-Service (SDS) 273
Sedas-Informationssatz (SIN-FOS) 273
Segmentierung (s. Marktsegmentierung)
Segmentierungskriterien 60f.
Sekundärforschung 90, 97, 109f.
Selektionsstrategien 73, 249
Serviceleistungen 28, 125, 150, 263
Serviceniveau 156
Servicepolitik 150ff.
Servicestrategie 130
Simplex-Methode 164, 191
Single-Source-Ansatz 108
Sinus-Milieus 209f.
Situationsanalyse 41ff., 127ff.

Stichwortverzeichnis

Skalenniveaus 110, 114
Skalierung 110, 113f.
Skimmingstrategie 172
Skonti 28, 166
Social Media-Kommunikation
- Begriff 238
- Merkmale 238f.
- nutzergenerierte 240
- unternehmensgesteuerte 239f.
Sortiment(s)
- -bereinigung 159f.
- -breite 157
- -erweiterung 21, 157ff.
- -planung 157ff.
- -politik 157ff.
- -tiefe 157
Sortimentsplanung
-, Aufgabenbereiche 157ff.
- bei mehreren Engpässen 163f.
-, Gegenstand 157
-, Methoden 160ff.
- bei einem Engpass 162f.
- ohne Engpass 161f.
Sozio- und Umweltsponsoring 237
Spearman'scher Rangkorrelationskoeffizient 112
Spezial-Service-Agenturen 205
Sponsoring 29
-, Begriff 236
-, Erscheinungsformen 236f.
-, Ziele 236
Sportsponsoring 237
Standardfehler 97
Standortwahl 274
Stärken-Schwächen-Analyse 43, 262
Stärken-Schwächen/Chancen-Risiken-Analyse 43f.
Statistische Verfahren
-, bivariate 111f.
-, Klassifikation 110
-, multivariate 112ff.
-, univariate 111

Stichprobe(n)
- -auswahlverfahren 94ff.
-, Begriff 94
- -planung 94ff.
- -umfang 96f.
Storetest 142
Strategie(n)
-, abnehmergerichtete 75ff.
-, Absatzmittler- 55, 64, 79ff.
-, Abschöpfungs- 71, 73f.
- der Gesamtmarktabdeckung 62
- der Kostenführerschaft 76
- der Marktspezialisierung 62
- der Preispositionierung 171f.
- der Produktspezialisierung 61
- der Qualitätsführerschaft 75
- der selektiven Kostenführerschaft 76
- der selektiven Qualitätsführerschaft 76
- der selektiven Spezialisierung 62
-, Desinvestitions- 71, 73f.
- -implementierung 82ff.
-, Instrumental- 55, 64, 66, 81f.
-, Investitions- 71, 73
-, Konkurrenz- 77ff.
-, Marktbearbeitungs- 47, 55, 61f., 75ff.
-, Marktnischen- 79
-, Wachstums- 73f.
Strategieimplementierung 82ff.
Strategie-Potenzial-Fit-Analyse 84
Strategische Analyseinstrumente 62ff.
Strategische Erfolgsposition (SEP) 16
Strategische Geschäftseinheiten
-, Anforderungen 58
-, Begriff 56
-, Bildung 56ff.
Strategische Geschäftsfelder 56
Strategisches Dreieck 77f.
Strategisches Marketing 53ff.
Streuparameter 111
Streuverluste 218
Strukturmodell 115
Stuck-in-the-middle-Phänomen 76f.

Stichwortverzeichnis

Supply Chain Management 272, 278
SWOT-Analyse 43f., 202
SWOT-Matrix 43f.
Synektik 133f.
Szenariotechnik 122

T

Tachistoskopischer Test 103, 226
Tausenderkontaktpreis (TKP) 222
Teilerhebung 94
Teilkostenrechnung 161f., 176f.
Teilmarktabdeckung 75
Teleshops 255
Teleshopping 252
Testkäufe 103
Testmarkt 141
TILMAG 135
Top-down-Planung 52
Trade Promotions 228
Trading down 158
Trading up 158
Transaktionsmarketing 31
Transport 275f.
Trendprognosen 118ff.
Triffinscher Koeffizient 186

U

Überschneidungen
–, externe 220
–, interne 220
Umsatz 26
– -funktion 185
– -maximierung 189
– -prognose 139
Unelastische Nachfrage 184
Unique Advertising Proposition (UAP) 211
Unique Communication Proposition (UCP) 211
Unique Selling Proposition (USP) 16, 124, 210f.
Univariate Verfahren 111
Uno-actu-Prinzip 35

Unternehmensführung
–, Duales Konzept 14
–, marktorientierte 14
Unternehmenskultur 84
Unternehmensprozesse 292

V

Validität 94
Value Added Service 125, 150, 154ff.
Variable
–, abhängige 104
–, latente 114f.
–, manifeste 114
–, unabhängige 104
Varianzanalyse 114
Verkaufsbezirke 268f.
Verkaufsförderung
–, Begriff 227
–, Erscheinungsformen 228f.
–, Ziele 227
Verkaufsorgane
–, Anreizsysteme 270
–, Auswahl 265ff.
–, Steuerung 268ff.
Verkaufsquoten 269
Verkaufsrouten 269
Verkaufsstellen 251
Verpackung 28, 148f.
Verpackungsinnovationen 148
Verpackungspolitik
–, Anforderungen 149
–, Begriff 148
–, Funktionen 148
Verpackungstest 103
Vertikales Marketing 227
Vertragshändlersysteme 264
Vertrieb(s)
– -bindungssysteme 264
–, direkter 34, 250ff.
–, einstufiger, indirekter 252
–, Exklusiv- 260
–, indirekter 250ff.
– -kontrolle 249

–, mehrstufiger, indirekter 252
–, Multi-Channel- 258ff.
–, Online- 256f.
– -planung 247ff.
– -politik 245ff.
–, Selektiv- 260
– -strategie 82, 249
– -systeme 30, 250ff.
–, Universal- 260
Vertriebsplanung 247ff.
Vertriebspolitik
–, Begriff 245
–, Instrumente 29
–, Ziele 247f.
Vertriebsstrategie 81, 249
Vertriebssysteme 29, 250ff.
–, Allein- 260
–, Akquisition 262f.
–, Bewertung 259
–, Gestaltung 250ff.
–, Selektion 250ff.
–, Stimulierung 262f.
–, vertragliche 263ff.
Visuelle Konfrontation 133f.
Vollkostenrechnung 161, 175f.
Volltest 140

W

Wachstumsstrategie 73
Warengruppenmanagement
 (s. auch Category Management) 290
Warenwirtschaftssysteme (WWS) 273
Werbeagenturen 205
Werbeanteils-Marktanteils-Methode 216
Werbebotschaft
–, Beurteilungskriterien 225
–, Gestaltung 224f.
Werbebudget
–, Festlegung 212ff.
–, Verteilung 217ff.
Werbebudgetierung
–, Definition 213
–, heuristische Ansätze 214f.

–, Methoden 214ff.
–, Optimierungsansätze 215
Werbemittel 205
Werbeplanung 205ff.
Werbereaktionsfunktion 213f.
Werbestrategie
–, Beispiele 212
–, Definition 210
Werbestreuplanung
–, Definition 217
–, Verfahren 222ff.
Werbeträger 205, 210f., 217
Werbewirkung(s)
– -analyse 226
–, Kontrolle 226
– -stufen 226
Werbeziele
–, Kategorisierung 206
–, Formulierung 207
Werbezielgruppen 208ff.
Werbung
–, Begriff 205
–, Planung 204f.
Wertschöpfungskette
 257, 271f., 277f.
Wertschöpfungsprozess 245, 272
Wertschöpfungsstufen 257
Wettbewerbsdimensionen 17
Wettbewerbskommunikation 201
Wettbewerbs-Paritäts-Methode 216
Wettbewerbsstrategien
–, Grundkonzeptionen von 75ff.
–, Typen 78f.
Wettbewerbsvorteil(e)
–, Anforderungen 16
–, Beispiele 16f.
–, relative 72f.
Wettbewerbsvorteils-Marktattraktivitäts-
 Portfolio 72ff.
Wirkungsmodelle 121
Wirkungsprognosen 120ff.
Wirtschaftlichkeitsanalyse 139
World Wide Web (WWW) 238

Stichwortverzeichnis

Y
Yield Management 173

Z
Zapping 211
Zeitwettbewerb 17
Ziel-Maßnahmen-Kalkulation 216f.
Zielgruppe(n)
– -affinität 218

–, Anforderungen an die Beschreibung 208
–, Begriff 208
– -beschreibung 208
– -erreichbarkeit 208
– -identifikation 208
–, konsumentenbezogene 209
–, organisationsbezogene 209
–, -typologien 209
Zufallsauswahl 96f.

Mehr wissen – weiter kommen

Ideal für die Vertiefung des Grundlagenwissens und Prüfungsvorbereitung

Manfred Bruhn greift repräsentative und konkrete Fragestellungen der Marketingpraxis auf und verdeutlicht den Anwendungsbezug zum Inhalt seines Lehrbuches „Marketing". Nach einer kurzen Darstellung des Basiswissens wird jede Aufgabe mit einer ausführlichen Musterlösung beantwortet, so dass das eigene Wissen überprüfbar ist und leicht ergänzt werden kann.

In der 4. Auflage wurden alle Kapitel überarbeitet und an die Änderungen im Lehrbuch „Marketing" angepasst.

Aufgaben und Lösungen zu den Teilbereichen
- Marketingplanung
- Strategisches Marketing
- Marketingforschung
- Produkt- und Preispolitik
- Kommunikations- und Vertriebspolitik
- Marketingorganisation und -controlling

Der Autor

Prof. Dr. Manfred Bruhn ist Ordinarius für Betriebswirtschaftslehre, insbesondere Marketing und Unternehmensführung, an der Wirtschaftswissenschaftlichen Fakultät der Universität Basel und Honorarprofessor an der Technischen Universität München.

Manfred Bruhn
Marketingübungen
Basiswissen, Aufgaben, Lösungen.
Selbstständiges Lerntraining für Studium und Beruf
4., überarb. u. erw. Aufl. 2014.
ca. 340 S. Brosch.
€ (D) 28,00 | € (A) 28,79 | *sFr 35,00
ISBN 978-3-8349-3440-6

€ (D) sind gebundene Ladenpreise in Deutschland und enthalten 7% MwSt.
€ (A) sind gebundene Ladenpreise in Österreich und enthalten 10% MwSt.
Die mit * gekennzeichneten Preise sind unverbindliche Preisempfehlungen und enthalten die landesübliche MwSt. Preisänderungen und Irrtümer vorbehalten.

Stand: Mai 2014. Änderungen vorbehalten.
Erhältlich im Buchhandel oder beim Verlag.

Abraham-Lincoln-Straße 46. D-65189 Wiesbaden
Tel. +49 (0)6221/ 3 45 - 4301 . springer-gabler.com

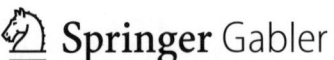

Mehr wissen – weiter kommen

↗

**Das Standardwerk –
Jetzt in kompakter Form!**

Zur Sicherung und Erhöhung der Kundenzufriedenheit und Kundenbindung steht die Bedeutung und Notwendigkeit eines professionellen Dienstleistungsmarketing sowohl für traditionelle Dienstleister als auch für industrielle Anbieter mit Serviceleistungen im Vordergrund. Heribert Meffert und Manfred Bruhn beschreiben umfassend, wie Herausforderungen und Probleme, die sich bei der Vermarktung von Dienstleistungen stellen, gelöst werden können. Zahlreiche Übungsfragen zu den einzelnen Kapiteln ermöglichen dem Leser, die Inhalte des Buches zu wiederholen und sein Verständnis zu überprüfen.

In der 7. Auflage wurden aktuelle Entwicklungen in den Bereichen Social Media, Customer Experience Management, Online-Distribution, E-Commerce u.a. integriert.

Manfred Bruhn, Heribert Meffert
Dienstleistungsmarketing
Grundlagen - Konzepte - Methoden
7., überarb. u. erw. Aufl.
2012. X, 530 S. Geb.
Mit Online-Extras.
€ (D) 49,95 | € (A) 51,35 | *sFr 62,50
ISBN 978-3-8349-3442-0

Der Inhalt

- Gegenstand und Besonderheiten des Dienstleistungsmarketing
- Konzepte und theoretische Grundlagen des Dienstleistungsmarketing
- Informationsgrundlagen des Dienstleistungsmarketing
- Strategisches und Operatives Dienstleistungsmarketing
- Qualitätsmanagement im Dienstleistungsbereich
- Implementierung des Dienstleistungsmarketing
- Controlling im Dienstleistungsmarketing
- Internationales Dienstleistungsmarketing
- Entwicklungstendenzen des Dienstleistungsmarketing

€ (D) sind gebundene Ladenpreise in Deutschland und enthalten 7% MwSt.
€ (A) sind gebundene Ladenpreise in Österreich und enthalten 10% MwSt.
Die mit * gekennzeichneten Preise sind unverbindliche Preisempfehlungen und enthalten die landesübliche MwSt. Preisänderungen und Irrtümer vorbehalten.

Stand: März 2014. Änderungen vorbehalten.
Erhältlich im Buchhandel oder beim Verlag.

Abraham-Lincoln-Straße 46. D-65189 Wiesbaden
Tel. +49 (0)6221 / 3 45 - 4301. springer-gabler.de

Printing: Ten Brink, Meppel, The Netherlands
Binding: Ten Brink, Meppel, The Netherlands